一
九
色
鹿
一

本书为国家社会科学基金项目"西藏古格王国早期政教关系研究"
（批准号：12CMZ015）结项成果
本书出版获四川大学一流学科"区域历史与边疆学学科群"资助

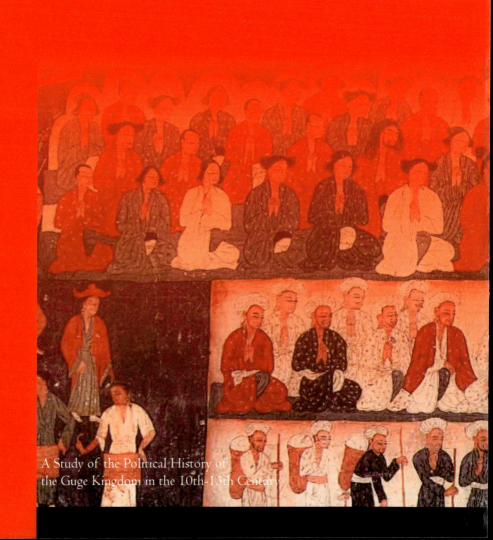

A Study of the Political History of
the Guge Kingdom in the 10th-13th Century

黄 博 ◎ 著

10～13世纪
古格王国政治史研究

社会科学文献出版社
SOCIAL SCIENCES ACADEMIC PRESS (CHINA)

西藏西部古史研究的新收获

——《10~13世纪古格王国政治史研究》序

　　这本《10~13世纪古格王国政治史研究》是作者黄博在其博士学位论文的基础上，经过十年的打磨而最终成书的。这篇博士学位论文2011年答辩时，得到论文评阅和答辩委员们的高评，后来获得教育部百篇优秀博士论文提名奖（2014）则是实至名归。对于黄博博士获得的这份荣誉，作为老师，我感到由衷的高兴。如今呈现给学界的这本书，内容比答辩时更加凝练，重点更为突出，"十年辛苦"换来了"不寻常"的收获，值得祝贺！

　　在中国西藏的历史上，10~17世纪阿里地区的古格王国是一个传奇般的存在，这里是祖国最西南的疆土，神山圣湖护佑着这片圣洁的土地。20世纪80年代以来，许多人文学者和考古学家辛勤工作，逐渐揭开了笼罩在古格王国头上的神秘面纱。本书所展现的，是古格王国的前期历史，重点是政教关系史。古格王国的历史是中国西部疆域史不可或缺的部分，然而这却是西藏历史研究中最为薄弱的一环，就此而言，本书的研究具有重要价值。

公元 9 世纪中期，曾经统一而强大的吐蕃王朝分崩离析，西藏社会陷入了混乱、动荡的失序状态。经过一百多年的激荡、整合，不少吐蕃赞普后裔在不同区域获得了新的统治权，开始了重建王权的尝试，而吐蕃王朝时代的大小贵族则凭借拥有的实力优势实现了对某些区域的稳定割据。然而，无论是赞普后裔政权还是地方贵族政权，这两种由传统的政治力量脱胎的新的政治实体都在先天不足和后天失调之下举步维艰。佛教作为一种新的意识形态在吐蕃王朝的灰烬中重燃，并迅速成为西藏各个阶层普遍信守的秩序规范和普遍敬信的神圣权威，填补了西藏社会的权威真空，佛教意识形态和西藏社会政治有机结合，13 世纪中后期在元朝扶植下主理藏政的萨迦派政权开创了这一西藏特色的佛教政治传统。本书讨论的古格王国早期历史，与萨迦政权的兴起和发展大体处于同一时段。古格王国正是吐蕃王朝崩溃后建立的地方政权，吐蕃王室后裔吉德尼玛衮在 10 世纪初入主西藏西部，奠定了统治整个西藏西部地区的阿里王系，也使得西藏西部边疆地区与西藏的卫藏地区在政治、文化上的联系得到了进一步的深化和强化。梳理这段历史，对中国西部疆域形成的历史会有更多的认识。

饶有趣味的是，如果说萨迦政权作为后弘期西藏教派政权的代表和历史发展的典型的话，教派政权兴起之前的古格王国却是世俗政权的代表。古格王国时期开启了上路弘法之路，对藏传佛教的传播有难以估量的影响。而古格王国统治阶层是最早吸取佛教教义并大兴佛法的世俗掌权者，他们对佛教的崇信使古格王国成为西藏境内施行政教合一的最早"试验田"并取得成功；然而究其权力结构及施政，古格王国仍然是世俗权力为主的政权，这与以萨迦政权为代表的教派政治有着巨大的差异。作者深入挖掘并利用了大量藏文文献对早期古格王国的描述，广泛参考国内外学者的相关研究，对一些史事作了考辨，确立了早期古格史系年，揭示了古格政教关系的发展过程。作者揭示，古格王国的政治结构具有二元式的特征，随着萨迦政权、帕竹政权和甘丹颇章政权的连续成功，"古格模式"淡出了西藏历史政治的主流舞台，留下了一段西藏历史上弥足珍贵的独特记忆。本书丰富了后弘期各教派在阿里地区传播历史的相关内容，对全面理解 10~13 世纪西藏历史的进程，尤具帮助。这是第一部用汉文写成的古格王国历史的学术专著，筚路蓝缕，带有一定的探索性质，创新之处不少，有待学术界评判验视。

我国西藏阿里地区与印度、尼泊尔、巴基斯坦、克什米尔等国家和地区接壤，战略位置十分重要。近代以来，不乏有识之士的关注，但对于内地的学人而言，既无法亲涉其地，也没有更多的资料可供参考，阿里似乎遥不可及。20 世纪 80 年代，国内兴起了"阿里热"。90 年代，两位杰出的女作家马丽华和巴荒先后出版了她们关于阿里的游记和纪实文学作品，引起了社会的广泛关注。这个时期，阿里考古也迈出了坚忍的步伐。在四川大学，大家交谈着两位年轻的考古学家霍巍、李永宪深入阿里人迹罕至之地，得"牧羊神女"的指引，打开了封闭千年的古格石窟群近乎传奇的故事，令人神往。我也对阿里—古格怀有一种神秘的想象，翻阅过一些相关资料，不过仅仅是"留恋地张望"而已。我的专业是宋史和西南古代民族史，黄博的硕士研究方向是宋史，他读博不久，也许是受到四川大学藏学研究浓厚的学术氛围熏染和"阿里热"的感召，提出以西藏研究中的薄弱环节阿里古格王国作为博士学位论文的研究对象，这个选择的跨度还真不小，其时，他已对选题的可行性摸索了很久。该选题的难度之大是众所周知的，除藏族学者次仁加布写的《阿里史话》（2003）这本通俗著作和几本论著及译著有简短零散的介绍之外，几乎没有其他汉文成果可以参考。黄博知难而上，勇气可嘉。在短短的三年时间内，不仅较好地掌握了藏文并强化了英文的学习，最终还拿出了一部有较高质量的博士学位论文。

这本著作内容涉及的时段，正是中原地区的宋代，这就在一定程度上弥补了这一时段中国西部边疆几乎空白的历史书写，无论是从学术上还是现实关怀上，本书都是一部有价值的力作，这个贡献是可贵的。古格头上的神秘面纱既已揭开，阿里古代社会的面貌必将散发出更为瑰丽的色彩，应该为阿里古代历史的探索者们鼓掌！是为序。

刘复生于川大农林村

2020 年 9 月

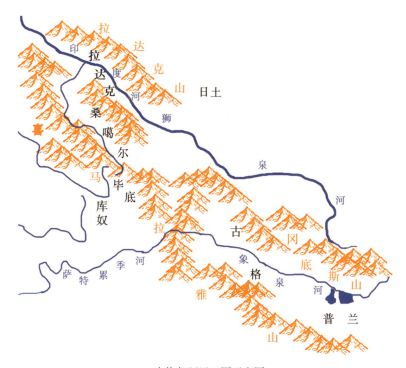

古格与阿里三围示意图

喜

象

马

拉

雅

山

冈

底

斯

山

河

泉

曲木底

香孜

东嘎

萨让

波林

多香扎布让 托林

芒囊

达巴

东波

曲龙

普兰

古格核心区示意图

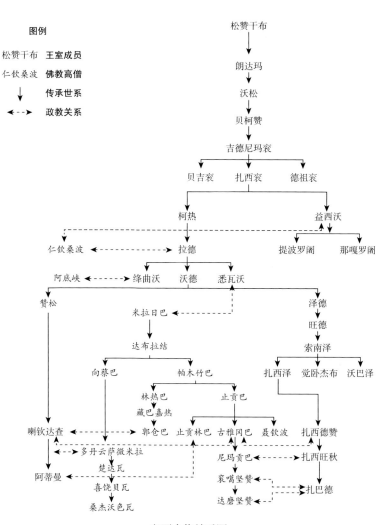

松赞干布

朗达玛

沃松

贝柯赞

吉德尼玛衮

贝吉衮　扎西衮　德祖衮

柯热　　　　　　益西沃

仁钦桑波　◄----►　拉德　　　　提波罗阇　那嘎罗阇

阿底峡　◄----►　绛曲沃　沃德　悉瓦沃

赞松　　　　米拉日巴　◄----　　　　　　泽德

　　　　　　　　　　　　　　　　　旺德

　　　　　达布拉结　　　　　　　索南泽

向蔡巴　　　　帕木竹巴　　扎西泽　觉卧杰布　沃巴泽

　　　林热巴　　　止贡巴

　　　藏巴嘉热

喇钦达查　◄----►　郭仓巴　止贡林巴　古雅冈巴　聂钦波　扎西德赞

　　◄----►　多丹云萨微米拉　　　　尼玛贡巴　◄----►　扎西旺秋

阿蒂曼　◄----　楚达瓦　　　　　　衮噶坚赞　◄---- 　扎巴德

　　　　　喜饶贝瓦　　　　　　　达磨坚赞　◄----┘

　　　　　桑杰沃色瓦

主要人物关系图

目　录

绪　论

长期以来，作为一个历史悠久但历史信息并不丰富的王朝，古格王国常以其神秘感为世人瞩目，不过它在西藏政治史上其实算不上一个十分重要的政权，和萨迦、帕竹、甘丹颇章等典型的由教派主导的政教合一制政权相比，古格显得有些"过时"，作为一个持续了近700年的世俗政权，它似乎不代表西藏历史走向"政教合一"的发展方向。而且同西藏历史上那些立足卫藏中心地区的政权相比，它只是一个局限于西藏西部的区域性地方政权。和其源头吐蕃王朝相比，它统治的地域狭小且位于西部偏僻之地，因而自成一体，虽然得以长期延续，给外界留下的印象却不多。事实上，古格的神秘正与此有关，古格与各个时期中原王朝或中央政府的联系极少，而且和同时期的卫藏中心政权也缺乏持续有效的交流，以至于

与古格相关的史料，不但在以中原王朝为核心的汉文史籍中难觅踪
影，而且在卫藏中心主义笼罩下的藏文主流史籍中也零碎稀少，使
得对古格历史的研究，难以引起学界的广泛关注，长期处于停滞不
前的状态。这一点与同一时期在河湟地区建立的另一吐蕃王朝后裔
政权——唃厮啰政权形成了鲜明的对比。后者作为 11 世纪前后中原
与西藏、西域和西夏政治、经济以及文化联系的纽带，留下了比较
集中的汉藏文史料，得到学界广泛的关注，相关研究成果也较为丰
富。然而，古格历史其实并不像它呈现出来的那么不重要，而是更
具独特的研究价值。如果说吐蕃王朝是前弘期西藏世俗政治繁荣昌
盛的典范，那么从萨迦政权到甘丹颇章政权，无论其实际控制的有
效区域有多大，它们都代表着后弘期西藏宗教政治发展的新方向，
因而受到学界持续的关注。与此相较，古格王国既是前弘期世俗政
权衰落后的残余，又是后弘期教派政权繁盛时的另类，但恰恰是这
种"非主流"的存在，潜藏着其历史的特殊性。

写作缘起和意义

　　西藏历史上的古格王国，大致涵盖了西藏传统的三大地理分
区中阿里地区的核心区，阿里地区作为西藏的一个区域性地理概
念，其历史虽不算特别悠久，但仍璀璨夺目。在藏族传统地理中，
阿里地区与卫藏地区、多康地区并称为"藏区三部"。阿里地区在
西藏历史研究中是一个颇为神奇的地方。长久以来，在后世学人的

笔下，这是一个在历史上有着太多的故事可以讲，却又讲不清楚的地方。象雄文明与古格王国常常是人们提到阿里时的口头禅，考古学者经常能在这里发现令人惊叹的古代文明遗迹，然而世人提起阿里，又往往与未知的神秘相连。因为无论是前吐蕃王朝时代辉煌灿烂的象雄文明，还是后弘期以来拥有诸多传奇的古格王国，如今都只留下了散落在阿里各地的种种遗迹。吐蕃征服象雄，尚在藏文行世之前；古格一朝覆亡，文献湮灭无闻。无论是象雄还是古格，令人都不免有昔日的辉煌不再、今日的言说无据之憾。今天，传世文献中古格史研究可资利用的内容，跟卫藏、安多和康区的史料相比，确属少之又少。以致长期以来，有关阿里和古格历史的描写，有太多的传说，唯独缺乏精确的历史分析。

本书对古格王国政治史的研究，主要集中在古格王国的早期，开始于 10 世纪后半期古格王国真正意义上的第一代国王益西沃（947~1023），结束于 13 世纪晚期古格国王扎巴德（1230~1277）统治时期。或者更精确一点，可以说是从 986 年后弘期上路弘法的重要人物、身为古格国王的松艾——同时也是藏传佛教弘法史上著名高僧的拉喇嘛益西沃，宣布古格确立弘扬佛教的国策起，至 1277 年古格国王扎巴德猝逝，古格王统第一次中绝为止。这个时段前后持续近 300 年，正是西藏社会新兴的佛教力量与世俗政权相互作用、相互影响的关键历史时期。就整个西藏社会而言，则刚好经历了吐蕃王朝崩溃后的四分五裂，到各地方势力的局部整合，再到萨迦派在元朝的扶植下重新统一西藏社会的全过程。

本书对古格政治史的研究集中在政治体制与政治文化基本史实的考证和两者之间互动关系的分析上。所谓政治体制，就是在对早期古格政权政教关系的研究中，既要着眼于政权内部各项政治制度本身的内容，梳理古格政权中各项政治制度的设计、规定和运行

的情况，又要在厘清制度的基础上着力于阐明早期古格政治人物
的各种活动与制度架构的结合，着眼于分析古格政治中政治权力
与文化权力之间的各种关系，这其中包括国王、大臣、高僧等政
治人物与政治制度的关系，以及制度本身各方面之间的关系，从
而加深对这一时期西藏政治文化的认识。例如古格在益西沃时代
通过推动佛教政治，开创政教合一的新体制，这一对吐蕃王朝传
统政治体制的根本变革，不但是一种在政治制度上的设计和规范，
更是一个涉及体制改变的主导者（古格王益西沃、普兰王柯热及
其王子拉德等人）、参与者（佛教高僧仁钦桑波、古格普兰政权的
贵族大臣等）等政治人物在佛教政治原则的基础上进行各种行政
制度改革的综合工程。尽管这一概念可能根本不存于古格乃至古
代西藏政治人物的观念之中，但这并不妨碍我们借助这一概念来
理解纷繁复杂的历史现象。

而所谓的政治文化，事实上跟政治体制一样，也是一个现代
政治学的概念，通常认为：政治文化是一个民族在特定时期流行
的一套政治态度、信仰和情感。这种政治文化由本民族的历史和
当下社会、经济、政治活动的进程所构成。人们在过去的经历中
形成的态度类型对未来的政治行为有着重要的强制作用。政治文
化影响各个担任政治角色者的行为、他们的政治要求和对法律的
反应。[1] 显然，借助政治文化的角度，有利于我们深入分析后弘期
以来西藏政治的发展。事实上，古格王国早期所处的时代，藏族
社会的政治文化恰恰发生着根本性的转变，佛教文化的迅速成长，
使得这一时期藏族社会形成了一套独特的佛教政治语言，在态度、

1　阿尔蒙德、鲍威尔:《比较政治学：体系、过程和政策》，曹沛霖等译，上海译文出版社，
1987，第29页。

信仰和情感上深深地打下了这一烙印。佛法成为所有民族成员唯一崇信的善法，佛教迅速成长为全社会的主流意识形态，藏民族也就在后弘期佛教政治文化的环境中形成了独特的群体政治心态，其既是高深的佛教哲学在西藏进一步演化的结果，又不完全等同于宗教精英的思想理论；其是古格王室、地方贵族、佛教高僧以及藏族普通民众共享的精神资源，这种心态在实际政治生活中，构成所有人主导和参与政治的软环境，对精英和大众都有行为制约的客观作用，同时又能反作用于政治发展和制度变革，构建出一个有机互动的整体关系。所以本书所要讨论的政治体制与政治文化的关系，就不是政治、体制与文化的简单叠加。因此，也可以说政治体制和政治文化的研究，具体到西藏社会，其核心问题就是政教关系，这不但是古格王国早期政治史的基本主题，也是西藏分治割据时期的核心内容。关于政教关系的界定，一般指的是特定的政权与存在于其治下的宗教之间的各种关系。它包括宗教在国家意识形态中的位置，特定宗教信仰、宗教组织在国家政治体制中的位置，特定的宗教信仰、宗教组织在社会生活层面的影响力，以及政府对宗教事务的介入程度等方面。具体的表现涉及宗教团体的自主权大小、宗教团体及宗教领导人影响政治和参与公共决策的程度等。[1]

古格王国在阿里地区存在了近 700 年，深刻地影响了这一地区乃至整个西藏的历史进程。佛教氛围浓厚、佛教与政治生活高度相关，是西藏社会最显著的特征，尤其是在政治上形成了政教合一的体制特色，政教关系既是揭开神秘的古格一个颇为有效的突破口，也是深入理解西藏政治史发展最有效的途径之一。相当长的时

---

[1]　参见何其敏《论宗教与政治的互动关系》，《世界宗教研究》2001 年第 4 期。

期以来，西藏的传统学者们（特别是各教派的高僧大德们）一直用宗教过程来阐释历史进程，而现在是我们用历史进程来阐明宗教过程的时候了。因此，本书打算在重构古格王国的种种地方性政治事件的过程中，着重考察西藏佛教政治的兴起及后弘期以来形成的藏传佛教几大教派与古格王国之间的政教互动关系。虽然本书界定的时段是10~13世纪，限定的地域是古格王国，但其时空范围有时也会因讨论的需要而上溯至阿里王朝，以及旁及从阿里王系中分化出来的普兰、拉达克等阿里地方政权的历史时段和地理范围，尤其是古格王国与其治下的宗教势力，主要是藏传佛教各教派之间的各种关系，包括藏传佛教各教派在政治主导思想中的地位，藏传佛教信仰及各教派集团在阿里政治体系中的位置和在社会政治生活中的影响力，以及阿里地区诸政权对本地藏传佛教各教派事务的介入情况等。具体涉及藏传佛教在阿里地区自主传播和发展的情况以及各教派及其寺院集团领袖影响阿里政治和参与各政权政务的情况。本书希望通过对上述内容的考察和讨论，丰富古格政治史的历史细节和演化历程，而这些情况学界一向所知甚少。本书还试图以古格王国的政治体制与政治文化为例，进一步回应西藏政治史研究的基本问题。

一方面，10世纪前后，随着吐蕃王朝在9世纪中期的崩溃，西藏社会陷入了长期的大混乱、大动荡，古格王国的前身——阿里王朝便是吐蕃王朝崩解之后分治割据扩大化的产物，其后西藏境内逐渐建立起一系列的地域性政权，到古格王国开启上路弘法的986年，曾经统一而强大的吐蕃王朝在分崩离析100多年后初步实现了新一轮的整合，不少吐蕃赞普后裔获得了区域性的统治权，开始进行重建王权的尝试，而吐蕃王朝时代的大小贵族则凭借地方性实力集团的优势实现了对某些区域的稳定割据，但总的来说，曾经繁荣昌盛的西藏社会陷入战乱、失序的混乱状态。事实上，这期间各方力量都在尝试改变这一颓势，重振昔日的雄风，然而这两种由传统的政治力量生成的新的政治实体，无论是赞普后裔政权还是地方贵族政权都在先天不足和后天失调之下举步维艰，在统一吐蕃王朝时代达到鼎盛的西藏世俗政权的政治统治模式也随着吐蕃王朝的崩溃变得一蹶不振了。

另一方面，10世纪前后，佛教作为一种新的意识形态在吐蕃王朝的灰烬中重燃，并迅速成为西藏各个阶层普遍信守的秩序规范和普遍敬信的神圣权威。在吐蕃王朝崩溃、王权威信扫地之际，其填补了西藏社会的权威真空。佛教意识形态和西藏社会有机结合，创造出极具西藏特色的佛教政治传统，即在10~13世纪的西藏，无论是政治体制还是政治文化，都佛教化了。众所周知，这一传统最早的集大成者是13世纪中后期在元朝扶植下主理藏政的萨迦派政权。而本书讨论的早期古格王国，正与萨迦政权的兴起和发展处于同一阶段，而古格早期政权的结束，也正好与萨迦政权主导藏政的新政治秩序的建立密切相关。如果说萨迦政权作为后弘期西藏教派政权的代表和历史发展的前进方向的话，古格王国则是这一时期世俗政权的代表，并且在教派政权兴起之前，已开启了在政治体制和政治文化上的佛教化道路。目前已有充分的证据表明，古格王国是西藏境内最早施行政教合一试验的地方政权，并取得了相当辉煌的成绩，但该政权的权力结构，在本质上仍然是世俗权力的一种高明策略，与以萨迦政权为代表的教派政权有着巨大的差异。西藏社会在吐蕃王朝崩溃后的权力结构重新整合过程中形成的古格王国的政教关系模式，是与宗教势力主导的政教关系模式不同的一种发展道路。古格的发展模式，随着后来萨迦政权、帕竹政权和甘丹颇章政权的持续成功，而日益淡出西藏政治的主流舞台。因此，本书将对

西藏古格王国早期政治史的研究，放置在 10~13 世纪西藏社会政教
关系这一大的网络之中，以西藏的区域性世俗政权——古格王国为
个案，以期更加深入地理解 10~13 世纪西藏历史的发展进程。

古格史与阿里地区政治文化史研究

　　古格乃至阿里地区的历史研究是目前藏学研究中一个比较薄弱
的环节，10~13 世纪古格王国的政治史研究成果，数量不多，质量也
不高。从政治体制和政治文化的角度讨论古格政治史的研究成果更
是少见，因此考虑到本书研究对象的特殊性，笔者决定在回顾与梳
理学术史时，在地理范围上不局限于古格，而是扩展到古格所在的
整个阿里三围地区。在政治史的议题上，也不局限于政治体制和政
治文化本身，而是适当地扩大，包括西藏历史上的政教关系研究和
古格王国政治史、宗教史研究等内容。由于政教关系研究一直是西
藏研究中的重点话题，从来不乏前贤时彦的垂青，相关论著也相当
丰富，因此对西藏政教关系的学术史回顾，笔者不打算将目前所有
的研究论著作流水账式的详细列举，而是以问题为导向，通过对代
表性成果的分析，尝试对既有的研究方法和分析范式加以梳理，从
中指出其对本书的研究起到的启发与反思作用。
　　首先，在西藏政教关系的研究中，"政教合一制"是藏学界最早
讨论的热点问题，相关论著在藏学研究成果中所占比例不小，但泛
泛而论的居多，其中最重要的是关于西藏"政教合一制"问题的讨

论，包括分析政教合一制在西藏出现并长期存在的原因、辨析西藏
历史上各大政权是否为政教合一制的政权等。[1] 以现代学术研究的
范式深入探讨西藏政教关系的历史演变，最早且影响最大的，迄今
为止仍然莫过于 1981 年以藏文出版的东嘎·洛桑赤列活佛的《论西
藏政教合一制度》一书。东嘎活佛以马克思主义理论为指导，从社
会经济史和政治史结合的角度，首次系统、全面地梳理了西藏政教
合一制的形成史，并提出了两个重要观点。一是吐蕃王朝后期王权
将土地、牧场、牲畜、奴隶等生产资料授予佛教寺院，逐渐通过寺
院经济的发展而形成僧侣贵族阶层，构成西藏政教合一制度形成和
发展的历史条件与经济基础。二是寺院经济的发达，使得僧侣集团
内部出现分化，形成上层僧侣贵族和普通僧人两个对立的阶层，僧
侣贵族集团为保护自己的利益与世俗政治权力相结合，由此构成西
藏政教合一制的社会基础和阶级根源。而这一社会基础和阶级根源
的形成，正是在吐蕃分治割据时期的 400 年中（10~13 世纪）生成
的。[2] 东嘎活佛的研究，从纷繁复杂的历史现象中，通过对经济社会
和阶级结构的把握，揭示了西藏政教合一制度形成的原因及其演变
的形式，并且点出了其在 10~13 世纪西藏政教关系演变中的重要地
位。不过该研究过分强调经济结构而忽视了"人"在历史活动中的
重要作用，也就是说很少从"政治体制"和"政治文化"的角度分
析和理解西藏的政教关系，这正是本书试图着力推进的地方。

1　参见杨许浩《简析西藏的"政教合一"制度》，《西藏研究》1983 年第 2 期；张林生《试论西
　　藏政教合一制度形成的原因——兼论西藏封建农奴制的确立》，《西藏党校》1985 年第 1 期；
　　肖然《西藏地方政教合一制始末》，《西藏民族宗教》1994 年第 3、4 期，1995 年第 1 期；罗
　　润苍《西藏佛教史上的政教关系》，《中国藏学》1994 年第 2 期；阙成平《西藏政教关系历史
　　演变述略》，《西藏民族学院学报》2007 年第 3 期。
2　东嘎·洛桑赤列：《论西藏政教合一制度》，郭冠忠、王玉平译，西藏人民出版社，2008，第
　　105~106 页。

　　东嘎活佛之后，仍有不少学者对西藏政教合一制形成的原因和形态进行补充论证，王献军成为此后西藏政教合一制研究的代表学者。其 1997 年完成的博士学位论文《西藏政教合一制研究》，详细地论述了分治割据、萨迦政权、帕竹政权、甘丹颇章政权等西藏各个历史时期政教合一制的形成和演变。[1] 论文第一章"西藏政教合一制的萌芽——西藏分裂割据时期诸政教合一体的形成"，简要地梳理了 9 世纪中叶到 13 世纪中叶，萨迦、帕竹、蔡巴、止贡、夏鲁、雅桑六个政教合一体的形成过程，指出其共同的特点在于教派势力与世俗地方势力的结合，已具有政教合一的性质，但在形式和内容上还显得"简单""粗糙"，因此作者认为这一时期是西藏政教合一制的雏形或萌芽期。[2] 此文继东嘎活佛之后，比较明确地意识到 10~13 世纪在西藏政教关系发展史中的重要地位，但由于作者受限于对"政教合一"的概念论述，对政教关系的考察过于重视教派政权，而忽视了这一时期仍然大量存在的世俗政权的历史，未能涉及世俗政权中政教关系的情况。而这也正是本

1　王献军在博士学位论文完成前后，以博士学位论文的撰写为基础，在学术期刊上发表了 10 余篇讨论西藏政教合一制的专题论文，此后又出版了专著《西藏政教合一制研究》（兰州大学出版社，2004）。参见王献军《西藏早期的家族式政教合一制》，《西北史地》1996 年第 2 期；《甘丹颇章政权初期的政教合一制》，《西藏民族学院学报》1997 年第 1 期；《西藏政教合一制形成原因再探》，《西藏民族学院学报》1998 年第 1 期；《1751 年后西藏政教合一制下的权力分配》，《中国边疆史地研究》1998 年第 4 期；《西藏分裂割据时期诸政教合一体的形成》，《西北民族学院学报》1999 年第 1 期；《清末西藏政教合一制度受到的冲击》，《青海民族学院学报》1999 年第 2 期；《对"政教合一制"定义的再认识》，《西藏研究》2002 年第 2 期；《西藏政教合一制的组织机构和职官制度——1751 年至 1959 年》，《西藏民族学院学报》1999 年第 4 期；《民国时期西藏政教合一制受到的冲击》，《青海民族学院学报》2003 年第 4 期；《政教合一制在西藏的覆亡》，《西藏研究》2003 年第 3 期；《试论甘青川滇藏区政教合一制的特点》，《西藏民族学院学报》2004 年第 2 期。
2　王献军：《西藏政教合一制研究》，博士学位论文，南京大学，1997，第 3~21 页；《西藏分裂割据时期诸政教合一体的形成》，《西北民族学院学报》1999 年第 1 期。

书打算重点考察的内容。

　　此外，近年来学界已开始注意到"政教合一制"在西藏的具体形态方面，在时间上和地域上是有差异的。如戴发望提出西藏后弘期政教合一制存在家族式与教派式两大类型。[1]另一些学者则将西藏政教合一制的研究，拓展到西藏以外的其他藏族聚居区，如开始讨论安多、四川藏族地区的一些后弘期地方政权的政教关系问题。[2]特别是关于康区土司制度的政教关系，一些学者认为，土司制度实际上也是一种政教合一制，只不过它与卫藏地区的情况存在着一定程度的形式差异。[3]这些讨论，引起学界对藏族地区其他地方和区域政权政教关系的争论。如有学者认为，康区的政教关系不算政教合一制，只能归属于政教联盟的类型，或者是在政教关系上存在着多种类型同时并存的情况。[4]这些论述虽然丰富了学界对藏族社会政教合一制历史的理解，但大多囿于什么是政教合一制的概念之争，未能结合西藏的地方社会或区域政权的历史细节展开深入考察，只是从一种政教合一的概念到另一种政教合一的概念的泛泛之论，缺乏在具体的历史情景中对政教关系所涉及的政治体制和政治文化进行细致的分析。

　　随着相关研究的日益丰富和深入，近年来学界在历史上西藏政教关系的研究上突破政教合一论题束缚，开始从整体上把握和论

1　戴发望：《后弘期西藏的政教合一制度》，《中国藏学》2006 年第 3 期。
2　参见吴均《论安木多藏区的政教合一制统治》，《青海民族学院学报》1982 年第 4 期；秦永章《唃厮啰政权中的政教合一制统治》，《青海民族学院学报》1988 年第 1 期。
3　参见都淦《四川藏族地区土司制度概述》，《西藏研究》1981 年创刊号；邓俊康《康区"政教合一"史话》，《康定民族师专学报》1986 年第 1 期；刘先毅《也谈康区的政教关系》，《西藏研究》1990 年第 3 期；杨嘉铭《甘孜藏区封建农奴制下的政教关系》，《西藏研究》1991 年第 3 期；根呷翁姆《浅谈甘孜藏区的政教联盟制度》，《四川民族学院学报》2010 年第 1 期。
4　参见曾文琼《论康区的政教联盟制度》，《西南民族学院学报》1988 年第 2 期；杜永彬《德格土司辖区的政教关系及其特点》，《中国藏学》1989 年第 3 期。

述西藏政教关系史的发展概况，其中朱丽霞、周松在参考了众多前期研究成果的基础上编著的《佛教与西藏古代社会》[1]一书颇能代表这一研究趋势。该书不再单纯地从政教合一的角度来讨论西藏的政教关系史，而是完整地考察了历史上西藏政治与藏传佛教之间的关系，特别是梳理了藏传佛教和藏族传统法律的互动关系，颇能从细节处把握西藏政教关系研究的关键。然而遗憾的是，该书对政教关系的论述，特别是对包括10~13世纪在内的后弘期佛教与西藏政治的考察，仍以各大教派的教法史为叙述主线，以教派为中心分别对宁玛派、噶当派、萨迦派、噶举派、格鲁派与西藏政治的关系进行梳理，占了全书一大半的内容，而对后弘期以来与教派政权并存的类似于古格王国这样的区域性世俗政权的政教关系未曾着墨。

从上述研究现状来看，大多数学者对西藏政教关系的理解，或局限于"政教合一制"的概念式讨论，或受限于藏传佛教传统教派发展史的历史书写模式，对政教关系的多方位、多层次理解的研究相当不足，涉及政治体制与政治文化的具体分析则更少。但也有少数学者在进行这样的尝试，特别是石硕对吐蕃王朝政教关系的研究具有研究方法上的代表性。石硕对吐蕃王朝不同时期和不同历史阶段所呈现出来的政教关系特点做了具体、深入的探讨，尤其是将吐蕃王朝政教关系的发展演变放到吐蕃王朝各个时期的社会背景及一系列历史事件中进行研究，揭示了吐蕃王朝政教力量的互动关系和深层结构，对本书的研究具有相当的启发意义。考虑到古格王国作为吐蕃王朝的直系后裔政权，石硕对吐蕃王朝政教关系的分析，对本书的研究具有重要的价值。[2]

---

1   参见朱丽霞、周松编著《佛教与西藏古代社会》，甘肃教育出版社，2006。

2   参见石硕《吐蕃政教关系史》，四川人民出版社，2000。

其次，在"古格政治、宗教研究"上，本书不孤立地考察有关古格的研究成果，而是采取将与古格相关的阿里地区的研究都纳入视野中来加以综述的原则。尽管研究阿里地区的成果相较于藏学研究的其他领域来说数量不多，但国内外学者仍然在相关领域做出过许多有益的探索，取得了不小的成就，为本书的研究提供了许多宝贵的线索和启发，没有他们的一系列成果，本书的研究是不可能如期完成的。对于既往的研究成果，下文按照现有研究者学术语言的使用情况大致分为三大部分，一为国内汉文学术界，二为国内藏文学术界，三为国外藏学界。接下来将分别就这三个方面的研究情况予以综述。

古格王国所在的西藏阿里地区，地处西藏西部边境，与内地相隔绝远。在大部分的历史时期，汉藏之间的直接交流相对贫乏，因此留下来的可资利用的汉文文献极为稀少，特别是古格时期几乎没有相关的汉文文献可资利用，所以学界对西藏阿里地区古代史的研究，主要依赖的是考古资料和古典藏文文献。在考古学方面，目前国内学者取得了令人兴奋的成绩，是相关研究中成果最多、学术影响力最大的一个领域。近20年来，张建林、霍巍等学者先后围绕古格王城遗址、东嘎皮央石窟群以及散落在阿里各地的众多寺院遗迹，进行考古调查和发掘，填补了古格历史上许多不为人知的空白，大大丰富了传世文献以外的古格史研究资料。[1] 而在历史学方面，古格史的研究现状却不太理想。国内学术界长期以来主要依赖汉文文献进行西藏历史研究的优势，在阿里研究中显得颇无用武之

1　参见西藏自治区文物管理委员会《古格故城》，文物出版社，1991；索朗旺堆主编《阿里地区文物志》，西藏人民出版社，1993；霍巍《西藏西部佛教文明》，四川人民出版社，2000；四川大学中国藏学研究所等编著《皮央·东嘎遗址考古报告》，四川人民出版社，2008。

地，[1]因此该领域的研究起步较晚，基础也相对较弱，从这个意义上
说，本书可以说是用汉文撰写的第一部有关古格历史的学术专著。
事实上，国内有关阿里和古格的书籍，最初并不是由历史学家们撰
写的。真正使阿里为国人所知的，是一批投身于西藏文化事业战线
的文艺工作者。从 20 世纪 90 年代起，马丽华、巴荒等作家亲身游
历阿里，以散文的笔调和游记的形式，向国人娓娓道出了神秘的阿
里传奇，吸引了不少读者开始关注阿里和古格。[2]此后，类似著作逐
渐多了起来，特别是一批多年从事阿里和古格考古的学者，也相继
撰写了一些有关阿里和古格历史与考古杂记类的通俗读物。时至今
日，关于古格时期阿里历史描述的通俗著作已有很多，由于这些著
作主要以文学性见长，其目的在于讲故事而非学术研究，在此就不
详加评述了。[3]

　　事实上，在古格史的研究中，以学术研究为主旨的国内汉文论
著其实并不多见。由于只有藏文史料可资利用，早期学者们大多视

1　以目前国内汉文学术界中西藏历史研究中的区域史研究为例，昌都地区的研究成果是相对丰
　　富和颇有创见的，其主要原因在于昌都地处汉藏交流的孔道，存世的汉文文献数量相当丰
　　富，足以支撑相关研究的开展，昌都地区史研究中目前在学术上最有代表性的是王川教授的
　　《西藏昌都近代社会研究》一书。该书基本上没有使用相关的藏文文献资料，但以作者在昌
　　都两次实地调查为基础，结合昌都地区的各种汉文档案和史书，在史料呈现上仍然是丰富多
　　彩的。全书从政治、经济、文化与宗教等方面对昌都地区的社会历史进行了精密的考证和深
　　入的剖析。参见王川《西藏昌都近代社会研究》，四川人民出版社，2006。
2　马丽华和巴荒是最早从事这项创作的两位作家，她们的《西行阿里》和《废墟与辉煌：西藏
　　阿里古文明之旅》二书以游记的方式叙述了一些阿里古代的传说与历史，前者最早出版于
　　1992 年，后者出版于 1994 年，以后不断有修订和再版。参见马丽华《西行阿里》，中国藏
　　学出版社，2007；巴荒《废墟与辉煌：西藏阿里古文明之旅》，文汇出版社，2004。
3　参见张建林《荒原古堡：西藏古格王国故城探察记》，四川教育出版社，1996；袁勇编著
　　《失落的古格王朝：一个西藏神秘古国的兴盛与衰亡之谜》，陕西师范大学出版社，1999；霍
　　巍《古格王国：西藏中世纪王朝的挽歌》，四川人民出版社，2002；袁莎编著《西藏古格王
　　国探秘》，宗教文化出版社，2009；张建林《秘境之国：寻找消失的古格文明》，西北大学
　　出版社，2019。

此为畏途，鲜能深入，因此有志于此的学者大多是具有汉文书写能力的藏族学者。与文学界大体一致，国内汉文学术界对古格史和同时期的阿里历史的关注基本上开始于 20 世纪 90 年代。90 年代初，藏族学者尊胜首次讨论了阿里三围时期，拉达克、古格和亚泽等政权的王统世系以及阿里三围的地域概念；[1] 稍后范亚平则比较粗略地综述了古格王朝历史的简单情况；[2] 同一时期，伍昆明在其所著的《早期传教士进藏活动史》一书中专章论述了古格王国灭亡前后西方的耶稣会传教士在阿里地区的传教活动，并揭示了不少古格王国覆灭的历史细节，这是迄今为止在这一问题上考证最精详、所用史料最丰富的研究成果。[3] 稍后喻天舒也就这个问题进行过讨论，但在史料和见解上，并未有新的突破。[4] 在 90 年代初的小热之后，学术界在古格历史研究上沉寂了多年。进入 21 世纪，随着阿里考古的深入开展，古格历史再次引起了国内一些学者的关注，2007 年奥地利维也纳大学与中国藏学研究中心联合举办了一次关于西部西藏的学术研讨会，会后出版了《西部西藏的文化历史》一书。此书在考古学、历史学、宗教学、艺术学等多个方面对西部西藏特别是阿里地区的诸多问题开展了深入的讨论，其中张云在尊胜的基础上重新考证了包括古格王国在内的阿里三围时期诸政权的王统世系；班班多杰则对后弘期初期以古格为中心的上路弘法的情况进行了考察；巴桑旺堆则试图澄清"阿里"这个地名在分治割据时期的不同意涵。

1　尊胜：《分裂时期的阿里诸王朝世系——附：谈"阿里三围"》，《西藏研究》1990 年第 3 期。

2　范亚平：《古格王朝历史地位述略》，《藏学研究论丛》第 4 辑，西藏人民出版社，1992。

3　该书第四章"安夺德等耶稣会士在西藏古格地区的活动"详细论述了古格王国灭亡前后的历史，作者利用了大量当年传教士的信件，清理出这些鲜为人知的重要史料和当时古格王国的政教情况。参见伍昆明《早期传教士进藏活动史》，中国藏学出版社，1992，第 119~261 页。

4　喻天舒：《传教士与古格王国的覆灭》，《中国藏学》2007 年第 1 期。

这些成果对本书的研究助益颇大。[1]

综上所述，汉文学术界的古格史和阿里历史的研究基础十分薄弱，研究成果相对较少，迄今为止，仍然没有一部真正意义上的关于阿里历史的学术专著出现。但值得一提的是古格·次仁加布的《阿里史话》一书，该书只有11万字，虽然是一部通俗性的阿里简史，但不容忽视。由于该书是"西藏文化旅游丛书"的一种，古格·次仁加布在撰写该书时要考虑到通俗性的问题，所以在学术规范上有所忽略，尽管该书在某些方面的学术价值颇为可观。该书主要分为两大部分，一是阿里简史，这部分从远古时代一直写到新中国成立时的阿里地区，简要地概述了阿里历史上的象雄时期、吐蕃时代、古格时期、噶本政府时期的一些情况，这部分是全书的重点，占到全书内容的40%左右。二是收录了作者自己的一些小论文，例如考证了著名的拉喇嘛益西沃殉道故事的真伪，对神山圣湖以及阿里地区的托林寺、科迦寺等著名寺院的历史给予简要介绍。因此，该书实际颇具学术上的参考价值，而其也是很长一段时间内，汉文读者能够使用的唯一一部关于古格史和阿里历史的书。[2]

与国内汉文学术界的寥寥成果相比，国内藏文学术界的古格历史研究成果要丰富一些，不但有论文发表，还有数部相关研究专著出版。由于语言上的优势，国内藏文学术界在阿里研究上本来可以大有作为，但藏学领域里大有可为的题目太多，分散了研究者的注意力，所以真正有志于此的藏族学者并不多。目前藏文学术界研

1　参见张云《阿里王统分析——疑义辨析之一》，班班多杰《阿底峡与藏传佛教上路弘传》，巴桑旺堆《11世纪的上部阿里与下部阿里》，均收入《西部西藏的文化历史》，中国藏学出版社，2008。

2　参见古格·次仁加布《阿里史话》，西藏人民出版社，2003。10年后，次仁加布又结合新见的一些材料对该书进行增补，以《传奇阿里》为名出版。参见古格·次仁加布《传奇阿里》，中国藏学出版社，2014。

究古格史和阿里历史的主力，主要是出身于阿里地区的一些藏族学者。其中最有成就的是冈日瓦·群英多吉（གངས་རི་བ་ཆོས་དབྱིངས་རྡོ་རྗེ）和古格·次仁加布（གུ་གེ་ཚེ་རིང་རྒྱལ་པོ）。冈日瓦·群英多吉出生于阿里，曾在印度多吉丹大学学习，在藏族学者中，他是较早专注于阿里历史研究的学者之一。1996 年，他以藏文出版了国内第一部研究阿里历史的专著，汉文题名为《雪域西藏西部阿里廓尔松早期史》，书名中的"阿里廓尔松"就是常用的"阿里三围"的音译。该书出版的当年正好是托林寺建寺 1000 周年，所以其面世，有为托林寺献礼之意。书中主要论述了阿里王朝的三个分支政权——古格、普兰和亚泽的演变历程，同时较详细地介绍了当时阿里主要寺院的情况，以及阿底峡、仁钦桑波等古格时代的佛教大师的生平事迹。[1]

1996 年对于阿里来说有特殊的历史意义，当年除了群英多吉的这部专著出版之外，还有一部重要的有关阿里历史的藏文著作《阿里历史宝典》问世。该书由阿里地区政协组织编写，全书共分 4 章，第一章叙述了古代阿里和古格王朝的兴衰，以及后来的甘丹颇章政权辖下的阿里噶本政府情况，对日土、扎布让、达巴、普兰四宗在清代的政治、经济情况也有所述及；第二章为寺庙志，介绍了阿里地区最有影响的 13 座寺庙的情况；第三章则是阿里地区当代史的内容，叙述了西藏和平解放以后阿里地区的历史情况；第四章为附录，辑录了与阿里历史、地理、宗教有关的 6 篇论文。该书虽然内容丰富，但成于众手，且旨趣不在学术研究上，主要起到了资料汇编的作用，在当时的情况下，能完成这些工作已是难能可贵。[2]

1　གངས་རི་བ་ཆོས་དབྱིངས་རྡོ་རྗེ་བཟུགས། གངས་ཅན་བོད་ཀྱི་ནུབ་ངོས་མངའ་རིས་སྐོར་གསུམ་གྱི་སྔོན་གྱི་ལོ་རྒྱུས་ལོ་འཛེ་མེ་ཏོག། 1996 བོད་ལྗོངས་མི་དམངས་དཔེ་སྐྲུན་ཁང་གིས་པར་དུ་བསྐྲུན།

2　མངའ་རིས་སྲིད་གྲོས་རིག་གནས་ལོ་རྒྱུས་བསྒྲུབ་ཆ་བྱེད་ཚོགས་པ་ནས་བསྒྲིགས། བོད་ལྗོངས་བོད་མངའ་རིས་སྐོར་གསུམ་གྱི་རབས་ཆགས་རིག་ལོ་རྒྱུས་དང་དགོས་ཁག་ཞིབ་གསལ་མཛོད་པའི་གཏན་ལ་ཕབ་པ་རྒྱུ། 1996 བོད་ལྗོངས་མི་དམངས་དཔེ་སྐྲུན་ཁང་གིས་པར་དུ་བསྐྲུན།

　　群英多吉在阿里历史研究上颇有开创之功，可惜英年早逝，未能够尽展所长。稍后接续其研究事业的便是他的同乡古格·次仁加布。古格·次仁加布出生于阿里地区噶尔县的左左乡朗久村，先后就读于中央民族大学和中国社会科学院研究生院，获得文学学士和历史学硕士学位，其硕士学位论文研究的正是阿里地区在近代发生的森巴战争的历史，[1]后回西藏自治区社会科学院工作，任该院宗教研究所所长、研究员。他在撰写《阿里史话》前后，开始集中研究阿里地区的历史问题，先后以藏文撰写和发表了几篇阿里地方史的论文，对阿里三围源流的考辨和拉喇嘛益西沃殉法的考证都颇为精彩，这些论文后来都汇编到《古格·次仁加布论文集》（གུ་གེ་ཚེ་རིང་རྒྱལ་པོའི་ཆེད་རྩོམ་ཕྱོགས་བསྒྲིགས）中。[2]

　　后来他又将注意力转移到阿里佛教史的研究上，出版了用藏文撰写的《阿里文明史》（སྟོད་མངའ་རིས་ཀྱི་དགོན་སྡེའི་ལོ་རྒྱུས་དག་གསལ་མཐོང་བའི་མེ་ལོང）一书。该书多达 60 万字，可谓阿里历史文化研究中的一部巨著。书分为三个部分，第一部分为阿里地区简史，基本上与《阿里史话》中阿里简史部分相同，这部分内容仅占全书内容的 15%。第二部分为阿里地区寺院志，这部分是全书的重点和精华所在，占全书内容的 80% 左右，作者在这部分全面系统地梳理了分布在阿里地区各地的 80 多座寺院的历史和现状，包括以扎西冈寺为首的噶尔县的 5 座寺院，以贤柏林寺为首的普兰县的 18 座寺院，以托林寺为首的札达县的 45 座寺院，以伦珠却德林寺为首的日土县的 4 座寺院，另有革吉县的 5 座寺院、改则县的 4 座寺院和措勤县的 4 座寺院。这是目前为止关于阿里地区寺院情况最全面和最详细的记录。在此之前，除

1　参见古格·次仁加布《试论 1841~1842 年西藏森巴战争》，硕士学位论文，中国社会科学院研究生院，1988。

2　གུ་གེ་ཚེ་རིང་རྒྱལ་ལ་བརྗོདམས། གུ་གེ་ཚེ་རིང་རྒྱལ་པོའི་ཆེད་རྩོམ་ཕྱོགས་བསྒྲིགས། 2005 བོད་ལྗོངས་བོད་ཡིག་དཔེ་རྙིང་དཔེ་སྐྲུན་ཁང་གིས་པར་དུ་བསྐྲུན།

了《阿里历史宝典》中的寺庙志部分外，在阿里地区民宗局工作
的曲阿曾撰写过一部比较简略的阿里寺院志，该书专门介绍阿里
地区的寺院情况，不过仍是通俗读物性质的著作，全书仅有 12
万字，只简要介绍了托林寺、科迦寺、扎西冈寺、伦珠却德林寺
等几座最常见的寺院，连贤柏林寺这样的名寺也因为资料不足缺
而未书。[1] 第三部分为附录，收录了一批阿里古籍目录，简要介绍
了益西沃、仁钦桑波等阿里历史上著名人物的生平，还考订了托
林寺法台的传承世系。尽管《阿里文明史》内容丰富、资料翔实，
但其重点在寺院志，对阿里历史问题特别是古格史的讨论反倒不
多。写作方法上，对政教两方面的历史，则采用了完全割裂开来
的叙述手法，缺乏对政教关系的详情及其互动过程的叙述和讨论。[2]
综观整个藏族学者的古格史（包括阿里历史）研究，虽然取得了
一些成就，但研究方法和内容仍显粗略，特别是对特定时期比如
古格时代的阿里历史的情况缺乏深入的考察，对阿里地区政教两
方面的情况，也主要以分别论述为主，缺少将二者结合起来考察
的研究思路。

相比国内的研究现状，我们不得不承认在阿里古代史研究领
域里，国外研究者大大地走在了我们的前面。国外藏学界对阿里地
区的关注不但起步很早，而且在研究的深度和广度上都远远超过目
前国内学术界，这也是本书致力于古格史研究的原因之一。跟国内
的研究脉络相似，国外藏学界最早也是从古格和阿里地区的考古入
手，然后转入古格史和阿里历史的研究。20 世纪初，在西部西藏长
期考察的英国学者弗兰克在他多年研究积累的基础上完成了第一部

1　ཚོས་དཔག་གིས་བརྩམས། སྟོད་མངའ་རིས་ཀྱི་དགོན་པའི་ལོ་རྒྱུས་དཀར་ཆགས་འགོད་བའི་ལོ། 1999 བོད་བོད་ལྗོངས་མི་དམངས་དཔེ་སྐྲུན་ཁང་གིས་པར་དུ་བསྐྲུན།

2　གུ་གེ་ཚེ་རིང་རྒྱལ་པོས་བརྩམས། མངའ་རིས་ཆོས་འབྱུང་གངས་ལྗོངས་མཛེས་རྒྱན། 2006 བོད་བོད་ལྗོངས་མི་དམངས་དཔེ་སྐྲུན་ཁང་གིས་པར་དུ་བསྐྲུན།

关于西部西藏的通史——《西部西藏史：一个未知的帝国》。该书主要利用藏文古籍《拉达克王统记》的相关资料以及作者实地调查所得的一些资料写成，书名虽然点出了"西部西藏"，实际上只是一部关于历史上阿里王朝的一个分支政权拉达克王国的简明通史。该书首次向世人展示了阿里古代历史上的神秘王国拉达克的历史情况。不过受当时资料条件的限制，该书所用史料较为单一，基本史实的错误也较多。[1]

此后，20世纪30年代著名的意大利藏学家图齐（Giuseppe Tucci，1894-1984）在阿里地区及中印边境从事了多年的考古调查，[2] 出版了关于西藏考古和历史的系列专著——四卷本的《印度—西藏》一书，其中有两卷与本书的研究相关。1933年出版的第二卷，专门考证古格早期著名的大译师仁钦桑波的生平，该卷以仁钦桑波的事迹为突破口，综合分析了后弘期初期古格王室与西藏佛教复兴的关系。[3] 此外，1936年出版的第三卷第二册也与古格史研究直接相关，该卷的研究主要建立在作者对古格故都扎布让进行的实地

---

[1] 该书最初于1907年在伦敦出版，其后在印度又屡有翻印和再版。参见 A.H.Francke, *A History of Western Tibet:One of the Unknown Empires*, Delhi:Motilal Banarsidass Publisher, 1998。

[2] 图齐在阿里地区的考察主要集中在1933年和1935年，此前他在拉达克和毕底地区已有不少调查经验。1933年他从什布奇山口进藏，途经阿里的香孜和香地，发现了大量的古代写本。然后抵达阿里首府噶大克，再从噶大克出发经南路返回印度，途中考察了托林寺和扎布让。1935年的考察则是另外一条线路，经普列克山口入藏，抵达普兰，参访了著名的科迦寺，然后考察了冈底斯山和玛旁雍错一带的寺院，接着抵达阿里的另一重镇达巴宗，此后又考察了芒囊寺，之后去了托林寺和扎布让，在去噶大克的路上发现了皮央和东嘎遗址，最后经扎西冈和列城返回印度。参见纳莱兹尼（O.Nalesini）《朱塞佩·图齐的藏地游历和考察》，魏正中、萨尔吉编译《探寻西藏的心灵：图齐及其西藏行迹》，上海古籍出版社，2009，第40~41页。

[3] Giuseppe Tucci, *Indo-tibetica, II: Rin-c'en-bzan-po e la rinascita del buddhismonel Tibet intorno al mille*, Roma, Reale Accademia d'Italia, 1933.

考古调查研究的基础上。[1] 这套书 2009 年已由北京大学考古文博学院的学者魏正中等人翻译成汉文并由上海古籍出版社出版。[2] 此外，1949 年图齐在发表的一份札记中还曾对格鲁派在古格地区的传播有过简单的关注。[3] 在图齐打下的良好的研究基础之上，阿里研究后来成为意大利藏学家的强项之一，其中伯戴克（Luciano Petech）和维他利（Roberto Vitali）可以说是目前最有影响力和学术成就最高的研究者。

伯戴克是藏学家图齐的得意门生，1936 年毕业于罗马大学，获博士学位。1955 年成为罗马大学教授并担任该校东亚历史系主任至1984 年退休。伯戴克在藏学领域的研究范围颇广，他在阿里研究方面的主要兴趣是在拉达克史研究上，1939 年他出版了《拉达克编年史研究》一书。这是一本只有 100 多页的小书，在书中他对藏文古籍《拉达克王统记》进行了细致的考论和补证，初次展现了其在拉达克史研究上的学术功底。[4] 经过多年的积累，1977 年伯戴克出版了国际藏学界在拉达克研究上的集大成之作——《拉达克王国史：950~1842》。该书以《拉达克王统记》的史料为基础，辅以一些与拉达克相关的西藏高僧的藏文传记，叙述了从远古时代一直到道格拉王朝统治时期的拉达克地区的历史，极大地丰富了拉达克历史的细节。较之弗兰克的《西部西藏史：一个未知的帝国》，此书在学

1　Giuseppe Tucci, *Indo-tibetica*, Ⅲ : *I temple del Tibet occidentale e il loro simbolismo artistic; Parte Ⅱ: Tsaparang*, Roma, Reale Accademia d'Italia, 1936.

2　参见图齐著，魏正中、萨尔吉主编《梵天佛地（第二卷）：仁钦桑波及公元 1000 年左右藏传佛教的复兴》《梵天佛地（第三卷第二册）：西藏西部的寺院及其艺术象征——扎布让》，上海古籍出版社，2009。

3　参见 Giuseppe Tucci, "Tibetan Notes (I: The Tibetan Tripitaka, Ⅱ : The Diffusion of the Yellow Church in Western Tibet and the Kings of Guge)," *Harvard Journal of Asiatic Studies*, ⅩⅡ , 1949, pp. 477- 496。

4　参见 Luciano Petech, *A Study on the Chronicles of Ladakh*, Delhi: Low Price Publications, 1939。

术上更加严谨，内容上更加丰富，叙事上更加准确，是迄今为止关于拉达克历史研究中最优秀的一部学术专著，[1] 该书现已有汉译本面世。[2] 拉达克地区作为古格时期的阿里三围之一，是阿里古代史研究的一个重要内容，伯戴克的研究成果为本书论述古格时期阿里地区政教关系史提供了非常有益的参考。但该书也有不足之处，最明显的缺陷是作者出于现代国际政治的不良用心而人为地将历史上属于阿里三围的拉达克与阿里地区对立起来，更罔顾包括拉达克在内的阿里三围在历史上是西藏的重要组成部分的事实，将拉达克地方政权视为脱离于中国之外的一个独立国家，以致该书在一个较为广阔的历史视野中颇有顾此失彼之弊。此外，伯戴克还撰写了一些有关拉达克和阿里地区的研究论文，特别是首次梳理了止贡派在西部西藏的情况。[3]

　　拉达克史研究的丰富为进一步深入研究阿里历史奠定了深厚的基础，[4] 阿里三围中的另外两个重要组成部分古格和普兰早期历史的大片空白则在托林寺建寺 1000 周年的时候由维他利相当有效地填补了。维他利是一个从事藏学研究的自由职业者，长期在加德满都和达兰萨拉等地活动，对阿里历史尤其是古格历史有较大的兴趣。

1　参见 Luciano Petech, *The Kingdom of Ladakh c. 950-1842 A.D*, Rome: Istituto italiano per il Medio ed Estremo Oriente, 1977。

2　参见《拉达克王国史：950~1842》，沈卫荣译，上海古籍出版社，2018。

3　参见 L. Petech, "Bri.gung.pa sect in Western Tibet and Ladakh," in L. Ligeti ed., *Proceedings of the Cosma de Koros Memorial Symposium*, Akademiai Kiado, Budapest, 1978; L. Petech, "Ya-ts'e, Gu-ge Purang: A New Study," *Central Asiatic Journal*, Vol.24, 1980。

4　目前在国际学术界，拉达克研究取得了相当丰富的成果，除了伯戴克在历史学方面的贡献外，许多学者分别从政治学、经济学、宗教学、人类学入手展开对拉达克地区的研究。1981年，一批有志于此的学者在德国举办了第一次关于拉达克研究的国际学术会议。1987年，来自世界各地的学者在德国正式成立了国际拉达克学会（International Association of Ladakh Studies），该学会每两年召开一次国际学术研讨会，编辑出版会议论文集。迄今为止学会已召开了 14 届研讨会，编纂了 11 部会议论文集，积累了丰富的研究成果。

1996 年他出版了《古格普兰王国》一书，该书首次系统地将阿里古代历史典籍《阿里王统记》加以详细梳理和考辨。全书首先用英文对《阿里王统记》进行了翻译，然后结合各种藏文典籍对王统记的记载进行了详细的考辨，因此该书汇集了 10~15 世纪阿里历史的大量资料，其中大部分是国内十分罕见的内容，具有极高的学术价值。[1] 同时，以此书的研究为基础，维他利还编制了一份"10~15世纪的阿里地区大事年表"，该年表完成后一度未曾公开发表或出版，后来收入一套西藏历史研究的论文集中。[2] 此后他又投身于托林寺的历史及相关文献整理和研究中，在 1999 年出版了在托林寺研究方面的一部力作。该书分为两部分，第一部分论述了从托林寺建寺到 19 世纪这座阿里地区最著名的寺院的历史情况，第二部分则对托林寺收藏的大量珍贵文献进行了梳理和解读，将托林寺研究推向了一个更高的境界。[3] 除了伯戴克和维他利之外，近年来寄居国外的藏族学者洛桑夏孜也有一些阿里宗教史方面的论文发表。洛桑夏孜 1958 年出生于阿里日土，长期从事藏文写本的整理和保存工作。由于出生于阿里，他对阿里研究颇有热情，他的论文对古格初年的火龙年大法会和历代达赖与阿里地区诸政权的关系有较为深入的考论。[4] 总的来说，国外藏学界在古格史和阿里历史研

1　参见 Roberto Vitali, *The Kingdoms of Gu.ge Pu.hrang*, New Delhi: Indraprastha Press, 1996。

2　参见 Roberto Vitali, "A Chronology (bstan rtsis) of Events in the History of mNga' ris skor gsum (tenth-fifteenth centuries)," in Alex Mckay eds., *The History of Tibet vol.2*, London: Routledge Curzon, 2003。

3　参见 Roberto Vitali, *Records of Tho. ling: A Literary and Visual Reconstruction of the "Mother" Monastery in Gu.ge*, Art Media Resources, 1999。

4　参见 Lobsang Shastri, "The Religious Council of the Fire-Dragon Year, 1076 AD," *Proceedings of the Seventh International Conference of Tibetan Studies,* Austria, 1995; Lobsang Shastri, "Relations between Dalai Lamas and Rulers of mNga' ris skor gsum: From Late 14th-Mid 19th Century," *Tibet Journal*, Autum 2003, Vol.23 (3)。

究上，无论是对藏文文献的利用还是相关史料的汇辑，都做出了巨
大的贡献。

基本史料概况及其价值

　　本书力求在对 10~13 世纪古格史料充分利用的基础上展开相关
的研究。一方面，在中国各民族中，藏族是较早拥有自己文字的民
族之一，因此保存着丰富的历史文献。另一方面，宗教对西藏社会
产生了巨大影响，影响到后弘期以来西藏历史写作的方方面面。从
一定程度上来说，后弘期佛教在西藏的复兴和发展就是依靠历史、
通过历史并且同历史一起保存下来和发展起来的，佛教史家成为西
藏历史的主要书写者。因此，传统西藏政治史发展的主线，主要是
由藏传佛教高僧所书写的教法史、王统记和高僧传记来建构的。虽
然藏传佛教各教派的发展史可以对西藏政治史给出一些合理的解
释，但是作为今天的学术研究，不能被宗教史的叙述逻辑牵着鼻子
走。显然必须对后弘期以来由佛教意识形态所主导而形成的西藏政
治史史料，保持清醒的认识：它并不等同于客观真实的历史记录。
因此，分析西藏政治史史料的形成过程，弄清这些历史书写背后的
文化背景和时代背景，认清传统藏文史籍的文本叙事可能造成的对
真实历史的遮蔽，从而趋近历史的实相，应是现代学术研究者特别
是藏学工作者在面对藏文史籍时所努力的方向。因此有必要对本
书所使用的基本历史文献的史料价值和史学特点略做说明。

　　本书把所使用的藏文史籍按其叙事内容和形成过程分为两大类型。一是诸如《青史》《红史》《新红史》《雅隆尊者教法史》《布顿佛教史》《汉藏史集》《西藏王统记》《贤者喜宴》等佛教高僧的名著，目前大多已被译为汉文而被藏学界广泛利用，这些著作既是藏族传统史学成熟的标志性著作，也在一定程度上代表着藏文历史书写的最高水平，并且被现代研究者普遍采用，而成为藏学研究中构建西藏历史的主干史料。因此，这一类型可以称为后弘期以来所形成的"经典藏文史著"。

　　然而如果仅仅依靠这一类型的史料研究古格史会有巨大的困难。尽管这些堪称经典的史著各有其优点，如《青史》以其严密而精准的历史年代记载见长、《贤者喜宴》以其丰富的内容为世所称等，但它们都存在一个共同的缺陷，即其着眼点都在藏族地区全局而非某个特定的地方，属于区域性政权的古格王国的历史，也就不在这些史著的法眼之内。利用这些经典史著中的零星史料，很难构建起清晰、完整的古格历史。此外，有关古格的历史记载在这些史著中，不但真正可资利用的史料十分稀少，而且史料的同质化程度极高。由于古格政权在后弘期初期特别是上路弘法中的巨大贡献，该时期的古格佛教史也就成为西藏佛教史的关键内容。而关于古格历史的叙事，基本上都集中出现在这些史著中叙述后弘期上路弘法兴起的阶段。同时伴随着的问题还有，这些史书的形成过程也使其史料价值大打折扣。因为后弘期以来佛教文化的强势地位，宗教史成为这些经典史著的核心内容，属于世俗政权的古格历史，不在后弘期大多数高僧的关心范围之内，因此他们对古格历史的叙述带有很大的局限性。

　　由于古格僻处西藏西部的阿里地区，长期游离于卫藏文化中心之外，有关古格的原始史料很难被历史书写者掌握，因此当卫藏高僧们在书写古格历史时，其叙事过程中就有在因袭前人的基础上大量自我发挥的空间。比如《汉藏史集》记述拉喇嘛益西沃出家事迹的情况，"后半生时，看到先辈们的文书，心生悔悟，发愿按照祖先的例规弘扬佛法。由于没有出家所需的堪布，遂在佛像前自己领受戒律，并改名为拉喇嘛益西沃"。[1] 事实上，这样的描写并没有任何史料根据。而《汉藏史集》中所描述的益西沃的出家方式，恰与释迦牟尼的出家方式如出一辙。据说释迦牟尼出家时，因为父亲净饭王下令禁止王子出家，找不到为他主持出家仪式的堪布和上师，所以只能在清净塔前用自己的剑削去头发，穿上袈裟，完成了出家仪式。[2] 之所以出现这样的叙事，大概是因为后弘期卫藏地区的高僧们事实上很难见到真正的古格史料。但益西沃在后弘期上路弘法中又是不可或缺的重要人物，因此他们在书写这段历史时，极有可能凭着一贯的佛教史传统加以想象，创造出一些看似生动的故事情节，事实上这些叙事的细节大多可以从常见的佛传故事中找到原型。因此如果完全依靠"经典藏文史著"这一类型的史料来建构古格史的基本面貌，是既困难又相当危险的。

　　因此较长时期内，古格史研究的困境，便是文献资料的不足。不过，如果将史料的考察跳出"经典藏文史著"之外，去关注一些在后弘期历史上影响较小的地方性史著的话，则有关古格的历史信息将会大大的增加。这一"地方性史著"类型在实际研究中非常重要，但存在利用上的巨大困难。由于地方性史著在传播的过程中影响小、存世量不大，学界对这一类型的史料的关注热情不高，一个藏族史学史研究中很显著的特点是，当代关于西藏古代史学史的研究中，学者们的兴趣大多集中于那些叙述整个西藏的古代史籍。以

1　达仓宗巴·班觉桑布：《汉藏史集》，陈庆英译，西藏人民出版社，1986，第114页。
2　参见达仓宗巴·班觉桑布《汉藏史集》，第22~23页。

孙林研究藏族史学史的专著《藏族史学发展史纲要》一书为例，该
书对藏族地方史著作的关注很少，全书只对《安多政教史》和《木
里政教史》的情况有简略的介绍，而对阿里地区一些重要的地方
史籍，比如《拉达克王统记》《阿里王统记》等则基本上没有涉及。
不过同一时期另外一位从事藏族史学史研究的学者王璞已开始对过
去所谓的"被遗忘的藏区史"，即西藏地方史志产生了兴趣，在其
专著中他通过维他利的研究而对《阿里王统记》有所介绍。[1]

　　事实上，与经典藏文史著为藏学界所熟知相反，学界对地方性
史著的了解和获取都相当有限，因此在此有必要对本书研究所依赖
的几种主要的地方性史著的概况和价值略做讨论。

　　《大译师仁钦桑波传》。仁钦桑波（958~1055）是古格早期历史
上最著名的佛教高僧，他的生平与古格早期政治和宗教的历史有着
密不可分的联系。幸运的是，在藏文传世典籍中有一部署名为他的
弟子吉塘巴·益西贝撰著的仁钦桑波传记，目前这部传记有至少四
个抄本和刻本传世，四种版本的内容除了个别字句和叙述上的差异
以外，基本上是相同的。此书的底本应完成于 11 世纪后半期，可以
说它是迄今能看到的最早的古格时代的第一手史料，因此历来都为藏
学界所注意。近年来该传已有两种汉译本，一为苏发祥等所译，该译
本依据图齐发现的写本进行翻译；二为张长虹所译，该译本在翻译
时比勘了多种版本的仁钦桑波传，可谓目前最好的译本。[2]

　　《拉喇嘛益西沃广传》（ཕུ་ཕྲ་མ་ཡེ་ཤེས་འོད་ཀྱི་རྣམ་ཐར་རྒྱས་པ།，以下简称《广

1　参见孙林《藏族史学发展史纲要》，中国藏学出版社，2006，第 423~429 页；王璞《藏族史
　　学思想论纲》，中国社会科学出版社，2008，第 212~215 页。

2　གུ་གེ་ཁྱི་རྒྱལ་པོ་ལ་སོགས་པ་ཀྱི་མཛད། ... ... 汉译本参见苏发祥等译《〈喇嘛大译师仁·无垢水晶宝
　　串〉译注》，李丽主编《王辅仁与藏学研究》，中央民族大学出版社，2006，第 372~384 页；
　　张长虹《大译师仁钦桑波传记译注》，《中国藏学》2013 年第 4 期、2014 年第 1 期。

传》)。益西沃是西藏后弘期佛教史上最著名的国王，也是最有声誉的高僧，经典藏文史著书写了许多他的精彩故事。但关于他生平的真正史实在经典藏史中非常少，如他的生卒、即位、出家等重大事件的历史年代，即便像《青史》这样以年代学见称的名著也未提到，显然，卫藏地区的佛教高僧们手上只有口耳相传的精彩故事，而没有早期古格王室的档案史料可资参用。《广传》成书较晚，据作者古格班智达扎巴坚赞所述，此书于铁鼠年（1480）在托林寺中的著名金殿完成。此书存世量很少，过去一直未被学界注意，直到近年来学者们才发现一部该书的抄本，为40叶的无头体手抄本，藏于哲蚌寺的十明拉康书库中，2013年由西藏人民出版社整理出版。

扎巴坚赞（1415~1498）为15世纪出生于古格本地的高僧，其弟子绛央南喀丹巴在土猴年（1509）为其师所撰写的传记显示，[1] 扎巴坚赞出生于古格洛堆地区的达巴，其族系属于象雄五族之一。其父仁增多吉为达布噶举派的信徒，从小就给他传授达布噶举的灌顶教授。此外，扎巴坚赞听受了许多教法，可谓自小就深受佛法的熏陶。1425年，他被父母送到普兰细德，承事法主南喀坚赞，在仲巴南喀孜摩等11名僧人的见证下，正式出家。此后在南喀孜摩和南喀坚赞身边听受各种佛法。1435年，古格王室决定迎请当时声势正旺的萨迦派密教大师、俄尔支派（ངོར་པ་）的创始人俄尔钦·贡噶桑波（ངོར་ཆེན་ཀུན་དགའ་བཟང་པོ་，1382~1456）前来传法，于是派遣南喀孜摩率团出使，前往俄尔钦的驻地珞哦拜访俄尔钦。扎巴坚赞作为南喀孜摩的侍从跟随南喀孜摩抵达珞哦，得以拜见俄尔钦大师，并在查嘎尔寺获得萨迦派的秘密灌顶，之后迎请俄尔钦

1　འཇམ་དབྱངས་རྣམ་ཁབ་བསྟན་པ་མཛད། རྣམ་ཐར་དགོས་འདོད་འབྱུང་བ་ཞེས་བྱ་བ་བཞུགས་སོ། 2013 བོད་མོ་སྐྱོང་ས་ཆི་དམངས་དཔེ་སྐྲུན་ཁང་གིས་པར་དུ་བསྒྲུབ།
  ད131~169

回到普兰，俄尔钦在科迦寺主持了古格国王的出家仪式，并在普兰举行了大法会。[1] 随后扎巴坚赞跟随俄尔钦东返，前后承事俄尔钦 17 年，其间还向当时萨迦派的另一位大师绒敦·释迦坚赞请益各种显密教法，成为精通五明的大学者，因此获得古格班智达的称号。之后他回到普兰和古格，成为当时古格本地萨迦派的著名高僧。晚年他驻锡于托林寺，因此可以看到许多其他卫藏学者看不到的古格早期档案，故而其所写的益西沃传的内容非常翔实。

扎巴坚赞与后弘期以来的经典藏史的作者们不同，他可以接触到古格王室的第一手资料，其书中引用了一些不知名的资料，如"虚空旧卷"（ཟུལ་སྟོང་ནས་བཀའ），可能就是藏于托林寺的古格王室早期档案。因此，他的书中记叙了许多不为人知的早期古格历史的内容。比如益西沃的生卒年代，在后弘期的经典藏文史著中都没有记载，只有此书详细而清楚地记录了下来。不过由于此书完成于 15 世纪晚期，离益西沃时代已有 400 多年，作者虽然可能看到了一些早期古格史的第一手资料，但也不免受晚出的描写佛教高僧的习惯手法或当时观念的影响，因此书中的叙事存在大量的神话内容，难免出现一些不太可靠甚至前后抵牾的记载。如虽然作者明确地记载了益西沃的生卒年代，但全书在叙事中涉及这些年代时，存在着多个不同的版本，造成这些年代在行文中前后矛盾。然而即使是这些"错误"的记载，其实也有着某些独特的价值，是我们观察后弘期中期藏族文化形成后藏文史著的时代特色的宝贵窗口，不但可以窥见历史人物的社会心态，还折射出那个时代佛教史家们对于政治家和宗教家的集体想象。

1　此一说法在其他一些史书中可以得到印证。《俄尔钦传》记载 1436 年俄尔钦大师前往普兰，为古格国王授戒出家，并举行了大法会。此外，《阿里王统记》也记载，古格国王南喀旺波彭措德在 41 岁时于科迦寺出家为僧。

　　《阿里王统记》（མངའ་རིས་རྒྱལ་རབས།）。此书为研究古格史的基本史料，记载了 10~15 世纪古格王国及其附属的普兰政权的历史情况，其中许多细节为他书所不载，涉及大量世所不知的历史细节。由于长期以来以抄本传世，所以此书只在小范围内流传，以前是很难获得的藏文古籍珍本。直到 1996 年纪念托林寺建寺 1000 周年时，由举办方将此书刊行出版，方才有了现代铅印本行世。这个版本后来按原样收录在维他利的专著《古格普兰王国》的正文之前。由于古格王国是吐蕃王朝的直系后裔所建立的政权，该书在写作体例上受吐蕃王朝正统观念的影响特别明显。该书的现代排印本有 85 页，竟然用去了差不多 50 页的篇幅来追述吐蕃王朝的历史，然后才转入古格史的叙述上来，全书在结构上以古格史为主，兼及普兰政权的情况，古格、普兰部分是该书的精华，其中许多内容是一般的教法史所没有的。[1]

　　"王统记"（རྒྱལ་རབས།）是藏文古典史著的三大体裁之一，拥有悠久的写作传统。王统记这种体裁起源很早，在吐蕃时代就已出现，后弘期以来的王统记与吐蕃时代专记王朝历史的王统记不同，渐渐受到教法史的影响，在记述王统史的同时也关注佛教发展在王朝中的作用和意义。[2] 目前传世的王统记数量在藏文史籍中占有相当大的比例，最具代表性的是那些通史性的王统记著作，比如扎巴坚赞的《吐蕃王统记》和索南坚赞的《西藏王统记》等。而记述某一地方割据政权王系的王统记也有不少，而且这些地方政权

1　གུ་གེ་མཁན་ཆེན་དངག་དབང་གྲགས་པས་བརྩམས། མངའ་རིས་རྒྱལ་རབས། 1996 བོད་ཆོས་ལྡིང་གཙུག་ལག་ཁང་གི་རྙིང་ལོ་བརྒྱ་ཕྲག་བསྟོང་འཁོར་བའི་རྟེན་དྲན་མཛད་སྒོའི་གོ་སྒྲིག་ཚོགས་ཆུང་གིས་པར་དུ་བསྐྲུན།
2　藏文史书的三种主要类型为教法史（ཆོས་འབྱུང）、王统记和传记（རྣམ་ཐར）。参见孙林、张月芬《藏族传统史学的体系及其史学观念的总体特征》，《中国藏学》1998 年第 3 期。

的王统世系史还可以从另一个角度丰富我们对西藏历史的认知。[1]
《阿里王统记》的作者为 15 世纪出生于古格地区的格鲁派高僧、宗
喀巴大师的弟子阿旺扎巴。阿旺扎巴出生于古格的噶林地方，后
到卫藏跟随宗喀巴大师学习佛法，然后回到阿里地区传播格鲁派
教法。由于得到古格王室的支持，他本人获得了很大的声誉，不
但担任王室上师，还成为古格最重要的两座寺院——托林寺和洛
当寺的法台。得到王室的长期敬信和供奉，他有机会看到大量后
来失传了的珍贵的古格王室文献，所以其书的史料价值远远高于
后弘期以来的经典藏文史著。

　　《阿里王统记》的成书时间大约为 1497 年，考虑到阿旺扎巴
曾经在宗喀巴门下学习的事实，这一时间使得阿旺扎巴长寿得有
点令人难以置信，维他利先生认为不排除此书有他的弟子参与续
写的可能。[2] 显然，《阿里王统记》的成书年代差不多与《广传》同
时，只是略晚一些而已，并且两者在叙述益西沃时代的古格普兰
历史时，在内容和情节上基本上具有一致性，可以说扎巴坚赞和
阿旺扎巴所用的史料是大致相同的，只是阿旺扎巴在写作时对于
古格早期史料做了更大幅度的裁减，以适应王统记的体例。

　　《拉达克王统记》（ལ་དྭགས་རྒྱལ་རབས ）。此书是一部专门记叙阿里
王朝的分支政权拉达克王国历史的藏文古籍，是研究拉达克古代
史的基本史料，与《阿里王统记》配合，我们完全可以实现整个
阿里三围历史的重构工作。学术界对此书的发现和利用都比较
早。此书大约最终成书于 19 世纪前期，与《阿里王统记》出于
名家之手不同，《拉达克王统记》是一部长期积累成于众手的作

1　藏族传统的地方史著作中，除了记载地方割据政权王统世系的王统记之外，还有一些地方志
　　（如《后藏志》）和圣地志（如《冈底斯山志》等），它们都蕴藏着丰富的西藏地方社会史料。

2　Roberto Vitali, *The Kingdoms of Gu.ge Pu.hrang*, pp. 95-96.

品。1856 年德国人 Hermann v. Sohlagintweit 在列城游历时从当时已经被废黜的拉达克前国王济美南杰手中获得了一部《拉达克王统记》的抄本，这就是迄今能见到的最早的一个版本。此后又有几个新的版本出现，这些版本后来由莫拉维亚传教会士 K. Marx 在 1891~1902 年公之于世。以上所有这些版本后来又经过弗兰克的整理和编排形成了目前通行的《拉达克王统记》的定本，此一版本后来收入弗兰克的代表作《印藏古物》第二卷中，成为国际藏学界广泛利用的重要史料之一。[1] 这一版本在 1987 年由西藏人民出版社以《拉达克史》为名单独印行，成为目前国内学术界通行的版本。本书在写作过程中采用的也是这一版本。《拉达克王统记》在撰述体例上跟《阿里王统记》一样，在正式记述拉达克历史之前，也花了很大的篇幅追述吐蕃王朝的王统世系，充分体现了拉达克史家的正统意识和政治认同。[2]

《冈底斯山志》（གངས་རིའི་གནས་བཤད་ཤེལ་དཀར་མེ་ལོང་ཞེས་པ་བཞུགས་སོ）。该书全称为《略说古代冈底斯山和玛旁雍错的历史——水晶明镜》（གངས་རི་ཆེན་པོ་ཏི་སེ་དང་མཚོ་ཆེན་མ་དྲོས་པ་བཅས་ཀྱི་སྔོན་བྱུང་གི་ལོ་རྒྱུས་མདོར་བསྡུས་སུ་བརྗོད་པའི་རབ་བྱེད་ཤེལ་དཀར་མེ་ལོང），成书于 1896 年，作者贡觉旦增，全名贡觉旦增却吉洛追陈列（དཀོན་མཆོག་བསྟན་འཛིན་ཆོས་ཀྱི་བློ་གྲོས་འཕྲིན་ལས），是止贡派的主寺止贡寺的第三十四任住持。尽管此书写作是为了宗教朝圣之用，但其中包含了大量珍贵的阿里历史资料。此书的价值近年来已引起一些学者的关注。[3] 对本书而言，该书最有价值的部分是第五章，记述了止贡派在冈底斯山

---

1   参见 A. H. Francke, *Antiquities of Indian Tibet: Part II The Chronicles of Ladakh and Minor Chronicles*, Calcutta: Superintendent Government Printing, 1926, pp.1-6。

2   ལ་དྭགས་རྒྱལ་རབས། 1987 བོད་བོད་ལྗོངས་མི་དམངས་དཔེ་སྐྲུན་གྱིས་པར་དུ་བསྐྲུན།

3   参见 Toni Huber & Tsepak Rigzin, "A Tibetan Guide for Pilgrimage to Ti-se (Mount Kailas) and mTsho Ma-pham (Lake Manasarovar)," *Tibet Journal*, Vol. 20, No.1, Spring 1995。

的传法活动和历代止贡派在西部地区的宗教首领多吉增巴的详细传承情况。该书作者为止贡派的教主，其所利用的相关史料较之其他教法史更为丰富和可靠。该书的史料从另一个侧面印证了《阿里王统记》和《拉达克王统记》记载的真实性，并补充了许多其他史书中所没有的政教关系互动的内容。其第五章的主体内容曾由义道译为汉文发表过，但取了个跟内容本身不太一致的题目《简述支贡噶举的起源与传承》。[1] 此书的藏文版长期以来一直以手抄本流传，学界不易获得，伯戴克、维他利等人在研究中使用的就是这些手抄本。1992 年，西藏人民出版社整理后以《冈底斯山志》为名予以出版，这一版本在个别字句上与国外行用的手抄本略有出入，但主要内容是完全一致的。本书在撰写过程中使用的就是西藏人民出版社整理的这个现代铅印本。[2]

章节安排和主要内容

　　本书并不是一本关于古格王国的通史性著作，所以并没有按照古格王国的时间线完整地论述 10~13 世纪古格历史的全部内容，只是选取了其中与古格的政治体制和政治文化相关的主题进行论述，旨在厘清古格政治体制形成、演变的历史过程，梳理出古格政治体

1　参见义道译《简述支贡噶举的起源与传承》，《西北民族学院学报》1993 年第 2 期。

2　དཀོན་མཆོག་བསྟན་འཛིན་གྱིས་བརྩམས། གངས་རིའི་གནས་བཤད་ཤེལ་དཀར་མེ་ལོང་ཞེས་པ་བཞུགས་སོ། 1992 བོད་བོད་ལྗོངས་མི་དམངས་དཔེ་སྐྲུན་ཁང་གིས་པར་དུ་བསྐྲུན།

制的基本形态和主要内容，同时找到在这一过程中论述和论证支撑古格政治体制的形成和运作的那种政治文化是什么，弄清古格的这种政治文化的兴起与发展的基本情况，分析古格的政治体制与政治文化之间的关系。结合后弘期西藏历史文化的特点，古格的政治体制和政治文化的互动关系，其核心内容就是政治与宗教在古格政治生活中的关系，因此这也自然成为本书研究的主线。本书正文共分九个部分，包括绪论、序章、正文六章以及结语，每个部分的主要内容如下。

绪论部分，除了学术史梳理的"套路"以外，本书借用了"政治体制"和"政治文化"两个概念，重点阐述了两个方面的问题。一是古格政治史研究的主题是什么。本书认为应该弄清古格政治体制演变发展的历史过程和基本特点，揭示古格政治文化的形成过程和基本特征，阐明古格政治体制与政治文化的关系。二是对本书的研究资料进行辨析，指出经典藏文史著在史料上的缺陷，必须结合藏文史籍中的地方性史料，才能更好地理解和说明古格历史的基本面貌。

序章是本书涉及历史地理背景知识的概论，主要是为了阐明古格王国及其所在的阿里地区基本历史地理的演变情况，这部分主要讨论了古格王国历史地理的一些基本问题，梳理了古格王国所在的阿里地区历史地理概念形成和演化的基本情况，并简要地考证了一些古格王国治下的重要城堡与村镇，重点回答的是古格王国在哪里以及古格王国是怎么出现的这两个问题，以期帮助读者建立起有关古格王国的时空感。

第一章是本书打算讨论的问题的开始，即古格王国的新型政治文化与政治体制是怎么形成的。在古格王国的政治文化形塑中，最主要的事件是藏传佛教后弘期的上路弘法运动，而这个运动恰恰又是古格王室一手推动起来的。与著名的后弘期的下路弘法主要是由佛教僧徒发起不同，上路弘法的兴起与发展自始至终都是在古格王室的主导下进行的，上路弘法奠定了古格王国最基本的政治文化氛围，也是古格王国的立国之基，从这个意义上来说，上路弘法本身就是早期古格王国最大的政治。

古格国王益西沃是后弘期藏传佛教复兴的重要人物，更是上路弘法的关键人物，但长期以来，像这样重要的人物在藏文史籍中的情况是非常模糊的：一是身份不清，二是年代不明。益西沃是扎西衮的哪个儿子？是柯热还是松艾？他的本名叫什么？他在什么时候当上古格国王的，又是在哪一年正式出家为僧？他是什么时候开始在古格确立复兴佛教的国策的？他死于哪一年？这些问题跟上路弘法的年代关系密切。然而与下路弘法开始的年代有明确的记载不同，过去受史料的限制，学界一直无法确认上路弘法开始的年代，不过弄清楚了益西沃的生卒年代，也就可以建立起上路弘法的年代学体系。本章经过考证第一次为学界建立起了早期古格历史和上路弘法的时间线：益西沃应生于947年，于986年确立复兴佛教的国策，标志着上路弘法的开始，他在989年正式出家为僧，于996年开始兴建托林寺作为古格的新政治中心，1004年托林寺建成后，长期驻锡于此，最终在1023年病逝于托林寺。

弄清了上路弘法的基本年代后，本书开始考察上路弘法的主要内容。上路弘法的基本口号是弘扬佛教，但弘扬佛教这句口号落实下去后，需要做些什么呢？在这个过程中，古格王室主要做了两件事，一是建立和健全佛教的寺院体系，二是建立和完善佛教的理论体系。在这两个方面，古格王室可谓既出钱又出力，即出资修建了大量的寺院，供养了一批僧人，为佛教培育起了自己的有形资产，这是佛教作为一种政治力量可以参与西藏政治生活的重要基础；另外，古格王室还为佛教理论体系的建立和完善付出了大量的心血。总体来说，作为吐蕃王朝时代的边地，比起吐蕃王朝时代的政治文化中心卫藏地区来说，古格的文化并不发达，但古格王室采取了"走出去"和"请进来"相结合的发展战略，一方面选拔和输送本地僧人前去印度学习，另一方面直接从印度迎请了大量佛教高僧前来古格译经和传法，如此双管齐下，才在短期内将佛教文化并不发达的古格变成了西藏佛教文化的高地。

上路弘法为益西沃时代古格王国的政治体制改革提供了必备的政治文化基础，本章的难点是要揭示益西沃设计的古格新制的基本内容。经笔者的考证，986年既是上路弘法的开始，实际上也是古格新政的开始。上路弘法的直接效果是为古格建立起了以佛教理论为基础的一种新型政治文化，益西沃依靠它彻底改变了吐蕃王朝以来的西藏世俗政权的政治体制架构。益西沃在989年出家为僧，以国王身份亲自领导古格境内的佛教势力，集宗教和政治权力于一身，成为西藏历史上第一个既为教主又当国王的统治者。古格新制的实践过程包括两个方面。一是确立起佛教理念在政治生活中的主导地位——"以佛法为新旨"，将佛法与国法融为一体，从而使佛教力量成为古格政治生活中最重要的一股政治势力。二是把这股新兴的佛教势力纳入王权的直接控制之下，面对上路弘法中快速成长起来的佛教力量，益西沃亲自出家为僧，成为佛教力量的领导者，身兼国王与教主双重身份。

第二章和第三章是全书的重点，全面系统地分析了古格政教二元领导体制的理论基础、政治设计和政治运转等诸问题。益西沃虽然身兼教主与国王双重身份，但"益西沃体制"的说法和做法是不一样的。仔细分析益西沃多份诏令的内容，可以很明显地看到他所心仪的政治体制，其形式应符合西藏政治文化传统中的"政道二

教"或"政教二法"的理念，即政治生活的最高目标是佛教事业的
繁荣，因此政治生活的最高原则就是佛法，佛教的理论知识成为政
治权力的来源，这样一来，宗教首领自然居于政治权力的最高位。
宗教首领掌握的是文化权力，负责的是文化资源的再生产，并不
直接负责军政事务的处理，换句话说，宗教首领虽然高于政治首
领，但并不能代替政治首领，政教合一并不意味着政教不分。于
是古格王国形成了特有的"拉喇嘛"与"国王"分工合作的政教
二元领导体制。

　　第二章的难点是考察古格的政教二元领导体制具体是如何实施
的。益西沃晚年，古格王室内部进行了政教分工。一是古格王室的
核心成员在益西沃之后相继出家为僧，特别是益西沃的长子提婆罗
阁在996年出家为僧，1006年前后益西沃的侄子、古格普兰联合王
国的国王拉德也出家为僧，1016年益西沃的幼子那嘎罗阁出家为
僧，古格王室的重要人物纷纷成为古格佛教界的高僧大德，构成了
古格政治生活中的王室僧团，提婆罗阁和那嘎罗阁先后执掌教政。
二是古格国王的王权属性发生了重大变化，在佛教成为政治意识形
态和王室僧团拥有了最高决策权以后，国王事实上变成了政府首脑
和军队统帅，所以益西沃之后的几代国王都以军功著称。正是因为
国王的职责发生了这样的变化，国王们只能不断地在战场上表现自
己，最终引发了古格的第一次军事灾难。在11世纪30年代前半期
（1034年前后），西域新兴的喀喇汗王朝侵入古格，教主那嘎罗阁和
国王沃德双双被俘，沃德还死在了逃亡的路上。

　　第三章主要考察的是战后古格政教二元领导体制的调整与发
展，以及这套体制在古格推行后所取得的治国成就。11世纪30年
代后半期，此前已经出家为僧的拉德之子绛曲沃，在沃德死后，不
得不以教主兼任国王，在战后重建和恢复的过程中，对政教二元领

导体制进行了修正，采用了权力更加集中、更为高效的政教合一的
领导体制，将政权和教权都集中到自己手上，古格在短期内实现了
复兴，绛曲沃很快就恢复了古格的政治稳定和社会繁荣。政教合一
体制下，古格集中力量办大事的表现之一就是大乱之后不到十年，
在 1042 年就已经有实力迎请阿底峡大师到古格传法了。而绛曲沃晚
年再次将古格政治恢复到政教二元领导体制上，于 1056 年安排王弟
悉瓦沃出家为僧，成为下一代的拉喇嘛，安排沃德之子泽德接任国
王，由悉瓦沃和泽德再次践行拉喇嘛与国王的政教合作模式，然后
将古格的文治武功推向了顶峰。1076 年古格举办了火龙年大法会，
这是自 842 年统一的吐蕃王朝崩溃后，第一次得以齐集整个西藏各
方政教势力参加的文化盛会，也是僻处西部边地的古格在历史上第
一次也是唯一的一次成为整个西藏的文化中心。此外，古格的军事
实力也得到恢复和增强，其标志是 1083 年泽德率军北伐，取得大
胜，古格成为西部地区的霸主。可以说 11 世纪 80 年代的古格，政
治稳定，文化繁荣，军事强大。而当时西藏的其他地区，甚至还没
有从吐蕃王朝崩溃的大乱中恢复元气。

　　第四章的主题是古格的政教二元领导体制是如何终结的。尽管
本书论证了古格政教二元领导体制在西藏政治史上的突出地位，但
众所周知，政教合一制在西藏的代表是后来的萨迦派政权，而不
是古格王国，因为古格的政教二元领导体制在 11 世纪末到 12 世纪
初突然消失了。史料显示，泽德在 1092 年前去世，而悉瓦沃也在
1096 年圆寂。11 世纪末，古格政教二元领导体制下最后的国王与拉
喇嘛相继离开人世，而泽德之死背后隐藏着一场针对政教二元领导
体制的政变。泽德之后的古格国王旺德的身世不明，他上台后对佛
教的态度冷淡，旺德时期，古格政治生活的中坚力量也不再是王室
僧人集团领导的佛教势力，而是地方贵族，这些事实表明，旺德时

代古格的政教二元领导体制已经不复存在。

　　同时，本章考证揭示了泽德之死和旺德之立下出现的古格政局混乱，导致拉达克、普兰纷纷从古格统治之下分离出来，古格王国的分裂造成了古格实力的严重下降。在 12 世纪 40 年代及其后的一段时间里，古格的外部形势也日益恶化，在这个过程中，古格的政教势力因外敌入侵而遭到一次沉重打击，以至于入侵古格的"噶逻人"成为后世藏族史学家笔下整个西藏佛教界的噩梦。本章考证，藏文史籍中所谓的"噶逻人"杀死益西沃的故事，真假参半，其历史背景是：12 世纪 30~60 年代，当时西域的政治格局发生剧变，西辽的崛起和喀喇汗王朝的衰落，导致西域的葛逻禄人外溢到古格等地，杀死了古格国王扎西泽，俘获了王弟沃巴泽。这次严重的军事灾难对古格佛教的打击是巨大的，佛教势力在古格的实力受到了重创，在内乱和外患的双重打击下，古格开始衰落，同时古格的政教二元领导体制也无"迹"而终。

　　第五章主要考察的是 12 世纪前后古格与卫藏的政治文化联系。古格的历史与西藏历史和命运息息相关，古格与卫藏在政治和文化上有着非常紧密的联系。古格王室主导的上路弘法，对 10~13 世纪整个西藏的政治文化的形塑有着举足轻重的作用，古格佛教在 12 世纪以前一度具有领先全藏的优势，但 12 世纪以后，藏传佛教在卫藏地区繁荣起来，各个教派相继兴起，而古格佛教哪怕是在最繁荣的 11 世纪，都没有发展出属于自己的教派，导致古格没能在藏传佛教的教派格局中站有一席之地，在政治文化上逐渐成为卫藏模式的接受者和追随者。本章首先比较了卫藏佛教和古格佛教发展的时间线和历史进程，进而对古格佛教没有本地教派的情况进行了分析。这一政治文化格局决定了古格在随后的时间里成为卫藏文化的输入地，大量的卫藏教派和僧团进入古格境内，深刻地影响了古格的政

治文化格局。本章以止贡派为例，对古格和阿里地区的政治因素
与卫藏地区的文化因素的交流及互动进行了个案研究。

第六章考察了古格在面对"外部政治文化力量"时的因应情
况。13世纪开始，卫藏的政教力量开始强势介入古格的政治生活，
对古格政治中的权力格局产生了较大的影响，卫藏地区流行的佛教
首领与世俗领主之间的政治互动模式也开始对古格内部的权力格局
产生影响。古格王国持续时间长达600多年，直到17世纪30年代
才亡国，不过本章经考证发现，1277年正当鼎盛时期的古格，其国
王扎巴德突然去世，随后古格王统差不多中断了100年，显然古格
在13世纪末，实际上有过一段失落的"亡国史"，意味着古格在蒙
古和元朝统一西藏的过程被纳入元代的大一统格局之中。从13世纪
中期开始，蒙古和元朝进入西藏，最终结束了吐蕃王朝崩溃以来西
藏分治割据的局面。

结语部分是对10~13世纪古格政治史的分析与总结，主题是
古格模式与后吐蕃王朝时代西藏政治史研究的再思考。古格王国的
前身，是吉德尼玛衮建立的阿里王朝，益西沃是阿里王朝的第三代
统治者，也是真正意义上的古格王国的第一代国王，换句话说，上
路弘法开始之际，古格王国才刚刚安定下来。这个时候，古格王国
为什么会醉心于佛教复兴事业？更重要的是，如何理解古格的政教
二元领导体制在西藏政治史研究中的价值和意义。从986年益西沃
确立复兴佛教的国策，开启上路弘法，同时推行古格的政治体制改
革，建立起政教二元领导体制，到1083年古格的文治武功达到极
盛，这将近100年的历史对于我们重新认识吐蕃王朝崩溃后西藏政
治体制和政治文化的演变有重要的价值。古格的这段历史其实可以
给我们提供不少的经验和启示。

序章 古格历史地理概述

　　当我们回到历史中去审视过去的事件时，确定种种历史事件所发生的空间通常是首先需要进行的工作。古格王国及其所在的"阿里地区"不论是对学术界还是一般人群而言都是既陌生又熟悉的一个地理概念。与历史上一些已经弃置不用的地名不同，阿里在今天仍然是西藏自治区的一个地区级行政区划的名称，故而为人所熟知。作为现今行政单位的阿里地区辖区总面积为34.5万平方公里，东起唐古拉山脉以西的杂美山，与那曲市相连；东南与冈底斯山脉中段的日喀则市的仲巴、萨嘎、昂仁县接壤；北倚昆仑山脉南麓与新疆喀什、和田地区相邻；西南连接喜马拉雅山脉西段，与克什米尔地区及印度、尼泊尔等国毗邻。地理坐标为东经78度23分40秒至86度11分51秒，北纬29度40分40秒至35度42分55秒，平

均海拔在 4500 米以上。地区总人口约 12.4 万人（截至 2019 年底），
下辖日土、噶尔、札达、普兰、革吉、改则、措勤七县，地区行署
驻狮泉河镇，距自治区首府拉萨市约 1800 公里。

　　阿里地区北部的日土、噶尔、革吉、改则、措勤五县，其地貌
为一系列巨大的山系、高原面及宽谷湖盆的组合体，是著名的羌塘
高原的一部分，地势相对平坦开阔，属高原寒带干旱半干旱气候，
常年气温极低，最暖月平均温度在 10℃ 以下，植被极为稀少，为纯
牧业经济区。南部札达、普兰二县，其地貌多属小型河谷平原及盆
地，海拔较北部为低，属高原亚寒带季风半湿润半干旱气候，常年
气温较北部稍高，最暖月平均温度在 10℃ 以上，能种植小麦、青
稞等喜凉作物，部分地区还能种植温带果木蔬菜，为半农半牧经济
区。[1] 现今的阿里地区是历史上的阿里三围发展而来的，但是二者之
间由于历史政治原因又有了不小的变化。

古格与阿里三围的政治地理格局

　　以阿里命名的西藏西部地区在远古时代就是西藏文明中独具
特色的一支，它地处西藏极边之地，平均海拔在 4500 米以上，自
然条件恶劣，但仍然拥有极其灿烂的古代文化。长期以来，藏族文
化对自身所在的地域进行划分时，往往将阿里、卫藏和多康三部并

1　关于目前阿里地区行政地理方面的详细情况，可参见西藏自治区阿里地区地方志编纂委员会
　　《阿里地区志》上册，中国藏学出版社，2009，第 1~4 页。

举，成书于 1388 年的《西藏王统记》在叙及观音降临雪域分别说法
时的描述是"上部阿里三围，形如池沼，乃野兽之洲……下部朵康
三岗，形如田畴，乃禽鸟之洲……中部卫藏四茹，形如沟渠，乃猛
兽之洲"。[1] 成书于 1564 年的藏史名著《贤者喜宴》对全藏的描述
是"上部阿里三围状如池沼，中部卫藏四如形如沟渠，下部朵康三
岗宛似田畴"，同时有"阿里三围为鹿、野驴兽区，中部四如为虎、
豹兽区，下部六岗为飞禽鸣鸟区"的说法。[2] 1643 年五世达赖喇嘛
完成《西藏王臣记》，在总述时仍说："上方阿里之部，为大象与野
兽之区，中间卫藏之部，为野兽与猿猴之区，下方朵康之部，为猿
猴与岩山罗刹之区。"[3] 从古至今，这些类似口头禅的习语被经常性地
写入正式的史书中，足证阿里地方长期以来所具有的三分全藏有其
一的重要地位。

　　自然条件远逊于卫藏和多康的阿里地区，能够在藏族地域文化
上自成一格，事实上是西藏政治格局不断变化的产物。用阿里来指
称西藏西部，以及阿里地域概念的出现都是很晚的事情，其形成与
演变，经历了一个相当漫长的历史过程。在西藏的远古时代，西藏
西部地区就拥有自成一体的象雄文明，直至 7 世纪中期，新兴的吐
蕃政权完成对高原的统一，阿里地方首次被纳入卫藏中心政权的直
接治理之下。9 世纪后期，吐蕃中央政权崩溃，赞普后裔进入象雄
故地，阿里王系诸政权在西藏西部地区统治达 700 多年，直至 17 世
纪后期，甘丹颇章政权建立，阿里地方第二次被卫藏中心政权纳入
治下。可以说，阿里地方区域政治格局的分合，正是西藏地方政权
兴衰的晴雨表。关于阿里地域概念的形成与演变，目前学界虽然有

1　　索南坚赞：《西藏王统记》，刘立千译注，民族出版社，2000，第 23 页。
2　　དཔའ་བོ་གཙུག་ལག་ཕྲེང་བ་བཞུགས། ཆོས་འབྱུང་མཁས་པའི་དགའ་སྟོན། 2006 བོད་མི་རིགས་དཔེ་སྐྲུན་ཁང་གིས་པར་དུ་བསྐྲུན། ༈ 81
3　　五世达赖喇嘛：《西藏王臣记》，刘立千译注，民族出版社，2000，第 23 页。

一些相关的论述，但尚无专文梳理，[1]本节尝试从区域政治史演变的角度，详细梳理"阿里"这一地域概念产生和演变的历史过程。

西藏西部地区在远古时代便已产生出自己的文明形式和政治势力——象雄（ཞང་ཞུང་），汉语又音译为香雄、祥雄等，唐代称之为羊同、杨童等。公元前 4 世纪到公元 7 世纪中期，这里曾产生过辉煌的象雄文明，它在西藏历史上是一个有着广大地域范围并且产生过重大影响的部落联盟。据发源于象雄的苯教史书追述，在上古时代，象雄最初的范围由三个部分组成，即里象雄、中象雄和外象雄。里象雄包括冈底斯山西面三个月路程之外的波斯（པར་ཤིག）、巴达先（སྟག་གཟིག）和巴拉（སྒྲ་ལག），以巴却城（རྒྱལ་མཁར་བ་ཆོད）为文化中心；中象雄是象雄文明的核心区，以穹隆银城（ཁྱུང་ལུང་དངུལ་མཁར）为政治中心，形成所谓的象雄十八部；外象雄的主要区域叫孙波精雪（སུམ་པ་ཁྲི་མཁར），其地望为后来的安多地区。[2]随着时间的推移，象雄的范围逐渐缩小，中象雄成为象雄文明中的主要政治力量，2004 年在今阿里地区噶尔县门士乡境内一处叫作穹隆·古鲁卡尔的地方发现了一座古城遗址，据研究，此地极有可能就是传说中象雄的古都穹隆银城。[3]可见，其核心区域应在阿里的冈底斯山附近一带。

1　相关论文主要是以整个西藏为论题，穿插叙述阿里地区的情况，如格桑达吉、喜饶尼玛《西藏地区历史地理沿革述略》，《中国边疆史地研究》1994 年第 4 期；房建昌《明代西藏行政区划考》，《西藏民族学院学报》2001 年第 4 期。或是在考述阿里王系政权之时附带论及阿里地区的历史地理情况，如尊胜《分裂时期的阿里诸王朝世系——附：谈"阿里三围"》，《西藏研究》1990 年第 3 期。或是考述某一时段的阿里地域情况，如巴桑旺堆《11 世纪的上部阿里与下部阿里》，收入《西部西藏的文化历史》。或是着眼于中印边界西段争端的问题而考述阿里的地理边界，如黄盛璋、王士鹤《清代西藏阿里地区中印边界的历史研究》，《边界历史地理研究论丛》，中国科学院地理研究所，1980。

2　སྐལ་བཟང་བསྟན་པའི་རྒྱལ་མཚན་གྱིས་བཙམས། འཇང་ལུང་ཤུལ་པ་བགོད། ཤིང་ངོ་ཐམ། ♪ 7~8

3　霍巍、李永宪：《西藏阿里噶尔县"琼隆银城"遗址》，《2004 中国重要考古发现》，文物出版社，2005，第 137~144 页。

　　象雄诸部在雅隆政权兴起时成为吐蕃王朝的劲敌，西藏西部地域广阔，资源丰富，象雄在青藏高原上一度成为十分强大的区域性力量，《通典》称其中的大羊同"东西千余里，胜兵八九万人"。[1] 羊同为唐代对象雄的另一音译。据对 20 世纪 90 年代考古队在日喀则市吉隆县境内发现的《大唐天竺出使铭》铭文的分析，当时象雄的区域是以今天西藏阿里地区为主体范围的。[2]

　　吐蕃雅隆政权兴起后，一度与象雄保持姻亲联盟关系，7 世纪前期，雅隆政权逐渐征服诸部，建立起强大的吐蕃王朝，松赞干布即位后，"与象雄王子方面联姻结好，一方面又公开交战，赞蒙赛玛噶（ མད་མར་ཀར ）入象雄作李迷夏（ ལིག་མྱི་རྒྱ ）王妃"。[3] 李迷夏是这一时期象雄诸部的领袖，与下文的李聂秀为同音异写，吐蕃史书称他是"象雄阿尔巴之王"。[4] 其后松赞干布依靠其妹为内应，亲征象雄，在 644 年前后杀死象雄王李迷夏，"墀松赞赞普之世，灭李聂秀（ ལིག་སྙ་ཤུར ），将一切象雄部落均收于治下，列为编氓"。[5] 从此，象雄地区被纳入吐蕃王朝的疆域之内，其后在象雄地区派驻官员进行统治，"及至牛年（653），以布金赞玛穷（ སྤུག་གྱིམ་རྩན་ར་ཆུང ）任象雄部之岸本"。[6] 另据《贤者喜宴》，松赞干布统一象雄后，在这一地区设置地方长官，称为桂本，任命琼波苯松孜（ ཁྱུང་ཕུང་གི་ཁྲོམ་དཔོན་ཁྱུང་པོ་བྱན་ཆུང་རྗེ ）为之。[7] 吐蕃完成统一后设置了五翼（ རུ ），象雄故地不在地方行政建

1　杜佑：《通典》卷 190《边防六》，中华书局，1988，第 5177 页。

2　碑铭残存文字中有"……年夏五月届于小杨同之西"句，则象雄的地域范围应当包括今西藏西部、藏北高原以及后藏日喀则市北部之一部。参见霍巍《从新出唐代碑铭论"羊同"与"女国"之地望》，《民族研究》1996 年第 1 期。

3　王尧、陈践译注《敦煌本吐蕃历史文书（增订本）》，民族出版社，1992，第 167 页。

4　王尧、陈践译注《敦煌本吐蕃历史文书（增订本）》，第 173 页。

5　王尧、陈践译注《敦煌本吐蕃历史文书（增订本）》，第 145 页。

6　王尧、陈践译注《敦煌本吐蕃历史文书（增订本）》，第 145 页。

7　དཔའ་བོ་གཙུག་ལག་ཕྲེང་བའི་བས་བརྒྱམས། ཆོས་འབྱུང་མཁས་པའི་དགའ་སྟོན། 2006 བོད་མི་རིགས་དཔེ་སྐྲུན་ཁང་གིས་པར་དུ་བསྐྲུན། ན 100

置的五翼之中，而是按照军事管制的方式设置了 10 个千户所（སྡེ་
ཚན）。其中上象雄 5 个：俄久（ཚོ་ཚ）、芒玛（མང་མ）、聂玛（གཉེ་མ）、咱
莫（ཚ་མོ）、帕嘎（པ་ག）。下象雄 5 个：古格（གུག་གེ）、久拉（ཅིག་ལ）、
吉藏（རྒྱ་གཙང）、雅藏（ཡར་གཙང）、机堤（ཇི་དི）。[1]

雅隆政权攻灭象雄，西藏西部地区首次进入卫藏中心政权的统
治之下，成为西藏政治地理中不可分割的一部分。吐蕃征服象雄之
后，以此为基地不断向北和向西扩张，从而扩大了西藏西部地区的
地域范围。敦煌古藏文文书记载，719 年吐蕃曾"征集羊同与玛儿
之青壮兵丁"，[2] 其中羊同即象雄，而所谓的玛儿地方应该就是位于
象雄西部的玛域，也就是后来的拉达克地区。此后吐蕃军队又征服
了与拉达克毗邻的巴尔蒂斯坦和吉尔吉特等地，将藏族的西部地域
观念大大扩展，这在汉藏史料中都有记载。巴尔蒂斯坦地区古称大
勃律，汉文史书中记载："大勃律，或曰布露。直吐蕃西，与小勃律
接，西邻北天竺、乌苌。地宜郁金。役属吐蕃。"[3] 大勃律被吐蕃占
领后其王室遂迁至今吉尔吉特地区一带重新建国，史称小勃律，"大
勃律原是小勃律王所住之处，为吐蕃来逼，走入小勃律国坐。首
领、百姓在彼大勃律不来"。[4] 737 年，小勃律在吐蕃强大兵力攻击
下归附，"及至牛年，论结桑龙（东）则布引兵至小勃律国。冬赞普
牙帐居于札玛，小勃律王降，来前致礼"。[5] 不过事后唐朝方面采取
积极军事行动以挽回不利局面，勃律地区成为双方激烈争夺之地，
经过与唐朝的长期争夺，吐蕃基本控制了这一地区，并使之吐蕃

1　དཔའ་བོ་གཙུག་ལག་ཕྲེང་བ་བཞུགས། ཆོས་འབྱུང་མཁས་པའི་དགའ་སྟོན། ན 102

2　王尧、陈践译注《敦煌本吐蕃历史文书（增订本）》，第 151 页。

3　《新唐书》卷 221 下《西域传下》，中华书局，1975，第 6251 页。

4　慧超撰，张毅笺释《往五天竺国传笺释》，中华书局，1994，第 64 页。

5　王尧、陈践译注《敦煌本吐蕃历史文书（增订本）》，第 153 页。

化。这一带在藏语中又被称为珠夏（ཟུར་ཕ）。8世纪的西进扩土对藏族地域观念的影响颇大，后世藏族学者在叙及阿里三围的范围时往往把珠夏地区也置入传统的阿里三围之内。

　　统一的吐蕃王朝在9世纪中期由于内乱而崩溃，10世纪初，吐蕃赞普后裔吉德尼玛衮（སྐྱིད་ལྡེ་ཉི་མ་མགོན，879~937）进入象雄故地，得到当地势力支持，建立起阿里王系地方政权，西藏西部从此由"象雄"改称"阿里"（མངའ་རིས）。关于这一历史过程，成书于1434年的《汉藏史集》有最明确的记载："吉德尼玛衮先到上部，将上部各地收归治下，总称为'阿里'。"[1] 在藏族地域文化中，阿里通常与上部连称，藏文中的"上部"（སྟོད），汉语音译为"堆"，指河的上游或高处。由于阿里是众多江河的发源地，在地形上又是高原高地，对西藏其他地方而言，这里既是江河的上游，又是世界屋脊之屋脊，所以常以上部来指称这一地区。至于上部的具体所指，通常是按照一条传统的习惯线来划定的，从定日县西南的卡达村，向北至协噶尔，再至昂仁县的桑桑，直到藏北文部县的当惹雍错，通过以上各地，从南到北画一条线，这条线以西地区就是"堆"，[2] 其主体地域即今天西藏西部的阿里地区。吉德尼玛衮以阿里命名象雄故地，其意义是很明显的，现代藏语中，མངའ 意为管理一切政务、管辖广土民众，རིས 则有种类、派别之意，མངའ་རིས 则意为属民和领土。[3] 吉德尼玛衮进入上部地区后，在此建立政权，而在藏文史书中吉德尼玛衮及其后嗣君主通常都拥有"阿达"的称号，正好与阿里之名相映成趣。"阿达"（མངའ་བདག）在藏语中即有"领主"之意，[4]

1　达仓宗巴·班觉桑布：《汉藏史集》，第114页。
2　尊胜：《分裂时期的阿里诸王朝世系——附：谈"阿里三围"》，《西藏研究》1990年第3期。
3　张怡荪主编《藏汉大辞典》，民族出版社，1993，第682、2705、683页。
4　张怡荪主编《藏汉大辞典》，第681页。

吉德尼玛衮统治象雄故地后，自称领主，将此地称作自己的领地，将这里的人民称作自己的属民，于是阿达吉德尼玛衮所统治的地区就被称作阿里，阿里一名由此而来，而阿里地方作为一个地域概念也随之产生。

与整个藏族地区被分为上部阿里、中部卫藏和下部多康三大部分一样，藏族文化习惯上把阿里地区分为三大块，就是通常所说的阿里三围。"三围"（བསྐོར་གསུམ）一词，汉文的意思就是三环、三部，阿里三围的说法，即是将整个阿里地区进一步划分为三个主要区域，而这一划分法的来源，据说是按照吉德尼玛衮诸子的封地而来。《汉藏史集》上说吉德尼玛衮"命长子贝吉衮统治玛域（མར་ ཡུལ）、努热，次子德祖衮统治象雄、吉觉（ཅི་ཙོག）、尼贡（ཉི་གོར）、如托（རུ་ཐོག）、普兰（སྤུ་རངས）、玛措（མ་ཚོ）等六个地方，幼子扎西尼玛衮统治迦尔夏（གར་ཤ）、桑格尔（ཟངས་དཀར）。由此，产生了'阿里三围'的名称"。[1] 此说明确点出了三围的来历，似乎阿里三围的形成和分布都十分清楚了。

然而事实上，关于阿里三围的组成远没有如此明晰。现存的古代藏文史书中，对阿里诸王朝的世系和封域记载混乱不一，主要表现为吉德尼玛衮三子的长幼序列和封地分布情况各书记载有分歧，相互矛盾之处颇多，使现代研究者迷茫不已。[2] 而各书所载之阿里诸王朝的封域分歧尤大，因此这一时期关于三围具体构成的记载也互不相同。《汉藏史集》中三围的组成颇为复杂，而早其成书近50年

1　达仓宗巴·班觉桑布：《汉藏史集》，第114页。
2　关于阿里诸王朝世系及封域记载混乱的情况，早前有尊胜的《分裂时期的阿里诸王朝世系——附：谈"阿里三围"》（《西藏研究》1990年第3期）一文进行分析，近期则有张云《阿里王统分析——疑义辨析之一》（收入《西部西藏的文化历史》）加以辨析，但均未能完全解决这一问题。

的《西藏王统记》的说法则要简洁得多，"长子白季贡（即贝吉衮，དཔལ་གྱི་མགོན）据孟域（མང་ཡུལ），次子札西贡（即扎西尼玛衮、扎西衮，བཀྲ་ཤིས་མགོན）据布让（སྤུ་རངས，即普兰），幼子德尊贡（即德祖衮，དེ་གཙུག་མགོན）据象雄"。[1] 需要指出的是，此处孟域应是玛域的误写，孟域又译为芒域，其地望在今日喀则市的吉隆，属于下部阿里芒域贡塘王朝的势力范围，并不属于上部阿里三围的范畴。[2]

　　这一说法流传的范围很广，1322 年成书的《佛教史大宝藏论》、1361 年成书的《青史》、1538 年成书的《新红史》等藏史名著的记载基本与此说一致。这几种史书或是在三子名字上略有不同，或是将封域名称中的玛域和芒域混淆，但主要内容基本一致。《新红史》记载：长子日巴衮据玛域，次子扎西衮据布让，三子岱祖衮据香雄。[3]《青史》则说长子住芒域地区，次子住布桑地方，三子住象雄地方。[4]《佛教史大宝藏论》记载：长子名伯吉德日巴贡，掌握了芒裕地区；次子名扎喜德贡，掌握了布让地方政权；三子名德珠贡，掌握了象雄地方政权。[5] 上述诸书之说忽略地名音译的不同，基本上可以归纳为一种说法，此说中三围的分布整齐、组成简单，三子平分三地，组成三围，在地理上刚好是从上到下依次排列。玛域是以列城为中心的拉达克北部地区，位于阿里的西北部；布让即今天阿里地区的普兰县，位于阿里的东南部；象雄即以今天札达县为中心的地区，处于阿里的中部。三地连起来正好成为"西北—东南"走向的一条直线，形成上玛域、中象雄、下布让的格局，这一划分的

1　索南坚赞：《西藏王统记》，第 148 页。
2　参见洛桑群培《西藏历史地名玛尔域和芒域辨考》，《藏族史论文集》，四川民族出版社，1988，第 447~451 页。
3　班钦索南查巴：《新红史》，黄颢译，西藏人民出版社，2002，第 26 页。
4　廓诺·迅鲁伯：《青史》，郭和卿译，西藏人民出版社，2003，第 23 页。
5　布顿大师：《佛教史大宝藏论》，郭和卿译，民族出版社，1986，第 181 页。

逻辑正好与传统的全藏三区——上部阿里、中部卫藏、下部多康的三分法的内在逻辑相符。三地除玛域（拉达克）后来被道格拉人强占外，其地域范围基本上与今天阿里地区的范围一致，也是历史上象雄文明活动的主要地区。

　　而《汉藏史集》所记的三子封地则要复杂得多，第一围中除了玛域之外，多出了努热，第二围中除象雄外，多出了吉觉、尼贡、如托（日土）、普兰、玛措五处，第三围则新增了迦尔夏、桑格尔（桑噶尔）两地，其中第一、第二围已囊括了《西藏王统记》三围说中的全部三围地区，第三围新增的迦尔夏和桑噶尔的地望则在拉达克南部地区。在这一说法中，三围的范围稍微扩大了一点，即将拉达克南部地区包括了进来，而在地域排列上则呈"西—东"走向，只是西部被分成南北两块，而东部则合并成一块，但各区域之间仍能自成一体。在这种三围说中，第二围占绝对优势，成为三围的中心。这一说法虽然也有道理，但是流传有限，目前只有成书晚至19世纪初的《拉达克王统记》的记述与之大同小异。按该书的说法，长子贝吉衮仍据有玛域，次子扎西衮据古格和普兰，而古格大体上与象雄相同，三子德祖衮则统治桑噶尔和毕底（ཟངས）等。[1] 此说的阿里三围的主体构成与《汉藏史集》的三围说基本是一致的，仍是"西—东"走向，西部两分与东部并列。

　　而诸种三围说中最复杂、囊括的地域最广阔的，则是成书最晚的《安多政教史》（1865年成书）中的三围划分，"上部为阿里三围，这个地区又复分为：布让、芒域、桑噶尔三部为一围；黎、祝夏、罢蒂等三部为一围；象雄、上下赤代等三部为一围"。[2] 这一说法中，

1　འདུལ་བགས་རྒྱལ་བར་རབས། 1987 བོད་བོད་ལྗོངས་མི་དམངས་དཔེ་སྐྲུན་ཁང་གིས་པར་དུ་བསྐྲུན། ན 42~43

2　智观巴·贡却乎丹巴绕吉:《安多政教史》，吴均等译，甘肃民族出版社，1989，第3页。

阿里三围的范围大大扩展，是以吐蕃王朝最强盛时的西部疆界作为标准，将黎、祝夏、罢蒂三地纳入其中新成一围，这一围中"黎"又作李域（ལི་ཡུལ），指的是古代的于阗国，地望在今天新疆南部和田一带；祝夏则在今天克什米尔的西北部吉尔吉特一带；罢蒂，即现在的巴尔蒂斯坦，历史上是曾一度联合唐朝抗击吐蕃的大勃律国。这一说法中，地域排列混杂无序，区域之中文化联系和自然地理联系都不紧密，加之出现很晚，应是后世夸大之词，不足为信。因此，以上三种说法综合起来看，《西藏王统记》的三围说可能比较符合历史的实情。

其实分裂时期阿里三围的组成诸史记载歧出，众说纷纭，除了史料上的问题外，最重要的可能还跟阿里三围这一区域内部次级划分的性质和形成有关。从历史上看，所谓的"阿里三围"既不是区域内部自然形成的区分，也不是人为地事先制定的区划。对比而言，上部阿里三围与中部卫藏四如虽然一贯连称，但其性质是不同的。卫藏四如是吐蕃王朝时代的地方行政区划，吐蕃王朝完成了统一后进行了五翼的行政建置，其中在卫藏地区设置了四翼，即以拉萨为中心的伍如，以乃东为中心的约如，以南木林为中心的叶如，以谢通门为中心的如拉，合称卫藏四如。[1] 而阿里三围并不是一般意义上的行政建置，而是阿里地方区域政治演变与当地区域景观相结合的产物，这些因素在历史的长河中沉淀下来并受到藏族特有的地域划分法影响，形成了上部阿里三围的惯称。只要回顾一下吉德尼玛衮在阿里地区建立政权以及后来三子分封的历史，这一性质是十分明显的。

842 年，吐蕃王朝最后一位统一政权的赞普达磨乌东赞（ཁྲི་དར་མ

1　དཔའ་བོ་གཙུག་ལག་ཕྲེང་བས་བརྩམས། ཆོས་འབྱུང་མཁས་པའི་དགའ་སྟོན། ད 101

ཁྲི་དུམ་བཙན་）身死，其子云丹（ཡུམ་བརྟན་）和沃松（འོད་སྲུང་）分据伍如（དབུ་
རུ་）和约如（གཡོ་རུ）混战 20 多年，导致吐蕃社会全面崩溃。869 年吐
蕃全境发生奴隶平民大起义，895 年沃松之子贝柯赞（དཔལ་འཁོར་བཙན་）
被起义军杀死，到 10 世纪初，整个西藏陷入全面分裂之中，区域
势力集团各据一方，互不统属。[1] 最初来到阿里重建王政的吉德尼
玛衮就是贝柯赞的长子，此时，他在奴隶起义和王室内战的双重
打击下，已无法在卫藏地区立足，只有远走偏远的阿里地方重建政
权。所以吉德尼玛衮进入阿里，并不是一场声势浩大的远征，只不
过是凭借自己作为赞普后裔的政治资本远走他乡，另谋出路罢了。
赞普后裔的身份在分裂时期是一种巨大的政治资本，西部地区的吉
德尼玛衮的成功并非孤例。11 世纪初在东部安多地区，作为赞普后
裔的唃厮啰到达河湟地区，同样得到了当地实力派的支持，也一度
建立起强大的青唐政权，藏史上称之为宗喀王。[2] 吉德尼玛衮能够争
取到象雄故地地方势力的支持从而在阿里地区重建王权，与其赞普
后裔身份不无关系。

　　吉德尼玛衮前去阿里的过程虽然诸书记载不一，但叙事的基
调都是悲剧性的，有的说是被放逐到阿里，有的说是在起义军的
打击下逃难到阿里。史书上说他之所以称王，是因为行为高尚、
智慧广博，使得阿里三围众人满意，遂请其为王。可见他到阿里
后的建政过程，主要依靠的是赞普后裔的名声而不是赫赫武功，
因此他的阿里王朝建立之初权力基础并不巩固，[3] 这就决定了他最
初的统治力量并不强大，其统治很可能是以由中心据点向四周辐

1　དཔའ་བོ་གཙུག་ལག་ཕྲེང་བས་བརྩམས། ཆོས་འབྱུང་མཁས་པའི་དགའ་སྟོན། ན 226~227

2　参见汤开建《关于唃厮啰统治时期青唐吐蕃政权的历史考察》，《中国藏学》1992 年第 3 期。

3　参见恰白·次旦平措等《西藏通史——松石宝串》，陈庆英等译，西藏古籍出版社，2004，
　　第 230 页。

射的方式实现的。大多数史书中都记载了他到阿里后在普兰修筑尼松堡[1]作为政治中心，说明他的统治最初是以据点控制的方式展开的。因此，最初吉德尼玛衮的领地（阿里）可能是相当松散而变动不定的。其后他对三子的所谓分封，也就不可能是后世想象中的那种封赐土地去建立藩属的分封方式，而很可能是授予三子一定的军政权力，然后分别指派到周边地区开疆拓土。三子分别依靠从父亲那里得到的权力建立政权，形成各自的势力范围。在这种情况下，阿里三围的分封，既不可能是政治上计划周详的区域分割，也不可能具有地域上此疆彼界的权责分明。事实上，三子的封域与后来形成的阿里王系诸政权之间虽然一脉相承，但仍然处于分合变化之中，不确定性长期存在，直到后来才形成拉达克、古格和亚泽三个地方政权。[2]这就使得后世史家整理这段历史时，不可避免地出现记载不一、众说纷纭的局面。

古格与普兰的重要城堡和村镇

古格王国治下最核心的地区是古格和普兰，关于古格治下的古代城镇的一般情况，由于发展水平和历史资料的双重限制，到目前为止，学术界对此问题的阐发还相当不足。古格所属的阿里地区，

1　关于尼松堡的详细情况参见本章第二节。

2　陈庆英、高淑芬主编《西藏通史》，中州古籍出版社，2003，第96~100页。

地处西藏高原的高海拔地区，平均海拔在 4500 米以上，其北部是不适宜农耕的羌塘高原，整个阿里地区都不易于农业生产，只有南部的河谷地带能够进行少量的农业生产。在以游牧活动为主的经济形态下，西藏西部形成区域人口密度小、区域人口流动频繁等牧区居住特点，严重制约了这一地区古代早期城镇的产生。尤其是在古代社会，在这样的经济基础下很难有形成大型城镇的动力。本节的主旨不是想对阿里地区的古代城市（城镇）发展情况和水平进行描述与评估，而仅是就古格史上阿里地区出现过的一些重要城堡和村镇的情况加以梳理。本节所谓的城堡和村镇并不具备现代意义上的城镇的含义，它更多的是一种地名上的意义。当然这些有名的地点之所以出现在历史上，与它们曾经是一些相对繁荣的居民点和拥有一定实力的军事要塞有关，它们在古代阿里地区产生过重要的军事和政治意义，其中一些居民点因为佛寺的兴建成为十分重要的宗教中心，在体现军政意义的同时具有弘扬和发展宗教文化的功能。正因为如此，这些地名在后面章节的相关论述中必然会经常出现，为了方便以后的论述，有必要在此对这些城堡和村镇加以集中整理和介绍。

9 世纪中期吐蕃王朝的崩溃导致整个青藏高原陷入割据和混战之中，到 10 世纪时，赞普后裔进入西部，在象雄故地建立政权，建立阿里王朝，逐渐形成阿里王系诸政权，西部地区出现相对稳定的割据局面。直到 17 世纪西藏西部的政治格局才发生根本性的变化，因此在整个 10~17 世纪，阿里境内的重要城堡和村镇在区域历史的时间上尚能具有一定的连续性，在城镇发展的特点上自然也有某种程度的一致性。这些城堡和村镇基本上都分布在今天阿里地区境内的札达和普兰两县之内，阿里地区其他几县则没有找到相关的资料。虽然就地理环境而言，阿里大部分地方都是荒

凉的草原或沙漠，但是它的南部地区由于朗钦藏布、森格藏布、
马甲藏布等大小河流的影响而形成了不少河谷平原和台地，有些
区域在古代可能植被还相当茂密，在河流两岸也有一些可供农耕
的田地，故而札达和普兰两地的半农半牧型经济具备了早期城镇
产生的一些基本的物质条件。所以札达与普兰正好是阿里地区少
数几个能够从事农业生产的地区，现有历史资料的表现并不是偶
然的，而是历史事实的一种合理的沉淀。因此，本节尝试结合现
有的历史资料和国内外学者的研究成果，综合考述古格与普兰的
重要城堡和村镇的历史面貌及相关事件，并梳理出它们同现今阿
里地名的比较粗略的对应关系。

　　东嘎（ དུང་དཀར ），近 20 年来这里早已成为阿里考古成果中最著
名和最重要的发现之一，不过关于它的文献记录情况，早期考古
调查报告大多语焉不详。考古研究估计，东嘎遗址中的晚期石窟
群的年代当不早于公元 13 世纪，大致在公元 13~15 世纪，因为现
有遗存中尚未发现关于格鲁派和宗喀巴及其弟子的内容。[1] 东嘎在
《阿里王统记》中早期拼写为 དུན་དཀར ，文献记载 11 世纪末，古格王
旺德上台后将都城从托林迁到东嘎，他在东嘎修筑城堡，作为自
己的依止之地。[2] 东嘎作为古格的政治中心一直持续到 14 世纪末南
杰德（1372~1439）迁都芒囊时为止。东嘎位于朗钦藏布以北，是
古格北部地区的重镇，一度与南部地区的托林一起成为古格最重
要的两个政教中心。当时习惯上将古格地区以朗钦藏布为界进行
区域划分，朗钦藏布以北为北部地区，称为"羌"，包括东嘎、皮

1　西藏自治区文物局、四川联合大学考古专业：《西藏阿里东嘎、皮央石窟考古调查简报》，《文
　　物》1997 年第 9 期。

2　 གུ་གེ་མཁན་ཆེན་ངག་དབང་གྲགས་པས་བརྩམས། མངའ་རིས་རྒྱལ་རབས། 1996 བོར་ཐེ་ཤིང་གཙུག་ལག་ཁང་ནས་གིསོན་སྐྲུང་འགོར་འགིར་བའི་རིས་ཡིག་མཚན་སྲིའི་གོ་སྐུང་
　　ཚིགས་ཆུང་གིས་གསར་དུ་བསྐྲུན། ཤ 74

央等地；朗钦藏布以南的地区则为南部地区，称为"洛"，包括扎布让、托林、芒囊等地。南北两部拥有不同的贵族势力集团，经常争权夺利。古格在 12 世纪中期分裂成南北两个王国，东嘎成为北朝的都城所在地。这期间东嘎的贵族发挥过重要作用，他们是造成政权分裂的一支破坏性力量。古格王泽巴赞死后，"象泉河北边东嘎皮央的一些僧人与杂布让卡的某些人不怀好意，挑拨离间，两位王妃间产生矛盾，互不相服，对峙的裂痕渐增。最终南北分裂，势不两立"。[1]

　　东嘎作为古格的政教中心大约存在了 300 年的时间，古格历代统治者对东嘎的经营使得这里在古代曾经相当繁荣。20 世纪 90 年代以来，阿里地区考古工作中最为著名的东嘎遗址的发现也证实了东嘎曾经的繁荣。东嘎遗址位于今阿里地区札达县城以北约 40 公里的河谷地带，其西面有一条小河流入朗钦藏布，河谷两边有农田，可以种植小麦、青稞等农作物，这在阿里也算是自然条件比较好的地方了。据考古调查，在现在的东嘎村北面的断崖上分布着庞大的石窟群，在南面的台地上还有一些残存的佛塔群和寺庙群遗址。另外，在东嘎村东面 30 公里处的山沟中还有一处石窟群，这些石窟包括进行佛教宗教仪式的礼佛窟、用于僧侣们居住和生活的禅窟以及僧房窟，此外还有仓库窟和厨房窟，石窟中的精美壁画经考古发现令世人惊叹。[2] 这表明东嘎城堡之外不但聚有大量居民，而且因佛寺的兴建而更为繁荣。15 世纪前半期古格国王南喀旺波彭措德（ནམ་མཁའི་དབང་པོ་ཕུན་ཚོགས་སྡེ）在扎布让山峰上修筑王宫，[3] 从此将都城迁到扎布

1　古格·次仁加布：《阿里史话》，第 23 页。

2　西藏自治区文物局、四川联合大学考古专业：《西藏阿里东嘎、皮央石窟考古调查简报》，《文物》1997 年第 9 期。

3　Roberto Vitali, *The Kingdoms of Gu.ge Pu.hrang*, p. 503.

让王城（即后来举世闻名的古格故城），到这时东嘎才失去了都城地位，随后逐渐衰落。这很可能就是现在未能在东嘎遗址中发现关于格鲁派和宗喀巴及其弟子的画像或题名之类信息的主要原因。不过早期格鲁派在阿里的弘法活动肯定是到过东嘎的，因为在《黄琉璃》的记载中，这里曾是宗喀巴的阿里弟子阿旺扎巴从卫藏地区学法回到古格后最早的落脚之处。[1]

皮央（ཕྱི་དབང་ 或 ཕི་དབང་），按卫藏语音应当读作齐旺或毕旺，阿里地区一般读作皮央。在古格王国统治时期这里是古格北部的一个重要村镇，位于东嘎以南，在朗钦藏布北岸。古格前期这里是一个重要的佛教中心，益西沃弘法时代曾在这里建有皮瓦寺，[2]到古格中期这里已经成为政治和宗教上的重要村镇之一。1424年，古格国王南喀旺波彭措德在此举行过登基大典，阿旺扎巴也参加了这次盛典并在《阿里王统记》中记下了这一盛大的场面：南喀旺波彭措德在他16岁时在皮央由他的父王南杰德主持迎娶了拉达克公主为妃，同时南杰德将王位传给了他，古格的大臣和僧侣们都聚集到皮央来参加这一大典。阿旺扎巴亲自率领僧众到皮央参加了南喀旺波彭措德的登基大典。[3]

古格两代国王将传位大典及与拉达克王室联姻的重要典礼都选在皮央举行，可见在15世纪前半期皮央所具有的政治地位和繁荣程度。关于皮央的历史记载在最近20多年来为考古发现所证实，1992年以来经过西藏自治区文物局和四川大学的考古工作者的调查与发掘，皮央已经成为举世闻名之地。皮央现在是阿里地区札达县下属的一个村庄，地处朗钦藏布北侧支流的一条山谷中，距

1　སྡེ་སྲིད་སངས་རྒྱས་རྒྱ་མཚོ་བརྩམས། དཔལ་ལྡན་ཆོས་འབྱུང་བཻཌཱུརྱ་སེར་པོ། 1989 བོད་ལྗོངས་བོད་ཡིག་དཔེ་རྙིང་དཔེ་སྐྲུན་ཁང་གིས་པར་དུ་བསྐྲུན། ན 272

2　Roberto Vitali, *The Kingdoms of Gu.ge Pu.hrang*, p. 269.

3　གུ་གེ་མཁན་ཆེན་ངག་དབང་གྲགས་པས་བརྩམས། མངའ་རིས་རྒྱལ་རབས། ན 84

著名的托林寺约 40 公里，海拔 4050 米。考古队在紧靠皮央村西侧的山崖上发现了近千孔石窟及部分佛寺遗迹，包括所谓的格林塘佛寺遗址和皮央村西侧佛寺遗迹，以及集会大殿和僧房等遗迹；此外还有礼佛窟和生活窟以及一些佛塔残存建筑等，整个遗址的规模十分庞大。[1]

　　噶林（ཀ་གྱང 或 ཀ་གྱང），此地纯粹是一个古老的村镇，因为在该地既无城堡建筑，也没有什么著名的寺院，仅仅是因为它是古格高僧阿旺扎巴的出生地而被史册所记录，可见当地可能是一个拥有一定数量定居人口的普通村庄。《黄琉璃》在记载阿旺扎巴的出生时提到此地位于恒河南岸附近一带，是著名的格鲁派高僧、宗喀巴弟子古格·阿旺扎巴的出生地。[2] 此处所指的恒河就是发源于冈底斯山的朗钦藏布（象泉河），象泉河被认为是著名的恒河的上源。此地在地域上属于古格的洛堆（南部的上部）地区。它除了诞生了阿旺扎巴这样的高僧之外，此前还诞生过一位英明神武的国王。据史料记载，在阿旺扎巴之前，拉达克国王的弟弟热吉喇嘛桑波（རས་ཀྱི་བླ་མ་བཟང་པོ）曾经在古格国王扎巴德统治时来到噶林，在这里他预言古格会诞生一个德才兼备、崇敬佛法的王子。这位王子就是后来著名的古格国王南杰德，阿旺扎巴在《阿里王统记》中生动地记下了在他的家乡发生的这一政治预言故事。[3] 这个故事不但表明噶林位于古格的南部，而且还说明它的地位颇为重要。噶林作为阿旺扎巴的故乡和南杰德预言故事的发生地，尽管我们无法考订其具体位置和人口规模，它在 14 世纪前后很可能只是古

1　参见四川大学历史文化学院考古学系等《西藏札达县皮央—东嘎遗址 1997 年调查与发掘》，《考古学报》2001 年第 3 期。

2　 སྦེ་སྦྲིད་སངས་རྒྱས་རྒྱ་མཚོས་བརྩམས། དགའ་ལྡན་ཆོས་འབྱུང་བཻ་ཌཱུརྱ་སེར་པོ། ན 272

3　གུ་གེ་མཁན་ཆེན་ངག་དབང་གྲགས་པས་བརྩམས། མངའ་རིས་རྒྱལ་རབས། ན 80

格境内的一个普通村镇，但是两个重大事件的发生都与它有关，它的普通或许更能够加深我们对古格王国中期的一般村庄的了解。维他利猜测其具体地点可能位于著名的托林寺附近的朗钦藏布左岸的某个地方。[1]

芒囊（ མང་ནང ），又称玛朗（ མ་ནམ ），也是古格治下的一个重要村镇。此地位于古格和普兰的交通要道上，芒囊河流过域内，地理环境比较优越。河流两岸是古格人民定居生活的优选之地，因为河流附近一般都有适宜耕种的土地存在。后弘期初期，拉喇嘛绛曲沃曾在此兴建了绛曲根埃林寺（ བྱང་ཆུབ་དགེ་འདས་སྒྲིང་གཙུག་ལག་ཁང ），[2] 俗称芒囊寺。现在在札达县古格故城东南 17 公里处的芒囊村的山道中仍有芒囊寺遗址。寺庙建在山道中平坦的地面上，其中著名的强巴佛殿仍然保存得比较完整。[3] 阿底峡入藏之初，也曾在芒囊与绛曲沃相见，讨论过一些佛教问题。[4] 古格国王南杰德曾在芒囊修建过王宫，并长期居住于此。[5] 看来芒囊在 15 世纪前期一度成为古格的都城。芒囊是典型的因佛寺的兴建成为宗教重镇而兴盛的古代村镇之一。

桑达尔（ སང་དར ），是古格的一个重要村镇，而且还是后弘期初期的一个佛教圣地，著名的拉喇嘛悉瓦沃曾在这里供养僧人，大兴佛法。[6] 桑达尔位于一个河谷地带，面向托林的东北，处于朗钦藏布的右岸。此地景色壮丽，连接着托林、皮央和东嘎等古格要地，是

1　Roberto Vitali, *The Kingdoms of Gu.ge Pu.hrang*, p. 93.

2　གུ་གེ་མཁན་ཆེན་ངག་དབང་གྲགས་པས་བརྩམས། མངའ་རིས་རྒྱལ་རབས། ཤ 63

3　参见索朗旺堆主编《阿里地区文物志》，第 97~102 页。

4　གུ་གེ་མཁན་ཆེན་ངག་དབང་གྲགས་པས་བརྩམས། མངའ་རིས་རྒྱལ་རབས། ཤ 64

5　གུ་གེ་མཁན་ཆེན་ངག་དབང་གྲགས་པས་བརྩམས། མངའ་རིས་རྒྱལ་རབས། ཤ 84

6　གུ་གེ་མཁན་ཆེན་ངག་དབང་གྲགས་པས་བརྩམས། མངའ་རིས་རྒྱལ་རབས། ཤ 67

重要的交通要道。图齐曾在这里发现废弃的佛塔。[1]

　　木让卡尔波切城堡（ གུ་རང་མཁར་པོ་ཆེ ），此为古格早期城堡之一，修建者为著名的古格王泽德（活动时间在 11 世纪后半期）。藏文传记《丹巴却列参坚传》（1524 年成书）记载了泽德曾在托林寺西南五天路程的叫作木让的地方建造了这座城堡。[2] 维他利据此推断木让卡尔波切城堡可能就在多香（ དོང ）。[3] 多香现为札达县的一个村，在古格王城遗址西南约 20 公里处，现在多香村尚有一座叫作木卡尔的寺庙。据 20 世纪考古调查发现，在多香村北 1 公里的多香河东岸台地上的一个独立土山上坐落着一个古城堡遗址，城堡中有佛殿、碉堡、塔、防卫墙等，同时在当地还发现有大量的铠甲、头盔等武器装备，调查认为这里应当是古格王国下属的一个治所。[4] 综合藏史记载和考古发现，基本可以确定这里应当就是古格前期木让卡尔波切城堡的所在地，并且在后来发展成为一个较大的军事重镇。

　　尼松堡[5]，也许是历史上普兰地区最著名的城堡，现存大多数藏文史书中都记载着阿里王朝的开创者吉德尼玛衮进入阿里地区之后建造尼松堡的事实，尼松堡即吉德尼玛衮政权的政治中心，也是该政权的军事总部，因此该城堡所在地相当于吉德尼玛衮的都城。《佛教史大宝藏论》记载："利玛贡（尼玛衮）被放逐到后藏阿里地区，因此他也就在布让（普兰）那里建筑了古喀利绒城堡（ གུ་མཁར ）

1　Roberto Vitali, *The Kingdoms of Gu.ge Pu.hrang*, pp. 315-316.

2　དཔལ་ལྡན་བླ་མ་དམ་པ་ཆོས་ལེགས་པ་མཚན་ཅན་གྱི་རྣམ་ཐར་ ཤིང་པར་མ། ན 7

3　Roberto Vitali, *The Kingdoms of Gu.ge Pu.hrang*, p.318.

4　索朗旺堆主编《阿里地区文物志》，第 94~97 页。

5　尼松堡的藏文写法各书不尽相同，但其藏语发音一致，可见只是拼写的不同而所指不异。至于不同的写法，行文时会给出相应的藏文对应词，在此不一一列出。

ཉི་གཟུངས），遂掌握了那里的政权。”[1] 其中古喀利绒城堡即尼松堡，古喀为藏语城堡之意，利绒的准确译音应是尼松。《雅隆尊者教法史》关于此事的记述是参考了布顿大师的，书中说：“尼玛衮抵阿里，于普兰建尼松宫堡（སྐུ་མཁར་ཉི་བཟུངས）。即位执政。”[2]《新红史》记载：“贝阔赞之次子尼玛衮前往阿里，在布让地方建造尼松堡（སྐུ་མཁར་ཉི་བཟུང）。”[3]《贤者喜宴》记载吉德尼玛衮到阿里后，由于行为高尚、智慧广博而得到阿里三围臣民之欢心，遂即请其为王。尼玛衮在普兰建造了著名的尼松堡（སྐུ་མཁར་ཉི་བཟུངས）。[4]《拉达克王统记》则明确写下了尼松堡就是阿里王朝的都城，书中说吉德尼玛衮在格西赞的支持下来到普兰，娶妻生子，然后修建尼松堡作为都城。[5] 综上所述，从古到今所有的藏史著作中，吉德尼玛衮修建尼松堡的举动都是与他在阿里建立政权的标志性事件有关，可见城堡在军政上具有的重要意义。

吉德尼玛衮死后，尼松堡为其子扎西衮所继承。《汉藏史集》称：“扎西尼玛衮住在尼桑城堡（སྐུ་མཁར་ཉི་བཟུངས）。”[6]《阿里王统记》也将尼松堡（སྐུ་མཁར་ཉི་ཟུང）作为扎西衮的封地之一，并且将尼松堡与穆、珠牧区三湖（འབྲོག་མཚོ་མུ་རྒྱུད་གསུམ）及巴噶（བར་སྒ）、颇朗（ཕོ་ལངས）、嘉和尼玛（ཀྱ་དང་ཉི་མ）等地并列，同属于所谓的右翼地区（གཡས་སྐོར་བ）。[7] 所谓的牧区三湖，据苯教的《西藏朝圣指南书》（བོད་ཡུལ་གནས་ལམ་ཡིག）所说，“穆”是对著名的圣湖玛旁雍错和鬼湖拉昂错的简称，此二湖又

1　布顿大师：《佛教史大宝藏论》，第 181 页。

2　释迦仁钦德：《雅隆尊者教法史》，汤池安译，西藏人民出版社，2002，第 40 页。

3　班钦索南查巴：《新红史》，第 26 页。

4　དཔའ་བོ་གཙུག་ལག་ཕྲེང་བས་བརྩམས། ཆོས་འབྱུང་མཁས་པའི་དགའ་སྟོན། 2006 ལོར་མི་རིགས་དཔེ་སྐྲུན་ཁང་གིས་པར་དུ་བསྐྲུན། ཤ 228

5　ལ་དྭགས་རྒྱལ་རབས། ཤ 42

6　达仓宗巴・班觉桑布：《汉藏史集》，第 114 页。

7　གུ་གེ་མཁན་ཆེན་ངག་དབང་གྲགས་པས་བརྩམས། མངའ་རིས་རྒྱལ་རབས། ཤ 51

名穆列苦错（ᡘᢅᢓᢇᢒᢅᢐᢅᢒᡈᢆ）和吐错穆列多林（ᢔᢈᡈᢅᢒᡈᢓᢅᡈᢅᡈᡈᡈᢅ）；[1] 而 "珠"
则是对现在普兰县霍尔乡东南的公珠错（ᢔᢅᡈᢅᡈᢒᡈᢆ）的简称。[2] 巴噶
这一地名现在仍然在用，[3] 该地地处冈仁波齐峰下、玛旁雍错和拉昂
错湖边，是朝拜神山圣湖的集散地，笔者于 2009 年夏在阿里考察时
曾经过此地，这里是转山和观湖人群的中转站，因此店铺林立，商
业繁荣。至于颇朗的确切位置现在则不清楚，维他利认为巴噶、颇
朗为一地。藏文史著《邬坚巴传》记载，邬坚巴曾经过巴噶颇朗，
从该书行文来看，巴噶颇朗是一个地名，此处土地易于农耕，而且
有些土地还相当肥沃。[4] 邬坚巴（1230~1309）是 13 世纪后半期西
藏著名的高僧，也是一位大旅行家。他是主巴噶举派上主巴支派的
创始人郭仓巴（1189~1258）的弟子，大约在 13 世纪中期奉郭仓巴
之命经阿里进入克什米尔然后到印度的邬坚（今巴基斯坦斯瓦特河
谷地区）地方游学，所以人称邬坚巴，他从邬坚地方回到西藏时，
郭仓巴刚圆寂不久。[5] 最后，嘉和尼玛，后世一般合写在一起，是为
姜叶马（ᢔᢈᢆᢅ）。姜叶马现在是札达县的一个牧点，[6] 它在近代是十分
著名的地区性夏季市场，20 世纪初英印当局曾试图迫使西藏地方政
府将此开放为通商口岸，[7] 从现有地图上看，此地有公路相通，大约
在巴噶西南 60 公里处。现代考古学者在这里发现过两块石碑，当
地牧民称之为达热石碑和仁钦曲顶石碑，属于古代象雄文化遗迹之

1　Roberto Vitali, *The Kingdoms of Gu.ge Pu.hrang*, pp. 153-154.

2　公珠错意为中流湖，海拔 4768 米，面积 61 平方公里，为咸水湖。参见武振华主编《西藏地
　　名》，中国藏学出版社，1996，第 175 页。

3　武振华主编《西藏地名》，第 18 页。

4　ᢔᢈᡈᢅᡈᢅᢔᢆᢅᡈᡈᢅᢔᢅᡈᡈᡈᢔᡈᢆᢅᡈᢆᢅᡈᢅᢔᡈᢅᡈᢅᡈᢆᢅᢔᢆ 4l

5　关于邬坚巴的事迹，参见廓诺·迅鲁伯《青史》，第 412~416 页。

6　武振华主编《西藏地名》，第 221 页。

7　H. K. 格雷西：《关于在西藏西部适宜建立一个开放性商埠的地点的备忘录》（1904 年 5 月 2
　　日），英国外交部档案第 4 卷第 6 号文件附 17，1906 年编印。

一。[1] 综上所述，尼松堡的大致位置当在普兰东部（右翼地区）的神山圣湖一带的某个地点。

泽杰城堡（ཙེ་རྒྱལ），是普兰王国前期的都城之一，位于普兰的杰蒂（རྒྱལ་ཏེ）地方。《阿里王统记》记载，大约于 13 世纪初在位的普兰王南德衮就曾居住在泽杰宫中，[2] 泽杰的藏文含义乃是"胜利峰"，正是王者应居之所。其后古格王扎巴德征服普兰，也曾驻杰蒂，并在此地接见了第三任止贡多增衮噶坚赞。《止贡冈底斯山志》记载，衮噶坚赞到冈底斯山担任止贡多增之后，受到古格国王扎巴德和王后拉坚珊珠的邀请前往普兰的杰蒂城堡传法。[3] 止贡多增是止贡派在冈底斯山一带的教团主持，由止贡寺寺主委任，是整个止贡派在西藏西部的最高领袖，驻锡在冈仁波齐峰以南山谷中的远声寺（རྒྱང་གྲགས་དགོན），可见在 13 世纪中期古格征服普兰之后，杰蒂仍然具有十分重要的政教地位。这种地位甚至一个世纪以后仍然没有衰落，15 世纪时，普兰人与洛巴人还在这里发生过激烈的战斗，表明杰蒂仍然是普兰的重要的军政中心之一。

1436 年萨迦派高僧俄尔钦·贡噶桑波受到古格王南喀旺波彭措德的邀请前往传法，二人会见之地即在杰蒂。[4] 俄尔钦·贡噶桑波，出生于萨迦，并在萨迦学法，9 岁出家，曾经担任过萨迦寺的堪布，后来在俄尔地方创建艾旺却丹寺，简称俄尔寺，他本人因此被称为"俄尔钦"。他以精通萨迦派密法闻名，是萨迦派密教三支派中俄尔

1　顿珠拉杰:《西藏西北部地区象雄文化遗迹考察报告》,《西藏研究》2003 年第 3 期。

2　གུ་གེ་མཁན་ཆེན་ངག་དབང་གྲགས་པས་མཛད་པའི་མངའ་རིས་རྒྱལ་རབས། ཤ 69

3　དཀོན་མཆོག་བསྟན་འཛིན་གྱིས་བརྩམས། གངས་རིའི་གནས་བཤད་ས་གོ་འོ་ཞེས་པ་བཞུགས་སོ། 1992 བོད་རོད་སྐོང་ཆེ་དམངས་དཔེ་སྐྲུ ཁང་གིས་པར་དུ་བསྐྲུན། ཤ 59

4　Roberto Vitali, *The Kingdoms of Gu.ge Pu.hrang*, p. 391.

支派的创始人。[1]15 世纪时普兰长期处在珞哦政权[2]的统治之下，15
世纪末，普兰为摆脱珞哦的统治，首先要收复的就是珞哦人控制下
的杰蒂。《后藏疯子亥如伽传》记载，传主本人经过普兰时，正好
遇上普兰与珞哦交战，后藏疯子亥如伽（གཙང་སྨྱོན་ཧེ་རུ་ཀ）是乳毕坚金
（1452~1507）的绰号，他是后藏娘堆人，为噶举派僧人，出家后
取法名为桑结坚赞，学法期间遍游各地。他崇尚山中苦修，行为怪
异，衣衫褴褛，故被称为后藏疯子；又因为他得到圆满四灌顶，在
密教中被誉为"胜乐金刚饮血王"，亥如伽在藏文中意为"胜乐金
刚"（འཁོར་ལོ་བདེ་མཆོག）或饮血王。[3]他是著名的《米拉日巴传》和《玛
尔巴传》等噶举派祖师传记的作者，是 15 世纪西藏最有成就的传记
文学大师。[4]他的传记中记载了普兰和珞哦人在杰蒂发生过激烈的战
斗，打得日月无光，血流成河，之后普兰攻下了杰蒂，而珞哦人则
驻兵城外，准备再战。[5]可见杰蒂在整个 15 世纪，不但是普兰的军
政中心，也是外来势力控制普兰的重要据点，成为兵家必争之地。

　　噶尔东（དགར་དུན）城堡，该城堡位于普兰的圣湖南岸，历史相

1　关于俄尔钦生平的详情，参见王森《西藏佛教发展史略》，中国藏学出版社，2010，第 86~87 页。

2　珞哦，又称洛门塘，全区信奉萨迦派，位于中国西藏与尼泊尔交界处，其首府即今尼泊尔
　　的木斯塘县，距西藏边境仅 18 公里，海拔 3700 米左右，居民主要是从西藏各地迁居而来
　　形成的洛巴人。7 世纪起处于吐蕃王朝的统治之下，吐蕃王朝崩溃后这里先后被阿里地区
　　的古格王国、亚泽王国和贡塘王朝统治。1440 年，贡塘王朝任命的珞哦宗本阿玛贝脱离贡
　　塘王朝的统治宣布自立，阿玛贝成为第一任国王。此后，珞哦趁着亚泽和贡塘的衰落而迅
　　速强大起来，直到 1580 年以前在这一地区的竞争中都居于优势地位。参见 Remesh Kumar
　　Dhunkel, "Political History of the Kingdom of Lo/Mustang," Submitted in Partial Fulfillment of the
　　Requirements for the Degree of Doctor of Philosophy in the Graduate School of Arts and Sciences,
　　Columbia University, 1999.

3　张怡荪主编《藏汉大辞典》，第 3069 页。

4　攘卓:《〈米拉日巴传〉的作者——乳毕坚金》，克珠群佩译,《西藏民族学院学报》1986 年第
　　1 期。

5　ཆོད་ཚང་རས་པ་སྐུ་ཆོགས་རང་གྲོལ་གྱིས་བརྩམས། གཙང་སྨྱོན་ཧེ་རུ་ཀ་རྣམ་ཐར། ན 184

当悠久,《科迦寺志》记载它是由 10 世纪晚期著名的古格王柯热所
建。不过该城堡真正发挥军政作用则是在 13 世纪晚期,这一时期贡
塘王朝统治者成为萨迦派在西部地区的代理人,监管古格和普兰等
政权,为加强对西部地区尤其是古格和普兰的控制,贡塘王朝重建
了噶尔东城堡,该城堡遂成为贡塘王朝控制西部的一个重要的军事
据点。[1] 因此,噶尔东城堡是外来者的军事堡垒,经常威胁西部王国
的安全,此后在 14~15 世纪贡塘王朝和珞巴人（ཀླུ་པ）经常侵犯普兰
地区,此城也往往成为他们在普兰的军事中心。[2] 1427 年前后,珞
哦门塘王朝（ཀླུ་བོ་སྨོན་ཐང་）的开国之君阿玛贝（ཨ་མ་དཔལ）委任绕丹衮波
（རབ་བརྟན་མགོན་པོ）为普兰宗本,其驻地就在噶尔东,[3] 可见该地对于普兰
的重要意义。此外,普兰地区还有一个较为著名的外来者据点,即
细德（ཞི་རྗེ）城堡。该城堡位于普兰下部,即普兰南部地区,其地现
在为细德村,[4] 20 世纪 90 年代曾在附近发现过著名的普兰观音碑,
可见这里历史相当悠久。13 世纪后半期（约 1250~1275）该地为蔡
巴噶举派在西部的据点之一。15 世纪中期细德的控制权又转移到了
萨迦派密教系统俄尔支派的手中。[5]

　　上文所提到的城堡和村镇仅仅是古格境内众多城堡和村镇中
的少数几个较为著名的居民点。村镇存在十分普遍且数量庞大,这
里所提到的只是在历史上发挥过一定政教作用或是跟某个重要的宗
教、政治人物的事迹有关联的为数极少的几个村镇。古格王国后期
的王城扎布让宫堡以及托林寺所在地托林这两个最重要的城堡和村

1　གཙུག་རིག་ཟིན་ཆེ་དཔང་ནོར་བུ་བུམ་བཅུས་སམ། བོད་རྗེ་ལྷ་བཙད་པོའི་གདུང་རབས་མངའ་རིས་སྨད་གུང་ཐང་དུ་ཇི་ལྟར་བྱུང་བའི་ཚུལ་དཔ་གསལ་བ་ན་ང་འཕྲུལ་གྱི་མེ་ལོང་
ཞེས་བྱ་བོ་བཞུགས་སོ་ཞེས་པ། 1990 ཚར་བོད་ལྗོངས་མི་དམང་དཔེ་སྐྲུན་ཁང་ནས་པར་དུ་བསྐྲུན། ན 108

2　Roberto Vitali, *The Kingdoms of Gu.ge Pu.hrang*, p.392.

3　Roberto Vitali, *The Kingdoms of Gu.ge Pu.hrang*, p.488.

4　武振华主编《西藏地名》,第 498 页。

5　Roberto Vitali, *The Kingdoms of Gu.ge Pu.hrang*, p.392.

镇本节并未涉及，主要是因为它们的早期情形和建筑遗址在经过几十年的考古发掘和调查研究之后，学术界对其面貌已经相对清楚，且在本书所讨论的时代，扎布让还未兴起，所以就此略过。另外还有一些城堡没有涉及则是因为资料描述不清晰，无法识别其基本情况，比如《红史》曾提到普兰王驻地"太索"，[1] 但关于此地除这条材料外，再也找不到相关资料印证，无法说明"太索"所指究竟为何，故而只好从略了。与村镇材料的寥寥无几相比，阿里地区割据时期的城堡史料则相对丰富得多。城堡或堡寨一类的居民点由于其军事和政治上的重要功能和对政权的特别意义在藏族历史资料中颇为引人注目，也就更容易被记录在册，可以为今天的研究提供较为丰富的材料。综合这些史料，本节只能在很低的程度上再现阿里地区的这些古代居民点或者说早期城镇的简单情况。

古格和普兰的城堡建筑都很发达，这些城堡并不只具有军事功能。它们在建筑之初可能只是为了军事防御，比如吉德尼玛衮最初修建尼松堡，是为巩固刚刚取得西部地区的战果，但据后来史书所言，尼松堡基本上发挥着阿里王朝前期实际上的都城的作用，因此这些军事型的城堡后来大多被赋予了政治总部的功能，成为区域内的政治中心。当然，城堡的军事功能并不都是为了防御，有些是为了实施进一步的军事扩张，比如普兰地区的噶尔东和细德等城堡，最初是外来征服者为了巩固对新征服地区的统治而修筑的，但最后噶尔东等城堡变成外来者在这一地区政治治理的中枢，甚至普兰宗本也驻扎于此。可见这一时期阿里地区的这些城堡由纯军事功能向军政合一型的总指挥部转化对这些早期居民点来说有一定的必然

1　蔡巴·贡噶多吉:《红史》，陈庆英、周润年译，东嘎·洛桑赤列校注，西藏人民出版社，2002，第 119 页。

性。另外，城堡作为军政指挥部其本来的地域空间是很狭窄的，但是为了维持城堡中统治者的生活，城堡周围逐渐聚集起了一定规模的人口，城堡及其附近逐渐成为相当繁荣的居民点，甚至一些重要的寺院也在城堡附近兴建起来，从而更加促进了该区域的繁荣。像东嘎、皮央就是这种多种因素互相作用而形成的政教中心，现在留下的庞大的遗址群也证明了这一点。西部地区城堡的这一发展趋势与卫藏地区是大致相同的。西藏古代特有的行政单位"宗"（ＥＣ），就是由早期的城堡演变而来的，而"宗"的本意就是堡垒、山寨、要塞。[1] 事实上，卫藏地区最初的十三大宗其实就是由 13 个重要的城堡及其附近属民组成的有机的居民聚居区，最后在大司徒绛曲坚赞的法令下才成为行政单位。

当然，古格王国治下的阿里，正是西藏佛教后弘期最活跃的地区，宗教在贵族和民众的日常生活中占据着越来越重要的位置，这一因素自然也会注入阿里的早期城镇形成过程中。上文提到的一些村镇，因为后弘期寺院的兴建而成为兴旺的宗教活动的聚集地，造就了繁荣的局面，比如芒囊、皮央等地最初都是因为佛寺的兴建而发展起来的。而城堡型的居民点附近也一定会有寺院的兴建。比如东嘎附近就先后修建了不少寺院，现存东嘎遗址中有一些僧人窟和居民生活窟，可见东嘎的繁荣局面与这一因素的紧密关系。而这一特点与卫藏地区同期大兴佛寺之下的早期城镇发展的基本特点大致契合。

---

[1]　张怡荪主编《藏汉大辞典》，第 2361 页。

第一章　兴佛改制：古格新型政治文化与政治体制的确立

　　益西沃时代对于西藏后来形成独特的政教合一制有着深远的影响。古格王室发动的佛教复兴运动，不但构成了藏传佛教后弘期上路弘法的主体内容，同时也最早按照佛教理论中"以佛法护持国政"的理念，设计出了古格版的政教合一制。可以说，古格王国是 13 世纪以后西藏政治中最为盛行的政教合一制的真正开创者和实践者。其中最值得关注的是上路弘法时期的古格王室，特别是著名的古格国王拉喇嘛益西沃，尽管这一新制实施的范围仅仅局限于古格一隅之地，历时也并不太长，但其中孕育着的政教关系的新因素，却对整个藏族地区影响深远。后弘期初期的古格王室在西藏政治文化建设方面的巨大成就，已足以使其在后世教法史作者的笔下流芳千古。但是像后弘期初期上路弘法那样一个庞大的宗教文化建设，绝不会只是宗教事业。如果仔细考察一下益西沃时代古格政治形势的发展和其中隐藏着的政治变迁，就会发现这一时期在进行佛教复兴事业的同时，另一场借助佛教理论和佛教力量而开展的政治变革正在古格境内大刀阔斧地进行着。通过复兴佛教进行政治体制的改革，西藏后世政治史上最具特色的政教合一制在后弘期初期的古格开始了最初的尝试。

益西沃的时代与早期古格史系年

　　古格国王拉喇嘛益西沃，是后弘期初期上路弘法最早的倡导者和实行者。益西沃是西藏后弘期开始时期最关键的人物，其所处的时代也是西藏佛教复兴的一个激情高涨的年代，此前后弘期下路弘法已在多康和卫藏兴起；此后在他的倡导下，古格王室开始在境内大力推行佛教复兴运动，是为藏传佛教史上的后弘期上路弘法。然而传统经典藏文史著中，从吉德尼玛衮到益西沃之间的古格世系记载相当混乱，因此首先有必要考订一下益西沃所处时代的一些重要事件的准确时间，特别是他的生卒年以及与之相关的后弘期上路弘法的开始年代等问题。

　　关于益西沃的身世，藏文史籍的说法不一。有的说他是扎西衮之子，有的则说是德祖衮之子。持扎西衮之子说的有《红史》《汉

藏史集》《娘氏宗教源流》等，[1] 持德祖衮之子说的则有《雅隆尊者
教法史》《佛教史大宝藏论》《贤者喜宴》《西藏王统记》等。[2] 尽管
说法不一，但益西沃是吉德尼玛衮孙辈的身份则诸书并无异议。此
外，藏史经典著作中关于柯热和松艾兄弟二人谁是拉喇嘛的记载也
颇为混乱，有的认为松艾是益西沃，有的认为柯热是益西沃，持前
说的有《雅隆尊者教法史》等，持后说的有《红史》等，[3] 长期相持
不下，后来藏族学者尊胜根据古格故城中大威德殿壁画的题记判定
兄长是柯热，而弟弟松艾就是益西沃。[4]

　　经典藏文史著对益西沃的身世众说纷纭，而这些史书几乎都出
自离古格王国所在的阿里地区较远的卫藏高僧之手，他们的记载歧
出，显然表明其史料来源本身就是模糊的。可能是收集僻处边地的
阿里地区史料的困难给后人造成了上述困惑，但这一问题在古格史
家所能见到的本地史料中则是清晰的。如《阿里王统记》是古格前
期历史记述中最翔实的史料，书中写道：

　　　　君上扎（西）衮（བཀྲ་ཤིས་）娶王后桑噶玛（བཙུན་མོ་བཟང་གསལ་），生
　　二子：柯热（ཨཱ་）、松艾（སྲོང་ང）。松艾一名赤德松祖赞（ཁྲི་ལྡེ་སྲོང་གཙུག་
　　བཙན）。兄柯热（གཅེན་ཨཱ）治普兰，弟松艾（གཅུང་སྲོང་ང）治古格。[5]

<hr>

1　　蔡巴·贡噶多吉：《红史》，第35~36页；达仓宗巴·班觉桑布：《汉藏史集》，第114页；ཀུན་ད
　　ག་འོད་ཟེར་ཀྱིས་མཛད། ཚལ་པ་ཀུན་དགའ་རྡོ་རྗེ་ཁང་རྒྱ་གར། 1988 བོད་ལྗོངས་མི་དམངས་དཔེ་སྐྲུན་ཁང་ཤ 458~459。

2　　参见释迦仁钦德《雅隆尊者教法史》，第40页；布顿大师《佛教史大宝藏论》，第181页；
　　དཔའ་བོ་གཙུག་ལག་འཕྲེང་བ། ཆོས་འབྱུང་མཁས་པའི་དགའ་སྟོན། 2006 བོད་ལྗོངས་མི་དམངས་དཔེ་སྐྲུན་ཁང་ཤ 228；索南坚赞《西
　　藏王统记》，第148页。

3　　释迦仁钦德：《雅隆尊者教法史》，第40页；蔡巴·贡噶多吉：《红史》，第36页。

4　　尊胜：《分裂时期的阿里诸王朝世系——附：谈"阿里三围"》，《西藏研究》1990年第3期。

5　　གུ་གེ་མཁས་ཆེན་ངག་དབང་གྲགས་པས་མཛད། མངའ་རིས་རྒྱལ་རབས། 1996 བོད་ཡིག་དཔེ་རྙིང་ལས་གཞུང་གི་གཞུང་སྐྲུན་འདབས་མ་ཟེར་ཀྲེའུ་ཟློས་གྲིས་འདི་གཙོ་བོ་
　　ཆུང་གྲགས་པར་དུ་བསྒྲུབ། ཤ 51

　　《阿里王统记》非常明确地指出益西沃是扎西衮的次子，扎西衮将自己从父王吉德尼玛衮那里继承下来的领地分为两份，封赐给了自己的两个儿子，兄长柯热得到普兰，弟弟松艾得到古格，由此可见古格与普兰两个小王国在阿里地区诸政权中亲缘关系最密切，在后来的历史发展中也密不可分。另外，特别值得注意的是《阿里王统记》还给出了其他史籍中从未出现的益西沃的本名松艾之外的另一个名字——"赤德松祖赞"，这是一个典型的吐蕃王朝时代的赞普名字，吐蕃时代与之相似的赞普名字就有好几个，例如与金城公主联婚的赞普赤德祖赞（ཁྲི་ལྡེ་གཙུག་བཙན་）、文治武功都臻于极盛的赤松德赞（ཁྲི་སྲོང་ལྡེ་བཙན་）、大力弘扬佛教的赤德松赞（ཁྲི་ལྡེ་སྲོང་བཙན་）和赤祖德赞（ཁྲི་གཙུག་ལྡེ་བཙན་）。很明显，益西沃的"赤德松祖赞"的名字乃是有意效仿上述这几位先王。可见《阿里王统记》编纂时所能见到的古格史料远比后弘期中期以来卫藏地区高僧所见到的要丰富得多，一些被佛教史书写意识遮蔽的诸如赤德松祖赞这样的吐蕃时代传统旧名都得到了部分保存。同时，《阿里王统记》中明确指出弟弟松艾是益西沃，称之为喇嘛菩萨益西沃（བླ་མ་བྱང་ཆུབ་སེམས་དཔའ་ཡེ་ཤེས་འོད་）。[1]

　　此外，差不多同一时期成书的《广传》对益西沃的身世也有相同的记载：

　　　　于此，吐蕃之天赞普——吉德尼玛衮诞育三子，其次子为扎西衮是也；彼扎西衮者诞育二子，兄科热、弟松艾是也。兄科热领治普兰，弟松艾领治古格。复次，弟松艾出家，即拉喇嘛益西沃是也。[2]

1　གུ་གེ་མཁན་ཆེན་ངག་དབང་གྲགས་པས་མཛད། མངའ་རིས་རྒྱལ་རབས། ཤ 52

2　གུ་གེ་པཎྜི་ཏ་གྲགས་པ་རྒྱལ་མཚན་གྱིས་མཛད། སྤུ་ཧྲང་ལོ་ཡེ་ཤེས་འོད་ཀྱི་རྣམ་ཐར་རྒྱས་པ་བཞུགས་སོ། 2013 བོད་ནང་སྲོལ་རིག་དཔར་མཛོད་དཔེ་སྐྲུན་ཁང་གིས་བསྐྲུན། ཤ 1

　　《阿里王统记》与《广传》的记载相同，且同出自古格本土史家之手，显然比后弘期中期以后形成的那些史书更为可信。因此，益西沃的身世就基本可以确定下来了，他本名松艾，旧名赤德松祖赞，是阿里王朝开创者吉德尼玛衮的孙子，父亲是吉德尼玛衮的次子扎西衮，他自己是扎西衮的次子，并从父王手上继承了古格地区作为封地，而他的兄长柯热则得到普兰作为封地。因而作为阿里王系的第三代王室群体中的一员，益西沃才是真正意义上的古格王国的第一代国王。

　　尽管益西沃作为后弘期上路弘法的重要人物，在上述卫藏高僧所写的藏族传统经典历史著作中占据重要的位置，但这些著作几乎没有记载益西沃的生卒年代，目前所见的史料中，明确而完整地给出益西沃生卒年代的，只有《广传》，书中在开篇时给出了一份益西沃的大事年表：

　　　　赤德松（祖）赞于阴火羊年（947）降生，于三十一岁土牛年（989）受具足戒，弘扬佛法直至八十五岁，阴土羊年（1019）圆寂于托林地方。也有说他活了七十三岁，于铁羊年（1031）谢世。而乌德堪布曰：（益西沃）土羊年（959）降生，六十一岁土羊年（1019）圆寂。[1]

　　此处的赤德松赞当是前引《阿里王统记》中益西沃的俗名赤德松祖赞之省文，这个年表看似非常清楚地告诉了我们益西沃的生卒年代，但仔细分析这些时间又相当混乱。

　　首先，作者给出的益西沃的生卒时间虽然年代明确，却互相矛

1　གུ་གེ་པཎྜི་ཏ་གྲགས་པ་རྒྱལ་མཚན་གྱི་མཛད་ར། སྤྱི་ལ་ཡེ་ཤེས་འོད་ཀྱི་རྣམ་ཐར་རྒྱས་པ་བཞུགས་སོ། ༡ 4

盾，显然这个年表杂糅了三种史料来源不同的关于益西沃生卒年代的说法。也就是说，《广传》给出的益西沃的生卒年，至少可以有三组搭配。其次，也是非常令人困惑的是，如果把《广传》给出的益西沃生平重要事件的年份和他的生卒年的任意一种说法进行匹配的话，则无论哪一组生卒年，跟他生平那些重要事件的年份都无法一一对应上，都存在着明显的错乱。

比如以第一组生卒年为例，《广传》的年表中，益西沃生于阴火羊年（947），但他于31岁土牛年（989）受具足戒。如果按947年出生来算的话，31岁当是977年，而不是989年。如果按989年益西沃31岁来算的话，则他的生年当为959年，而不是947年。再看年表给出的益西沃的卒年，年表说益西沃活了85岁，圆寂于阴土羊年（1019），用这个时间跟益西沃的生平事件进行匹配，其结果则更令人眼花缭乱。如果以前揭的阴火羊年（947）为生年的话，85岁时当为铁羊年（1031），如果圆寂于阴土羊年（1019）的话，则益西沃的享年只有73岁。显然，《广传》有关益西沃生平的年表，看似年代清楚，却经不起推敲。

另外，这份年表中还给出了另外两组益西沃的生卒年，结合这三组生卒年的数据，益西沃的生年有947年（火羊年）和959年（土羊年）两种说法，其实从藏历的规则来看，947年和959年正好相差12年，而且都是羊年，因此二者的确非常容易被混淆。此外，还有一则史料也支持959年说。18世纪著名的高僧噶托·仁增才旺诺布（1698~1755）曾在贡塘的一座名叫色腻迦的旧佛塔中发现了一些装藏在塔里的书籍残卷，里面记录了拉喇嘛益西沃生于羊年，并活了78岁，且益西沃和仁钦桑波的生年相差不到一年（众所周知，仁钦桑波生于马年，即958年）。他把这些内容写进了所著的《吐蕃赞普简明世系——心镜》（成书于

1745 年）一书中。[1]

　　噶托·仁增才旺诺布出生于康区的三岩地方，是 18 世纪前期宁玛派、噶举派系统中最著名的高僧之一，早年游学卫藏，广泛修证宁玛派、噶举派、觉囊派的教法，成为密法修持上的大成就者，号称仁增钦波（意为大持明者）。1723 年成为康区宁玛派的主寺噶陀寺的座主，其后游历四方，多次到过尼泊尔、阿里芒域贡塘等地，在尼泊尔修复著名的甲绒卡雪佛塔，在游历期间留心收集西藏西部的历史文献，除了《吐蕃赞普简明世系——心镜》一书外，他还著有《贡塘王统记》等关于西藏西部的历史著作。1752 年奉七世达赖喇嘛之命，穿越整个阿里地区，远赴拉达克调解王室争端，促成拉达克王室和解。1754 年再次前往尼泊尔，次年圆寂于芒域吉隆地方。[2] 噶托·仁增才旺诺布学问精深，又有丰富的地方实地调查经验，按照他所见到的史料来看，益西沃的生卒年当为 959 年和 1036 年，享年 78 岁。

　　面对如此纷繁复杂的说法，《广传》较倾向于 947 年为益西沃生年的说法，而卒年方面，《广传》虽然在年表中给出了 1019 年（土羊年）和 1031 年（铁羊年）两说，但从行文上看，似乎更倾向于 1019 年说。尽管该书在开篇给出的益西沃生平年表有些混乱，但在随后叙述益西沃详细事迹的时候，其给出的年代基本一致，综合开篇的这份有点混乱的年表和后来的叙事，大体可以确定，

1　ཀཿཐོག་རིག་འཛིན་ཚེ་དབང་ནོར་བུས་མཛད། ། རྒྱལ་བའི་བསྟན་པ་རིན་པོ་ཆེ་སྤྱི་སྔོན་སུ་འབྱུང་བའི་ཚུལ་ལག་གི་དང་རྩ་བཙན་པོའི་གདུང་རབས་ཅུང་ཟད་གསལ་བར་ཡོད་ཀྱི་ མེ་ལོང་ཞེས་བྱ་བ། ཆབ་སྤེལ་ཚེ་བརྟན་ཕུན་ཚོགས་ཀྱིས་བསྒྲིགས། བོད་ཀྱི་ལོ་རྒྱུས་དེབ་ཐེར་ཁག ། 1990 བོད་ལྗོངས་བོད་ཡིག་དཔེ་རྙིང་དཔེ་སྐྲུན་ཁང་ནས་བསྐྲུན། ༤ 73~74

2　དུང་དཀར་རིན་པོ་ཆེ་བློ་བཟང་འཕྲིན་ལས་ཀྱི་ཆོས་སྒྲིག་མཛད། དུང་དཀར་ཆིག་མཛོད་ཆེན་མོ། 2002 བོད་ནང་བོད་རིག་པ་དཔེ་སྐྲུན་ཁང་ནས་བསྐྲུན། ༤ 4~5；土登嘉央列学丹贝坚参北绒波：《噶陀金刚寺志》，刘勇（斯农平措）、贡保扎西译，民族出版社，2002，第 53~54 页；彼德·史卫国：《18 世纪噶拖仁增·策旺诺布出使拉达克记》，苏发祥译，《国外藏学研究译文集》第 17 辑，西藏人民出版社，2004，第 79~80 页。

《广传》认为益西沃生于火羊年（947）。关于这个生年，除了上述这份年表已经清楚点明以外，后来的行文中也多次点出，如在年表之后，接着又重复了一遍益西沃生于阴火羊年（947）的描述。[1]而关于益西沃出家的年代，年表记为 31 岁土牛年（989），后来在详细展开这一重要事件时，又先后多次标明阴土牛年（989）。如在讲述益西沃出家时的堪布时，说松艾受具足戒，正式出家为僧，赐法名益西沃，是在阴土牛年（989）。[2] 之后，在回顾益西沃一生事业时，又再次写道："天子赤德松祖赞于阴土牛年（989）出家，赐名益西沃。"[3] 显然，年表中益西沃出家的年份为阴土牛年（989）是没有疑义的。只是当年益西沃 31 岁的记载可能是传抄过程中出现的笔误。因此，益西沃的生年为阴火羊年（947）当无问题。

至于益西沃的卒年，《广传》的年表给出了两种说法，一是土羊年（1019），二是铁羊年（1031）。不过，铁羊年（1031）说很可能是笔误，因为《广传》在之后的行文中经常与年表给出的益西沃卒于 1019 年前后照应，而再无与 1031 年呼应的内容。如书中讲到益西沃出家受具足戒后，"三十一年间，身作佛教之主，弘扬正法。其后，于阴土羊年（1019）圆寂于托林寺之寝殿"。[4] 不但明确指出卒年为 1019 年，且从 989 年出家到 1019 年圆寂，正好是 31 年。但稍后《广传》在讲述益西沃长子的生平时，又给出了另一个益西沃的卒年——阴水猪年（1023）。书中说益西沃的长子拉德赞"于火猴年（996）出家，取法名提婆罗阇。提婆罗阇出家后二十八年，在阴水猪年（1023）时，父王拉喇嘛益西沃驾崩。其后五年，提婆罗

1　གུ་གེ་པཎྜིཏ་གྲགས་པ་རྒྱལ་མཚན་གྱིས་མཛད། སྐུ་བླ་མ་ཡེ་ཤེས་འོད་ཀྱི་རྣམ་ཐར་རྒྱས་པ་བཞུགས་སོ། ན 4

2　གུ་གེ་པཎྜིཏ་གྲགས་པ་རྒྱལ་མཚན་གྱིས་མཛད། སྐུ་བླ་མ་ཡེ་ཤེས་འོད་ཀྱི་རྣམ་ཐར་རྒྱས་པ་བཞུགས་སོ། ན 14 ན 32

3　གུ་གེ་པཎྜིཏ་གྲགས་པ་རྒྱལ་མཚན་གྱིས་མཛད། སྐུ་བླ་མ་ཡེ་ཤེས་འོད་ཀྱི་རྣམ་ཐར་རྒྱས་པ་བཞུགས་སོ། ན 32

4　གུ་གེ་པཎྜིཏ་གྲགས་པ་རྒྱལ་མཚན་གྱིས་མཛད། སྐུ་བླ་མ་ཡེ་ཤེས་འོད་ཀྱི་རྣམ་ཐར་རྒྱས་པ་བཞུགས་སོ། ན 33

阁依父王之规章，护持佛法，于兔年（1027）圆寂"。[1]

　　这样，依据《广传》的年代体系，益西沃最有可能的生卒年，至此只剩下两组搭配了，即947~1019年和947~1023年。

　　这两组益西沃的生卒年，生年一致，只是卒年不同。从行文书写上来看，《广传》应该更倾向于1019年说，不但在年表中首先给出这个年份，而且在总结益西沃一生时，再次郑重其事地强调了这个年份。但笔者认为益西沃卒于1023年之说也不应轻视。因为这一说法与益西沃长子的生平联系在一起，很明显有其原始史料来源，提婆罗阁出家后28年，这一数字作为一个重要的时间节点，在《阿里王统记》里也有提到。书中叙述提婆罗阁的生平时指出，益西沃的长子赤德衮赞于阳火猴年（996）时，在巴尔甘强隆林寺，与王臣88人一起出家，取名特瓦巴惹哈瓦，28年间，依父王之教诫，护持佛法，供养祖先之僧众、寺院等。[2]

　　由于《阿里王统记》接下来没有叙及提婆罗阁的卒年，因此容易让人误会这里出现的28年这一数字，是在暗示提婆罗阁的卒年。如维他利就据此推测提婆罗阁卒于1023年。[3] 结合《广传》所叙以及《阿里王统记》中的这段话，可以隐约地看到：益西沃的生卒年有可能存在两个历史书写传统。一是羊年生、羊年死的圆满完整的年代体系，包括多种史书中出现的959~1019年、947~1019年、947~1031年等多组益西沃生卒年的说法。这些生卒年的特点是：生年与卒年都为藏历纪年的同一年名，赋予了益西沃的生卒年以圆满完整的人生意义，因此得到多数后弘期佛教史家的认同。《广传》在行文中明确给出了益西沃的生卒年是

1　 གུ་གེ་པ་ཎྜི་ཏ་གྲགས་པ་རྒྱལ་མཚན་གྱིས་མཛད། ལྷ་བླ་མ་ཡེ་ཤེས་འོད་ཀྱི་རྣམ་ཐར་རྒྱས་པ་བཞུགས་སོ། ན 34

2　གུ་གེ་མཁན་ཆེན་ངག་དབང་གྲགས་པས་མཛད། མངའ་རིས་རྒྱལ་རབས། ན 60

3　Roberto Vitali, *The Kingdoms of Gu.ge Pu.hrang*, p.242.

947~1019 年，但这个"圆满"数字斧凿的痕迹也很明显，造成以这组年代去推算益西沃生平的其他重要事件时，总是难免顾此失彼，前后不一。

另一个益西沃生卒年的书写传统，则没有给其生卒年赋予"圆满"的意义，如噶托·仁增才旺诺布在贡塘发现的古代残卷，记录的益西沃的生卒，虽然也是羊年生，却不是羊年死。这一传统中，益西沃的享年为 78 岁，卒年与生年在年代学上并不具有特别的意义。噶托·仁增才旺诺布在贡塘发现的古代残卷中益西沃生年的羊年，如果不是 959 年，而是 947 年的话，则益西沃的卒年 1024 年就非常接近《广传》中在叙述益西沃长子生平时所出现的那个益西沃的卒年——1023 年。显然在这个书写传统下，益西沃的生卒年没有被赋予非凡的意义，其史料来源应该更为古老，更接近于益西沃真实的生卒年代。

至此可以大胆推测，后世佛教史家，也极有可能是古格王室自己，在书写益西沃的历史时，为了使这位伟大人物的生卒年看上去更有意义，刻意地修整了益西沃的卒年，以达到一种羊年生、羊年死的特殊效果。因此，《广传》在书写益西沃的生平时，多次特意在书中标明益西沃卒于 1019 年这个羊年，但在其他行文中利用更早的资料时，就露出了一些不和谐的地方，如叙述提婆罗阇时，就不经意间留下了益西沃卒于 1023 年（猪年）的说法。而这种说法可以说来自一种生卒年记载不那么整齐的史料，这种类型的史料，《阿里王统记》在撰写时也参考过。只不过《阿里王统记》的作者对原始资料裁减得更多，以至于相关记载颇令人费解，但正是如此，才反映出两书都提到的"二十八年"这个时间节点，是有其史料传统的。然而，经修整之后，看起来圆满得多的益西沃的生卒年，与其长子的生平难以契合。显然，后人在修整益西沃生卒年时，不可能把他的长子的生平也弄得那么"整齐"。因此947~1023年这组益西沃的生卒年，事实上有更古老的史源，此说也非常接近修整后的噶托·仁增才旺诺布在贡塘发现的古代写卷中益西沃的生卒年（947~1024），因此笔者认为947~1023年这组益西沃的生卒年，虽然不像那个看似圆满的益西沃的生卒年那样，被后世西藏的佛教史家们高调标明，但更值得采信。

最后，关于益西沃时代还有两个重要的时间点需要考订。除了生卒年外，作为古格国王，他即位的年代，也是一个重要的时间，过去的后弘期以来的藏文经典史著，甚至包括《阿里王统记》这样的地方性史著中，都没有提到益西沃即位为国王的具体时间。跟益西沃的出生年代一样，他何时成为古格国王，也是早期古格历史的一个重要的时间节点。《广传》在叙事中给我们考证益西沃即位的年代提供了一条线索。书中写道："益西沃在位的第十一年，阴火猪年（987），赤德松祖赞在普兰召开治国理民的会议，在迦如的卡尔达地方修建寺院。"[1]由此可以推知，益西沃应当即位于977年，时年30岁。可以说，977年才是益西沃时代真正的开始。

不过要注意的是，益西沃即位之初，恐怕并未致力于弘扬佛教，换句话说，古格王国主导的佛教复兴运动和后弘期上路弘法的开始时间，并不始于益西沃即位之年。传统的藏文经典史著都明确给出了下路弘法的时间，一般认为后弘期的开始以下路弘法的开启为标志。《青史》中记载了下路弘法开启的时间为土虎年（978），[2]当年以鲁梅（རྒྱ་མེས）为代表的"卫藏十人"从多康回到卫藏地区传播

---

1 གུ་གེ་པཎྜི་ཏ་གྲགས་པ་རྒྱལ་མཚན་གྱིས་མཛད། ਠੁ་གུ་ལ་ཡེ་ཤེས་འོད་ཀྱི་རྣམ་ཐར་རྒྱས་པ་བཞུགས་སོ། ན 12

2 关于土虎年的准确时间，过去主要有918年和978年两说，而978年更符合《青史》一书中的年代计算方法。参见陆军《918年抑或978年——〈青史〉所载藏传佛教后弘期起始年考》，《西藏民族学院学报》2010年第3期。

佛法，发展僧团，标志着下路弘法开启，也标志着后弘期的开始。然而包括《青史》在内的大多数藏文经典史籍都没有给出上路弘法开始的具体时间，只有《广传》和《阿里王统记》明确地指出了益西沃开始确立佛教复兴政策的时间，且二书所言基本一致，那就是986年。

《广传》中有两处直接点明益西沃开始弘法的标志性事件及时间。第一处讲阴（当为阳的笔误）火狗年（986）时，在古格朗钦藏布流域的嘎白惹（ གཞང་གི་ཀ་པེ་རེག ）地方，王兄柯热、赤德松祖赞（益西沃）等父子兄弟叔侄等人聚会到一起，集齐了普兰、古格的所有重臣，做出弘扬佛教的决议。松艾（益西沃）宣布出家，请求王兄柯热守护臣民，并将二法（教法与国法）之规章颁布到各地。[1] 第二处讲天子赤德松祖赞于阳火狗年（986），在古格朗钦藏布流域的甘白查（ ཀཾ་པེ་ཙ ）地方，召集古格、普兰的重臣，颁布在阿里弘扬佛法的诏令，将弘法之旨制成二法（教法与国法）之文件。[2]《广传》中的这两段记载，除地名的拼写稍有不同外，其他内容基本一致，都明确表示火狗年（986）益西沃正式以弘扬佛教为国策，古格的佛教复兴运动开始。此一标志性事件的时间在书中其他地方也有印证，如作者在讲益西沃早年事迹时曾说，法王赤松德松赞（益西沃）将吐蕃从朗达玛的荼毒中解救出来，其间王统世系经历了五代，共146年，阿里地区都以苯教之法行事。[3] 这段中的146年的时间差，也正好印证了益西沃在986年正式确立复兴佛教的国策，因为从藏史传统上所说的841年朗达玛灭佛开始到986年，正好146年，其间经历了所谓的朗达玛、沃松、贝柯赞、吉德尼玛衮、扎西

1　གུ་གེ་པ་ཆིའུ་གྲགས་པ་རྒྱལ་མཚན་གྱི་མཛད་། ལྕགས་མ་ཡེ་ཤེས་འོད་ཀྱི་ཧར་ཁར་རྣམ་ཐར་བཞུགས་སོ། ད 13

2　གུ་གེ་པ་ཆིའུ་གྲགས་པ་རྒྱལ་མཚན་གྱི་མཛད་། ལྕགས་མ་ཡེ་ཤེས་འོད་ཀྱི་ཧར་ཁར་རྣམ་ཐར་བཞུགས་སོ། ད 32

3　གུ་གེ་པ་ཆིའུ་གྲགས་པ་རྒྱལ་མཚན་གྱི་མཛད་། ལྕགས་མ་ཡེ་ཤེས་འོད་ཀྱི་ཧར་ཁར་རྣམ་ཐར་བཞུགས་སོ། ད 9

衮五代赞普，而益西沃正是扎西衮的次子。

　　此外，《广传》中记载的阳火狗年（986）益西沃正式确立弘佛国策的说法，在《阿里王统记》中也有两处可资参证。其中一处明确提到"拉喇嘛益西沃于阳火狗年（986），向阿里重臣们颁布了在上部阿里地区弘扬佛法的诏旨"。[1] 另外一处则稍令人费解，文中说在阳土狗年（998），在朗钦藏布的嘎尔色那（དགར་ས་ནག）地方，古格掌政大臣尚绒（གུ་གེ་ི་བློན་པོ་ཞང་རུང་）召集各地的首领、头人和贵族大臣，宣布了益西沃的弘佛诏令，并抄写了大量相关的教法与国法的文件，散发到阿里各地。[2] 这则材料中的地点——嘎尔色那（དགར་ས་ནག），与前述的嘎白惹（གཙང་གི་ཀ་བེ་རག）、甘白查（ཀ་པེ་རག）拼写相似，可能是同一地点的异写或误拼，而所记录的事情也大体相同，就是向阿里民众宣布古格弘扬佛教的国策，只是时间不一样。显然参照之前《广传》中所述及的益西沃的大事年表来看，998 年明显太晚了，这个年份只能是阳火狗年（986）之误笔，因此这条史料说的仍然应该是 986 年古格确立弘佛国策的事情。上述《广传》与《阿里王统记》的四则材料，充分表明了 986 年正是益西沃为古格王国确立起新的国策的时间，也可以说是后弘期上路弘法真正的开始。9 世纪中叶后，西藏佛教一直处于衰败状态，尤其缺乏有力的世俗政权的支持，直到此时，在古格政权的扶持下，上路弘法才真正开启了。

古格王室与西藏新型政治文化的奠基

佛教的复兴，特别是后弘期的上路弘法运动，使得"文化"本身开始在藏族社会的下层民众中传播开来，其影响则是藏族文化中的大传统和小传统有了有机的连接，这就打破了阶层之间的分隔和对立。通过以《萨迦格言》《米拉日巴道歌》等为代表的格言体、赞颂体的文学作品，藏族的佛学大师们把高深的佛教哲学转化为面向大众的生活体验，佛教不但成为藏族文化生活的核心内容，也为藏族人民提供了文化生活的关键形式，凝结成藏族人民的思维方式和一般知识构成的认识结构，在此基础上，西藏政治生活中的佛教因素日益强化。佛教复兴所构建的社会思潮成为这一时期西藏最重要的政治文化。

藏传佛教后弘期的开启，对藏族社会具有全方位的深刻影响，它的兴起是上、下路弘法过程共同推动的，其中上路弘法的过程与早期古格王室的积极参与是分不开的。上路弘法的兴起、发展和繁荣，使西藏世俗政权深度参与到宗教事务之中，这是后弘期上路弘法的一大特点。整个上路弘法阶段，古格王室对佛教复兴和发展倾注了大量的精力与资源，他们兴建佛教寺院、培植僧伽组织、培养译师人才、迎请印度佛学大师（班智达），实现了藏传佛教与外来先进文化相结合的跨越式发展。上路弘法自 10 世纪晚期开启后，持续将近百年，其间最为人称道的就是 1042 年迎请阿底峡大师入藏，奠定了藏传佛教教理体系和修证体系的基本格局。此后，古格王国在 1076 年主办了火龙年大法会，齐集卫藏、多康、阿里的佛教界人士在托林寺共襄盛举，上路弘法达到极盛。可以说古格王国建立之初，最大的政治就是领导了藏传佛教后弘期的上路弘法事业，给西藏社会开创了一种全新的政治文化。

目前学界对上路弘法已有一些综合性的比较研究，[1]但主要还是以佛教界的重要人物为中心，如关于大译师仁钦桑波事迹的考察，[2]或者是围绕印度大班智达阿底峡入藏前后的事业展开论述，[3]此外，火龙年大法会也得到个别学者的关注。[4]但对于上路弘法运动如何在古格政权的主导下兴起，以及上路弘法初期的各种重大事件及其细节的发掘，则相对模糊。这也与上路弘法早期史料的匮乏不无关系。一方面，经典藏文史籍中对于上路弘法的记载较为粗略；另一方面，与上路弘法密切相关的早期古格史料，长期处于缺失状态。因此，本节尝试发掘和结合这两方面的史料，对上路弘法最初展开的情形进行细致的考证，以厘清上路弘法兴起之初的种种细节。

益西沃时代古格诸王是西藏佛教寺院的重要建设者。在佛教寺院的兴建方面，益西沃及其兄弟子侄在境内主持兴建了一系列的著名寺院，满足了佛教复兴事业对宗教活动场所的需求。发展佛教首先需要寺院这一宗教场所。吐蕃时代西藏佛教兴盛的时间并不长，而且屡经反复，故而佛教寺院本就不多。9世纪中期吐蕃王朝发生所谓的朗达玛灭佛事件，随后王朝崩溃，青藏高原陷入大乱之中。

1　参见石硕《从〈拔协〉的记载看藏传佛教后弘期上、下两路弘传的不同特点及历史作用》，《西藏研究》2008年第2期。

2　参见图齐著，魏正中、萨尔吉主编《梵天佛地（第二卷）：仁钦桑波及公元1000年左右藏传佛教的复兴》。

3　东智才让：《阿底峡大师及其对西藏佛教的功绩》，《西藏研究》1987年第3期；秦士金：《阿底峡与仲敦巴——11世纪西藏佛教的整顿者》，《西藏研究》1994年第2期；班班多杰：《阿底峡与藏传佛教上路弘传》，《西部西藏的文化历史》，第65页；郑堆：《阿底峡在西藏传法历史考》，《西藏大学学报》2010年第2期。

4　Lobsang Shastri, "The Fire Dragon Chos 'khor(1076 AD)," *Proceedings of 7th Seminar of the International Association for Tibetan Studies,* Graz, 1995.

过去佛教史家把这个过程解释为灭佛引起王朝的崩溃，王朝的崩溃引发吐蕃的大乱，事实可能恰恰相反，"不是古代宗教的灭亡引起古代国家的毁灭，相反，是古代国家的灭亡引起了古代宗教的毁灭"。[1]随着王朝的崩溃和统治秩序的混乱，佛教寺院受到严重破坏，到后弘期之初，各地佛寺数量稀少，少数残存的寺院也都破败不堪。吐蕃时代佛教寺院最发达的拉萨和桑耶地区，在奴隶平民大起义后，寺院僧人和属民纷纷逃散，寺院变成乞丐窝，神殿里建起了炉灶，佛教昔日的神圣场所早已黯然失色。[2]因此，后弘期开始之初阿里乃至整个西藏都缺乏基本的寺院来展开起码的佛事活动。

后弘期开始的时候各地政权首脑首先做的都是恢复或新建佛教寺院。卫藏地区在下路弘法的大潮下先后恢复和重建了一大批寺庙，经过所谓的"卫藏十人"及其弟子的经营，卫藏地区的寺院开始粗具规模。下路弘法时，鲁梅等卫藏十人回到卫藏后首先修复了吐蕃时期的主寺桑耶寺，随后卫藏十人相继兴建寺院。仅鲁梅一人就先后修建了拉穆恰德乌寺（ལ་མོ་ཆད་དུ་）、拔朗寺（བ་ལམ）、晋寺（འཇུལ）、拔让寺（བ་རང）、春堆寺（ཚོང་འདུན），而他的四柱弟子则相继创建了杰鲁寺（རྒྱལ་ལུག་གཞོང）等近二十座新寺，鲁梅之外的其他人及其弟子所创建的寺院总数则更为庞大，可见这一时期整个西藏寺院恢复和重建的规模之大。[3]

986 年才开始由古格佛教复兴运动引领的后弘期上路弘法，在时间上应与下路弘法差不多，因此益西沃在古格确立新国策后，首先采取的弘法措施也是大兴寺院。益西沃时代古格王国兴建的最著

---

1 马克思：《〈科隆日报〉第 179 号的社论》，《马克思恩格斯全集》第 1 卷，人民出版社，1995，第 213 页。

2 དཔལ་བོ་གཙུག་ལག་ཕྲེང་བ། ཆོས་འབྱུང་མཁས་པའི་དགའ་སྟོན། 2006 བོད་མི་རིགས་དཔེ་སྐྲུན་ཁང་གིས་པར་དུ་བསྐྲུན། ༣ 234

3 恰白·次旦平措等：《西藏通史——松石宝串》，第 275~280 页。

名的寺院是 996 年开建的托林寺，但在此之前，古格王室已兴建了
一批在后世不太知名的寺院。事实上据《广传》所载，益西沃在确
立复兴佛教国策的次年，就开始兴建寺院了。书中记载，在阴火猪
年（987）时，赤德松祖赞（益西沃）在普兰召开治国理民的会议，
在迦如的卡尔达（ﾋﾞ་ﾟ་ﾙ་ﾟ）修建了一座寺院，并仿照昌珠寺塑造
了弥勒、文殊和观音三尊像。[1] 昌珠寺是吐蕃时期第一批兴建的佛教
寺院，位于今山南市的乃东区。建寺传说与松赞干布和文成公主有
关，是传说中的八大镇肢寺之一。寺内原有吐蕃赞普赤德松赞时期
的一口铸钟，寺中除供奉佛、菩萨以外，曲结拉康以松赞干布为本
尊，左侧为尼泊尔赤尊公主，右侧为文成公主，左壁塑有禄东赞立
像，右壁前有吞米桑布扎立像，[2] 表明该寺与吐蕃王室的联系较为
密切。

此外，古格王室在开建托林寺之前可能还修建过一些初级的佛
教道场，萨迦派祖师索南孜摩（1142~1182）在所著的《入法门论》
（ﾟ་ﾟ་ﾟ་ﾟ་ﾟ་ﾟ་ﾟ་ﾟ）中有一段看似不太起眼的记载：

> 阳水龙年（992），上下阿里王室父兄聚于觉拉域倍卡尔地
> 方，举行会议，做出重大决定。在绒域的巴甘地方，修建了一
> 座新的寂静处，其时为佛涅槃后 3125 年。[3]

索南孜摩是萨迦派初祖贡噶宁波（1092~1158）之子，被萨迦
派尊为"二祖"。他幼承家学，青年时代即已获得精通一切金刚乘
的名声，17 岁时（1158）离开萨迦寺前往拉萨求学，拜桑浦内邬

---

1   ﾟ་ﾟ 12

2   索朗旺堆、张仲立主编《乃东县文物志》，西藏自治区文管会，1986，第 7~13 页。

3   ﾟ་ﾟ་ﾟ་ﾟ་ﾟ་ﾟ་ﾟ་ﾟ་ﾟ་ﾟ་ﾟ་ﾟ་ﾟ་ﾟ 2007 ﾟ་ﾟ་ﾟ་ﾟ་ﾟ་ﾟ་ﾟ་ﾟ་ﾟ་ﾟ་ﾟ་ﾟ 494

托寺（位于今拉萨市堆龙德庆区境内）第六任住持、藏传佛教因明学的开创者恰巴·却吉森格（1109~1169）为师，在桑浦寺经过 11 年的学习，成为一名大学者；26 岁（1167）时在那拉孜的大旅店主的佛堂中著成《入法门论》一书。[1] 此书撰写之时，离益西沃的时代不过百余年，书中记述了一些其他史籍中很少提到的阿里王系以及古格王国早期历史的重要事件和年代。尤其值得注意的是，索南孜摩求学了 11 年的桑浦寺，其实和古格王室颇有渊源。桑浦寺于 1073 年由俄·勒白喜饶创建，勒白喜饶正是古格王室迎请的印度佛学大师阿底峡的著名弟子之一。而桑浦寺的第二任住持洛丹喜饶（1059~1109）更是与古格王室关系密切。《青史》记载，洛丹喜饶 17 岁时起程前往克什米尔求学，行至古格时，正好碰上了古格历史上最著名的佛教盛事——火龙年大法会（1076），他与卫藏、多康、阿里的高僧们一起参加了这次西藏历史上著名的大法会。法会期间，他可能深得古格王室的青睐，古格王泽德的王子旺德成为他的施主，资助他去克什米尔游学。此后他在克什米尔 17 年的求学，古格王室一直是他的资助者，他还应古格王室的请求，翻译了《量庄严论》。[2] 因此，索南孜摩可能在桑浦寺中看到或听说过一些其他卫藏佛教寺院中所没有的古格早期史料或故事。

索南孜摩为我们提供了一处古格王室兴建的比托林寺更早的佛教道场。从《入法门论》的这段话里可知，992 年古格王室曾在巴甘地方修建过一处"寂静处"（དབེན་གནས）。需要注意的是，这个所谓的"寂静处"，在这里并不是一种泛称，而是一个有其明确内涵的词语，即通常所说的佛教寺院的一种形式。一般来说，佛教在印度发展阶

---

1   དཔལ་དཔལ་རྒྱལ་དཔལ་བསོད་ནམས་རྩེ་མོ་ཀྱི་བཀའ་འབུམ། ས་སྐྱའི་བཀའ་འབུམ་དཔར་མ་ཨཚར་ཁང་མཛོད། 1986 བོད་མི་རིགས་དཔེ་སྐྲུན་ཁང་གིས་བསྐྲུན། ཤ 64

2   འཕོས་ལོ་གཤོན་ནུ་དཔལ་གྱི་བཀའ་འབུམ། དེབ་ཐེར་སྔོན་པོ། 1985 བོད་མི་ཁྲོན་མི་རིགས་དཔེ་སྐྲུན་ཁང་གིས་བསྐྲུན། ཤ 393

段，大约有两种形式的寺院，一种称为僧伽蓝摩（samghārama），省称伽蓝，意为僧众共住的园林，后世遂演变成为供奉佛像、讲经论道和僧团合居的宗教活动场所，这一形式在汉传佛教中通常被称为"寺"，而在藏传佛教中，"祖拉康"大致类似于这种形式的寺院。但佛教在印度还有另外一种寺院形式，即梵语称为"阿兰若"（āraṇyaka）的修行地，印度早期佛教的出家者选择到远离尘世喧嚣的旷野聚居修行，阿兰若遂成为僧团的住处，因此后世往往以"阿兰若"代指寺院。[1] 隋代净影寺僧人慧远（523~592）所著《大乘义章》卷15中说："阿兰若者，此翻名为空闲处也。"因此，寂静处其实就是指阿兰若这种寺院形式，古格王室在巴甘所建的这个寂静处，或许还不具备完整寺院的规模，但肯定已能举行某些宗教仪式。因为该书接着叙述了在火龙年（1016）时，拉喇嘛益西沃父子在巴甘强隆林寂静处（དཔལ་གནས་པ་སྒྲུབ་ཐབས་སྐྱོབས་བྱེད）举行会议，益西沃在此出家。[2] 益西沃选择在此出家，显然证明巴甘强隆林已初步具备了某些寺院的功能。不过索南孜摩的这段史料的来源应当存在某些错简，以致文意有误。据《广传》，益西沃出家的时间为989年，[3] 而1016年出家的是他的儿子那嘎罗阇。[4] 但索南孜摩所提到的修建于992年的巴甘强隆林寂静处在《广传》和《阿里王统记》中多次出现，似乎是益西沃颇为偏爱的一处行宫，如《广传》中记载某个鼠年的四月，益西沃父子曾驻锡强隆林寂静宫（བོ་བྱང་དཔལ་གནས་པ་སྒྲུབ་ཐབས་སྐྱོབས་བྱེད）。[5] 此前《广传》又记录火鸡年（997）四月，益西沃和他的两个儿子提婆罗阇、那嘎

1　参见段玉明《中国寺庙文化》，上海人民出版社，1994，第64页。

2　བོད་རྣམས་ཆེ་ཚོ་མཛད་ ཆོས་ལ་འཇུག་པའི་སྒོ་ཞེས་བུའི་བསྐུན་པ་རྣམས་ ༡ 494

3　གུ་གེ་པཎྜི་ཏ་གྲགས་པ་རྒྱལ་མཚན་གྱིས་མཛད་ སྤྲ་ཟ་ལ་ཡེ་ཤེས་འོད་ཀྱི་རྣམ་ཐར་རྒྱས་པ་བཞུགས་སོ་ ༡ 14、32

4　གུ་གེ་པཎྜི་ཏ་གྲགས་པ་རྒྱལ་མཚན་གྱིས་མཛད་ སྤྲ་ཟ་ལ་ཡེ་ཤེས་འོད་ཀྱི་རྣམ་ཐར་རྒྱས་པ་བཞུགས་སོ་ ༡ 34

5　གུ་གེ་པཎྜི་ཏ་གྲགས་པ་རྒྱལ་མཚན་གྱིས་མཛད་ སྤྲ་ཟ་ལ་ཡེ་ཤེས་འོད་ཀྱི་རྣམ་ཐར་རྒྱས་པ་བཞུགས་སོ་ ༡ 34

罗阇驻锡于沙甘寂静处（ དབེན་གནས་ས་སྐྱམ ），[1] 此处的沙甘，可能就是巴甘的笔误。《阿里王统记》则在记述益西沃长子提婆罗阇出家时提到巴尔甘强隆林（ པར་སྒམ་བྱམས་སྐྱོན་གླིང ），提婆罗阇就是在此地出家的。[2] 以上这些迹象表明，巴甘的这处寂静处，可能是早期古格王室的一处规模不太大的佛教道场，且有类似于行宫的性质，并非一所正式的寺院。

　　益西沃时代真正的寺院建设开端，应该仍以兴建托林寺为标志。上述这些佛教事业工程的兴建，只是益西沃时代大规模建寺活动的前奏，在后弘期中后期以来形成的藏文经典史籍中基本不见记载，而真正标志着阿里地区佛教寺院建设运动高潮的重大事件，还是 996 年举世闻名的托林寺的兴建。托林寺建成后在整个后弘期都是古格乃至阿里的首要寺院，大部分藏文经典著作在记载后弘期西部佛教的复兴事迹时都会特别提到托林寺的修建，不过基本上所有经典著作对托林寺建寺情况的记载都非常简略。

　　后弘期早期成书的一些藏史经典著作中，已提到托林寺的修建，不过相当简略，如《第吾贤者宗教源流》（约成书于 12 世纪中期）说："拉喇嘛谛视祖宗之遗书，而于佛法生起敬信，兴建托林寺。"[3] 显然，作者把托林寺的兴建作为益西沃复兴佛教的首要工程，修建托林寺的重要意义不言自明。对于托林寺初建的记载，在后弘期中期以来的经典藏文历史著作中仍然得到延续，如《布顿佛教史》（写于 1322 年）在叙述佛教在上部阿里死灰复燃时，讲了许多益西沃的功业，但关于修建托林寺，只有"拉喇嘛兴建象雄之托林寺，成为众多译师和班智达的施主"[4] 一句。从这句话来看，作者似

1　གུ་གེ་པ་རྒྱི་ཀྲུགས་པ་རྒྱལ་མཆན་གྱིས་མཛད། ལྟ་ཤུལ་མ་ཡེ་ཤེས་འོད་ཀྱི་བར་རྣམ་ཐར་རྒྱས་པར་བཤུགས་སོ། ན 20

2　གུ་གེ་མཁན་ཆེན་ངག་དབང་གྲགས་པས་བརྩམས། མངའ་རིས་རྒྱལ་རབས། ན 59

3　མཁས་པ་ལྡེའུ་ཡིས་མཛད། ལྡེའུ་ཆོས་འབྱུང། 1987 བོད་བོད་ཡིག་དཔེ་ཡིག་དཔེ་སྐྲུན་དཔེ་སྐྲུན་ཁང་ནས་བསྐྲུན། ན 360

4　བུ་སྟོན་རིན་ཆེན་གྲུབ་ཀྱིས་མཛད། བུ་སྟོན་ཆོས་འབྱུང་གསུང་རབ་རིན་པོ་ཆེའི་མཛོད། 1988 བོད་ལྗོངས་གོ་བོ་ཀྱི་ཤེས་རིག་དཔེ་སྐྲུན་ཁང་གིས་དཔར་དུ་བསྐྲུན། ན 201

乎在暗示益西沃修建托林寺的目的在于迎请译师和班智达到寺内从事译经工作，托林寺乃是古格王室资助的一个佛教翻译中心。布顿大师（1290~1364），本名仁钦珠，是藏传佛教史上最优秀的著述家之一，开启了藏传佛教僧人大规模著书立说的传统，他的作品多达230多种。[1] 然而学富五车、著作等身的布顿大师对于托林寺的修建时间也没有明确的记录。

其后的《雅隆尊者教法史》（写于1376年）着墨仍然很少，作者指出托林寺修建于益西沃出家之后，但仍然没有给出具体的建寺时间：

> 赞普松艾之前半生，娶有妻室，生子那嘎罗阇与提婆罗阇。而后半生中，谛视列祖列宗之誓约文书，愁苦厌世，为偿报父裔而出家，取名益西沃。遂建吉祥托林寺（མཐོ་ལྡིང་དཔལ་གྱི་གཙུག་ལག་ཁང་）。[2]

这段文字的作者雅隆尊者释迦仁钦德与益西沃还有些渊源，他出身于后弘期割据于山南的雅隆王系，该王系开创者赤琼为贝柯赞之子、吉德尼玛衮（益西沃的祖父）的兄弟赤扎西孜巴贝的孙子，与益西沃恰为同辈人。释迦仁钦德为14世纪后半期人，曾在帕竹派的主寺丹萨替寺出家，成为一名拉尊。其书对托林寺的修建，只有非常简短的一句话，在行文中作者似乎暗示托林寺的兴建与益西沃的出家有关。《雅隆尊者教法史》关于托林寺建寺的说法，基本上为更晚所出的藏文名著《贤者喜宴》（定稿于1564年）所沿袭，书中写道：

1　关于布顿大师的生平，可参见克珠群佩主编《西藏佛教史》，宗教文化出版社，2009，第435~437页。

2　ཤཱཀྱ་རིན་ཆེན་ངེ་སྒྲས་བརྩམས། ཡར་ལུང་ཇོ་བོའི་ཆོས་འབྱུང་། 1988 བོད་ལྗོངས་བོད་ཡིག་དཔེ་རྙིང་དཔེ་སྐྲུན་ཁང་ནས་པར་དུ་བསྐྲུན། ཤ 69~70

> 松艾最初娶妻生子，那嘎罗阇与提婆罗阇二人是也，后因
> 谛视列祖列宗之谍词，愁苦厌世遂出家，是为拉喇嘛益西沃，
> 遂建吉祥托林寺。[1]

显然巴卧·祖拉陈瓦关于托林寺建寺的书写基本上与《雅
隆尊者教法史》相同，但他在行文中似乎更加谨慎，文中托林寺
的"寺"之写法并没有采用上述所有经典史书都采用的"祖拉康"
（གཙུག་ལག་ཁང་）的写法，而是用了"拉康"（ལྷ་ཁང་）一词。值得注意的
是，在藏文中"拉康"虽然通常也可翻译为寺庙，但是一种宗教等
级较低的寺庙，通常是指没有固定的住寺僧团的小庙，类似于佛
堂，而非正规的寺院。作者可能正是想让读者注意托林寺最初兴建
时的规模和等级都相当有限。上述这些经典藏文史籍中对托林寺兴
建的记载如此简略，既无建寺的经过，也没有建寺的时间，看来这
些佛学大师们由于离阿里地区较远，所能获得的古格史料相当稀
少，无法写出托林寺兴建的详情。不过有意思的是，16 世纪以后的
一些教法史名著开始出现大段描写托林寺初建详情的文字，如《白
莲教法史》（写成于 1575 年）关于托林寺初建情况的记载相当生动
有趣，书中写道：

> 松艾会议建托林寺于古格，萨查堪布曰："若建之，将于
> 百年中破毁，建否？"复曰："此寺百年间于佛教有无数利益。"
> 松艾曰："如此则该建。"乃仿桑耶寺于东方建一大金塔，旭日
> 东升之际，光射其中，一切佛殿金光闪耀，故名托林金寺（མཐོ

1　དཔའ་བོ་གཙུག་ལག་ཕྲེང་བས་བརྩམས། ཆོས་འབྱུང་མཁས་པའི་དགའ་སྟོན། 2006 བོད་མི་རིགས་དཔེ་སྐྲུན་ཁང་གིས་པར་དུ་བསྐྲུན། ན 228

ཞིང་གསེར་ཁང་)。[1]

　　此书的作者白玛噶波（1527~1592）出生于工布的一个地方贵族家庭，是主巴派主寺热垅寺的第三世主钦活佛，也是主巴派历史上最有成就的学者之一，在西藏传统学问家中的评价中，他的学术成就可与五世达赖喇嘛齐名。不过，虽然《白莲教法史》与《贤者喜宴》成书的时代极为接近，但与《贤者喜宴》史笔严谨的叙事风格有很大不同，白玛噶波所写的这个建寺故事虽然精彩，不过如此戏剧化的叙事风格明显带有后世的许多附会和想象，恐怕并非当年的实情。而且越到后来这种颇具故事性的情节就越多，如 17 世纪后期第悉·桑结嘉措所著的《格鲁派教法史》(《黄琉璃》)中，托林寺的选址就有了一个颇为神奇的来历，书中说拉喇嘛益西沃在准备建寺时，将檀板抛向空中，并祈愿说："降落到我所教化的臣民聚集的地方吧！"说完，檀板向上而起，飞向高空，然后落到了某个地方，遂在那里兴建了一座寺庙。[2] 托林寺（མཐོ་ལྡིང་）的名称，在藏文中即"高飞"之意，这个故事不但情节丰富，而且颇为神奇，与其说是当年建寺时的场景，不如说是后世学者给托林寺的奇怪名称编造出了一个合理的解释。

　　综上所述，由于受到史料来源的限制，后弘期的藏史经典著作几乎都无法提供托林寺建寺的具体细节以及建寺的准确年代，关于托林寺建寺的年代，还是只能回到古格地方史系统的一些著作中去寻找。在《阿里王统记》中，作者给出了建寺的准确时间：

1　གུན་མཁྱེན་པདྨ་དཀར་པོས་བརྩམས། ཆོས་འབྱུང་བསྟན་པའི་པདྨ་རྒྱས་པའི་ཉིན་བྱེད། 2006 བོད་ལྗོངས་བོད་ཡིག་དཔེ་རྙིང་འཇུག་པའི་ཆོས་ཚོགས་ནས་ཆོས་སྒྲིག་དུ་སྨྲེལ། ᠠ 262

2　སྡེ་སྲིད་སངས་རྒྱས་རྒྱ་མཚོས་བརྩམས། དགའ་ལྡན་ཆོས་འབྱུང་བཻཌཱུཪྻ་སེར་པོ། 1989 བོད་ལྗོངས་བོད་ཡིག་གི་ཤེས་རིག་དང་སྐྲུན་ཁང་ནས་དཔར་དུ་བསྒྲུབ། ᠠ 273

　　阳火猴年（996），托林寺肇基于古格。阳土龙年（1028），
大新寺宇，赐名托林红宫吉祥无比天成寺（ཐོ་གླིང་དཀར་དམར་དཔལ་དཔེ་མེད་
ལྷུན་གྱིས་གྲུབ་པའི་གཙུག་ལག་ཁང་）。遂塑制主尊佛像于寺中，复赐人户、田
地及食物等为供养。[1]

　　这段记载明确了托林寺始建于 996 年。从行文来看，托林寺最
初可能确实没有太大的规模，所以它在建成 30 多年后，又进行了一
次大规模的扩建。不过，也不可因此而低估初建时托林寺的实力。
古格王室在建成托林寺后，就对该寺委以复兴佛教的重任。托林寺
初建时，古格王室除了上文中已提到的给予该寺各种维持寺院运行
的经济支持外，还在僧团建设、佛经储藏和佛塔修建等方面进行了
大量的建设性工作。首先，建立起有序的寺内组织结构，寺内僧人
以“四大护法”（བཀའ་སྲུང་ཆེན་པོ་བཞི་）为主事者，同时在僧团中还设置了
一个名叫“喇措”（བླ་ཚོ་）的组织，可能是寺中 80 名僧人的管理机构。
其次，抄写或收集了三部《甘珠尔》和许多其他经书。最后，修建
了许多佛塔。[2] 按《阿里王统记》的记载，古格王室建设托林寺的这
一系列举措，可以说构成了一个完整的体系，使托林寺具备了一座
真正的寺院所应有的全部功能，称得上一处齐集了佛、法、僧三宝
的祖拉康。这些内容都是前述后弘期以来的藏史经典著作中所没有
的。不过《阿里王统记》对托林寺兴建情况的记载仍然有不少遗漏，
作者在写作时可能对早期史料有所裁减，以致一些问题颇令人费解，
比如像这样宏大的规模，不可能是 996 年托林寺始建时就已具备的。
托林寺是什么时候建成投入使用的？所谓 1028 年的扩建翻新工程又

1　གུ་གེ་མ་ཨན་ཆེན་དག་དབང་གྲུགས་པ་ལས་བཙགས། མ་དང་རིས་རྒྱལ་རབས། 1996 བོད་རྫོང་ཤིང་གཏུགས་པ་ལ་ཁ་ལེ་གཞིག་སྣ་འཆོར་བའི་རྗེ་དང་དག་མང་སྤྱོའེ་གི་ཕྲིག་ ཚོགས་རྒྱ་ཀྱིས་པར་དུ་བཙགས། ༡ 53

2　གུ་གེ་མ་ཨན་ཆེན་དག་དབང་གྲུགས་པ་ལས་བཙགས། མ་དང་རིས་རྒྱལ་རབས། ༡ 54

是怎么一回事?

《广传》记载,木羊年(995)仲夏(五月),拉喇嘛益西沃驻锡普兰,阿里王室的兄弟子侄们都前来,在普兰的维浦垛地方举行会议,其间阿里三围的臣民以及吐蕃、象雄的贵族都齐聚一堂,共商上部地区佛教复兴大业,事后将会议决议颁布于全体王臣。接着作者就写下了"火猴年(996)托林寺奠基"的话。[1] 因此,托林寺的修建,大约是益西沃为了推进古格佛教事业发展而开展的一项标志性工程,所以托林寺最初兴建时的工程量应该不会太小。种种迹象表明,托林寺最初兴建时的建设工程用了相当长的一段时间,绝非996年当年就能建成投入使用。事实也确实如此,《广传》在写完托林寺奠基之后,接着又叙述了第二年即火鸡年(997)四月,益西沃带着他的两个王子提婆罗阇和那嘎罗阇驻锡前文所提及的沙甘寂静处,两位王子与阿里三围的200名青年才俊一起出家。[2] 如此重要的活动没有在托林寺举行,显然是因为此时托林寺尚在修建中,而无法使用。

而根据《广传》所载,托林寺一共修了8年,直到木龙年(1004)才完工,当年藏历一月十五日,举行了托林寺的开光大典,益西沃亲自主持了盛大的庆典活动,并正式赐名托林红宫吉祥无比天成寺(ཐོ་གླིང་གཤང་དམར་དཔལ་དང་མེད་ལྷུན་གྱིས་གྲུབ་པའི་གཙུག་ལག་ཁང་)。寺内的布置为,在中央塑制了主尊佛像,在四周各殿配置了瑜伽金刚界佛诸天会众和法界语自在诸天会众的塑像,并绘制了壁画。[3] 这些内容与前引《阿里王统记》所说完全吻合,特别是托林寺的正式名称——托林红宫吉祥无比天成寺,为他书所无,而《广传》和《阿里王统记》所

1　གུ་གེ་པཎྜི་ཏ་གྲགས་པ་རྒྱལ་མཚན་གྱི་མཛད༔ སྤུ་ཧྲེང་མ་ཡེ་ཤེས་འོད་ཀྱི་རྣམ་ཐར་རྒྱས་པ་བཞུགས་སོ། ན 17~20

2　གུ་གེ་པཎྜི་ཏ་གྲགས་པ་རྒྱལ་མཚན་གྱི་མཛད༔ སྤུ་ཧྲེང་མ་ཡེ་ཤེས་འོད་ཀྱི་རྣམ་ཐར་རྒྱས་པ་བཞུགས་སོ། ན 20

3　གུ་གེ་པཎྜི་ཏ་གྲགས་པ་རྒྱལ་མཚན་གྱི་མཛད༔ སྤུ་ཧྲེང་མ་ཡེ་ཤེས་འོད་ཀྱི་རྣམ་ཐར་རྒྱས་པ་བཞུགས་སོ། ན 22

记竟然完全相同，可以肯定二者应该出自相同或相近的史源，两部
书的作者都是古格高僧，阿旺扎巴和扎巴坚赞肯定都看过古格中期
王室或者托林寺中收藏的早期古格史料。那么一个显然的事实可能
是，《阿里王统记》里所说的土龙年（1028）大新寺宇之事，应该与
《广传》所说的木龙年（1004）托林寺完工的庆典为同一事件，土
龙年（1028）当为木龙年（1004）的笔误。对于益西沃时代托林寺
的内部组织结构，《广传》与《阿里王统记》的记载差不多，也是由
"四大护法"作主事人，同时设置了一个名叫"喇措"（ཉས་མཚོ）的组
织，作为 80 名僧人的管理机构。[1] 可见托林寺此时已有相当数量的
常住僧人，僧团组织已经形成。

　　结合《广传》和《阿里王统记》的记载可见，996 年开工、
1004 年建成的托林寺是古格王室复兴佛教的一项标志性工程，已
经具备了相当完善的寺院功能，事实上也标志着古格佛教复兴事业
中的寺院建设进入了高潮期。与兴建托林寺同时，一大批寺院在古
格王室的主持、资助或影响下建立起来。《广传》和《阿里王统记》
接着还记载了托林寺建成后，又在普兰的科迦地方兴建了雪雨如意
天成寺（ཡིད་བཞིན་ལྷུན་གྱི་གྲུབ་པའི་གཙུག་ལག་ཁང），寺中塑制供奉了弥勒佛像；在
毕底兴建了达波寺；在玛域兴建了聂玛寺，寺中塑制供奉了燃灯佛
像；此外还兴建了镇肢寺、阿热噶南寺、楚巴莫那寺、绒穷的布
寺、皮瓦尔的噶尔巴寺、普兰的查瓦岗寺等 100 座寺院，同时还建
造了无数的佛塔，制作了各种金质或银质的佛像以及大量的铜制法
器等。[2] 这批寺院跟托林寺一样，也设置了僧团组织"喇措"，并确
定了僧人的名额，如科迦寺 30 人、达波寺 40 人、聂玛寺 20 人、布

1　གུ་གེ་པཎྜ་ཏ་གྲགས་པ་རྒྱལ་མཚན་གྱི་མཛད། ཤཱ་ཀྱ་མ་ཨི་ཤེས་འོ་ད་ཀྱི་རྣམ་ཐར་རྒྱས་པ་བཞུགས་སོ། ཤ 23

2　གུ་གེ་པཎྜ་ཏ་གྲགས་པ་རྒྱལ་མཚན་གྱི་མཛད། ཤཱ་ཀྱ་མ་ཨི་ཤེས་འོ་ད་ཀྱི་རྣམ་ཐར་རྒྱས་པ་བཞུགས་སོ། ཤ 22～23; གུ་གེ་མཁན་ཆེན་ངག་དབང་གྲགས་པས་བརྩམས། མངའ་
རིས་རྒྱལ་རབས། ཤ 54

寺 10 人、噶尔巴寺 20 人等。[1] 这一系列的寺院共同构成了阿里地区佛教发展的基础，而古格王室所主导的以托林寺、科迦寺、聂玛寺等为中心的寺院体系大体形成，古格王室在阿里地区的影响力自然随之扩大。

在这批寺院中，科迦寺、达波寺、聂玛寺都是后世非常著名的藏传佛教的大道场。另据仁钦桑波传记[2]的说法，科迦寺、聂玛寺与托林寺是同一天奠基的，这三座寺院建设完工时，仁钦桑波给这三座寺院都举行了盛大的开光仪式。[3]吉塘巴·益西贝作为仁钦桑波的弟子，肯定比后来的作者能得到更多的益西沃时代古格历史的相关史料，抛开书中一些宗教神异方面的记录，他对于仁钦桑波的一些基本事件细节的记载，应该是具有相当的史料价值的，其可信度应远远高于后弘期以来的那些经典藏文史著。

科迦寺位于普兰的科迦地方（普兰县科迦村），该地属于益西沃的兄长柯热的封地，当年他们的父亲扎西衮将自己的领地分给两个儿子，兄长柯热领治普兰，弟弟松艾领治古格，松艾后来出家，就是著名的拉喇嘛益西沃，《广传》和《阿里王统记》对此的记载完全一致。[4] 尽管不少后弘期经典藏史著作如《贤者喜宴》认为柯热是科迦寺的兴建者，[5] 但在《仁钦桑波传》中，是由喇钦波拉德（ བླ་ཆེན་པོ་ལྷ་ལྡེ ）出面，请求仁钦桑波修建的科迦寺。[6] 按《仁钦

1　གུ་གེ་པཎྜི་ཏ་གྲགས་པ་རྒྱལ་མཚན་གྱི་མཛད་| ཞུ་ཆ་ལ་ཡེ་ཤེས་འོད་ཀྱི་རྣམ་ཐར་རྒྱས་པ་བཞུགས་སོ། ད 23

2　仁钦桑波的传记有数种，其中成书最早的当属其弟子吉塘巴·益西贝所著的仁钦桑波传记（名为《苦行明灯传——水晶珠链》），后文所引《仁钦桑波传》都是指的这一传记。

3　གུ་གེ་ཚེ་རིང་རྒྱལ་པོ་ཡིས་མཛད་པ་མཛད་| ལཱོ་ཙཱ་བ་ཆེན་པོ་རིན་ཆེན་བཟང་པོའི་རྣམ་ཐར་དྲི་མ་མེད་པ་ཤེལ་གྱི་ཕྲེང་བ། ཞི་ཧྲིའི་དཔེ་སྐྲུན་ཁང༌| ལཱ་ཁྱང་ཀྲིན་མིན་ཤ། རྡོ་ཙ་ཚེ་དབང་གི་སྒྲུབ་ཁང་གི་དེ་སྙེ་ལ་བགྲོས། ད 88~90

4　གུ་གེ་པཎྜི་ཏ་གྲགས་པ་རྒྱལ་མཚན་གྱི་མཛད་| ཞུ་ཆ་ལ་ཡེ་ཤེས་འོད་ཀྱི་རྣམ་ཐར་རྒྱས་པ་བཞུགས་སོ། ད 1; གུ་གེ་མཁན་ཆེན་ངག་དབང་གྲགས་པ་ལས་བཟུགས| མངའ་རིས་རྒྱལ་རབས། ད 51

5　དཔའ་བོ་གཙུག་ལག་འཕྲེང་བས་བརྩམས| ཆོས་འབྱུང་མཁས་པའི་དགའ་སྟོན| ད 228

6　གུ་གེ་ཇོ་བཟང་ལ་ཡེ་ཤེས་དཔལ་གྱིས་མཛད| བྱང་ཆུབ་སེམས་དཔའ་ལོ་ཙཱ་ཆེན་བཟང་པོའི་རྣམ་ཐར་ཁུངས་དང་པངས་པའི་སྒྲུང་སྒྲོན་མ་རྣམ་ཐར་པ་ལ་ཡི་གུ་སྒྲུབ། ད 87

桑波传》的说法，科迦寺的修建，出资人是拉德，而负责具体建寺的是仁钦桑波。拉德是柯热的儿子，此时应是普兰的执政者，因此由拉德出资、仁钦桑波负责具体建寺事宜，比较符合当时的实际情况。

聂玛寺位于拉达克，属于吉德尼玛衮的长子贝吉衮的封地，按《拉达克王统记》记载推算，此时拉达克的主政者应是贝吉衮的两个儿子卓衮和却衮。[1] 他们也应该加入了以益西沃为首的佛教复兴运动中。此外，位于毕底的达波寺是近代藏传佛教考古中一个著名的艺术中心。该寺杜康大殿有一段题记写道，此殿于火猴年（996）由祖父益西沃建成，46 年后孙子绛曲沃在先人思想的启发下重修了此殿，[2] 这段题记再次证明了 996 年古格王室发起一系列佛寺兴建工程的精心安排确实存在。此外，《广传》《阿里王统记》中提到的镇肢寺、阿热噶南寺、楚巴莫那寺、绒穷的布寺等寺院，在《仁钦桑波传》中也有出现，这些寺院都是在古格王室的资助下由仁钦桑波负责督造修建的。[3]

因此，结合种种记载，大致可以推断托林寺、科迦寺与聂玛寺的兴建并非孤立的事件，而是有一个整体的安排，是古格王室倡导的上路弘法中寺院建设系统的关键一环。托林寺建在古格王室所在的中心地区，科迦寺建在与古格王室同属一体的普兰政权境内，而聂玛寺则位于同属阿里王系的玛域拉达克政权境内。显然，古格王室通过复兴佛教之举，把阿里王系中的三大政权都调动了起来，使自己具有了号令阿里三围的影响力。当然，这一系列寺院的兴建，

1　ལ་དྭགས་རྒྱལ་རབས། 1987 བོད་བོད་ལྗོངས་མི་དམངས་དཔེ་སྐྲུན་ཁང་གིས་པར་དུ་བསྐྲུན། ༧ 42~43

2　托玛斯·J.普瑞兹克尔:《塔博寺壁画》,《西藏考古》第 1 辑，四川大学出版社，1994，第 182 页。

3　གུ་གེ་ཆི་ཟིང་བ་ཡེ་ཤེས་དཔལ་གྱི་རྣམ་ཐར། ཞུ་རྒྱལ་སེམས་དཔའི་འོད་ཟེར་ཞེན་བཟང་པོ་ཁྲི་ལྟ་རབས་དཀར་ཆག་སྐྲུན་ཐོས་མ་གསར་གསར་ཤེལ་ཟེང་ལ་ཡུག་སྐྲུན། ༧ 109~110

为古格乃至整个阿里地区的佛教复兴事业打下了坚实的基础，宗教活动的场所（寺院）被广泛建立，专职宗教人员（僧人）也被培养了起来，上路弘法的宗教基础可以说是正式具备了。

托林寺等一系列寺院的建立，标志着古格复兴佛教的基础已经具备，这是古格王室通过政权力量直接参与宗教事务的阶段。换句话说，寺院与僧团的建立，是可以通过王室出钱、出人的方式来实现的，古格王室为此投入了大量的人力、物力，其效果是明显的，古格乃至整个阿里地区的佛教寺院和僧团迅速成长起来，但佛教发展更重要的内容，是佛学水平的提高，而上路弘法的兴盛，还需在这方面更上一层楼。古格王室在寺院建设基本完成之后，就已注意到佛学人才对于提升佛教发展水平的重要作用。《广传》记载，在以托林寺为中心的系列寺院完工后，古格王室从卫藏、多康等地迎请了许多高僧大德前来讲经说法，特别是建立起了讲解《俱舍论》等经典的讲经院，并抄写了三部《甘珠尔》和其他一些经论注疏等。[1] 这段材料显示，古格王室在复兴佛教的初期，曾试图借助卫藏和多康地区的佛教力量来推动阿里地区的佛教复兴事业，不过古格王室应该很快就意识到这种方式对弘扬古格佛教的效果相当有限。

事实上，上路弘法开始的时候，整个藏族地区的佛教复兴事业尚处于起步阶段，其他地方的佛教发展状况也不见得就比古格乃至阿里地区好多少。从《青史》的叙述来看，后弘期初期阶段，整个藏族地区应以多康地区的佛教基础最好，吐蕃王朝崩溃后，多康地区由于地处边地，受到的影响最小，因此保留了一些吐蕃王朝时代佛教发展的基础，特别是喇钦·贡巴饶色（892~975）在多康地区的活动，使得吐蕃时代以来的佛教发展得以传承下来。据《青史》所

1　གུ་གེ་པཎྜ་ིཏ་གྲགས་པ་རྒྱལ་མཚན་གྱི་མཛད་ད། སྣ་ཐྲ་མ་ཡེ་ཤེས་འོད་ཀྱི་རྣམ་ཐར་རྒྱས་པ་བཤུགས་སོ། ། ན23

记，喇钦·贡巴饶色先后接受了密法、中观、因明等佛学基础的训练，成为著名的"喇钦波"。后于 940 年前后开始驻锡丹底寺，收徒传法，培养出一大批弟子。[1] 因此在后弘期初期，多康在卫藏、多康、阿里三大区域中，是最早将佛教复兴起来的地方。而卫藏地区的佛教复兴，则是由以鲁梅·楚臣喜饶为首的所谓"卫藏十人"从多康求学后回到卫藏地区推动的。《青史》认为鲁梅等人应在土虎年（978）从康区学成回到卫藏，卫藏地区的佛教复兴事业才算真正起步。

　　然而此时卫藏地区的佛教基础相当差，《青史》接着讲述了鲁梅等人学成归来后，因为没有足够的僧团而无法给人们授具足戒，最初也没有能力兴建寺院。[2] 卫藏地区的下路弘法从 978 年鲁梅等人回藏传法开始，此后他们才逐渐收徒讲经、兴建寺院，到托林寺等系列寺院建成前后，卫藏、多康等地的佛学发展水平其实比古格高不了多少。按《青史》的说法，鲁梅及其弟子一系的重要寺院的修建比古格王室兴建的托林寺、科迦寺、聂玛寺等寺院要晚得多。最早的为拉摩尔杰寺，兴建于土鸡年（1009），该系统最著名的大寺杰拉康寺，一直到水鼠年（1012）才由鲁梅的四柱弟子之一的那囊·多吉旺秋（976~1060）兴建。而 6 年后的火蛇年（1017），鲁梅另一四柱弟子珠梅·楚臣迥乃才兴建了该派的另一座重要寺院塘波且寺。[3] 因此，益西沃时代古格佛教想要进一步发展，试图通过内部交流、互补的方式来实现，是不太有效的。

　　更重要的是，佛教修证所依赖的佛教经典虽然在吐蕃时代被翻译了一些，但还有大量的佛经没有被翻译成藏文，佛教高级人才

1　འགོས་ལོ་གཞོན་ནུ་དཔལ་གྱིས་བརྩམས། དེབ་ཐེར་སྔོན་པོ། 1985 བོད་མི་རིགས་དཔེ་སྐྲུན་ཁང་གསུམ་བཀྲ། ཤ 89~93

2　འགོས་ལོ་གཞོན་ནུ་དཔལ་གྱིས་བརྩམས། དེབ་ཐེར་སྔོན་པོ། ཤ 86

3　འགོས་ལོ་གཞོན་ནུ་དཔལ་གྱིས་བརྩམས། དེབ་ཐེར་སྔོན་པོ། ཤ 102、117~118

和佛教经典翻译的缺乏，成为制约西藏佛教进一步发展的难题。要解决这两大难题，对古格来说，只有到佛教的发源地印度去获取帮助，最为直接和有效。因此，派遣青年精英去印度求学是益西沃时代古格王室弘扬佛教的另一个重要内容。由于吐蕃王朝末年的困境和之后数十年的战乱，西藏佛教高级人才极为匮乏，后弘期初期各地复兴佛教时特别需要将印度佛经原典翻译为藏文，因此译师成为弘法的关键，需求量很大。

对后弘期初期的西藏而言，译师不仅仅是一个翻译家，因为将佛教的义理译介为所有人能够理解的语言绝非易事，译师在翻译过程中不仅创造出一种藏族的新文学形式，而且还创造出一种新文化，或者说赋予藏地一种前所未有的文化。译师不是单纯的学问僧，他们除了要钻研经论的意义，还要探寻密教的境界，他们对西藏文化而言拥有的不再是毫无生气的字词语句，而是生机勃勃的文化活力。[1] 所以译师在后弘期初期成为高僧中最有学问的一个群体，成为这一时期佛教界最优秀的代表。益西沃决定在阿里兴佛弘教后，在大建佛寺的同时开始有计划地培养本地的译师。

事实上，在译师人才方面，后弘期初期的古格的实力要强过卫藏和多康，因为在益西沃主导的弘法运动开始之际，古格佛教界以大译师仁钦桑波为代表的译师群体正在成长。《仁钦桑波传》记载，仁钦桑波出生于马年季夏的第十日（即 958 年藏历六月十日），为古格的珠旺热尼地方人，13 岁时（970）出家，18 岁时（975）开启他的第一次印度求学之行。他先后在克什米尔和印度游学了 10 年，这期间先从克什米尔班智达古那弥陀罗（gunamitra）学习声明和因

1　Giuseppe Tucci, *Rin-chen-bzaṅ-po and the Renaissance of Buddhism in Tibet around the Millennium*, trans. by Nancy Kipp Smith, New Delhi: Aditya Prakashan, 1988, pp.8-9.

明 7 个月，之后又从大班智达夏达嘎惹哇玛（śraddhākaravarman）
学习瑜伽部成就法，并开始首次从事译经工作，与夏达嘎惹哇玛合
作翻译了《吉祥轮制难语释》《薄伽梵现观》等密法著作，后又跟
从著名的尊者那若巴听受真性教诫法等。经过 10 年的留学，仁钦桑
波成为一名在密教修持和续部经典翻译方面有着高深造诣的大师。
他回到阿里后，首先就在普兰显示了神通，震慑住了人心。[1]

　　而此时，卫藏和多康地区的佛教刚刚开始有所恢复，虽然也
有"卫藏十人"及其弟子所形成的僧团，但似乎还没有出现像仁钦
桑波这样的既有留学印度亲受佛法的经历又精通梵文和密法可以从
事翻译工作的大译师级的高僧。事实上，卫藏地区最早留学印度、
带回密法和从事翻译的大译师为卓弥·释迦益西（994~1078），据
《青史》所述，他约在 1007 年前后前往尼泊尔和印度东部留学，直
到 1020 年前后返回卫藏地区，此后开始收徒传法。[2] 显然，仁钦桑
波开启的古格僧人的留学活动，远远早于以卓弥译师为代表的卫藏
佛教界的印度留学潮。

　　按照上述《仁钦桑波传》的说法，仁钦桑波学成归来的时间在
985 年前后，也即 986 年益西沃在古格宣布全面复兴佛教前夕。此
一时间点可与《广传》的记载相印证，《广传》中说仁钦桑波从印度
回到吐蕃后，益西沃作为施主，出资建立了讲修一切真言法相的大
札仓。仁钦桑波 30 岁时（987），开始收授门徒，书中说他此时所
收徒弟有娘堆的江布·却吉洛追、娘麦的哲郐穹瓦，以及皆夏尔、
扎迦巴等许多来自卫藏的弟子。[3] 其中，江布·却吉洛追的事迹正可
与《青史》相印证。《青史》在叙述续部传承时记有仁钦桑波最早

1　གུ་གེ་ཁྱི་ཟངས་པ་ལ་སོགས་དཔལ་གྱི་མཛོད། བྱང་ཆུབ་སེམས་དཔའ་ལོ་ཙ་ཆེན་བཟང་པོ་ཁྱེར་རབས་དཀའ། སྡུག་སྔན་མ་རྣམ་ཐར་རང་ངེ་ཡ་གུ་གྲུ། ན 61~86

2　འགོས་ལོ་གཞོན་ནུ་དཔལ་གྱི་བསྟན་སྐྲམས། དེབ་ཐེར་སྔོན་པོ། ན 257~258

3　གུ་གེ་པ་ཆྲེ་བ་གྲགས་པ་རྒྱལ་མཚན་གྱི་མཛད། སྐུ་ཕྲེང་པ་ཡེ་ཤེས་འོད་ཀྱི་རྣམ་ཐར་རྒྱས་པ་བཤུགས་སོ། ན 16

的一批弟子中的代表为江巴却洛（却洛为却吉洛追的省称），书中
说此人在仁钦桑波第一次从克什米尔学法归来后就拜入其门下，听
受了《金刚灌顶》等密法。[1] 看来，仁钦桑波在回到阿里地区后，随
着声望的日益上升，开始拥有一批追随者，他和追随者成为当时
古格王室之外的又一个佛教发展的核心力量。因此，在《仁钦桑波
传》中，益西沃以及古格王室第一阶段的弘法活动，都能见到仁钦
桑波的身影，如前述已提到的，参与托林寺、科迦寺、聂玛寺的修
建，为这些寺院主持开光仪式，等等。

　　至此，从益西沃开始大力复兴佛教事业到托林寺建成，古格佛
教复兴的第一阶段，即寺院与僧团的建设基本完成。佛学人才的培
养成为下一个阶段的重点。因为有仁钦桑波第一次求学印度打下的
良好基础，在译师人才的培养上，古格王室便自然地选中他来主持
此事。《阿里王统记》记载了一件由仁钦桑波率领的古格留学团队
前往印度求法的事：

> 　　遣译师仁钦桑波与聪慧童子二十一人——皆以黄金偿其父
> 母而为赎身，往克什米尔求习译经术，十九人者因酷暑而死，
> 惟译师仁钦桑波及小译师勒白喜饶二者得还至吐蕃。[2]

　　这表明仁钦桑波此次去印度与他第一次去印度求学时不同，他
不是出于私人爱好和以个人资财前去印度游学，而是作为古格政权
组织的一个留学团的负责人前去印度的。从这段文字中可以看到，
当时古格政权招募了一批青年精英，在政权力量的资助下，带着

1　འགོས་ལོ་གཞོན་ནུ་དཔལ་གྱིས་བརྩམས། དེབ་ཐེར་སྔོན་པོ། ན 431

2　གུ་གེ་མཁན་ཆེན་ངག་དབང་གྲགས་པས་བརྩམས། མངའ་རིས་རྒྱལ་རབས། ན 53

明确的目标，组成了一个留学团，仁钦桑波成为这个团队的负责人。对这次留学团派遣事件，《广传》在叙述完托林寺、科迦寺、聂玛寺等系列寺院完工后，也有类似的记载。书中说益西沃用黄金赎买了二十个阿里的聪慧者，让仁钦桑波带去克什米尔，但只有仁钦桑波和勒白喜饶最终返回藏地。[1]《阿里王统记》和《广传》的记载似乎表明，古格王室花费了巨大的精力来培育的留学计划是以失败而告终的，而且这种说法也得到了不少后弘期以来的藏史经典著作的认同，不过这些著作与上述古格地方性著作又有些细节上的出入，甚至给人以某些错误的暗示，如《布顿佛教史》记载此一留学事件为：

> 益西沃虽分晓法相乘为佛法，但诸咒师作性交等颠倒行，遂怀疑此等是否为佛法。乃遣仁钦桑波等二十一名童子，往印度学习正法，然而除仁钦桑波与勒白喜饶外，其余皆死之，未学得正法。仁钦桑波遂精通一切咒术及法相之学。[2]

这段话的大致情节与《阿里王统记》和《广传》相同，但从文义上看，作者显然误会了此次留学活动的主体，即此次留学是古格王国为培养青年人才成为译师，而让仁钦桑波领队去印度留学。仁钦桑波作为有留学经验且此时已颇有成就的大译师，足以当此大任，所以益西沃让他担任这支留学团队的负责人，并非让仁钦桑波本人去印度学习。另外，此时的仁钦桑波也不是童年而是壮年了。《布顿佛教史》的叙述，显然在将早期古格王室的弘法事业和仁钦

1 ཀུ་གེ་པཎྜིཏ་གྲགས་པ་རྒྱལ་མཚན་གྱི་མཛད། སྐུ་བླ་མ་ཡེ་ཤེས་འོད་ཀྱི་རྣམ་ཐར་རྒྱལ་པ་བཞུགས་སོ། ན 24

2 བུ་སྟོན་རིན་ཆེན་གྲུབ་ཀྱི་མཛད། བུ་སྟོན་ཆོས་འབྱུང་གསུང་རབ་རིན་པོ་ཆེའི་མཛད། 1988 བོད་ཀྱང་བའི་བོད་ཀྱི་ཤེས་རིག་དཔེ་སྐྲུན་ཁང་གིས་པར་དུ་བསྐྲུན། ན 201

桑波的求学经历进行整合时出现了某些疏漏，但从上述一系列史料来看，关于这次留学团的派遣，大概有一个共识，就是古格王室打算要培养的本地青年译师似乎都没能学成归来。

而《仁钦桑波传》中对此次古格王室派遣留学团事件的记载却与上述一系列史料大相径庭，传中有两处提到这一事件，第一处讲述了益西沃让仁钦桑波去克什米尔的情由及经过，书中记载此事件发生的时间是在托林寺、聂玛寺、科迦寺完工举行开光仪式之后，益西沃与仁钦桑波面谈，希望他再去一次克什米尔，益西沃给了他两个任务，一是取经，二是寻找一批能工巧匠带回古格。同时为了表达谢意和在路上有个照应，益西沃派出 15 名聪慧童子为承事，并献上八种名叫如的东西给仁钦桑波，于是仁钦桑波再次去了克什米尔。[1] 益西沃送给仁钦桑波一批聪慧童子，大概是想让仁钦桑波为古格培养一批青年译师，这些童子跟着仁钦桑波，自然都成了他的弟子。书中说，后来他们在克什米尔期间，仁钦桑波成为弟子们的靠山，求得正法，6 年后返回古格时，又带回 32 名能工巧匠。[2] 从这些叙述中可以看到，仁钦桑波此行大概肩负了三个任务，一是取经，二是带回一批能工巧匠，三是为古格培养一批青年译师。这批儿童中，后来有三人学成归来，成为译师。书中说，这 15 名儿童被分成三种类型，每种类型各五人，其中聪慧型的五人中，两人热死，有三人活了下来，分别是芒维尔译师绛曲喜饶（ མང་ཤེར་རིན་ཆེན་གཤེས རབ ）、玛译师格洛（ རྨ་དགེ་བློ ）和章译师仁钦宣奴（ བརྫངས་རིན་ཆེན་གཞོན་ནུ ）。三人成为仁钦桑波的弟子，在后来古格王室给仁钦桑波封赐采邑时，分别得到了底雅、日赤、才美的土地。[3] 此三人后来成为古格佛教

1   གུ་གེ་ཁྱི་ཐང་པ་ཡེ་ཤེས་དཔལ་གྱིས་མཛད། ལྗང་རྒྱལ་སེམས་དཔའི་ལོ་རིན་ཆེན་བཟང་པོ་ཁྱིངས་རབས་དཀར་ཆག་ སྐྱེང་སྒྲོན་ མ་རྣམ་ཐར་གསེ་ལ་ཤེང་ལ་ཡ་རྒྱས། ན 91

2   གུ་གེ་ཁྱི་ཐང་པ་ཡེ་ཤེས་དཔལ་གྱིས་མཛད། ལྗང་རྒྱལ་སེམས་དཔའི་ལོ་རིན་ཆེན་བཟང་པོ་ཁྱིངས་རབས་དཀར་ཆག་ སྐྱེང་སྒྲོན་ མ་རྣམ་ཐར་གསེ་ལ་ཤེང་ལ་ཡ་རྒྱས། ན 94

3   གུ་གེ་ཁྱི་ཐང་པ་ཡེ་ཤེས་དཔལ་གྱིས་མཛད། ལྗང་རྒྱལ་སེམས་དཔའི་ལོ་རིན་ཆེན་བཟང་པོ་ཁྱིངས་རབས་དཀར་ཆག་ སྐྱེང་སྒྲོན་ མ་རྣམ་ཐར་གསེ་ལ་ཤེང་ལ་ཡ་རྒྱས། ན 104~107

界的重要人物，其中玛译师的事迹在《青史》中有记录，此人全名玛·格维洛追，是藏传佛教中旧量宗的代表人物，他翻译了《量释论》以及有关《量释论》的各种注疏，如《量释论自释》以及拉旺洛、释迦洛等人给《量释论》所作的疏解等，此举成为因明学传入卫藏的契机，并被认为是藏传因明学之始。[1]

那么，从《仁钦桑波传》来看，仁钦桑波与古格王室的合作，成效显著。不过，更为重要的是，仁钦桑波此时经过两次克什米尔之行，已是造诣高深的大译师，对古格王室来说，与其派青年去酷热的印度冒死留学，还不如让他们直接跟仁钦桑波学习译经之术，因此当他从克什米尔回到古格后，益西沃便派了一个名叫邦枯的比丘跟仁钦桑波在托林学习译经，邦枯跟仁钦桑波学习了一段时间，通晓了声明和因明，成为能够从事翻译的译师。此后，仁钦桑波的母亲逝世，他返回家乡珠旺，为母亲修建了一座寺院并举行了开光仪式，做完这些事情后，他听说益西沃抱恙，于是赶回托林寺打算觐见，但因益西沃已病入膏肓，两人没能见上最后一面。[2]至此，仁钦桑波在益西沃时代的活动就结束了。

现在我们可以结合《仁钦桑波传》和《广传》来确定一下仁钦桑波在后弘期初期的大事年表。他在958年出生，970年出家，975年第一次离开古格前往印度留学，在985年前后回到古格，此时已成为颇有造诣的佛学大师和一名出色的译师，987年以后开始收徒传法，而益西沃在986年确立复兴佛教的施政宗旨，因此他与古格王室紧密结合起来，为弘法事业做了许多贡献。996年他受命主持科迦寺、托林寺的奠基工程，1004年又为托林寺、科迦寺等重要寺院进

1　འགོས་ལོ་གཞོན་ནུ་དཔལ་གྱིས་བརྩམས། དེབ་ཐེར་སྔོན་པོ། ན 98

2　གུ་གེ་ཊི་ཟུང་ལ་ཡེ་ཤེས་དཔལ་གྱིས་མཛད། རྒྱ་རྒྱུད་སེམས་དཔའི་རིན་ཆེན་བཟང་པོའི་ཁྲུངས་རབས་དཀའ་ཊི་སྒྲུབ་བློན་མ་རྣམ་ཐར་བགོ་བ་ཟེར་ལུ་གུ་རྒྱུ། ན 94~95

行了开光仪式。这些活动的时间，前文已结合《广传》和《仁钦桑波传》进行过论证，基本上是肯定和清晰的。但 1004 年以后的情况，则开始模糊起来，如他是什么时候奉益西沃之命再次去克什米尔的，又是什么时候从克什米尔返回古格的，邦枯比丘跟他学习译经又是在什么时间，都不太清晰，但结合《广传》大致可以推测出这些时间。

据《仁钦桑波传》，996~1004 年仁钦桑波在普兰地方从事翻译工作，然后为了给母亲增寿，举行了一些延寿仪轨，为其母延命了 18 年。[1] 根据这段记载，996 年后他先做了一段时间的译经工作，然后才回到家乡为其母举行延寿仪轨，则举行延寿仪轨的时间，可能在 1000 年前后，那么他的母亲逝世的时间就可能在 1018 年前后。确定了这个时间段后，就大致可以确定仁钦桑波此后活动的年代了。按各书所说，1004 年举行开光仪式后，益西沃决定派仁钦桑波去克什米尔，这中间应该需要些时间来构思这一计划和做一些准备工作，特别是益西沃的译师培养计划，可能并不是古格政权的单独行为，而是当时西藏世俗政权的联合行动，或者说至少这一时期译师培养成为各政权共同关注的事业。如前文已提到的卫藏地区最早留学印度、带回密法和从事翻译的大译师为卓弥·释迦益西，他约在 1007 年前后前往尼泊尔和印度东部留学，其支持者即赤扎西孜巴贝子孙建立的雅隆觉阿王系诸政权，特别是得到当地的当政者下部三德（贝德、沃德、吉德）的支持。[2] 因此，1004 年后益西沃派仁钦桑波去克什米尔应与下部三德派卓弥译师去尼泊尔和印度东部留学相呼应，则仁钦桑波去克什米尔的时间可以确定在 1008 年前后，他在

1　གུ་གེ་རྒྱལ་ཁང་པ་ཡེ་ཤེས་དཔལ་གྱིས་མཛད་པ། བྱང་ཆུབ་སེམས་དཔའི་ལོ་རྒྱུས་ཆེན་བཟང་པོའི་ཁུངས་དཔག་བསྒྱུར་སློབ་ན་རྣམ་ཐར་མེ་ལ་ཕྱེ་ལ་ལེ་ཡུ་ཀུ་སྒྲུབ། ན 90

2　འགོས་ལོ་གཞོན་ནུ་དཔལ་གྱིས་བརྩམས། དེབ་ཐེར་སྔོན་པོ། ན 257~258

克什米尔停留 6 年时间，应在 1014 年前后回到古格，此后在托林寺教导邦枯译师一段时间，1018 年其母亲病逝，他回到家乡，为母亲修建寺院并开光，此后就碰上了益西沃逝世，这也与本章第一节推测的益西沃死于 1023 年的时间线相符。

从 985 年到 1023 年，差不多 40 年间，古格王室依托仁钦桑波基本上将古格打造成了后弘期佛教译经事业的重镇。后弘期初期阿里地区所译的佛经众多，尤其是对密教经典的翻译贡献极大，因此在藏传佛教史上，仁钦桑波等人的译经事业有着划时代的意义，一般佛教史都将他们所译的密教典籍称为"新密咒"，以区别于吐蕃前弘期时代所译的"旧密咒"。[1] 古格王室培养出来的以仁钦桑波为代表的这批译师学者虽然不属于后来藏传佛教中的任何一派，却在西藏佛教史中占据着重要的位置，是前教派时期最重要的佛教知识人团体。仁钦桑波成为当时西藏佛教界最著名的导师，据图齐先生考证，仁钦桑波的弟子不仅来自阿里，还来自卫藏地区，他们构成了前教派时期西藏佛教的一个重要学派。[2] 如西藏密教中的胜乐教法中有一个被称为普兰传承的小教派就是仁钦桑波的弟子阿里人普兰译师扎觉喜饶开创的，此人有普兰小译师之称，萨迦派初祖贡噶宁波从他学过法，由他传下来的胜乐教法被称为"普兰传法"。[3] 据研究者统计，仅由仁钦桑波译出的经书在《甘珠尔》中就有 17 部，在释经部中有 33 部，在密教怛特罗部中有 108 部，[4] 可见古格政权对译师事业发展的贡献。

---

1 王森：《西藏佛教发展史略》，第 30 页。

2 Giuseppe Tucci, *Rin-chen-bzaṅ-po and the Renaissance of Buddhism in Tibet around the Millennium*, pp.23-24.

3 索南才让：《西藏密教史》，中国社会科学出版社，1998，第 247 页。

4 Giuseppe Tucci, *Rin-chen-bzaṅ-po and the Renaissance of Buddhism in Tibet around the Millennium*, pp.29-46.

　　最后，益西沃时代，在王室的资助和推动下，古格迎请了大批印度佛学大师（班智达）进藏传教，他们与译师群体一起，将后弘期初期上路弘法的成就推向一个高峰。这些班智达中，最著名的是后益西沃时代由其侄孙绛曲沃主持迎请的阿底峡大师（1042 年抵达西藏）。但在阿底峡之前 40 年，在益西沃时代，其实已有不少印度的班智达进入古格和阿里地区弘法。后弘期之初，西藏本地僧人不多，精通教理和教法的人更少，要迅速提高西藏佛教水平，从佛教的发源地和当时佛教最昌盛的印度引进佛学高级人才是最有效的手段，益西沃时代古格王室已着力于迎请班智达的事业。不过需要注意的是，后弘期以来不少史书对于古格王室早期迎请班智达事业的记载多经不起仔细推敲，其中所蕴含的历史信息相当复杂，不可全部采信，也不可一概视为虚言。

　　如《汉藏史集》记载，益西沃在派遣仁钦桑波等人去克什米尔学法时就有意迎请一批印度佛教的班智达到古格来传法，他在仁钦桑波等人临行前特别嘱咐说："要迎请班智达达磨巴拉和婆罗门仁钦多吉，只是还没有筹集到足够的黄金。还要寻访其他能利益吐蕃的班智达，你们要学好翻译。"[1] 这番嘱咐就和《仁钦桑波传》中益西沃提出的要求完全不同，在《仁钦桑波传》中，益西沃对仁钦桑波带着青年们去印度的期盼是取经和带回能巧工匠。

　　此外，不少著作中提到仁钦桑波第一次从印度求学归来后，就迎请了一批班智达，这批班智达可谓益西沃时代进入古格的第一批班智达。《广传》记载，仁钦桑波第一次从印度返回阿里后，开始确立上部律宗的规制，建立瑜伽部讲经院等，同时迎请了班智达香达嘎惹哇玛（śraṅdhakaravarma）、班智达白玛嘎惹古

---

[1]　达仓宗巴·班觉桑布：《汉藏史集》，第 115 页。

达（padmakaraguta）、菩提西辛达（budhaśriśinta）、布达巴那（budhabāla）、嘎玛那古达（kamalaguta）等人，依托这批班智达建立了庞大的显密讲经院，讲说戒律论、药典、真言和法相等，特别是讲论瑜伽部密法，如龙树密集、佛智密集、胜乐根本续、文殊阎罗、文殊法称疏解等。[1] 这一事件在《广传》中被置于仁钦桑波 30 岁（987）之后和木羊年（995）古格王室召开普兰维浦垛会议之前，应属于益西沃时代复兴佛教的第一阶段内发生的事件。

对上述这批班智达的迎请，《布顿佛教史》中也有记载，但该书将此事系于益西沃派遣克什米尔留学团之后（1014 年前后），讲到仁钦桑波和勒白喜饶从克什米尔返藏时就请来了班智达夏达嘎惹哇玛（śraddhākaravarma）、白玛嘎惹古巴达（padmakaragubata）、菩提西辛达（budhaśriśinta）、布达巴那（budhabāla）、嘎玛那古巴达（kamalagupata）等印度班智达，与他们合作翻译了显密经典多种，特别是密教的《瑜伽部》及《密集》等多种经典得以翻译为藏文，这才奠定了所谓的藏传佛教后弘期"新密咒"的文本基础。[2] 对比《广传》和《布顿佛教史》中出现的五位班智达的名字可以发现，两部著作关于此事的史料来源应该差不多。

但《广传》和《布顿佛教史》在编排时又因各自的理解不同，而将这一事件放置到了不同的时间段里，造成在时间上前后相差了 20 年。而更令人费解的是，《仁钦桑波传》中却找不到相应的记事。在《仁钦桑波传》中，仁钦桑波无论是第一次从印度回来（985）还是第二次从印度返回古格（约 1014），都没有由其负责

1　 གུ་གེ་པཎྜིཏ་གྲགས་པ་རྒྱལ་མཚན་གྱིས་མཛད། སྣ་ཐམ་པ་ཡེ་ཤེས་འོད་ཀྱི་རྣམ་ཐར་རྒྱས་པ་བཞུགས་སོ། ད 17

2　布顿大师：《佛教史大宝藏论》，第 190 页。

邀请班智达进藏的记载。更为有意思的是，上述提到的第一批迎请的五位班智达的名字中，班智达香达嘎惹哇玛／夏达嘎惹哇玛最引人注目。因为在《仁钦桑波传》中，此人是仁钦桑波第一次去克什米尔求学（975~981）期间所寻访的名师之一，他在塔玛拉桑提城见到 śraddhākaravarma，然后向他请教了许多瑜伽部成就法，并在 śraddhākaravarma 的指导下，翻译了《吉祥轮制难语释》和《薄伽梵现观》等密续经典。[1] 而他在克什米尔跟随的其他一些老师的名字与上述另外几位迎请的班智达的名字也有些相似。笔者怀疑，这批以夏达嘎惹哇玛为首的所谓最早一批迎请到古格的班智达，可能只是后世佛教史家对仁钦桑波第一次到克什米尔求学经历的附会，这些班智达只是仁钦桑波在印度求学时的老师，而不是他后来迎请回古格的"引进人才"。

那么在古格王室复兴佛教的初期，不存在迎请印度班智达的事情吗？从《仁钦桑波传》的记载来看，情况又并非如此。传记中叙述，在仁钦桑波第一次从克什米尔回到普兰之时，古格王室已经开启了班智达迎请事业，只不过其主持者，既不是仁钦桑波，也不是益西沃，而是主政普兰的拉德，传中说此时拉德迎请了许多学者，包括班智达般若嘎惹室利弥陀罗（prajñākarasrīmitra）、苏巴思达（subhāsīta）等人，仁钦桑波和他们合作，翻译了《般若波罗蜜多经》的详本和中本。[2]《仁钦桑波传》将这一事件系于他回藏之后、托林寺奠基之前，结合《广传》的记载，此事最早也要发生在 989 年益西沃出家，将国政交付给柯热之后，因为在这之前，迎请班智达这样的大事，不可能不是由主政普兰的柯热来主持的。作为柯热之子

1　ཀུ་གེ་ཚེ་ཏང་པ་ཡེ་ཤེས་དཔལ་གྱིས་མཛད། བྱང་ཆུབ་སེམས་དཔའི་ལོ་རིན་ཆེན་བཟང་པོའི་ཁུངས་དངས་དཀའ་སྐུ་སྲོག་མ་རྣམ་ཐར་གསལ་བྱེད་ལ་གུ་རྒྱང་། ༧ 79

2　ཀུ་གེ་ཚེ་ཏང་པ་ཡེ་ཤེས་དཔལ་གྱིས་མཛད། བྱང་ཆུབ་སེམས་དཔའི་ལོ་རིན་ཆེན་བཟང་པོའི་ཁུངས་དངས་དཀའ་སྐུ་སྲོག་མ་རྣམ་ཐར་གསལ་བྱེད་ལ་གུ་རྒྱང་། ༧ 87

的拉德，可能在柯热去古格主持国政后，才开始主政普兰。

　　《仁钦桑波传》中记载的这一事件，在《青史》中被演绎为：拉德迎请克什米尔大班智达须菩提西辛底（subhūtiśrīśānti）前来，与仁钦桑波合译出了《般若波罗蜜多八千颂》及其《广释》和《显观庄严论释》等。[1] 两处中的经论和人物非常相似，如都提到般若波罗蜜多类经典，班智达中前者的苏巴思达和后者的须菩提西辛底显然为同一人名，须菩提西辛底可能是苏巴思达的异写或误拼，因为在《甘珠尔》中收录的《般若波罗蜜多八千颂》正是善说（subhāṣīta）和仁钦桑波合译的。[2] 这也再次显示了《仁钦桑波传》在史料上的不凡价值，比起后来的经典藏文史著，《仁钦桑波传》似乎在史学写作上更为严谨。

　　此外，《阿里王统记》也记载了拉德在位期间曾迎请班智达阇那檀那（jñanadhāna）到普兰，并让仁钦桑波与之合作，翻译了《八支主根疏解教诫》。[3] 此一事件在大藏经中可以得到印证，图齐清理的仁钦桑波译经目录中，有两部阇那檀那（janārdana）与仁钦桑波合译的经书，分别是《八支心髓集》和《八支心髓集注解·句义月光》，都属于医学类论典。除此之外，阇那檀那与仁钦桑波合译的经书还有《殊胜赞广释》和《天胜赞广释》等续部类经典。[4] 由此看来，拉德的确在有关古格王室初期弘法事业之班智达迎请工作中做出过重大贡献。他可能依托大译师仁钦桑波，在早期迎请过好几批班智达来藏。

1　འགོས་ལོ་གཞོན་ནུ་དཔལ་གྱིས་བརྩམས། དེབ་ཐེར་སྔོན་པོ། ན 97

2　参见图齐著，魏正中、萨尔吉主编《梵天佛地（第二卷）：仁钦桑波及公元 1000 年左右藏传佛教的复兴》，第 31 页。

3　གུ་གེ་མཁན་ཆེན་ངག་དབང་གྲགས་པས་བརྩམས། མངའ་རིས་རྒྱལ་རབས། ན 61

4　参见图齐著，魏正中、萨尔吉主编《梵天佛地（第二卷）：仁钦桑波及公元 1000 年左右藏传佛教的复兴》，第 35~36 页。

　　按《仁钦桑波传》的记载，仁钦桑波在回到阿里后，最初与拉德关系非常密切，他回到阿里的初期，主要是在拉德主政的普兰一带活动，而拉德则奉仁钦桑波为"元首福田"（དབུའི་མཆོད་གནས་）与"金刚阿阇梨"（རྡོ་རྗེ་སློབ་དཔོན་），并把普兰的几个地方献给仁钦桑波作为其住地，承诺在普兰各地兴建寺院。[1] 显然，在益西沃倡导的弘法大潮之下，古格王室的核心成员们，无论是古格的当政者还是普兰的当政者，都同时在开展复兴佛教的事业。

　　结合上述几部史书的说法，拉德迎请的班智达主要有两批，一批是以般若嘎惹室利弥陀罗、苏巴思达等人为代表的班智达，他们与仁钦桑波合作，主要译出了般若波罗蜜多类经典；另一批则是以阇那檀那为代表的班智达，他们主要与仁钦桑波合作译出医学八支类经典。前一批班智达的迎请年代，据《仁钦桑波传》和《广传》，大致在 989 年益西沃出家之后到 996 年托林寺奠基之前的一段时间内。而后一批阇那檀那等人，仁钦桑波的传记和《青史》中都没有提到，显然不属于第一个阶段所迎请的班智达，那么《阿里王统记》中所说的阇那檀那等人是何时被拉德请来的呢？

　　《广传》的作者扎巴坚赞所著的《日光王统记》中记载，拉德在科迦寺、托林寺等寺院建设完成后，于 36 岁之时，在班智达阇那塔惹（jñanadhara）和大译师仁钦桑波等很多僧人面前出家，取法名为"达磨波巴"（dharmaprabha），藏文名为"却吉沃色"（意为法光）。他迎请了阇那塔惹等许多班智达，并使仁钦桑波翻译出《八支心髓集》及其《注释》等经典。[2] 显然，《日光王统记》此段所述之事，与《阿里王统记》所指相同。首先，《阿里王统记》中的

1　གུ་གེ་ཉི་ཟུང་པ་ལོ་ཉེས་དཔལ་གྱི་མཛད། ཅུང་ཁུལ་ཤེས་མ་དཔའི་བོ་རིན་ཆེན་བཟང་པོའི་ཁུངས་བཀའ་དག་ཀི་སྒྲུང་སྐློང་མ་རྒྱས་ཕར་ཕེབ་ཤེ་ལ་འག་སྐྲུ། ན 88

2　གུ་གེ་གྲགས་པ་རྒྱལ་མཚན་གྱི་མཛད། ཉེ་མའི་རི་གགས་ཀྱི་རབས་དང་རྒྱ་གགས་རི་གགས་ཀྱི་རྒྱལ་རབས། 2014 བོ་བོད་སྐློང་མི་དམངས་དཔེ་སྐྲུན་ཁང་ གིས་བསྐྲུན། ན 150~151

jñanadhāna，与《日光王统记》中的 jñanadhara，显然为同一人名的异写。其次，这位班智达与仁钦桑波合作译出的经典两书所记几乎相同。因此大致上可以确定，两书所记之事为同一事件，故而这批班智达应迎请于 1004 年托林寺完工以后，也有可能是在 1014 年仁钦桑波从克什米尔回来之后。综合以上所述大致可以看到，在早期班智达迎请中，后弘期以来被益西沃光芒所掩盖的另一位古格王室重要成员、坐镇普兰的拉德的贡献也是不可忽视的。他甚至在益西沃大规模迎请班智达前来古格之前，就因与大译师仁钦桑波的密切关系而近水楼台先得月了。

　　既然拉德贡献突出，那么作为后弘期上路弘法中古格王室的主导者，益西沃在班智达迎请上的作为又是什么呢？《布顿佛教史》记载，仁钦桑波从克什米尔回来后（当为前文所述的第二次克什米尔之行结束后，应在 1014 年前后）迎请了班智达夏达嘎惹哇玛等一大批班智达来古格，前文已论证过这批班智达并非真的来过古格，他们差不多都是仁钦桑波在印度求学期间的老师，因此并不是益西沃真正迎请的班智达。在此之后，《布顿佛教史》接着讲益西沃又迎请了一批班智达，即班智达达磨巴拉（dharmapāla，意为法护）和般若巴拉（prajñāpāla，意为智护）等人。象雄持律师嘉瓦喜饶（ནག་ཞུང་བ་རྒྱལ་བའི་ཤེས་རབ）从他们那里领受戒律，之后又去尼泊尔向持律师哲达嘎惹（pretakara）求取律法，其弟子贝觉（དཔལ་འབྱུང）和信莫切瓦·绛曲森格（ཞི་མོ་ཆེ་བ་བྱང་ཆུབ་སེང་གེ）等人传承其法，遂将上部律宗弘扬起来。此段叙述作者对史料裁减比较多，具体的情况不太清楚，特别是达磨巴拉与般若巴拉，不是并列的关系，而是师徒传承的关系，关于这批班智达以及益西沃迎请的班智达的情况，《青史》中有更加详细的记载。

　　《青史》也记载了益西沃迎请以达磨巴拉为代表的一批班智

达，由此看来，益西沃主持迎请的早期班智达中这是最有影响的一个群体。《青史》中有两处叙述了这一迎请事件，一处在讲述大译师同时代的弘法事迹时叙述道，拉喇嘛益西沃从东印度迎请了班智达达磨巴拉，培养出宣讲戒律与践行戒律的首要弟子：萨都巴拉（sādhupāla，意为成就护）、古纳巴拉（guṇapāla，意为功德护）、般若巴拉三大弟子，以及其他众多弟子，他们开启了上部律宗的传承。[1] 而关于上部律宗的传承，《青史》在叙述持律师的历史时又再次提到益西沃出家后，从东印度迎请班智达达磨巴拉，为众人授具足戒，古格开始学习戒律和守持戒律。非常难得的是，关于此事，作者引述了一段信莫切瓦·绛曲森格的颂偈，这段颂偈是绛曲森格说给阿里持律师们听的，绛曲森格是上部律宗的重要传人、般若巴拉的弟子象雄人嘉瓦喜饶的弟子。这段颂偈主要讲述了益西沃从东印度迎请来班智达达磨巴拉，传出上述三大弟子，其中般若巴拉的弟子为象雄持律师嘉瓦喜饶，在听受达磨巴拉的传法后，又去尼泊尔从持律师哲达嘎惹学习戒律教法，将大量的律经翻译出来。当时，随着古格王室迎请了一批班智达，托林寺成为班智达与古格本地译师合作译经的重镇，该寺也就寄住了不少的班智达。如《沙弥年岁问答》，其梵本是从尼泊尔取来，迎请到托林寺，先由达磨巴拉审读，再由克什米尔的两位堪布纳惹雅与德哇拉校对，最后由嘉瓦喜饶翻译。又如《律学处根本经》，是由克什米尔班智达巴惹赫达、玛哈扎纳二人与译师宣努却（གཞོན་ནུ་མཆོག）在托林寺翻译的，此后经由嘉瓦喜饶的弟子贝吉觉（དཔལ་ཀྱི་འབྱོར་པ）得到弘扬。[2]

1　འགོས་ལོ་གཞོན་ནུ་དཔལ་གྱིས་བརྩམས། དེབ་ཐེར་སྔོན་པོ། ན 96~97

2　འགོས་ལོ་གཞོན་ནུ་དཔལ་གྱིས་བརྩམས། དེབ་ཐེར་སྔོན་པོ། ན 114~116

　　益西沃所迎请的以达磨巴拉为首的这批早期入藏的班智达来古格的时间，《青史》没有明确指出，《布顿佛教史》将其置于仁钦桑波从克什米尔回来之后（约在 1014 年），显然其时间要比拉德迎请的第一批以般若嘎惹室利弥陀罗、苏巴思达等人为代表的班智达要晚得多。《广传》也记载了益西沃迎请达磨巴拉等人和弘扬上部律宗等事迹，同时将此段内容安排在仁钦桑波第二次从克什米尔回来之后，书中也引用了信莫切瓦·绛曲森格的颂偈，其内容与《青史》所引基本相同，显然二书作者作为同时代的人，在这个问题上引述了相同的史料。[1] 似乎益西沃迎请达磨巴拉等班智达是在其晚年实现的，但《广传》另一处叙述益西沃的长子提婆罗阇出家时，曾提到火猴年（996）达磨巴拉与仁钦桑波一起为提婆罗阇主持了出家仪式，[2] 这样，达磨巴拉在 996 年之前就已来到古格，两说相差了将近 20 年，必有一处记录有误，考虑到达磨巴拉主持提婆罗阇出家一事只此一见，这一说法恐怕存在误记或者故意记录达磨巴拉参加以提高提婆罗阇地位的可能，不值得采信。

　　综上所述，后弘期上路弘法开启阶段，古格王室通过一系列努力，初步实现了佛教的复兴，古格拥有了托林寺这样的宗教中心，拥有以仁钦桑波为首的一大批杰出译师，拥有数量众多的印度班智达，成为这一时期西藏佛教得以复兴的中流砥柱。可以说益西沃终其一生，终于使古格王室发起的上路弘法的佛教复兴之火重新燃了起来。益西沃时代是上路弘法兴起与初步展开的关键时期，古格政权在佛教复兴方面主要完成了两大系统事业的建设，从而奠定了西藏佛教繁荣的文化基础。一是在西藏阿里地区完成了以托林寺为中

1　གུ་གེ་པཎྜི་ཏ་གྲགས་པ་རྒྱལ་མཚན་གྱིས་མཛད། ལྷ་བླ་མ་ཡེ་ཤེས་འོད་ཀྱི་རྣམ་ཐར་རྒྱས་པ་བཞུགས་སོ། པ 24~27

2　གུ་གེ་པཎྜི་ཏ་གྲགས་པ་རྒྱལ་མཚན་གྱིས་མཛད། ལྷ་བླ་མ་ཡེ་ཤེས་འོད་ཀྱི་རྣམ་ཐར་རྒྱས་པ་བཞུགས་སོ། པ 33

心的寺院群的建设，培植起本地的寺院网络体系和僧团组织。二是
积极组建西藏佛教复兴的人才团队，一方面派遣国内青年赴印度留
学求法，培养出西藏最早的一批本地译师；另一方面直接从印度迎
请佛学大师（班智达）到藏传法，极大地提高和完善了西藏佛教的
理论水平与修持规范。

益西沃新政与古格的政治体制革新

　　古格王室是吐蕃王朝的直系后裔，古格王国可以上溯到906年
吉德尼玛衮在西藏西部地区建立政权。相传842年末代赞普朗达
玛因掀起灭佛运动而被僧人刺杀，此后吐蕃王室因为权力争斗而
分裂，统一的吐蕃王朝随之崩溃。[1]843年，朗达玛的遗腹子沃松
（843~875）在与另一子云丹的争权中失利，转而控制并割据了后藏
一带，他在875年死于雅隆旁达。其子贝柯赞继位，893年因臣下
叛乱被杀死于雅隆香波。至此沃松一系在卫藏地区无法立足，其子
吉德尼玛衮遂于906年离开卫藏，向西部地区开拓。

　　根据《太阳王统记》的记载，吉德尼玛衮28岁时的虎年
（906），接到了象雄地方势力送来的信函，建议他前去西部地区发
展，吉德尼玛衮跟亲臣商议后，决定离开后藏的玉荣拉孜宫，前

1　尽管现代学者越来越怀疑这一传统的佛教史观下出现的毁弃佛法导致王朝崩溃的叙事内容的
　　真实性，但吐蕃王朝崩溃于王室分裂则仍然是学界的共识。参见林冠群《唐代吐蕃史研究》，
　　台北：联经出版事业股份有限公司，2011，第339~358页。

去上部地区创业。兔年（907），吉德尼玛衮抵达上部地区的热拉喀玛城堡，一战击杀象雄纳速王李沁迦，震慑象雄诸部，各部首领纷纷表示臣服。从蛇年（909）到马年（910），吉德尼玛衮继续进行征服上部地区的事业，直到羊年（911），没庐·桑噶尔将普兰最著名的城堡——古卡尼松堡献上，吉德尼玛衮才完成了对上部地区的开拓事业。同时他娶了没庐·桑噶尔的女儿没庐·萨科迥（有时又写作察科迥）为妃，此后这位王妃生下了阿里历史上最著名的上部三衮——贝吉衮、扎西衮和德祖衮。[1]三衮之中的扎西衮获得了古格、普兰等地作为封地，扎西衮后来将古格和普兰分别封赐给了自己的两个儿子：长子柯热得到了普兰，次子松艾也就是益西沃得到了古格。[2]以上是益西沃即位前古格王国的基本政治形势。

　　前文已经考证过，益西沃即位为国王的具体时间是977年，不过他早期的国王经历，我们却一无所知。益西沃对古格的统治，在他成为国王的第十年（986）发生了根本性的变化。这一变化就是：他在这一年召开了嘎白惹会议，确立弘扬佛教的国策，正式宣布了全面复兴佛教的大政方针，开启了后弘期藏传佛教的上路弘法之路。《广传》记载：

　　火狗年（986），于藏之嘎白惹（ གཙང་དག་ཀར་བེ་ཤག ），王兄柯热、赤德松祖父兄叔侄等聚议，召集普兰、古格之一切重臣，遂决议于阿里

1　古格班智达扎巴尖参：《太阳王系和月亮王系》（藏文版），西藏人民出版社，2014，第144~147页。

2　关于从吐蕃王朝崩溃到古格王国出现之间的具体情况，过去传统的大型通史类藏文史籍如《红史》《青史》《贤者喜宴》等书对这段历史都语焉不详或互有歧义，本节对这段历史的描述，依据的是晚近发现的阿里地方史类著作——《太阳王统记》的记载。参见古格班智达扎巴尖参《太阳王系和月亮王系》（藏文版），第134~148页。

弘扬正法。松艾复宣言出家，因请王兄守护臣民，并将二法之规颁之于各地。[1]

嘎白惹可能位于古格的朗钦藏布沿岸某处，嘎白惹会议及其决议——"于阿里弘扬正法"，看似一个宗教问题，但实际上是古格政治史的转折点。确立复兴佛教的国策后，古格王室点燃了藏传佛教后弘期上路弘法的星星之火，这方面的情形，上一节中已经详细阐明。本节要说一说这个会议在政治上所具有的转折性的意义。关于益西沃当国王的历史，后世佛教史家大多只关注他的弘法事迹，因此后弘期以来的大多数经典藏史著作中，都没有留下关于这次会议的只言片语，后来的藏传佛教高僧们更是不会去在意上路弘法开启的政治意义。事实上，益西沃首先是一位国王，是一个政治领袖，因此这一会议上确立的宗教政策实际上有着更为重要的政治意义。

首先，包括统治普兰在内的所有王室成员都参加了这次会议，古格王室的两大主体——古格王系与普兰王系，在复兴佛教的口号下团结了起来。古格王国的核心区就是古格和普兰两地，但古格王室的分封传统在此之前已经将古格和普兰分治了，益西沃此举有力地解决了因不断分治而造成的实力损耗。事实上在此之前，由于吉德尼玛衮确立的王室分封传统，该王朝一直处在持续的分化中。益西沃的父亲扎西衮继承的已是三分之一的王朝势力，益西沃与柯热分治，又再次使这三分之一的势力一分为二，如果按照这样的分化趋势发展下去，由吉德尼玛衮开创的这个王朝将日益碎片化，最终会向卫藏地区的赞普后裔政权那样，形成集群式的王系政权——子

1　གུ་གེ་པ་ཚི་ཏ་གྲགས་པ་རྒྱལ་མཚན་གྱིས་མཛད་པ། ལྷ་བླ་མ་ཡེ་ཤེས་འོད་ཀྱི་རྣམ་ཐར་རྒྱས་པ་བཞུགས་སོ། ན 13

嗣分立，支离破碎，无法形成一个强有力的世俗政治力量。[1] 但益西沃以复兴佛教为口号，联合所有王室成员加入这一伟大事业，打造出了古格王室的凝聚力，特别是使王国中最核心的两股力量——古格与普兰非常紧密地结合到了一起，从分治割据时期世俗政权的发展来说，益西沃此举才真正打造出了古格的核心竞争力。

其次，益西沃在确立起复兴佛教的大政方针的同时，宣布了自己将要出家的决定，这一决定具有两方面的重要意义。一是益西沃在复兴佛教的初始阶段，就亲身加入佛教僧团即将爆发式大发展的大潮中，使得王室与即将崛起的新政治力量连为一体，同时又可以国王之尊，扛起佛教复兴的大业，有助于佛教复兴国策的实施。二是为已经分治了的古格与普兰在政治上重新统一起来提供了操作上的可行性。益西沃出家，专注于宗教事业，一定程度上便可以把世俗政务交托给兄长柯热主持，使得柯热成为普兰和古格两大核心区的主政者，这样古格与普兰的联合就具有了实质性的意义。从"请王兄守护臣民"的叙事来看，嘎白惹会议最初，古格与普兰双方已经达成了某种联合的协议，益西沃似乎在暗示，他出家为僧后，柯热将身兼普兰和古格的国王，正式形成古格普兰联合王国。

最后，可能也是最重要的一点是，这条材料中记载的"将二法之规颁之于各地"，此点尤其值得注意。《广传》在另外一处地方也

1　我们以跟古格同宗的下部三德的情况为例，来体会一下吐蕃王朝崩溃后王室的这种不断分化与分治的特点。吉德尼玛衮的兄弟赤扎西孜巴贝的长子贝德一系占据贡塘等地，发展出贡塘王国；幼子吉德的第五子去了北方，成为"叶如及如拉之赞普"；次子约德有四子，分布在藏容、努域和娘堆等地，其中次子赤德去了多康，三子尼雅德之后裔即叶如之吉卡赞普，四子赤琼前往雅隆，属民建宫堡以献，遂掌执邦孜宫及青昂达孜堡。其后又分出所谓的"臧擦六兄弟"，又分出了许多的赞普，如昌珠、青及恰等地之赞普、雅达之诸赞普、邦孜地区护持王政者，其分支简直如乱麻一般。参见巴卧·祖拉陈瓦《贤者喜宴·吐蕃史》，黄颢、周润年译注，青海人民出版社，2017，第569~570页。

提到了 986 年复兴佛教的大政宣示，文中讲：

> 天子赤德松祖赞于阳火狗年（986），在古格朗钦藏布流域
> 的甘白查（ཀ་མེ་དག）地方，召集古格、普兰的重臣，颁布在阿
> 里弘扬佛法的诏令，将弘法之旨制成二法之文件。[1]

这段记载，除地名的拼写稍有不同外，主要内容与嘎白惹会议
完全一致，都明确表示火狗年（986）益西沃正式以弘扬佛教为国
策，古格的佛教复兴运动开始，看来实为同一事件，甘白查与嘎白
惹应为同一地名的异写。但与上一段记载略有不同的是，这段记述
更加重视弘扬佛法的诏令的颁布，特别是从文意上看，986 年最重
要的事件，就是颁布了所谓的"二法之文件"。这个以"二法"为
核心的诏令才是嘎白惹会议最重要的内容。那么这个诏令的具体内
容是什么呢？

遗憾的是，《广传》并没有记录这份诏令的具体内容，显然作者
跟后弘期的其他佛教史家一样，仍然以一个宗教圣徒来看待益西沃
的历史地位，所以益西沃的传记，很少涉及世俗政治内容，更不会
以一位世俗统治者的身份来为他树碑立传。不过幸运的是，跟《广
传》同一时期写成的《阿里王统记》这部偏重古格政治史叙述的
著作，可能记录下了这份诏令的具体内容。《阿里王统记》中记载：
阳土狗年（998），在朗钦藏布的嘎色那地方，古格掌政大臣尚绒召
集各地的首领、头人和贵族大臣，宣布了益西沃的弘佛诏令，并抄
写了大量相关的教法与国法的文件，散发到阿里各地。[2]

1　གུ་གེ་པཎྜི་ཏ་གྲགས་པ་རྒྱལ་མཚན་གྱིས་མཛད། སྔ་བླ་མ་ཡེ་ཤེས་འོད་ཀྱི་རྣམ་ཐར་རྒྱས་པ་བཞུགས་སོ། ཤ 32

2　གུ་གེ་མངའ་ཆེན་པོ་དབང་གྲགས་པས་མཛད། མངའ་རིས་རྒྱལ་རབས། ཤ 52~53

　　《阿里王统记》中所述这一事件的发生地——嘎色那，与前述的嘎白惹、甘白查拼写相似，可能指的是同一个地方，而所记录的事情也大体相同，就是向阿里众人宣布古格弘扬佛教的国策。只是阳土狗年（998）这个时间与《广传》不一致，这一时间明显是阳火狗年（986）的笔误，因此这则史料记录的很有可能就是 986 年古格确立弘佛国策的事情。在《阿里王统记》的记载中，复兴佛教的诏令中的"二法"，即教法（ཆོས་ཁྲིམས）与国法（རྒྱལ་ཁྲིམས），被明确地点了出来。在这段记载中，古格的掌政大臣尚绒代表益西沃向臣民们宣示了古格复兴佛教的决定和决心：

སྟོན་ལྔ་སྲས་མེས་པོ་པོ་རི་སྲུང་བཙན། མེས་སྲོང་བཙན་སྒམ་པོ། མེས་ཁྲི་སྲོང་ལྡེ་བཙན། མེས་རལ་པ་ཅན་རྣམས་ཀྱི་སྐུ་དྲིན་ལ་བོད་ཁུལ་སྔོན་པ་དང་འད་བ། ལེགས་ཉེས་ཀྱི་གཟུགས་མི་མཐོང་བའི་གནས་འདིར། རྒྱ་གར་ནས་དམ་པའི་ཆོས་བརྐྱར་བའི་ཕྱིར། འབངས་ཀྱི་ནང་ནས་དད་པ་དང་དད། ཤེས་རབ་དང་ལྡན་པ་ཕར་པར་ཕྱུགས་པ་སུ་བྱུང་ཡང་། ཤབས་ཀྱི་རྗེའུ་ཡི་གཙུག་ལག་ཁང་བའི་རྗེ་བ་བསྒྲགས་ཏེ། རྒྱ་གར་ནས་པཎ་ཏ་མང་པོ་སྤྱན་དྲང་། ཆོས་མང་དུ་བསྒྱུར་ནས་འབངས་ཐམས་ཅད་ནས་ལ་ཧུ་སྟོང་བཀགས་གནང་ཏེ། སངས་རྒྱས་ཀྱི་བསྟན་པ་ནི་མ་ཤར་བ་དང་འདྲ་བར་མཛད་པ་ལ། རྒྱལ་པོ་གླང་དར་མས་བསྟན་པ་བསྣུབས་ནས། པོ་མང་པོ་ཞིག་ཆོས་ཁྲིམས་དང་། རྒྱལ་ཁྲིམས་གཉིས་ཀ་ཉམས་ནས། མགོ་དགག་ཐམས་ཅད་ཀྱི་དགེ་ལེགས་ཀྱི་སོངས་ཤིང་ཉམས་དམའ་བས། ཡང་མེས་ཀྱི་མཛད་རྒྱལ་དགའ་བ་ལ་བརྟན་ནས་འབངས་ཕྱི་ཉམས་ཤིང་། བགྲ་ཞེན་དུ་འདང་བ་དང་། ཆོས་ཆེན་ཀྱི་བགྲ་ཁྲིམས་མ་ལུ་དུ་དག། དེ་སྲོང་མཁན་རེ། སྐུ་སྲང་མ་རྒྱལ་ཀྱི་བསྟན་པ་དང་ཞིང་ཕྱིན་ནས་ཀྱི་ཀེད་ལེགས་དང་། དེ་ཆོས་རྗེ་ཚམས་རྒྱལ་ཀྱི་བཀའང་ཁྲིམས་མཛད་ཏེ། ཆོས་ཁྲིམས་དང་རྒྱལ་ཁྲིམས་ཀྱི་ཡི་གེ་པོ་མང་དུ་མཛད་པ་འདུ་རེ་སྐོར་དུ་བསྒྲགས་ནས་གནང་།

　　赖天子祖托托日年赞、祖松赞干布、祖赤松德赞、祖赤热巴金之恩德，昔吐蕃之地若黑夜，乃一不辨善恶之地。是故，引正法于天竺，入解脱之大道。臣民之中，或得正信，或具胜慧。自天竺迎请班智达众，转译诸法，民皆各修其道，佛教如日之升。然朗达玛王灭法，正法见弃多年。教法、国法二道俱

衰，臣民皆乏向善之心，衰颓不振。昔祖先之行事皆依旨而
为，而今民智衰微。法都传出之诏旨不存，亦须依令而行。今
弘教于上部阿里之地，欲使圆满妙善，乃颁弘法之诏。制此众
多教法与国法之文书，宣之于阿里之境。[1]

以益西沃为首的古格王臣们，首先回顾了吐蕃时代的辉煌历
史，文中提到的托托日年赞、松赞干布、赤松德赞、赤热巴金几位
吐蕃王朝的赞普并非随意排列，他们虽然都是吐蕃的历代先王，但
益西沃在此时提到他们，显然是因为这几位赞普都是西藏佛教史传
统上赫赫有名的弘法之君，松赞干布、赤松德赞和赤热巴金都是西
藏佛教界塑造出来的崇奉佛法的圣王。有意思的是，益西沃在追崇
祖先时并没有以吐蕃王朝的开创者聂赤赞普为首，而是以托托日年
赞开始，这是因为托托日年赞统治时是西藏佛教史中吐蕃与佛教发
生关系的开始，传说在托托日年赞晚年，《宝箧经》《诸佛菩萨名称
经》等佛经和黄金宝塔、十一面观音陀罗尼咒的印模、六字大明咒
等法物从天而降到王宫雍布拉康。此一事件被所有的佛教史家认为
是佛教将在藏地显扬而预示缘起，是正法之兴起的开端。[2] 所以如此
编排的赞普世系，使得吐蕃王朝的历史记忆与佛教联系起来，一开
始就定下了新政的基调是以佛教改善政治。传统藏族史家认为，统
一青藏高原、建立起统一的吐蕃王朝的松赞干布是圣观世音菩萨化
身，其时是佛教首次在西藏得到广泛传播的时代；而赤松德赞一边
大力弘扬佛教，一边积极对外扩展势力，使吐蕃在文治武功上达到
极盛；赤热巴金则是一位非常崇佛的赞普，他们都有一个共同点，

1　གུ་གེ་མཁན་ཆེན་དཔལ་དབང་གྲགས་པས་པ་བཀྲ་ཤིས། མངའ་རིས་རྒྱལ་རབས། ན 52~53

2　参见索南坚赞《西藏王统记》，第36~37页；五世达赖喇嘛《西藏王臣记》，第12页。

就是既是赞普又被佛教史家们誉为法王，他们在军事政治上的成功，被认为与崇信佛教密切相关，甚至崇奉佛教本身，就是他们最伟大的功业。

这份与后弘期阿里复兴佛教事业有关的诏书同益西沃一生所做的众多实际的弘法功绩相比，对佛教史家而言或许并不起眼，但从西藏社会发展的角度来看，这份兴佛诏书有着重大的政治意义，与其说它是一份复兴佛教的文献，还不如说它是古格王国在"以佛法护持国政"的口号下发表的一份政治宣言，其借古改今的政治意图十分明显。在诏书中，益西沃明确宣示要"弘教于上部阿里之地，欲使圆满妙善"，表明自己的政治信念，是要以吐蕃王朝时代弘扬佛教的传统为旗帜推行新政。

益西沃试图以"传统"为号召，让王权与佛教再度结合，形成一套独特的政治文化，利用宗教的力量，稳定国内政治，加强王权，结束自吐蕃王朝崩溃以来西藏社会的混乱局面，还人民以幸福安宁的生活。而要实现这一政治理想，必须恢复吐蕃时代的"教法"与"国法"俱皆兴旺的局面，也就是说世俗政治的社会治理功能必须和佛教特有的思想观念相结合，方能实现真正的善治，益西沃这一政治理念的提出，实际上通过"复古"找到了解决西藏社会自吐蕃王朝崩溃以来形成的失序状态的出路。

恩格斯曾经指出："一切宗教都不过是支配着人们日常生活的外部力量在人们头脑中的幻想的反映，在这种反映中，人间的力量采取了超人间的力量的形式。"[1]事实上，在实际的政治运作中，超人间的力量往往比世俗权力更能使人信服，利用它来改革政治常常是一

1　恩格斯：《反杜林论》，《马克思恩格斯全集》第 20 卷，中共中央马克思恩格斯列宁斯大林著作编译局编译，人民出版社，1971，第 341 页。

种十分有效的办法。此时，通过佛教观念的操作，一个与国法概念相对的以佛教教义为基础对大政方针进行指导的所谓"教法"的概念出现了，臣民必须依教法行事被反复提及，教法被上升到大政方针的最高准则的地位，国法必须符合兴佛钦令（ བཀའ་བཀོག་ཆེན་པོ ），也就是说国法必须依照教法来制定，这里面所蕴含的后世政教合一制度下以教治国的政治特征已经呼之欲出，从此世俗政治应该服从佛教事业的终极目标，越来越成为古格社会的普遍原则。

986年，益西沃与古格王室在确立复兴佛教、改善政治的大政方针之后，将这一旨意制成文件广为宣传，以期调动全体臣民的积极性。益西沃自己更是以身作则，在政治上进行了一场前所未有的革新，即以世俗君主的身份出家，成为西藏历史上最著名的王者僧人——拉喇嘛益西沃。益西沃出家为僧的事迹，是后弘期所有经典藏文史书都着力渲染的大事。其中《西藏王统记》的记载最为简单，只说他下半世出家，更名拉喇嘛益西沃。[1]而《雅隆尊者教法史》则对出家事因稍加解释："其后半生因见祖父遗嘱，乃发菩提心，为家族增福，遂出家，称益西沃。"[2]《贤者喜宴》所记基本与此相同，"后因阅读先祖文书，心生愁绪，遂出家为僧，法号拉喇嘛益西沃"。[3]记载稍为详细的《娘氏宗教源流》说他后半生时门域这个地方欺诈和偷盗盛行，使他极为震惊，遂厌倦尘世；同时他知道了吐蕃时代几位祖先的弘法事迹以及朗达玛灭法的情况，由此对佛教产生信仰，决定继承先辈的遗志，弘扬佛法，并将国政交托给弟弟打理，自己出家为僧。[4]《第吾觉色宗教源流》

1　索南坚赞:《西藏王统记》，第148页。

2　释迦仁钦德:《雅隆尊者教法史》，第40页。

3　དཔའ་བོ་གཙུག་ལག་ཕྲེང་བ་བརྩམས། ཆོས་འབྱུང་མཁས་པའི་དགའ་སྟོན། 2006 བོད་ལ་རིགས་པའི་སྒྲུ་ཁང་གི་སྣུན་པར་ད་བཟུག། ར 228

4　ཉང་ཉི་མ་འོད་ཟེར་གྱིས་བརྩམས། ཆོས་འབྱུང་མེ་ཏོག་སྙིང་པོ་སྦྲང་རྩིའི་བཅུད། 1988 བོད་བོད་ལྗོངས་མི་དམངས་དཔེ་སྐྲུན་ཁང་གིས་བར་ད་བཟུག། ར 459

则对他出家时的具体细节有一些描写，书中说他因为前半生没有儿子，于是心灰意冷，遂将国政交托给弟弟，自己在佛塔和佛经面前出家为僧。[1] 记载最丰富的是《汉藏史集》，基本上综合了先前各家的说法，对出家的过程甚至有不少细节性的描述，说益西沃后半生时，看到先辈们的文书，心生悔悟，发愿按照祖先的例规弘扬佛法。由于没有出家所需的堪布，遂在佛像前自己领受戒律，并改名为拉喇嘛益西沃。[2]

上述这些记载，都没有给出益西沃出家的具体时间，更重要的是，都把益西沃出家视为他一时的心血来潮，是个人的孤立行为，是一个纯粹的宗教体验的产物。但结合上述益西沃在 986 年确立复兴佛教、改善政治的大政方针的宣示可以看出，他的出家是有准备的精心安排。按《广传》的记载，益西沃虽然 986 年时已宣布自己要出家，但还是经过了几年的准备之后，直到 989 年才正式出家。

《广传》记载，嘎白惹会议之后，王兄柯热从普兰来到古格，按照先前会议的决议，他成为执政（མངའ་བདག），益西沃向他献上一切国政，柯热接受了治国理政的请求。之后，益西沃才下定决心出家。土牛年（989）松艾奉持律师宣努沃（གཞོན་ནུ་འོད）为出家堪布，在持律僧众之上首大堪布辜玛惹波达（ཀུ་མ་ར་བྷཊ）[3] 跟前，出家并受具足戒，取法名益西沃。[4] 这段记述是目前能见到的关于益西沃出家最详细的记录，益西沃在出家前进行了国事安排，并且举行非常正规的出家仪式。可以说，益西沃在他即位为古格国王的第 13 年，时年

1　ཞེ་ཅུ་རྫོ་སྒྲུས་ཀྱིས་བརྩམས། ཆོས་འབྱུང་བསྟན་པའི་རྒྱལ་མཚན། 1987 བོད་བོད་ལྗོངས་མི་དམངས་དཔེ་སྐྲུན་ཁང་གིས་པར་དུ་བསྐྲུན། ཤ 146~147

2　达仓宗巴·班觉桑布：《汉藏史集》，第 114 页。

3　辜玛惹波达（ཀུ་མ་ར་བྷཊ）之名可能有笔误，按 ཀུ་མ་ར（kumāra）梵文意为童子，སྦྲ（prabha）梵文意为光，正好与宣努沃（གཞོན་ནུ་འོད）的藏文意思"童光"一致，因此辜玛惹波达（ཀུ་མ་ར་བྷཊ）应为辜玛惹波巴（kumāra prabha）之笔误。

4　ཀུ་གེ་པཎྜི་ཏ་གྲགས་པ་རྒྱལ་མཚན་གྱིས་མཛད། སྡུ་བྷ་མ་ཤེས་རབ་ཀྱི་རྣམ་ཐར་རྒྱས་པ་འཁྲུལ་མེ། ཤ 14

43 岁之际，正式受具足戒出家，成为一名僧人。具足戒（བསྙེན་པར་རྫོགས་
པ）又译近圆戒、比丘戒，是僧人所受持的戒律，该戒律条众多，通
常有 250 多条，比出家沙弥所受持的十戒更加圆满具足，出家人只
有依具足戒的规定受戒后，才算正式的僧人。受戒时，必须有授戒
师，即出家堪布，以及由五名以上的戒行无暇者组成的僧众作为授
戒众，然后才能举行出家仪式，成为正式的僧人。[1]

　　从《广传》的记载来看，益西沃出家受具足戒时，以宣努沃
作为出家堪布，是为授戒师，上首大堪布是辜玛惹波达，那么他
麾下的这些持律僧众就是授戒众，因此益西沃的出家，是完全符
合宗教仪制的。所以益西沃的出家，并非像后弘期经典藏史中叙
述的那样是一时突发奇想，然后在没有堪布主持、缺乏僧众参与
的情况下，要么自行剃度，要么面对佛像自行出家。这些不符合
常规的出家方式，大概都是后来后弘期佛教史家们在很难见到早
期古格史料的情况下，凭着一贯的佛教史传统加以想象创造出来
的情节，以便在叙事中暗示益西沃具有像释迦牟尼佛一样的非凡
经历。[2]

　　此外，关于益西沃的出家，《阿里王统记》没有明确述及，只有
一段颇为晦涩的叙述，书中在叙述科迦寺等兴建之后，接着说益西
沃放弃世俗政治权力，潜心向佛，"益西沃参透到一切的国政（རྒྱལ་
སྲིད）、赞普的荣耀（བཙན་གྲགས）都是虚幻无常，为了把国政与佛法融
合，遂将守护领土、爱护属民、护持国法、管护大臣等权力献给柯

1　参见姜安《藏传佛教礼俗百问》，今日中国出版社，1994，第 11~12 页。

2　经典藏史上描述的益西沃的出家方式跟释迦牟尼的出家方式如出一辙，据说释迦牟尼佛出家
　时，因为父王净饭王下令禁止王子出家，因此王子找不到为他主持出家仪式的堪布和上师，
　所以只能在清净塔前用自己的剑削去头发，穿上袈裟，完成了出家仪式。参见达仓宗巴·班
　觉桑布《汉藏史集》，第 22~23 页。

热，不再恋慕身体、财富，心志移入圣域，坚定不移地敬信佛法，十分难得”。[1] 这段文字虽然没有明确说益西沃出家，但字里行间都在暗示益西沃出家，因为敬信佛法而放弃世俗的权力、地位、财富等，特别是将国政托付给柯热，与上述那些讲述益西沃出家，将国政托付给柯热的情节如出一辙，显然都指向益西沃出家的事件。

益西沃的出家，开创了西藏历史的新时代，他在追求自己的政治理想的同时亲身实践了自己的政治设计，不过要深入讨论这一问题，益西沃出家时的一个误会尚需加以澄清。晚近以来的有些著作特别是某些现代的著作提到益西沃出家的同时也就放弃了王位，比如流传较广的《西藏通史——松石宝串》一书就是如此叙述的。[2] 这实际上是对上述史料的误读，以及现代意识影响产生的错觉，因为后人一般想当然地认为一个出家人是不可能还继续身居国王之位的。事实上，这种想象是不符合史料记载的实际的。细读以上各书所记可以看到，在讲到益西沃出家时，有的史书只标示出他出家的事件，并没有谈及他出家时对国政的安排问题；当然，有几部史书提到了他在出家时将国政交给自己的兄弟，也就是让柯热去打理。正是这句话最易让人误解，以为益西沃将王位让给柯热了，事实上这句话说得很明白，他出家时的确对国政进行了一定的安排，但不是自己退位，将王位交给柯热，而是让王兄柯热代替自己处理基本政务。他交托给柯热的是国政而不是王位，“国政”（ རྒྱལ་སྲིད ）与“王位”（ རྒྱལ་ས ）乃是两个根本不相同的概念，这一区别无论是在藏文原文还是在汉文译文里都是很清楚的，换句话说，柯热成为普兰和古

1　གུ་གེ་མཁན་ཆེན་དཔག་དཔལ་གཡང་གྱགས་པས་བརྩམས། མངའ་རིས་རྒྱལ་རབས། ༣ 56

2　参见恰白·次旦平措等《西藏通史——松石宝串》，第230页。

格的执政，在形式上普兰与古格合为一体，但益西沃仍然拥有国王的权力和地位。

事实上，由于过去不知道益西沃出家的具体时间，通常会认为益西沃是在晚年才出家的，所以认为他出家时已是佛教复兴、政局稳定，故而才会想当然地认为益西沃会放弃王位，放弃世俗统治者的权位，一心从事宗教修行事业。但现在知道，益西沃在确立复兴佛教、改善政治的方针后三年即出家，考虑到这一事实，则很难想象益西沃会在刚刚确立新政后不久就放弃世俗权位，这既对佛教复兴事业不利，也对王朝稳定不利，更不符合他的政治理念。

从后来的政教局势的发展来看，益西沃在出家后，始终掌控着古格王国的最高权力，尽管柯热成为执政，处理古格、普兰的具体政务，但此后古格、普兰发生的重大事件和大政方针的决策等，仍然是由益西沃主导，并且在柯热成为执政后，同属一体的古格与普兰真正做到了合二为一，古格王室的实力大大增强，古格与普兰成为一体，益西沃成为古格普兰联合王国的最高领袖。据《广传》和《阿里王统记》记载的一系列措施来看，此后益西沃仍然掌握着最高权力，古格与普兰也步调一致、不分彼此。后世藏文文献中保留了一份益西沃的"诰谕"（ བཀའ་ཤོག ），17 世纪前后一名叫索多巴·洛追坚赞（1552~1624）的宁玛派僧人在其所著《关于前后弘期前译密法的争论——了义雷声》一书中收录了一篇《拉喇嘛益西沃诰谕疏论》（ སྤྲ་མ་ཡེ་ཤེས་འོད་ཀྱི་བཀའ་ཤོག་གི་དགོངས་འགྲེལ ），在文中索多巴逐段引用了这份诰谕。这一诰谕是署名普兰国王拉喇嘛（ པུ་ཧྲངས་ཀྱི་རྒྱལ་པོ་ལྷ་བླ་མ ）的人发给卫地咒师（ སྔགས་པ ）的一份宣言式公告，内容是对当时卫地流行的一些密教修法如双修、药修、尸修等的批评，劝告咒师们停止这些密法的修证，索多巴本人认为这个普兰国王拉喇嘛就是大名鼎鼎的益西沃。[1]

　　这份诰谕的重要性，最早是由桑木旦·卡尔梅（Samten G.Karmay）发现的，他从索多巴的文中辑录出诰谕的原文，并加以分析。卡尔梅也赞同诰谕的颁发者是益西沃，但他又认为这份诰谕在内容和格式上显得相当随便，因此对此说持保留意见。由于他当时无法看到《广传》和《阿里王统记》等用古格史料写成的著作，因此误认为这份诰谕的发布时间应在 985 年之前的几年中。[2] 事实上这一判断是错误的，因为 985 年以前益西沃还未出家，甚至还没有发布复兴佛教、改善政治的宣言，不可能拥有拉喇嘛的称号。这份诰谕只能是 989 年益西沃出家以后颁布的。从诰谕中显示出来的深厚的佛学修为和对卫地咒师们密法修炼的种种弊端的担忧来看，这份诰谕可能颁布于益西沃的晚年，至少应在仁钦桑波从克什米尔回来（约在 1014 年）之后，因为据《布顿佛教史》的说法，益西沃最初只是怀疑咒师们所行的性交密法之类的修法不符合佛法，所以才派仁钦桑波去克什米尔一探究竟。[3] 而这份诰谕中，益西沃显然已无疑惑，而是十分肯定地指出这些卫地咒师所行的密教修法不符合佛法的主张，要求他们停止类似的修炼。因此这份诰谕出现的时间不可能太早。

　　这份诰谕很明确地表明益西沃出家之后，既是国王又是喇嘛的事实，同时也表明普兰与古格合为一体的政治现实，因此维他利先前也曾注意到这份诰谕在佛教史以外的价值，即它是益西沃出家而

1　བོད་ཀྱི་སྲོལ་བ་བློ་གྲོས་རྒྱལ་མཚན་གྱིས་བརྩམས། གསང་སྔགས་ལ་དཔྱད་དུ་གཏོང་བ་སྟེ་བྱང་ཆུབ་རྣམས་ཀྱི་ལན་དུ་བཟོད་པ་ངེས་པ་དོན་གྱི་འབྲུག་སྒྲ། 1997 བོད་ཀྱི་ཤེས་རིག་དཔེ་སྐྲུན་ཁང་གིས་སྐྲུན། ༣ 179~187

2　卡尔迈:《天喇嘛益西沃的〈文告〉》,严申村译,《国外藏学研究译文集》第 3 辑,西藏人民出版社, 1987,第 106~116 页。

3　བུ་སྟོན་རིན་ཆེན་གྲུབ་ཀྱིས་མཛད། བུ་སྟོན་ཆོས་འབྱུང་གསུང་རབ་རིན་པོ་ཆེའི་མཛོད། 1988 བོད་ལྗོངས་བོད་ཡིག་དཔེ་རྙིང་དཔེ་སྐྲུན་ཁང་གིས་པར་དུ་བསྐྲུན། ༣ 201

不退位，既做国王又做喇嘛的最好证据。维他利认为这份诰谕颁发的时间应在996年托林寺兴建之前，因为此前益西沃的统治中心在普兰，托林寺成为新的政教中心之后，益西沃的统治重心就转入古格。[1] 无论如何，这份诰谕的政治、宗教价值都不可低估，但由于这份诰谕的全文仅此一见，且出现的时间晚至17世纪，其真实性也就颇令人生疑。

更为麻烦的是，引述这份诰谕的索多巴本人在西藏历史上声名狼藉，使得他的记述更加令人怀疑。索多巴·洛追坚赞出生于后藏叶如地区，属董氏族裔（ དྲུང ），从小精通医术，后出家，成为宁玛派的僧人，师从多位高僧，成为全才型的僧人，他既精通密咒，是当时最有名的咒师之一，又学问深湛，一生著作等身，尤喜辩论经义，是当时最有名的辩经师之一。他后来得到新兴的藏巴汗的供奉，并为藏巴汗施展咒术，作法于侵入西藏的蒙古军队，因此获得"索多巴"（意为抵御蒙古人）的称号。他声称自己以咒术退敌的做法，在当时就遭到很多人的质疑，加上他站在藏巴汗一边，也就成为格鲁派的对立面，在五世达赖喇嘛执掌西藏政教大权以后，遭到严厉的清算，他本人被斥为骗子，他的教法遭到禁止，他的著作被销毁，此后在西藏宗教史中几乎销声匿迹。[2] 那么这份晚出且来历不明的所谓普兰国王拉喇嘛的诰谕会不会是索多巴伪造的呢？

笔者认为这份诰谕的真实性较高，从逻辑上和史料中透出的一些信息来看，不可能是伪造的。首先，索多巴引述这份诰谕，其目的在于反驳益西沃指责卫地咒师所修的密法不是佛法。由于益西沃

---

1   参见 Roberto Vitali, *The Kingdoms of Gu.ge Pu.hrang*, pp. 237-240。

2   关于索多巴的生平，参见 Gentry James, *Substance and Sense: Objects of Power in the Life, Writing, and Legacy of the Tibetan Ritual Master Sog bzlog pa Blo gras rgyal mtshan*, Ph.D dissertation, Harvard University, 2013。

对卫地咒师的指责直指宁玛派的核心教义"大圆满"，诰谕中直言
大圆满是邪法，大圆满所宣扬的观点是颠倒错谬的，冒名佛法，实
际上是邪咒等，[1] 所以诰谕中的这些责难恐怕一直以来都是宁玛派的
一个心结，因此索多巴才会煞费苦心地加以辩驳，如果这一诰谕根
本不存在的话，索多巴也就不必多此一举了。

其次，这份诰谕的性质实际上是益西沃写给卫地咒师的一封公
开信，其原始文本应该在宁玛派内部有所流传，索多巴大概是从本
派传承系统中读到或见到这份诰谕的，因为从《关于前后弘期前译
密法的争论——了义雷声》对益西沃的反驳论文来看，索多巴本人
似乎只是熟悉这份诰谕的内容，而对早期古格历史和益西沃本身的
情况所知极少，他在论文中倾向于认为柯热是益西沃，甚至认为益
西沃是末代赞普朗达玛的儿子，并且复述了当时流行于各种宗教史
中益西沃为迎请阿底峡而死于噶逻人之手的虚构故事，更糟糕的是
他还认为迎请阿底峡的绛曲沃是益西沃的儿子。[2] 显然，这些错误表
明，索多巴对于古格以及益西沃的历史相当陌生，因此不可能有能力
和意愿去伪造一份益西沃的诰谕出来，这也从侧面反映了诰谕来自宁
玛派内部传承的可能性很大。

最后，这份诰谕反映出来的益西沃的佛教主张与其他史书中反
映出来的益西沃对佛教复兴的态度基本一致，且能互相印证。益西
沃在诰谕中强烈反对所谓的救度法、双修法、药修法、尸修法、供
修法等种种邪咒（སྒྱགས་ལོག），严厉谴责卫地修此类法的咒师不是大乘
佛教徒。[3] 布顿大师曾说："益西沃虽分晓法相乘为佛法，但诸咒师
作性交等颠倒行，遂怀疑此等是否为佛法。"所以才会派仁钦桑波

1　 སོག་རྨོག་པ་སྲོ་རྒོལ་རྒྱལ་མཚན་གྱི་བཙམས། གསང་སྔགས་སྣ་ལ་འབྱོར་པའི་རྡོ་རྗེ་ཆོས་པ་སྤྱི་ཡུར་དུང་རྣམས་ཀྱི་འཕན་ད་བཟོད་པའི་དར་རྒོད་འདུག་ཅག་སྐྲ། ན 183~184

2　 སོག་རྨོག་པ་སྲོ་རྒོལ་རྒྱལ་མཚན་གྱི་བཙམས། གསང་སྔགས་སྣ་ལ་འབྱོར་པའི་རྡོ་རྗེ་ཆོས་པ་སྤྱི་ཡུར་དུང་རྣམས་ཀྱི་འཕན་ད་བཟོད་པའི་དར་རྒོད་འདུག་ཅག་སྐྲ། ན 179~180

3　སོག་རྨོག་པ་སྲོ་རྒོལ་རྒྱལ་མཚན་གྱི་བཙམས། གསང་སྔགས་སྣ་ལ་འབྱོར་པའི་རྡོ་རྗེ་ཆོས་པ་སྤྱི་ཡུར་དུང་རྣམས་ཀྱི་འཕན་ད་བཟོད་པའི་དར་རྒོད་འདུག་ཅག་སྐྲ། ན 184~185

等人去克什米尔求取真经。[1] 显然，诰谕中益西沃对于密法修行的质疑正好与此吻合。此外，在布顿大师整理的藏地论师论著目录中，有一部益西沃与其侄孙颇章悉瓦沃合著的《破邪咒论》（ སྔགས་ལོག་སུན་ འབྱིན ）。[2] 益西沃的诰谕中一再指斥卫地咒师所行为"邪咒"，全文不断在指责上述那些修法堕入邪道，要求他们放弃邪行，转入三藏之正行。实际上这份诰谕就是一篇斥责邪咒的驳议文，其很可能就是布顿目录中所著录的《破邪咒论》的一部分。

　　因此，综合以上三点，这份既有国王名位又有拉喇嘛名号署名的诰谕，应该出自当年益西沃之手。可见，益西沃确实在出家为僧后仍然拥有国王的身份。其实这在当时应该不是什么问题，对于他治下的臣民来说，也不是什么问题。近年在印度喜马偕尔邦的金瑙尔（Kinnaur）地区的一个名叫科尔（dkor）的村庄中发现了一通益西沃时代的碑刻，碑文内容大致为益西沃统治时期的龙年，在当地修建了一座寺院或行宫，这个龙年可能是兴建巴甘寂静处的水龙年（992），或者是托林寺完工举行开光仪式的木龙年（1004）。值得注意的是，碑文开头直书"吉祥天赞普拉喇嘛益西沃在世之时"（ དཔལ་ལྷ་བཙན་པོ་ལྷ་བླ་མ་ཡེ་ཤེས་འོད་ཀྱི་སྐུ་རིང ），[3] 表明益西沃出家后并没有放弃世俗统治者的名位，仍然是一位赞普，同时又是一名拥有出家僧人身份的喇嘛。

　　益西沃出家，将生活重心从王宫转移到寺院，从社会治理的角度来看，寺院也有其重要的政治价值，大量的寺院集中出现，是西藏社会地方治理走上正轨的标志，一个有序的社会在逐渐形成，才

1　བུ་སྟོན་རིན་ཆེན་གྲུབ་ཀྱི་གསུང་། བུ་སྟོན་ཆོས་འབྱུང་གསུང་རབ་རིན་པོ་ཆེའི་མཛོད། 1988 བོད་ལྗོངས་བོད་ཡིག་དཔེ་རྙིང་དཔེ་སྐྲུན་ཁང་གིས་པར་དུ་བསྐྲུན། ན 201

2　བུ་སྟོན་རིན་ཆེན་གྲུབ་ཀྱི་གསུང་། བུ་སྟོན་ཆོས་འབྱུང་གསུང་རབ་རིན་པོ་ཆེའི་མཛོད། ན 313

3　Laxman S. Thakur, "A Tibetan Inscripiton by lHa Bla-ma Ye-Shes-'od from dKor (sPu) Rediscovered," *Journal of The Royal Asiatic Society of Great Britain & Ireland*, Volume 4, Issue 03, 1994, p.371.

有可能促进寺院建设的大规模开展，因为在吐蕃王朝崩溃和佛教复兴的大背景下，寺院除了是宗教活动的场所外，还是地方治理的行政管理机构和社会整合的文化服务机构。地方治理的失序是从842年吐蕃王朝的崩溃开始的，并很快从卫藏核心区蔓延到河陇地区，引起河陇前线吐蕃军事贵族的混战。卫藏核心区的地方贵族在失去了王权的制约后，对属民的管治也趋于苛政化，最典型的就是约如贵族征发属民在山上修建水渠，引发民怨，最终引发869年吐蕃全境的奴隶平民大起义。[1] 社会治理水平的下降，社会秩序的失控，是益西沃时代整个西藏政治所面临的基本问题，王权衰落后，社会秩序的约束力在哪里？随着后弘期佛教复兴运动的展开，在整个西藏社会，以佛教意识形态为基础的佛教教法和在这个基础上形成的具体的社会行为规范——国法，共同构成了新时代的政治原则和社会规范，佛教政治文化为后吐蕃时代提供了建立社会秩序的话语体系。

　　益西沃在确立了复兴佛教政策的同时，也在古格境内开启了旨在改造古格旧政治体制的新政。《广传》记载，木羊年（995）仲夏（五月），拉喇嘛益西沃驻锡普兰，阿里王室的兄弟子侄们都前来相聚，在普兰的维浦垛地方举行会议，其间阿里三围的臣民以及吐蕃、象雄的贵族都齐聚一堂，共商上部地区佛教复兴大业，事后将会议决议颁诏于全体王臣。[2] 益西沃主持的维浦垛会议，齐集了古格、普兰统治集团的重要人物，对大事进行协商，最后做出一系列的施政决议，称为"新颁诏令集"（ཁྲིམས་ཡིག་གསར་པ）。

　　在"新颁诏令集"中，古格王室首先回顾了祖先们因奉佛而

1　巴卧·祖拉陈瓦著，黄颢、周润年译注《贤者喜宴：吐蕃史译注》，中央民族大学出版社，2010，第294页。

2　གུ་གེ་པཎྜིཏ་གྲགས་པ་རྒྱལ་མཚན་གྱིས་མཛད་ད།　ལྷ་བླ་མ་ཡེ་ཤེས་འོད་ཀྱི་རྣམ་ཐར་རྒྱས་པ་བཞུགས་སོ།　ཤ 17~18

兴盛的光辉历史。其次叙述了吐蕃王朝因朗达玛灭佛而衰败，卫如
与约如陷入战乱，加上臣民反上之乱，整个吐蕃律法损毁，社会崩
溃，直到吉德尼玛衮及其三子上部三衮时期，重建政权，恢复祖先
的律法，确立复兴佛教的宗旨。最后也是最重要的内容是规定了赞
普的选任方法，即"王位继承法"，确立了兄弟叔侄四人，即柯热
及其子拉德和益西沃及其长子拉德衮赞的王位承袭权。赞普须从他
们的子嗣中产生。如果绝嗣，则从僧众中挑选承奉大统之人。赞普
要弘扬佛教，守护臣民和佛法，保卫边境，遵行根本大法，僧众要
有学问，赞普出家，要恪守戒律，循守正法，弘扬佛教。[1] 总的来说，
仍然是在贯彻佛教政治的根本方针，树立佛法的政治权威，维浦垛
会议及"新颁诏令集"的发布，反映了益西沃在出家后仍然拥有最
高权力，仍然是重大决策的拍板人。另外，柯热与益西沃及其子孙
都拥有这一政权的继承权，也表明古格王国的真正成立。但由于作
者对这些内容"文繁不录"，关于王位继承的原则，《广传》所录的
诏令集中有些语焉不详，如绝嗣则从僧众中挑选承奉大统之人的规
定，比较难以理解。而《阿里王统记》中记录了一份跟此处所引相
似的文件，发布时间不明，从内容上看，应即此处"新颁诏令集"
的详细版本，引述如下：

> རྒྱལ་པོ་རྗེ་སྲོང་མཛད་པའི་ཁྲིམས་སྐུ་སྲུས་མང་ན། རྒྱལ་ཚབ་མ་གཏོགས་པ་རང་དུ་གཤེགས་པ་དང༌། བཙན་པོ་
> རབ་ཏུ་བྱུང་བའི་འདུལ་ཞིང་སྲུང་བ་དང༌། བཙན་པོ་སྐུ་བོ་གཟུང་ཅན་ན་བཙུགས་པ་ནས་གསོལ་བ་དང༌། སྐུ་ཤེར་ཐམས་ཅད་
> ཀྱིས་ཆོས་སྐོར་བཏུན་པོར་བསྒྲུབ་པ་དང༌། ཕྱིན་ཆད་བཀའ་དང་བསྟན་ཆོས་གནས་སུ་སོང་བ་དང༌། མང་དུ་ཐོས་པ་དང༌།
> སློབ་བརྩོན་ཐམས་ཅད་ཀྱི་བཀུར་བ་དང༌། སྐྱབ་དང་གོ་ཆ་སོགས་ལ་འདིར་མེད་ན་གཞན་ནས་འཚོལ་བ་དང༌། མདའ་
> རིས་མཐའ་མི་གོད་པར་བནན་སྐྱ་ཐམས་ཅད་ཀྱི་བསྲུང་བ་དང༌། སྐྱེ་བོ་རྣམས་ཀྱིས་མདའ་དང༌། བང་དང༌། མཚོན་དང༌།

1 གུ་གེ་པཎྜིཏ་གྲགས་པ་རྒྱལ་མཚན་གྱིས་མཛད། ལྕགས་ལ་ཨེ་ཤེས་འོད་ཀྱི་རྣམ་ཐར་རྒྱས་པ་བཞུགས་སོ། ན 19~20

སྲུད་ཀྱི་སྲུངས་དང་། རྒྱལ་དང་། ཏུ་རྒྱ་དང་། འཕྲེས་དང་། ཕྲོག་དང་། ཅེས་ཏེ་གྱིང་སྲུ་དཀུ་དང་། གནོན་ཡབ་དཔལ་རྩལ་ ཐམས་ཅད་སྲོལ་བ་དང་། འབངས་ཀྱི་སྲི་དགེ་བེ་སྲེ་སྲུད་བ་དང་འབངས་ཀྱི་ནིན་ནས་རབ་ཏུ་བྱུང་བ་འབངས་ སུས་ཀྱང་མི་འགགས་པ་དང་། སྐུ་གཤེན་རྒྱལ་ཀྱི་ཇེ་ཀྱི་བཞི་བཀྲུགས་པ། ཇ་བ། སློས་སོགས་སྲོལ་ཅིང་། དེ་དག་ཀྱང་འབ ཚོ་མི་བྱ་བ་དང་། དེ་དག་ལ་ཡོན་ཏེ་སྲེ་སྲུ་བ་དང་། རྒྱས་ཀྱི་བཟའ་འཚལ་འཚོལ་མི་ཞིང་། ཡོན་ཏེ་སྲེ་སྲུ་བ་དང་། ཇེ ཞ་འཕོན་རྣམས་ཏེ་སྲེ་སྲུ་བ་དང་། འབངས་བན་སྐུ་ཀུན་གྱིས་ཀྱང་ཚོས་ཆེགས་དང་འཐལ་བའི་རྒྱལ་སྲོལ་གྱི་ཕོ་ཏུ་ རྡུས་ཀྱི་མི་གཏོང་བ་དང་། ཅི་ཟིགས་ཀྱི་མཐུན་འགྱུར་བྱེད་པ་དང་། མངོན་ན་ཚོས་ཁྱིམས་ཀྱི། བཀའ་ཁྲིམས་ཆེ་མོ་དང་། འཕལ་ཕྱིད་རེ་ཞེས་དང་།

　　立君之法云何？若王子众，则储君外余皆出家为僧。若赞普出家为僧，须持守戒律；若治事之赞普绝嗣，则于出家之宗子中择立新君。一切僧俗皆须守正弘法。而今而后，以佛法为新旨。僧人者须多闻虔敬，精研医理，善治铠甲，若无其人，须另寻致之。若边外蛮民犯境，则无论僧俗皆应卫正护国。骑、射、跑、跳、治器、游水、读、写、算，凡此九艺，当导民勤练；此外，一切武艺，皆须修习。民皆顺之弗违，习得书、任之道，入于身、语、意之所依。诸乱不作，福报自来，不乱其心，果报云何！尔叔侄等应如何行？凡我僧俗臣民，君臣贵贱，遵此正法，不违真意。凡所立规订律，咸与一致，不违前颁之兴佛钦令（བཀའ་ཁྲིམས་ཆེན་མོ）。[1]

　　结合这两份文件来看，维浦埵会议从总体上确立了全新的政治原则，即佛教政治的原则，"以佛法为新旨"，"凡我僧俗臣民，君臣贵贱，遵此正法，不违真意。凡所立规订律，咸与一致，不违前颁之兴佛钦令"，这是根本大政的规定，即以佛法治国，佛教成为国

1　གུ་གེ་མཁན་ཆེན་ངག་དབང་གྲགས་པས་བརྩམས། མངའ་རིས་རྒྱལ་རབས། ན 55

家意识形态，成为指导政治生活的准则。弘扬和护持佛教被确立为政治生活的核心，借此制定了一系列与旧制度大相径庭的新规定，相当详细地给出了古格王国今后的大政方针，此可谓益西沃为古格政权所制定的根本大法。

更为重要的是，这份诏令规范了王位继承法，并做了细致的安排。益西沃制定的王位继承法，是对吐蕃时代王族政治生活习惯的重大突破，按此规定，除王位继承人和现任国王之外，几乎所有的王室成员都将成为出家僧侣，这就从制度上消除了王族争位的可能性，作为出家人的他们已经没有了政治上的名分来同现任国王和王储竞争。这一方法虽然采取的形式迥异于吐蕃时代的旧制，但稍加审视就会发现两者之间的精神内核仍然是一致的。因为吐蕃时代的王位也是父子相传，除现任赞普及其继承人之外，其余王族成员都会遭到贬逐，远离政坛，他们本人及其后代的所有政治权利都会被剥夺。[1] 但是新的继承法的重大变革也是明显的，因为王族成员的地位和权利在新的规定下被大大提高并得到了制度性保障，从而使他们不必再像吐蕃时代那样完全丧失政治地位和权利。由于政府尊奉佛教，宗教势力在政治生活中所占的比重将越来越大，出家王族在宗教领域仍然可以拥有相当的权力和地位，甚至在国政的决策层面，其权力超过了普通的国王。而如果现任国王绝嗣，他们还有机会成为新的国王。这样的安排，不但实现了普兰、古格的大联合，也将王室内部的关系进行了调整，可以说十分有效地整合了古格、普兰的内部力量。

此外，维浦垛会议可能还有一项重要议题，就是关于兴建托林

1　参见林冠群《唐代吐蕃赞普位继承之研究》，《唐代吐蕃史论集》，中国藏学出版社，2006，第115~150页。

寺的计划。因为随着"以佛法护持国政"观念的确立以及益西沃的出家，宗教生活在政治生活中的作用越来越重要，新的统治形式需要新的统治中心。维浦埝会议召开的次年，托林寺就正式奠基，开工建设。由此看来，维浦埝会议期间，托林寺必是古格王室决定全力营建的重要工程。托林寺的兴建，标志着古格、普兰的统治方式将发生根本性的转变，在复兴佛教、改善政治的方针之下，寺院将成为政治生活的中心，而僧人将成为政治生活的主体，因此益西沃不但自己出家，随后也让自己的儿子们出家，并着力培养由古格王室主导的佛教僧团。

《广传》记载，火鸡年（997）四月，拉喇嘛益西沃和他的两个儿子提婆罗阇、那嘎罗阇驻锡于沙甘寂静处，两个儿子一起出家，并从阿里三围各地召集 200 名聪敏勇毅的青年才俊，一起走上解脱的大道（即出家）。这 200 名青年，100 名来自古格，40 名来自普兰，30 名来自色觉（ন্মু-ཚོ），30 名来自玛域。[1] 这 200 名青年的出身，囊括了阿里三围的各个地区，表明以益西沃为首的古格王室对整个阿里三围的影响力。关于这次阿里 200 名青年集体出家的事件，《阿里王统记》有更为详细的记述：

སྟོན་གཞོན་ནུ་དོན་གྲུབ་ལ་རྒྱལ་པོ་ཟས་གཙང་གིས་སྐྱེའི་གཞོན་ནུ་ལྔ་བརྒྱ་ཕུལ་བ་ལྟར་སྲས་གཉིས་ཀྱི་དྲུང་དུ།
མངའ་རིས་བསྐོར་གསུམ་ནས་གཞོན་ནུ་ནས་རབ་ཏུ་ཤེས་རྡོ་ཐོ་གལ་པ་ལ་ཡིད་འབྱུང་ཞིང་སྙིང་སྟོབས་ཆེ་བ། ཚལ་པ་ལ་དང་ཅིང་
| དགོན་མཆོག་ལ་བསྙེན་ཞུ་བ། ནི་བརྒྱ་བསྒྲུབ་ནས་བར་བར་བདག་དང་། དེ་ཡང་གུ་གེ་ནས་བརྒྱ། སྤུ་ཧྲང་བཞི་བཅུ། མར་
ཡུལ་སུམ་ཅུ། པི་ཏི་ནས་སུམ་ཅུ་དང་། ནི་བརྒྱ་བསྒྲུབ་པ་ཡིན་ནོ།

昔净饭王以释迦族五百青年奉献于王子顿珠（即释迦牟

1　གུ་གེ་པ་ཆོས་ཏ་བཀྲ་ཤིས་རྒྱལ་མཚན་གྱི་མཛད་། སྤུ་རྒྱལ་མ་ཡེ་ཤེས་འོད་ཀྱི་རྣམ་ཐར་རྒྱས་པར་བཤུགས་སོ། ད 20~21

尼），乃自阿里三围集童子二百，皆具大胜智、精意明、大无畏，彼等敬信正法，请持大宝，二百人聚，为侍随二王子俱入解脱之道。此等青年来自古格者百人，普兰者，四十；玛域者，三十，毕底者，三十。[1]

这段记载与《广传》各有侧重，又大体相同，只有色觉与毕底之不同，《广传》中无法理解的色觉地名，可能正是毕底的误写。这段记载以"净饭王以释迦族五百青年奉献于王子顿珠"作比，比较明确地点出 200 名青年出家的意义。事实上在作者看来，这是一个古典与今典结合的范例，按一般的佛陀成道经历所说，释迦牟尼（即王子顿珠）出家后，父王净饭王听到王子独自一人在森林中修行，于是派出 500 名侍从前往相伴，不过王子仅留下五人，打发其余人返回。这五个人就是后来释迦牟尼成佛后的第一批弟子。[2] 显然，益西沃以及古格王室此举，既是在形式上效仿佛教典故，也是在培养由古格王室主导的佛教僧团。这一召集青年集体出家的举动，反映出益西沃刻意培植由王室领导的本地僧团的努力。一次性由古格政权主导发展 200 名青年出家，势必形成一个强有力的宗教势力集团，益西沃成为这个宗教集团的当然领袖，而其二子则是当然的领袖继承人。特别需要注意的是，此时长子提婆罗阇应属青年，而次子那嘎罗阇生于 988 年，此时尚不满 10 岁，还是孩童，足见益西沃的良苦用心，即保证在佛教复兴运动之下，阿里地区发展起来的宗教力量必须掌握在古格王室手中。

事实上，此时经过 10 年的佛教复兴运动，阿里地区的佛教势

1　གུ་གེ་མཁན་ཆེན་ངག་དབང་གྲགས་པས་པར་བཤུགས། མངའ་རིས་རྒྱལ་རབས། ༩ 59
2　参见达仓宗巴·班觉桑布《汉藏史集》，第 23~25 页。

力已有初步的发展，特别是以仁钦桑波为代表的僧侣集团成长起来。985 年前后，仁钦桑波从印度回到阿里，正值益西沃确立复兴佛教、改善政治的大政方针，于是益西沃随后作施主，出资建立了讲修一切显密教法的大讲经院，到 987 年以后，仁钦桑波开始广收徒众，书中说他此时所收徒弟有娘堆地方的江布·却吉洛追、娘麦的哲邬穹瓦，以及皆夏尔、扎迦巴等许多来自卫藏的弟子。[1] 因此，仁钦桑波教团成为阿里地区最具实力和声望的宗教势力集团。仁钦桑波教团最初大概是民间自发形成的，是一个比较纯粹的宗教学术团队，更是一支实力雄厚的宗教政治力量，但在古格王室大力复兴佛教的背景下，古格王室领导的世俗政权逐渐与以仁钦桑波为首的宗教势力集团结合起来，益西沃为仁钦桑波修建讲经院，以便其聚众讲说经论。而普兰的主政者、柯热之子拉德更是与仁钦桑波关系密切，他组织人力、物力协助仁钦桑波进行译经活动，更在制度上试图将仁钦桑波宗教集团融入世俗政权之中，开启世俗政治力量与宗教势力合作的全新模式。

在 996 年托林寺兴建之前的几年间，拉德已将仁钦桑波尊奉为"元首福田"和"金刚阿阇梨"，并将普兰供献给仁钦桑波作为住地，允诺在普兰的谢尔至霍布浪卡之间兴建 100 座寺院。[2] 此处的福田，又称应供者，即举行布施、供奉、祭祀等活动的对象，如僧人、佛寺、佛像等，世俗领主用物质财富供养僧人，僧人用精神财富来回馈世俗领主，僧人便成为世俗政权领袖的"福田"。[3] 福田寓意为可以生长福德之良田，凡敬礼福田者，即可收获佛教所谓的福德。后弘期以来西藏的世俗统治者与宗教首领之间往往以此观念

1　གུ་གེ་པཎྜི་ཏ་གྲགས་པ་རྒྱལ་མཚན་གྱིས་མཛད། ལྷ་བླ་མ་ཡེ་ཤེས་འོད་ཀྱི་རྣམ་པར་ཐར་པ་བཞུགས་སོ། ན 16

2　གུ་གེ་རིན་ཆེན་བཟང་པོ་འི་རྣམ་ཐར་ཞང་ཀྲུང་ནེ་མ་རིག་དཔལ་འབུམ་འདུས་ཆེན་པོ་ཞེས་བྱ་ནན 88

3　杜继文、黄明信主编《佛教小辞典》，上海辞书出版社，2001，第 590 页。

建立起所谓的"供施关系"(མཆོད་ཡོན་），实际上便是政治势力和宗教势力结合的一种形式，最后发展出政教合一的统治形式。拉德将仁钦桑波尊奉为"元首福田"，也就表明以仁钦桑波为首的宗教集团获得世俗政权的经济支持。另外，拉德还尊奉仁钦桑波为"金刚阿阇梨"。阿阇梨(ācārya)，又译为轨范师，是佛教中指导弟子、引导弟子、规范弟子行为的导师。佛经中一般按其功能分为出家阿阇梨、授戒阿阇梨、教授阿阇梨、依止阿阇梨、灌顶阿阇梨、传法阿阇梨等，[1] 但并无金刚阿阇梨之说，这一称号可能是拉德为了彰显仁钦桑波的崇高地位而特别设立的，这意味着仁钦桑波成为拉德的导师，普兰地区的政治势力和宗教势力颇有融合之势，且宗教势力在声势上有超过世俗政权的倾向，因为作为"元首福田"和"金刚阿阇梨"，仁钦桑波实际上拥有了意识形态的最终解释权，在益西沃掀起的佛教政治的大背景下，这意味着在政治将为宗教服务的原则下，世俗统治者必须服从宗教利益，照此发展下去，就可出现超越王权的权力。

不过仁钦桑波与拉德试图开启的世俗政权与宗教首领之间的政教联合模式，并没有真正发展出上述理想的那种状态，其在政治生活中的影响力，恐怕在益西沃出家之后，特别是托林寺等一系列王室主导的寺院建成后，便日益式微了。益西沃出家成为拉喇嘛，带着王者之尊进入宗教领域，再加上手中掌握的社会动员能力，自然会成为新的宗教领袖。尽管仁钦桑波此后仍然是阿里地区乃至全西藏最具声望的高僧，是后弘期佛教界"丰功伟绩均非他人所能及"[2] 的大译师，但在古格、普兰的政教生活中，他不再具有主导性地位。古格佛教发展

---

1   参见任继愈主编《宗教词典》，上海辞书出版社，1981，第 596 页。

2   འགོས་ལོ་གཞོན་ནུ་དཔལ་གྱིས་བརྩམས། དེབ་ཐེར་སྔོན་པོ། ཤ 258

的主导者，不是以大译师仁钦桑波为首的宗教势力，而是以拉喇嘛益西沃为领袖的世俗政权力量。

　　益西沃时代"以佛教护持国政"政治原则的最终奠定，应以托林寺的建成为标志。1004 年托林寺最终建设完工，当年藏历一月十五日，举行了盛大的开光仪式，古格上下举行了盛大的庆祝活动，并在托林寺内设置了名为"喇措"的组织，作为 80 名僧人的管理机构。[1] 显然，托林寺建成后，已有相当数量的常住僧人，僧团组织已经形成。此外，从 996 年托林寺开建到 1004 年建成并举行盛大的开光仪式，8 年之中，由古格王室主导的佛教力量迅速发展起来，特别是寺院和僧人，取得跨越式的发展。托林寺、科迦寺、达波寺、聂玛寺等寺院纷纷建成，各寺都有常住僧人和喇措组织，这样一来，在古格、普兰政权中以各大寺院为中心，形成了一个庞大的由政府控制的寺院和僧团网络。喇措成为这个政教紧密结合的权力体系中最重要的组织，而各喇措以托林寺为首，有古格王室的制度性安排，以此得到稳定的经济保障。

　　《广传》记载，以托林寺为首的各寺都得到溪卡的赏赐，每寺获得一千克和十聂玛的土地，另外还有草场、盐池、牧场等各种奉献。王公贵族立誓，这些奉献要与日月天地一样长久，他们被要求对"河西圣君"（དགྲ་འདུལ་དབང་པ）、"内翁"（ནེ་དགོན）两个护法神立誓，不得背弃这些奉佛的誓言。[2] 有意思的是，《阿里王统记》中记录了一份誓书的内容，与此基本相同，只是个别字词的使用稍有差别：

དགེ་འདུན་གྱི་གསོལ་པ་དགོངས་དང་། མཆོད་པའི་ཀྱེན། ནས་བཟའ། ཕྱགས། ཚ་ཀྱེན་ལ་སོགས་པ་མཛོ་སྐྱིང་གི་

1　གུ་གེ་པཎྜིཏ་གྲགས་པ་རྒྱལ་མཚན་གྱི་མཛད་དང་། སྤྲུ་བྲ་མ་ཨེ་ཤེས་འོད་ཀྱི་རྣམ་ཐར་རྒྱས་པ་བཞུགས་སོ། ༠ 23

2　གུ་གེ་པཎྜིཏ་གྲགས་པ་རྒྱལ་མཚན་གྱི་མཛད་དང་། སྤྲུ་བྲ་མ་ཨེ་ཤེས་འོད་ཀྱི་རྣམ་ཐར་རྒྱས་པ་བཞུགས་སོ། ༠ 23~24

མགོ་བྱས་ཁལ་སྟོང་ལྷག་མ་བཅུ་གསུམ་པོའི་ཞིང་དང་། ཚ་དང་། ཞིང་ལ་གཏོགས་པའི་བཟན་ཐང་གང་ཡོད་དང་

། ཡུལ་འབྲོག་ རྣང་གི་དགོར་ནོར་ལ་སོགས་པ་དགེ་འདུན་ལ་ཕུལ་ནས། ཉི་ལྟ་ནས་གནས་སུ་འཚོག་པར་མཛད་པའི་

རྣམས་ལ་འབྱེད་འགས་བྱེད་དེ། ཏུ་འབགས་པ་དང་དུ་བཞགས་ནས་ལོན་ཏུ་འཐིན་ལས་ཀྱི་སྐལ་པ་ཆོས་སྟོང་བེ་དགོས་

བློན་གསུམ་གཏུན་དང་། དཔང་དུ་བཟུགས་སོ་གསོལ་ཏེ། ཐབས་ཅད་ཀྱི་དུ་སྟུང་མཛད་ཅིང་། ཕྱི་ཀུང་མཐའ་མཛད་

སྲས་མཆེད་བཙུན་མོ་བློན་པོ་རང་རེ་ཀུན་ལ་ཆོས་ཆིགས་དང་མི་འགལ་བའི་དུ་སྟུང་མི་ལེན་ནེ། རང་རེ་ཕྱི་མ་རྣམས་ལ་

དེ་ལྟར་མི་ཟེར་རེ་ཞེས་ཀུན་ཀྱིས་དུ་སྟུང་འབོར་ཏེ།

赐土地千克予首寺托林寺，以为僧众衣食及法事之供奉，
属地之盐池、牧场及田中之所产，皆献于比丘为奉佛之用，凡
此奉献，地久天长，不散不欺。祈愿于德、业之化身——河西
圣君（དུ་ནེ་འཕགས་པ）及护法神白翁伦松（ཞེ་དཔོན་བློན་གསུམ），以为见证。
凡我子女、兄弟、后妃、大臣在此立誓，今将永遵教法，不背
其言，不弃此誓。[1]

这份誓书的主要目的非常明确，为使刚刚形成的宗教势力得到
长期的经济保障，稳固发展，益西沃运用手中的政治权力为托林寺
提供了丰厚的经济支持，尤其是赏赐土地，使托林寺有了稳定的收
入，从而也就有了经济上的保障。这一措施在后弘期可谓具有划时
代的意义，标志着佛教势力成为一支独立的政治经济力量活跃于历
史舞台上的必要条件终于具备了。阿里佛教势力的总部托林寺拥有
了自己的不动产，取得了可由自己管理的属民，寺院开始直接参与
世俗事务的打理，大大加强了宗教与世俗政治的联系。寺院获得了
有自主经营权的土地、牧场、牲畜等生产资料，僧人的生活不再依
赖于政府的供给，佛教势力就自然有了自主的可能，其意义确实重

1　ཀུ་གེ་མཁན་ཆེན་དཔལ་དབང་གྲགས་པས་བརྩམས། མངའ་རིས་རྒྱལ་རབས། ན 55~56

大，这一点在一些学者看来甚至是西藏政教合一制形成和发展的历史条件与经济基础。[1]

当然，随着政府对宗教势力集团的扶植和控制，新兴的宗教集团作为一种全新的政治力量登上了历史舞台。在这一背景下，益西沃试图对政府运行体制进行改革，《阿里王统记》记载在仁钦桑波第二次从克什米尔回来之后，益西沃主持召开了一次齐集阿里三围各方代表的最高会议。

> 其时，召古格、普兰及玛域之高僧、大德及喇尚论三者与贵族、臣民集议。委重任于此等具正见者，谕以今后所行之律法须符时势，合于往昔所颁之兴佛钦令（བཀའ་ཤོག་ཆེན་མོ།）。遣使四方，布此各方谨遵教法之令。[2]

按前文的推算，仁钦桑波第二次从克什米尔回来在 1014 年前后。这次集会，事实上是在益西沃的主持下召开的一次确定和宣布大政方针的政策宣讲和动员大会，值得注意的是，与以前的会议不同，这次会议出现了代表新兴的佛教势力的三大群体，即高僧、大德及喇尚论（བླ་ཞང་བློན།），特别是喇尚论是一个新名词，"喇"是对佛教高僧的尊称，而"尚论"是吐蕃王朝时代以外戚和朝臣组成的贵族官僚集团。[3] 喇尚论的出现，是对旧体制的一种重大突破，使得王权在高级贵族和地方实力派面前增加了一支完全由自己直接领导的

1　参见东嘎·洛桑赤列《论西藏政教合一制度》，陈庆英译，《西藏民族学院学报》1981 年第 4 期。

2　གུ་གེ་མཁན་ཆེན་ངག་དབང་གྲགས་པས་བརྩམས། མངའ་རིས་རྒྱལ་རབས། ཤ 54

3　关于吐蕃王朝时代的官僚体制，参见陈楠《吐蕃职官制度考论》，《中国藏学》1988 年第 2 期。

政治力量。因为佛教势力是王权一手扶植起来的，所以兴起的宗教力量正可成为王权在政治生活中的一个重要支持者，这一点正如吐蕃王朝后期利用僧人参政来加强王权、限制贵族权力一样，这样看来，益西沃反复申说的要效法先祖的口号是意味深长的。为了进一步增强推行新政的实力，益西沃一直在有意提高佛教意识形态在古格政治生活中的地位，通过转变人们的政治思想从而根本取消西藏传统政治中旧有的贵族联盟体制的合法性。在这次会议中，由于佛教势力的初步发展，王权的政治实力大增，因此益西沃改革政治的意图比 986 年宣布复兴佛教、改善政治时更加明显，兴佛改制势在必行，而事实上僧人代表参加议政便已是对旧制的改变。政治上的突破口已经被益西沃找到，接下来要做的就是将新形成的佛教政治理念规范化和常规化，使得全体臣民能够清楚地知道如何遵此行事。

托林寺在益西沃统治的后期成为政教生活的中心，随着政治运作方式的转变，佛教政治的确立，寺院也就取代了以前的军政中心——城堡，而成为新的权力中心。作为首寺的托林寺的地位也越来越重要。据《广传》和《阿里王统记》，益西沃的晚年基本上是在托林寺度过的。二书对益西沃晚年的描写基本相同，只是偶有字词小异，可知出自同一史源，综合两书的描写，益西沃的晚年是如此度过的：益西沃年迈之时，经常拄着手杖在托林寺转经，激励所有人施行供养。他自己和其他人一起修行，这期间，在托林寺除了身边的人，没有人能见到他。他谕令身边的人说："我的生命将在三年后结束。"说完就进入禅定。临终前，为了宣说最后的教诫，他出来与一些应教化的徒众相见。他来到多续殿，[1] 所有的臣民都很虔敬和兴奋地向他顶礼，请求教诲。为了聆听益西沃的教诫，举行了

1　此殿名两书写法不同，《广传》写作 ཨ་ཁྲུ，《阿里王统记》写作 ཨ་ཁྲུ，前者应是误拼。

盛大的迎接圣驾的仪式，百乐齐奏，颂歌声起，开始是出家僧人们
各自穿着盛装列队出迎，最后是老翁、老妪等敬信佛法的人群前来
出席欢迎仪式，整个欢迎典礼举行了五天五夜，大家都在做供养、
转经、祈愿，益西沃看到这样的场景，知道佛法兴盛，非常高兴。
直到临终之际，他仍驻锡托林寺，做有利于佛教和众生的事业。[1]

1　གུ་གེ་མཁན་ཆེན་ངག་དབང་གྲགས་པས་བརྩམས། མངའ་རིས་རྒྱལ་རབས། ་ ་ 58~59；གུ་གེ་པཎྜི་ཏ་གྲགས་པ་རྒྱལ་མཚན་གྱིས་མཛད། ཤྲཱི་བྷ་མ་ལེ་ཤེས་འོད་ཀྱི་རྣམ་ཐར་
རྒྱལ་པ་བ་ཞུགས་སོ། ་ 31~32

第二章　拉喇嘛与国王：古格政教二元领导体制研究（上）

　　益西沃新政运用佛教政治意识形态，进行了古格版的政教合一的制度设计，从制度上加强并巩固了王权。过去君主在名义上至高无上，无所不统，但在实际政治生活中这样的安排是很难施行的，这就使得君主不得不将部分行政权和军事权交给贵族大臣执掌，吐蕃时代大相专权的制度性条件即在于此，益西沃开创的政教合一新制，是这次政治改革的关键，从时间上讲，它比后世西藏政教合一体制的主源卫藏地区出现政教合一的教派政权早了至少 200 年。[1] 从权力分配上讲，原有的王权被分割为二，决定大政方针的教权由王室出身的宗教首领拉喇嘛负责，国王则只负责执行具体的军政事务，以教治国，政教合一，使得王权的力量空前加强，决策权和执行权都集中到王室集团手中，贵族在政治生活中的地位大大下降，不再能够成为支配性力量，对王权也很难构成威胁，这就是古格王室兴佛改制在政治上最大的目的和成就。后弘期初期，益西沃在政治文化的建设上取得了上路弘法的种种成就，并借此在政治体制改革上推陈出新。古格王室领导的上路弘法不仅是一场宗教文化运动，还是一次影响深远的政治改革，实现了西藏政治界的制度创新，其后在这一制度下阿里地区社会安定，文化繁荣，维持了超过 100 年的国泰民安的盛世局面，这是古格政权历史上最辉煌的时代，也是阿里地区历史上最繁荣的时期，同时这一时期的政治和文化遗产对整个西藏社会有着深远的影响。

古格政教二元领导体制与西藏政治文化传统

《广传》中多次提到"二法"，《阿里王统记》里面也经常把"教

1　卫藏地区的政教合一体制最初产生于一系列的小范围的教派政权，比如萨迦派、帕竹派、蔡巴派、止贡派等教派集团，不过它们最早也要到 12 世纪以后才形成以寺院为中心的政教合一的政治势力。参见王献军《西藏分裂割据时期诸政教合一的形成》，《西北民族学院学报》1999 年第 1 期。

法"与"国法"的结合作为古格新政的基本政治原则，这些说法都与西藏政治文化传统中的政教二法——或称为政教二道——有关，这是西藏传统政治中最核心的两个关键词，也是理解西藏社会政教合一制度生成的重要思想来源。教法即佛教政治的统治秩序，国法即世俗政治的统治秩序，将二者结合起来，以实现社会的稳定和繁荣，在西藏传统政治论述中，这一理念大概形成的时间比较晚，至少要在佛教观念已经成为西藏政治文化的主流思想，以及佛教僧侣集团已经成为西藏政治的主导力量的时候。

不过藏文史籍通常会把这一传统追溯到著名的松赞干布时代，新近公布的 11 世纪的《韦协》写本中，政教二道的观念已经呼之欲出，书中描写了松赞干布时代已有将国法与教法结合的政治理念，书中提到松赞干布与大臣们费时 4 个月，以佛教的十善法为范本，制定了吐蕃王朝的成文法，规定：杀人要偿命，偷盗当偿物，奸淫者将剐鼻挖眼，诳语者则割去舌头。[1] 十善法是佛教倡导的基本行为准则，《华严经》中《离垢品》所说的十善法为不杀生、不偷盗、不邪淫、不妄语、不两舌、不恶口、不绮语、不贪欲、不嗔恚、不邪见。这种将国法与教法结合起来的理念，在 14 世纪成书的《西藏王统记》中说得更加明白，萨迦派高僧索南坚赞记录了松赞干布的遗言，其中有一段松赞干布对王孙芒松芒赞的训词：

> 善男子，朕使国法变为教法，使佛陀之教显扬，使吐蕃臣民安乐，汝亦须以佛法护持国政，不使衰败。[2]

1　韦·囊赛：《〈韦协〉译注》，巴擦·巴桑旺堆译，西藏人民出版社，2012，第 2 页。

2　ས་སྐྱ་བསོད་ནམས་རྒྱལ་མཚན་གྱིས་བརྩམས་མས། རྒྱལ་རབས་གསལ་བའི་མེ་ལོང་། 1981 བོད་མི་རིགས་དཔེ་སྐྲུན་ཁང་གིས་པར་དུ་བསྐྲུན། ན 221~222

显然，这段话不大可能真的出自松赞干布之口，而是 13 世纪以后西藏社会政教合一的政治理念得到广泛认可后的附会之词。但是，这段话的主旨倒是与益西沃时代古格王国政治革新的基本理念一致。所谓政教二道，不是国法与教法的简单结合，而是以教法为国法，融教法于国法之中，使得世俗政权的统治形式及其意识形态都与佛教融为一体，达到政教合一的效果。而后世佛教史家所塑造的第一次实现这一政治理念的松赞干布，恰恰是统一的吐蕃王朝的开创者，是西藏历史上最伟大的君主，因此将他的成功同政教二法的融合联系起来，使得政教二道是西藏社会最好的治理模式的观念更具有说服力。

吐蕃王朝后期佛教得到王权的扶植发展迅速，一度势力很大，佛教高僧也大量参与政治，甚至出现了主持国政的僧相，即赤祖德赞（815~836 年在位）时期出现的"同平章事兼理内外国政大沙门钵阐布"[1]。僧相制的出现是对吐蕃政府传统行政体制的一种创新，不过这与拉喇嘛益西沃开创的新制是完全不同的两种体制，当时表面上佛教势力盛极一时，其实只是吐蕃王权的政治附庸，不论是参政还是主政，其权力都来自赞普，僧相权力再大，地位再尊，仍是人臣。而拉喇嘛益西沃的改制，以国王之尊兼教主之重，已不是在行政体制上稍加突破，而是冲破了数百年来旧有的君主政治模式，从政体层面上进行变革，从此古格政治生活中出现了地位和影响比吐蕃王朝时代的僧相不知高出多少倍的僧王——拉喇嘛。

益西沃号称拉喇嘛，有时也译为天喇嘛。事实上，这个称号本身就透露出他有意用王权捆绑教权，使王权能够与教权结合在一

---

[1] "同平章事兼理内外国政大沙门钵阐布"（བཀའ་ཆེན་པོ་ལ་གཏོགས་ཏེ་ཕྱི་ནང་གཉིས་ལ་དབང་ཞིང་ཆབ་སྲིད་འཛིན་པ་བན་དེ་ཆེན་པོ་དཔལ་ཆེན་པོ）出自赤祖德赞时期的《唐蕃会盟碑》（823 年立），详见王尧编著《吐蕃金石录》，文物出版社，1982，第 14、49 页。

起，一方面可以提高刚刚发展起来的佛教势力的社会地位，增强佛教界的实力；另一方面也可以将新出现的宗教政治力量牢牢地掌握在自己的手中，使得佛教势力的进一步发展不致摆脱王权的控制。拉（ལྷ），在藏文里就是天、天神的意思，后世也指人间的帝王。[1] 吐蕃古老传说中赞普是天神降世，来做人主，敦煌文书《赞普世系表》中记载的第一位赞普聂赤赞普即是"天神之子作人间之王"[2]，所以后世赞普往往又自称ལྷ་སྲས，意即天子。益西沃让古格大臣尚绒宣读的那份兴佛诏书的开头，提到自己那些吐蕃赞普的祖先时仍以"天神之子"为号。可见"拉"字在藏族政治文化中是帝王的象征，只有王家出身的僧人才会享有这一称号。益西沃出家为僧，遂由天子而成"天喇嘛"，这个称号后来也成为整个藏传佛教界中王者僧人的常用称号。

随着正式受戒出家，益西沃不仅是宗教生活中的精神领袖，也是政治生活中的最高决策者，既做教主，又当国王，成为西藏历史上集政教大权于一身的新型统治者。这是典型的政教合一制，在这种全新的制度下，政教合一，以教治国。《中国大百科全书》对"政教合一制"的标准解释是："国家元首和宗教领袖同为一人，政权和教权由一人执掌；国家法律以宗教教义为依据，宗教教义是处理一切民间事务的准则，民众受狂热和专一的宗教感情所支配。"[3] 这种政治体制在之前吐蕃时代的西藏是不存在的，可以说是在政治体制上的突破性创新。益西沃时代利用佛教进行改制，古格政权与佛教的这种政教合一既不同于之前吐蕃时代的僧相制，也与后世特别

1　张怡荪主编《藏汉大辞典》，第3078页。

2　王尧、陈践译注《敦煌本吐蕃历史文书（增订本）》，第174页。

3　中国大百科全书出版社编辑部编《中国大百科全书·政治学》，中国大百科全书出版社，1992，第481页。

是甘丹颇章政权时期的那种政教合一有着本质上的差别。古格的佛教力量，只是古格王室手中所控制的一种文化资本，[1]只是王权用以获取权力和资源的装饰，是王权强化合法性的证明，是意识形态建构的一种有效工具。一般意义上的政教合一，是宗教对王权的胜利，但益西沃新政实施后，古格政教两大政治力量的合一，却是王权对贵族的胜利，只是这种王权，其神圣性和合法性已经宗教化了。

　　益西沃在政教两方面都是举足轻重的人物，不仅西藏佛教后弘期上路弘法的事业是在他一手主持和支持下完成的，而且他在政治上使西藏社会的旧体制发生了重大变革。特别是在他出家后，在西藏政治和权力运行中，首次实行了政教合一。不过，这种情况不仅在古格历史上是少见的，而且在西藏历史上也不多见，属非常时期的临时性措施，后来绛曲沃在领导古格战后的恢复和重建时，也一度采取了这种既当教主又当国王的体制。在益西沃晚年，古格的政教新制又出现了新的发展。益西沃身兼教主与国王，政权与教权高度集中，需要统治者拥有的基本素质实在太高，这是一个特例，并非常人可以企及。当然，这种模式是最典型的政教合一制，对清代以后西藏政治制度的发展影响甚大。

　　众所周知，西藏历史上最成熟的政教合一制政权就是后来格鲁派建立的甘丹颇章政权，其也是教主兼任政府首脑。当然甘丹颇章政权是从教派政治实体发展起来的，其首领本身就是宗教教义里面

1　宗教社会学的研究认为，宗教资本指的是存在于社会之中的一组信仰、规范和一种社会组织，人们能够借助它们以获取权力与资源，进行合法性的证明或构建意识形态。它们不仅是权力秩序的支撑制度，而且是维系社会价值的纽带。宗教资本不仅是个人拥有的资源，而且是全社会所能拥有的神圣资源。参见李向平《信仰、革命与权力秩序：中国宗教社会学研究》，上海人民出版社，2006，第57页。

的观音菩萨化身，达赖喇嘛本身又具有最高级活佛的身份，并有政治上更高一级的清朝皇帝的授权，宗教的神圣性和政权的合法性都有制度性的保障而不需要统治者本人通过个人的奋斗去获得。[1] 这一特殊之处恰恰是由世俗王权衍化而来的古格最高统治者所难以达到的。需要注意的是，两者的差别也是明显的，古格政权的政教合一是王权运作的结果，而甘丹颇章政权的政教合一则是由教权支配的，前者仍然是王权政治，而后者则颇有神权政治的特点，马克思就曾经判断作为"神的代理人"的达赖喇嘛在西藏的这种统治形式跟犹太人的国家一样是真正的神权政治的宗教"国家"。[2]

不过，形式上的政教合一，这种在西藏政治史上的最后阶段（甘丹颇章政权时期）才发展成熟的政教合一形式，并不是益西沃政治体制革新的终极目标。他自己身兼教主与国王，只是非常状态下为了稳定政局的临时性措施。事实上，益西沃的政治设计更为复杂，在发布"王位继承法"的诏令中，他明确了王室核心成员的两种身份——"出家的王子"和"治事之赞普"。在其他的一些诏令中，他反复强调的也是"教法"与"国法"的共同运行，但是大政方针"以佛法为新旨"又意味着教法与国法二者之间，教法是第一位的，所以古格的最高统治集团，具有双重属性：一方面是以出家王子为代表的佛教势力，他们负责古格的政治文化建设，拥有对佛教政治意识形态的解释权，实际上拥有古格政治生活中的最高决策权；另

1　后弘期以后，在佛教政治观念的改造下，西藏统治者由吐蕃时代的天神转变为佛教的菩萨，西藏的最高统治者遂成为观音菩萨的化身并稳定下来，后来中原王朝的皇帝被认为是文殊菩萨的化身。这样的佛教政治观念为最高统治者的神圣性提供了相当有利的神圣性资源，使其具备了世俗君主所不具备的神性身份。参见王俊中《"满洲"与"文殊"的渊源及西藏政教思想中的领袖与佛菩萨》，《中央研究院近代史研究所集刊》第 28 期，1997 年 12 月，第 110~117 页。

2　马克思：《〈科隆日报〉第 179 号的社论》，《马克思恩格斯全集》第 1 卷，第 224 页。

一方面是负责具体世俗政务的国王，即治事之赞普，他们是古格的行政负责人和军队最高统帅，实际上是古格的最高权力的执行者，古格的最高统治权是一种二元权力结构下的集体领导。

　　益西沃设计的政教二元权力结构的政治原则，并不是现代社会的"政教分离"的理念，在其以后的政治设计和实践中，作为意识形态指导的教权和作为处理具体国政的行政权是分立的，在形式上具有二元权力结构的特点，但政教两权在实际政治的运作中并不分离，以教治国，政教分工。政权与教权虽由不同的人执掌但都集中于一个狭小的核心政治集团内，比如兄弟、父子、叔侄之类，因此这一设计中，政教二元权力，分工不分家，平行不平等——出家的和在家的王室核心成员，共同打造了一个以王室僧团首领为核心的最高统治集团的集体领导机制，因此为表述和理解的方便，本书称之为"政教二元领导体制"。

　　正如前面所提到的，后世的政教合一制尽管有许多不同的形式，但是都有一个共同的特征，就是在"西藏处理政治、经济、社会、军事、法律以及民间事务都以佛教的教义为基本准则，并把服从宗教领袖、遵循佛教教义当作是最高的原则"[1]，这种迥异于吐蕃时代的政治生活准则正是从早期古格诸王的政教实践开始的。有学者通过对帕竹政权的研究提出政权与教权由一个家族或一座寺院执掌的形式就是政教合一制。15 世纪前后的帕竹政权的政治体制，行政首脑为第悉，住乃东，宗教首脑为京俄，住丹萨替寺，二者相辅相成，共同行使帕竹政权的最高统治权。但二者都必须出身于朗氏家族，即政教两权都掌握在同一个政治集团手中。[2]很明显，帕竹政

1　格勒：《藏族早期历史与文化》，商务印书馆，2006，第 473 页。
2　王献军：《对"政教合一制"定义的再认识》，《西藏研究》2002 年第 2 期。

权的政治运作方式与益西沃的政治设计几乎相同，而其出现的时间
要比益西沃时代晚 300 年以上。除帕竹政权以外，益西沃的政教二
元领导体制在后世为不少藏族地区政权所采用，比如安多卓尼地区
的杨氏土司政权的政治特点也是如此，一般由长子承袭土司职位，
主持政务，由次子承袭法台职位，主管教务，政教两权都集于一家
中的两兄弟之手。[1] 由此可见，古格早期的以教治国、二元一体式
的政教合一制的制度设计和政治实践对西藏和整个藏族地区的影
响之大。

新体制下古格国王的权力地位及其身份转型

　　古语有云：“国之大事，在祀与戎。”（《左传·成公十三年》）这
虽然是汉族的一句古话，但颇具普遍性的意义。“祀”，也就是宗教
活动方面，在政教分立的体制下已交由教主负责，所以柯热以后的
国王执掌国政，其处理的事务虽多，但最重要的还是在军事方面。
古格新政期间虽然号称以佛教立国，看起来更重“文治”，但实际
上不轻武。当初益西沃进行古格政教二元领导体制的改革时，就已
经有了这一想法。益西沃所颁布的关于王位继承法的诏令中，除了
确立复兴佛教的国策以及对古格统治集团的权力结构进行制度设计
之外，特别关注的就是军事问题，反复强调国民的军事素质。

1　王献军：《试论甘青川滇藏区政教合一制的特点》，《西藏民族学院学报》2004 年第 2 期。

　　这份诏书中曾言及，"若边外蛮民犯境，则无论僧俗皆应卫正护国。骑、射、跑、跳、治器、游水、读、写、算，凡此九艺，当导民勤练；此外，一切武艺，皆须修习"。[1] 可见益西沃为复兴佛教进行精神文化建设的同时并没有忽视对政权所需要的军事力量的关注。主持军政事务成为新体制下国王的主要工作，这一点柯热以后的几代国王似乎都已心领神会。这个特点在后弘期初期古格的国王和教主的名字中体现得非常明显，益西沃、绛曲沃、悉瓦沃三人用的是佛教化的法名，分别意为智慧光、菩提光、静寂光；而益西沃之后的三位国王拉德、沃德、泽德的名字则分别意为天军、光军、顶军，德（军）几乎成为古格国王取名时的必用字，表明当时把军事方面的政务作为国王执掌的要政这一观念早已沉淀为王室政治文化的一个重要因素了。

　　古格王国的统治核心区包括古格和普兰两个主要地区，理论上古格王室是由以益西沃为首的古格派和以柯热为首的普兰派的所有子孙组成。益西沃出家后专注于古格王国的宗教事务，普兰王柯热接掌了古格的政务，普兰与古格实现统一，只是在新的政教体制之下，宗教领袖的地位和权力事实上高于、大于世俗君主，因此益西沃具有最高领袖的权力和地位。在他的安排下，逐渐形成王室成员中出家者成为"教主"，而在家者则成为"国王"，政教两权由双方分别执掌的格局。到益西沃晚年，特别是柯热死后，这一设计体现在实际政治中就更加明显，其后的国王和教主由王室成员分别担任，二者共同合作又各司其职，益西沃生前极力想培养两个儿子作自己教权方面的继承人，成为下一代的"拉喇嘛"。

　　益西沃有两个儿子，各种常见藏史著作中都有记载，不过都很

1　གུ་གེ་མཁན་ཆེན་ངག་དབང་གྲགས་པས་བརྩམས། མངའ་རིས་རྒྱལ་རབས། ན 55

简略，一般就只是提到他们的名字，并无具体事迹，此二子即提婆罗阇（དེ་བ་རཱ་ཛ）和那嘎罗阇（ནཱ་ག་རཱ་ཛ）。[1] 需要指出的是，《汉藏史集》误认为他们二人就是后来著名的拉喇嘛绛曲沃和拉喇嘛悉瓦沃。[2] 事实上《阿里王统记》对此二人的身世有相当清楚的记载：

> 天神化身松艾娶王后森嘎玛（བཙུན་མོ་སེང་དཀར་མ）生二子，提婆罗阇、那嘎罗阇。此二子复名赤德衮赞、拉阔赞。此父子三人皆许为菩萨化身，如日之彰，如月之明。[3]

《阿里王统记》给出益西沃两个儿子的本名赤德衮赞（ཁྲི་སྲེ་མགོན་བཙན）和拉阔赞（ལྷ་འཁོར་བཙན），是其他后弘期经典藏文史书中所没有的，而且这两个名字与后弘期以来西藏贵族的那种带有佛教意义的命名习惯大不相符，这两个名字与本节最初提到的益西沃的赤德松祖赞的本名一样，都有着浓厚的吐蕃王朝时代的文化遗风。提婆罗阇和那嘎罗阇是他们出家后取的法名，都来自梵文，提婆罗阇（devarāja），意为"天王"，那嘎罗阇（nāgarāja），意为"龙王"，这两个名字都带有益西沃复兴佛教事业的强烈的时代印记。

益西沃立志弘法，很早就对自己的两个儿子进行佛教方面的熏陶和培养，在他们幼年时代就让他们出家为僧，立志从事宗教活动。据《阿里王统记》，长子提婆罗阇在阳火猴年（996）于巴甘强隆林寂静处出家，并取法名为"提婆波巴"（devaprabha，意为"天

1　参见释迦仁钦德《雅隆尊者教法史》，第40页；达仓宗巴·班觉桑布《汉藏史集》，第114页；索南坚赞《西藏王统记》，第148页；དཔལ་བོ་གཙུག་ལག་ཕྲེང་བ་བཞུགས། ཆོས་འབྱུང་མཁས་པའི་དགའ་སྟོན། 2006 བོད་ཤི་རིགས་དཔེ་སྐྲུན་ཁང་གིས་པར་དུ་བསྐྲུན། ན 228。

2　达仓宗巴·班觉桑布：《汉藏史集》，第115页。

3　གུ་གེ་མཁན་ཆེན་ངག་དབང་གྲགས་པས་བཞུགས། མངའ་རིས་རྒྱལ་རབས། ན 51

光"），同时出家的臣民共有 88 人。[1] 不过，对于提婆罗阇出家的情
形，《广传》的记述更为详细，但稍有不同，书中说长子名拉德衮
（即赤德衮赞），火猴年（996）在"嘎都甘"（ཀ་ཏུ་ཀཾས）[2] 地方举行出家
仪式，仪式的主持者为著名的班智达达磨巴拉和大译师仁钦桑波，
拉德衮获得提婆罗阇的法名，同时，臣民中信奉佛教者有 107 人出
家，王臣共计 108 人。[3] 比对这两段记述，后者提供的信息更为完整，
可以肯定的是，两者可能都是对早期古格史料的摘编，但前者可能
有误录，如陪同提婆罗阇一起出家的人数不是 88 人。这 100 多人与
提婆罗阇一起出家，自然成为他在佛教僧团中的基本力量，提婆罗
阇成为继益西沃之后的第二个王者僧人。如果不出意外，提婆罗阇
会成为益西沃的继承人，获得下一个"拉喇嘛"的称号，接替益西
沃成为古格王国的教主——最高决策者。

　　但是，古格王室僧俗领导集团权力配置的实际情况，可能并没
有益西沃设想的那么简单。尽管这一时期的资料奇缺，但现存的一
些史料和信息，仍然可以让我们感受到益西沃晚年古格领导集团中
王室核心成员间政教权力交接的紧张氛围。现在再回过头来看一下
益西沃时代的政教权力关系。如果从权力和利益的角度来审视益西
沃出家事件，他将国政交付给柯热，建立起以佛教意识形态为主导
的新型权力体系，不但突破了旧体制的束缚，也实现了古格与普兰
的联合，虽然对益西沃来说，这是了不起的创举，但对柯热来说，
似乎有些不太划算。在这个以佛教意识形态为主导的新政权里，世
俗统治者的地位大大降低了，与益西沃既是天赞普又是拉喇嘛的无
上荣耀相比，柯热在史书中通常只被冠以"普通"的国王称号"阿

1　ཀུ་གེ་མ་ཕན་ཆེན་རག་དབང་ཀྲུགལ་པས་བརྩམས། མངའ་རིས་ཆུལ་རྒྱལ་རབས། ཤ 59

2　此地应即前文多次提到的沙甘、巴甘，也即巴甘强隆林寂静处的所在地。

3　ཀུ་གེ་པཎྜི་ཏ་ཀྲགས་པ་རྒྱལ་མཚན་གྱིས་མཛད། སྤྱི་བྲ་མ་ཡེ་ཤེས་འོད་ཀྱི་རྣམ་ཐར་རྒྱས་པ་བཞུགས་སོ། ཤ 33~34

达"——即便也经常被加上"伟大的",但没有更高级的君主称号
"赞普"的头衔。如果说在佛教意识形态主导的新体制形成后,教
主益西沃是国家权力的最高决策者的话,国王柯热恐怕只能算是国
家权力的最高执行者。而且对比尤其强烈的是,《阿里王统记》中,
对益西沃事迹的叙述可谓非常详尽,但对柯热事迹的叙述则只有如
下的寥寥数语:

> 伟大的国王扎西柯热,举办了查扎岗(ཚ་ཚ་སྒང）、玉扎(གཡུ་
> ཚྭ）和赤德(ཁྲི་དེ）三场法会,做了许多伟大的事业,把后藏所属
> 的古尔莫集市(མགར་མོ）到柯洛拉(ཁ་ལོ་ལོ）一带纳入治下。[1]

与叙述益西沃时的洋洋洒洒比起来,有关柯热的文字真是
少得可怜。如果说益西沃是这一历史时期古格政治舞台上的主
角的话,那么在这样的叙述方式之下,柯热甚至连配角都算不
上。他的"戏份"甚至还不如他的儿子拉德多。在专门记述普
兰王统的《太阳王统记》中,柯热的事迹也大体如此,只是文
字稍多一些:

> 伟大的国王王兄柯热,修建了父王留下来的玉扎寺(གཡུ་ཚྭ་
> གཙུག་ལག་ཁང）,举办了查查岗(ཚ་ཚ་སྒང）大法会和玉扎大法会,修
> 建了赤德寺,并举行了赤德法会。给上述寺院供奉酥油灯、法
> 器,给僧众提供维持生活的必需品。向农户收取黄金作为税
> 赋,获得不可思议、难以形容的牛马牲畜。柯热还将后藏和绒
> (རོང）所属之地纳入治下,在古尔莫集市颁布大法典,在各个地

1　གུ་གེ་མཁན་ཆེན་ངག་དབང་གྲགས་པས་བརྩམས། མངའ་རིས་རྒྱལ་རབས། ཤ 60~61

方颁布小的乡约。[1]

显然，柯热的形象，是一个"正常"的伟大国王，他所从事的事业，归纳起来，就是敬信佛法，修建寺院，供养三宝，征收赋税，扩张领地，制定法律。但奇怪的是，他几乎没有参与益西沃时代所有的重大政治事件，特别是他与大译师仁钦桑波没有交往，没有迎请过一位印度班智达，没有参与996年阿里一系列大寺特别是位于普兰的科迦寺的兴建。基于以上种种迹象，以及古格、普兰实现联合以后国家权力重心向益西沃一方偏移的情况，尽管柯热在989年益西沃出家后接受国政，成为所谓的联合政权的执政者，甚至后来以普兰王兼任古格普兰联合王国的国王，但其执政时间应该相当短，并且可以肯定地推测，他最迟在996年已经离世。

因为无论是《太阳王统记》《阿里王统记》还是《广传》《仁钦桑波传》，都不约而同地显示，柯热没有主持或参与996年托林寺、科迦寺、聂玛寺这三大寺的兴建。而且值得注意的是，995年益西沃在普兰召开了维浦垛会议，其中最重要的内容就是规定了以后古格国王的选任规则，即古格的王位继承法。按照新的王位继承原则，柯热及其子拉德等人，以及益西沃及其子提婆罗阇等人，都具有古格王位的继承权。[2]益西沃为何要在此时制定王位继承法？显然，此时古格王国正面临王位继承危机，或者即将面临这样的危机。因此，可以大胆但非常有把握地推测，柯热正是死于维浦垛会议前后。其实，考虑到柯热为益西沃的兄长，此时他

1 གུ་གེ་གུགས་པ་རྒྱལ་མཚན་གྱི་མཛད། ཞི་འའི་རིགས་རི་རྒྱས་དང་རིགས་ཀྱི་ལ་རྒྱལ་རབས། 2014 བོར་བོད་སྫོ་ངས་མི་དམངས་དཔེ་སྐྲུན་ཁང་། གྲིས་བསྒྲིན། ཤ 148~150

2 གུ་གེ་པནྱེད་གུགས་པ་རྒྱལ་མཚན་གྱི་མཛད། སྲ་བླ་ཨ་མེ་ཤེས་བོད་རྫས་ཤར་རྒྱལ་པ་བཞུགས་སོ། ཤ 19

应该在 60 岁左右，离世也属正常。所以，这次会议的目的，就是解决古格王室的王位继承危机，特别是安抚柯热一系的情绪，因此才需要制定新的王位继承法，并对将来有可能发生的王室内部权力争端做好预防措施。

柯热的离世，使得古格再次面临内部权力结构的危机，维浦垛会议确立的王位继承法，一方面强化了王室内部的凝聚力，确认了柯热的子孙对王位的继承权；另一方面重新安排了王室内部的权力结构，即在制度上安排其他王子出家为僧，形成古格佛教力量中的王室僧团，这样王室子弟分掌政权与教权，确保古格的政教二元领导体制得以平稳运行。显然，柯热的离世，使得王室内部的权力天平更加向以益西沃为首的古格王系一方倾斜，益西沃安排提婆罗阇在 996 年出家，事实上是按照维浦垛会议的精神，宣示其不参与目前的王位角逐。同时，据《太阳王统记》，拉德的两个弟弟达磨拉和乌达罗阇都曾经出家为僧，[1]其时间可能也在996 年。根据这一行为，有理由推定，柯热之子拉德是在 996 年继承国王之位的。但益西沃给自己的儿子取法名为"天王"（提婆罗阇），绝不会只想让他做一个普通的僧人了此一生。事实上，在佛教政治意识形态的最高原则之下，在教主与国王分工合作的情况下，教主事实上具有越超国王的权力，益西沃显然是想将来让自己的儿子成为"教主"，而让柯热一系继续扮演"国王"的角色。

但柯热之子拉德的崛起，似乎在客观上挑战着益西沃的上述布局。与父亲在古格历史中的平庸相比，拉德在早期古格政治史中要耀眼得多。拉德作为柯热的长子，其年龄应该比益西沃的长子提婆

1　གུ་གེ་ བྲག་གདན་པ་རྒྱལ་མཚན་གྱི་མཛད་རྣམ་ ཉི་མའི་རིགས་ཀྱི་རྣམས་དང་དང་པའི་རིགས་ཀྱི་རྒྱལ་རབས། 2014 བོར་བོད་ལྗོངས་མི་དམངས་དཔེ་སྐྲུན་ཁང་ གིས་བསྐྲུན། ན 149

罗阔大一些，从现有的一些史料来看，拉德应该很早就登上了波澜壮阔的早期古格历史的舞台。早在 996 年以前，拉德就已开始主持普兰的政事。可能在 989 年柯热前往古格代替益西沃主持古格政务之后，拉德便成为普兰的主政者了，有意思的是，拉德的行事颇有叔父益西沃之风。他对佛教以及新兴的佛教政治意识形态相当重视，并不甘心当一个普通的世俗君主。《仁钦桑波传》记载，996年之前的几年中，拉德先是致力于本地佛教复兴的大业，迎请了许多学者，包括班智达般若嘎惹室利弥陀罗、苏巴思达等人，翻译了《般若波罗蜜多经》的详本和中本；[1] 接着又与仁钦桑波建立起供施关系，将仁钦桑波尊奉为"元首福田"和"金刚阿阇梨"，并且将普兰供献给仁钦桑波作为住地，允诺在普兰的谢尔至霍布浪卡之间兴建 100 座寺院。[2] 显然，拉德通过译经等佛事活动，树立起他佛教中圣王的形象，更将仁钦桑波的佛教声誉转化为自己的政治资本，大有与益西沃在佛教意识形态领域分庭抗礼的架势。

996 年以后，拉德积极参与或主持了古格王国的一系列重大事件。《太阳王统记》中对拉德有一个总体评价，赞扬他一生"敬信三宝，爱护属民，继承父业，领治阿里，古格普兰，内外兼统，向东延展，守护国家"。[3] 拉德借益西沃确立起来的佛教政治意识形态，在普兰可谓大有作为。他在普兰主持修建了科迦寺，特别是铸造了闻名天下的文殊菩萨银像和观音、金刚持菩萨铜像，后两尊铸像，其大小是依照拉德的身高进行打造的，[4] 充分显示出拉德在新的佛教

1　གུ་གེ་ཉི་ཟླ་པ་ཞེས་དཔལ་གྱིས་མཛད། བྱང་ཆུབ་སེམས་དཔའི་ལོ་རྒྱུས་ཆེན་བཟང་པོའི་ཁྲུངས་རབས་དཀའི་ཐྲུང་སྒྲོན་མ་ཁྲམ་ཧར་ལ་ཤེལ་ལ་པ་གཏུར། ༨ 87

2　གུ་གེ་ཉི་ཟླ་པ་ཞེས་དཔལ་གྱིས་མཛད། བྱང་ཆུབ་སེམས་དཔའི་ལོ་རྒྱུས་ཆེན་བཟང་པོའི་ཁྲུངས་རབས་དཀའི་ཐྲུང་སྒྲོན་མ་ཁྲམ་ཧར་ལ་ཤེལ་ལ་པ་གཏུར། ༨ 88

3　གུ་གེ་གགས་པ་རྒྱལ་མཚན་གྱིས་མཛད། ཉི་མའི་རིགས་ཀྱི་རབས་དང་ན་བའི་རིགས་ རི་རྒྱལ་རབས། ༨ 149

4　གུ་གེ་གགས་པ་རྒྱལ་མཚན་གྱིས་མཛད། ཉི་མའི་རིགས་ཀྱི་རབས་དང་ན་བའི་རིགས་ རི་རྒྱལ་རབས། ༨ 150

政治潮流中，具有相当娴熟的统治术。

另外，在实际的治国层面，拉德似乎在发展经济上也颇有成就，《太阳王统记》中记载了一个拉德发现和获得大量金子的故事：

> 拉德有一次去赤德，在一天黄昏时分渡过孔雀河，抵达城堡时，看见所骑的马因疲累而流汗，发现马背和马鞍上布满了金粉，明白了孔雀河水中有金砂，于是从河里淘出很多黄金。用这些黄金聘请塑像师，迎请班智达。[1]

今日普兰县城附近尚有名叫赤德的地方，位于孔雀河南岸，这个故事可能反映了拉德时代普兰发现大规模金矿的事实。利用金矿致富，使得普兰经济迅速发展起来，这恐怕是拉德时代大兴土木、供养僧人、迎请班智达的物质基础。正是因为拥有雄厚的经济实力，拉德在位期间开展的事业才能风生水起。在寺院修建方面，他不但完成了科迦寺及其附属 14 座小庙的修建，还出资为托林寺修建了一座拥有 80 根柱子的佛殿，甚至还在玛域（拉达克）的谢维尔修建了一座有金质弥勒佛的寺庙。[2]同时，在这期间，他还出资举办了许多重大的佛事活动，如组织译场，迎请印度班智达和仁钦桑波等翻译了大量的佛典经论，特别是出资在科迦寺举办了大法会，赢得僧众和属民的广泛赞誉。[3]

1　གུ་གེ་གྲགས་པ་རྒྱལ་མཚན་གྱིས་མཛད། ཉི་མའི་རིགས་ཀྱི་རྒྱལ་རབས་དང་རྟ་ཚ་རིགས་ཀྱི་རྒྱལ་རབས། ༨ 150

2　གུ་གེ་གྲགས་པ་རྒྱལ་མཚན་གྱིས་མཛད། ཉི་མའི་རིགས་ཀྱི་རྒྱལ་རབས་དང་རྟ་ཚ་རིགས་ཀྱི་རྒྱལ་རབས། ༨ 151

3　གུ་གེ་གྲགས་པ་རྒྱལ་མཚན་གྱིས་མཛད། ཉི་མའི་རིགས་ཀྱི་རྒྱལ་རབས་དང་རྟ་ཚ་རིགས་ཀྱི་རྒྱལ་རབས། ༨ 151

古格王室僧俗最高领导集团的形成与传承

　　拉德在益西沃时代的后半期，迅速崛起为古格王室成员中的政治明星，其政治实力和宗教声誉在益西沃晚年达到顶峰，或许是由于益西沃所确立的佛教复兴大潮的影响太过强烈，也或许是因为拉德并不满足于做一个像自己的父亲柯热那样的世俗执政者，而是要最终成为益西沃所开创的佛教政治的最高决策者。拉德在壮年出家为僧，成为继益西沃之后又一位王者僧人，号称"喇钦波"。拉德的出家，使得古格王国中的王者僧人群体更加庞大，此时已有益西沃、益西沃的长子提婆罗阇、拉德的弟弟达磨拉和乌达罗阇等人出家，王室僧团日益成为古格政治的主导力量。不过，随着拉德的出家，柯热一系在古格王室中的地位和实力大增，在一定程度上使古格王室中益西沃一系的优势地位受到了挑战。

　　拉德在壮年时出家为僧，跟益西沃一样，成为一名王者僧人。《太阳王统记》中记载了他出家的详细情形：

　　　　三十六岁时，在班智达阇那塔惹与大译师仁钦桑波跟前出家，取法名"达磨波巴"，藏文名为"却吉沃色"。[1]

　　关于拉德出家之事，《阿里王统记》中也有简略的记载，[2]而《仁钦桑波传》中多次提到拉德时，都冠以"喇钦波"（ བླ་ཆེན་པོ ）的称

1　གུ་གེ་གྲགས་པ་རྒྱལ་མཚན་གྱིས་མཛད། ཉི་མའི་རིགས་ཀྱི་རྒྱལ་རབས་དང་བའི་རིགས་ཀྱི་རྒྱལ་རབས། ན 150~151

2　གུ་གེ་མཁན་ཆེན་ངག་དབང་གྲགས་པས་བརྩམས། མངའ་རིས་རྒྱལ་རབས། ན 61

号。这些都表明，拉德后来也效仿益西沃，成了一名王者僧人，而且他的法名也很有意思，梵文名达磨波巴与藏文名却吉沃色，都是"法光"的意思，显然是在模仿益西沃的法名（智光）。拉德出家虽然是可以肯定的事实，但他出家的具体时间需要稍加分析。如果拉德在柯热去古格后成为普兰的主政者时大约 20 岁的话（990 年，拉德生于 970 年前后），那么他 36 岁时，应是 1006 年前后。这个时间，恰好与主持他出家的阇那塔惹与大译师仁钦桑波的历史时间线相吻合。前文已经论证过，阇那塔惹当是阇那檀那之误，他来到普兰的时间当在 1004 年之后，而仁钦桑波在 1004 年主持完托林寺开光仪式之后，不久就奉益西沃之命前往克什米尔取经，因此 1006 年前后，他们二人确实可以一起主持拉德的出家仪式。

在古格王国的王者僧人群体里面，益西沃是当然的领袖，但拉德的实力和声望显然远远超过提婆罗阇。拉德出家，此举造成的客观后果是拉德而不是提婆罗阇在将来会成为益西沃的继承人，成为古格、普兰联合政权的最高决策者，这势必造成王室内部权力结构的重新调整。与堂兄拉德相比，提婆罗阇的弘法业绩似乎相当平淡，特别是在益西沃晚年，他几乎没有什么事迹，显然生活在父亲巨大的光环之下，其声望和实力都远逊于早就独当一面的拉德。如果不出意外，以拉德为首的普兰一系将在益西沃之后获得王室内部的最高权力。显然，益西沃不可能不明了此时的局势，为了增强古格一系的实力，他最终可能做出了让自己的另外一个儿子也出家的决定。

按照《广传》的记载，益西沃幼子拉阔赞的经历颇为奇怪，书中记载拉阔赞生于鼠年（988），土狗年（998）11 岁时受居士戒，取法名那嘎罗阇。龙年（1016）29 岁时，受具足戒遂正式出家为僧。[1]拉阔赞出生于益西沃出家前夕，在提婆罗阇出家后，他是王室中益西沃一系尚存的唯一的世俗男子。998 年那嘎罗阇 11 岁时领受居士戒，意味着益西沃最初并没有打算让那嘎罗阇也成为僧人。此时益西沃没有让那嘎罗阇领受向正式出家僧人迈进的沙弥戒（此时年龄尚小，不能领受具足戒），而让他领受居士戒，意味着选择让其在家修行，看来益西沃最初的计划是让长子提婆罗阇出家，将来继承"教主"之位，那嘎罗阇则不出家，将来可以参与"国王"的竞争。当然，最重要的是，他不可能让两个儿子都出家，从而使自己这一支王室血脉中绝，因此那嘎罗阇还应当肩负着延续血脉的重任。

　　然而，由于拉德出家，益西沃的部署受到严峻的挑战。随着时间的推移，形势可能越来越对益西沃一系不利，益西沃本人日益年迈，而拉德正如日中天，因此为了增强自己一方的实力，益西沃最终不得不在那嘎罗阇 29 岁之时改变策略，让其也出家为僧。龙年（1016），那嘎罗阇正式受具足戒出家，成为古格王室的又一名王者僧人。特别值得注意的是，那嘎罗阇出家之际，据古格早期档案"虚空旧卷"记载，当时有 200 名聪明勇毅的青年一起出家，这些青年来自古格、普兰、玛域、毕底四地，其中古格 100 人、普兰 40人、玛域 30 人、毕底 30 人。[2]此一大事，在《阿里王统纪》中也有相同的记载：

　　　　昔净饭王以释迦族五百青年奉献于王子顿珠，乃自阿里三围集童子二百，皆具大胜智、精意明、大无畏，彼等敬信正

1　གུ་གེ་པ་ཚེ་རིང་རྒྱལ་པོ་རྣམ་ཐར་རྒྱས་པ། ༄ 34

2　གུ་གེ་པ་ཚེ་རིང་རྒྱལ་པོ་རྣམ་ཐར་རྒྱས་པ། ༄ 43

法，请持大宝，二百人聚，为侍随二王子俱入解脱之道。此等
青年来自古格者百人，普兰者，四十；玛域者，三十；毕底
者，三十。[1]

　　显然，这次大规模的阿里青年出家事件，为那嘎罗阇创建一
支强有力的亲信教团奠定了必要的基础。提婆罗阇和那嘎罗阇在益
西沃晚年之时，应当都具备了相当的政教实力。不过其力量比起前
任的国王和现在的喇钦波拉德，恐怕还是略逊一筹。从《仁钦桑波
传》中可以看到，1023年益西沃圆寂后，拉德在事实上已成为古格
普兰联合王国的最高领袖。传记中说，益西沃圆寂后，仁钦桑波负
责主持益西沃的往生仪式，举行了各种宗教仪轨，作为赏赐，拉德
将益西沃所属的21处地方敬献给了仁钦桑波。[2]显然，拉德在益西
沃圆寂后，必然成为古格普兰联合王国的最高领袖，成为王国政
教两权的实际执掌者。传记中显示，他不但主持了益西沃丧事的
各种事务，而且还获得处理益西沃遗产的权力。

　　但需要注意的是，尽管拉德具有最高领袖的实力，但他并没有
走到台前来，这一时期古格普兰联合政权的权力结构，在形式上仍
然维持着政教两权分别由国王和教主执掌的传统，拉德作为喇钦波
并不直接处理世俗政治和宗教事务。也许在益西沃晚年，双方已经
达成某种协议或安排，表面上看，教政与国政似乎仍是由古格王
系和普兰王系分别执掌，但实际上达成的协议可能并不如此简单。

　　1023年益西沃圆寂后，教主之位由益西沃的长子提婆罗阇接
任，提婆罗阇在996年出家，至此时已有28年，显然具有丰富的处

1　 གུ་གེ་མཁན་ཆེན་ངག་དབང་གྲགས་པ་བཟང་པོ། མངའ་རིས་རྒྱལ་རབས། པ 59
2　གུ་གེ་ཏི་བཀྲ་ཤིས་མེས་དཔལ་གྱིས་མཛད། བྱང་ཆུབ་སེམས་དཔའི་ལོ་རིན་ཆེན་བཟང་པོའི་ཁྲུངས་རབས་དཀའི་སྒྲུབ་སྒྲོན་མ་རྣམ་ཐར་ཁལ་ལྡེར་ལུ་གུ་རྒྱུད། པ 96

理宗教事务的经验，并且他的弟弟那嘎罗阇也在 1016 年出家为僧，两兄弟的影响虽然仍不如拉德，但在形式上遵照益西沃的遗命执掌教政应无太大的困难。《广传》记载，益西沃圆寂后的 5 年间，提婆罗阇依父王之规章，护持佛法，于兔年（1027）圆寂。也就是说他在教主之任上只有 5 年时间（1023~1027）。提婆罗阇圆寂后，教主之位则由其弟那嘎罗阇继任，那嘎罗阇虽然活到了 1042 年，但书中说他仅仅执掌教政 4 年，[1] 即 1028~1031 年，为古格普兰联合王国的第三任教主，显然这一记载表明在 1031 年时古格普兰联合王国发生了某些重大事件，从而使原有的政教权力结构发生了变化。

普兰王系在拉德 1006 年出家为僧后一转过去的颓势，拉德专心从事宗教活动，取得了一系列的成就。他可能最迟在 1009 年已将国王之位传给了自己的长子沃德。沃德为拉德的长子，《日光王统记》记载沃德生于羊年，这个羊年结合拉德的生平和稍后沃德的事迹来看，只能是木羊年（995），书中说沃德从小身强力壮，显示出非凡的军事天赋。值得注意的是，关于沃德最早的重大事件的记载出现在他 15 岁时的鸡年（1009）。当年他率军征战于胡布，从那时起，他就成为军队的最高统帅，长年在外征战，因此他至少在 1009 年时已经继承了国王之位。[2] 然而在沃德执掌国政以后，古格普兰联合政权面临着新一轮的巨大挑战和机遇。11 世纪初，古格普兰联合政权的外部发展环境开始恶化。随着 10 世纪后半期西域喀喇汗王朝的崛起，古格的北边，也即西域地区的政治、宗教形势进入动荡期。一方面，喀喇汗王朝开始伊斯兰化，作为佛教文化高地的西域地区向伊斯兰教转化，开始打击佛教，迫害僧众，引起周边地区的

1　གུ་གེ་པཎྜི་ཏ་གྲགས་པ་རྒྱལ་མཚན་གྱིས་མཛད་ད། ལྷ་བླ་མ་ཡེ་ཤེས་འོད་ཀྱི་རྣམ་ཐར་རྒྱས་པ་བཞུགས་སོ། ན 34

2　གུ་གེ་གྲགས་པ་རྒྱལ་མཚན་གྱིས་མཛད་ད། ཏི་ནའི་རིགས་ཀྱི་རབས་དང་དུ་བའི་རིགས་ཀྱི་རྒྱལ་རབས། ན 151

不安。另一方面，喀喇汗王朝与西域最强大的佛教国家于阗进行了为期数十年的战争，最终在沃德发动胡布之战的 1009 年前后攻灭于阗。[1] 随着于阗的灭亡以及信奉伊斯兰教的喀喇汗王朝的兴盛，以佛教立国的古格必然受到巨大的冲击。11 世纪初开始，古格史料中关于北方军事行动的内容就开始多起来。

信奉伊斯兰教的喀喇汗王朝在灭亡于阗之后，推行伊斯兰化政策，大力打压佛教，造成于阗地区社会动荡不安，一方面大量于阗僧人逃亡到古格将这一消息带到刚刚确立了佛教政治的古格普兰联合王国，另一方面于阗佛教徒也在进行着长期殊死的反抗，[2] 这些情况可能导致古格与于阗佛教徒的联合军事行动。据《日光王统记》，沃德在 26 岁的鸡年（1021）征战于于阗（ཞེན），与葛逻禄人的大军激战，最终击败了敌人，进驻于阗休整，并且在当地委派了部落、村镇的官员。[3]

沃德或许是为了解救于阗面临的危机，或许是想趁喀喇汗王朝在于阗立足未稳之机，将古格的势力扩展到西域，从而发动了在于阗的战争，于阗战争的形势最初可能对古格有利，因此沃德一度成为西藏西部和西域地区的军事霸主。1021 年，沃德主持扩建了聂玛寺，工程大概在两年后（1023）完工，并设置了僧团和学习院。1024 年，沃德又前往拉达克，兴建了白图寺，主持了僧团的建立，并负责殿堂和佛塔等附属工程的建设，此外还给寺院献上了土地和人民作为供养，迎请班智达布聂喜，翻译了很多经藏和论藏的佛经。[4] 在益西沃圆寂前后，沃德主要活跃于古格王国核心区以外的地

1　董知珍:《7~18 世纪西域与西藏地区佛教交流史》，宗教文化出版社，2014，第 137 页。
2　董知珍:《7~18 世纪西域与西藏地区佛教交流史》，第 138 页。
3　ཀུ་གེ་　ཕྲག་པ་རྒྱལ་མཚན་གྱི་མཛད་　ཉི་མའི་རིགས་རབས་དང་རྒྱལ་བའི་རིགས་ཀྱི་རྒྱལ་རབས། ད 152
4　ཀུ་གེ་　ཕྲག་པ་རྒྱལ་མཚན་གྱི་མཛད་　ཉི་མའི་རིགས་རབས་དང་རྒྱལ་བའི་རིགས་ཀྱི་རྒྱལ་རབས། ད 152

方，他在军事上建功立业的地方都远离古格和普兰，他在新开拓的地区兴建寺院、供养僧人、迎请班智达、翻译经论，符合西藏政治传统中伟大君主的理想形象，即能征善战和敬奉佛法。再加上拉德此时的宗教地位，柯热的子孙在古格王国中的实力大增，一改之前益西沃在世时益西沃一派在古格王室中一家独大的局面。

古格西部的拉达克、桑噶尔、珠夏等地在吐蕃王朝时代都是王朝的领土，沃德在这一地区征战的事实在藏文史籍《桑噶尔史》中也有蛛丝马迹可寻：

> 是时，盗贼蜂起，良贱大乱。遂自毕底古格之地迎致拉钦·释迦土巴。桑噶尔众共举之为王，聘珠夏女为后，乃往迎之，行至半道，王后为叶郭瓦所夺，王拒战，死之。[1]

维他利先生经过详细核对认为这位来自毕底和古格的桑噶尔王拉钦·释迦土巴就是沃德。[2]沃德当政期间主要是从事军事活动，以致后世史书都记载他是一个尚武之人，《阿里王统记》就把沃德描述成一个从小身强力壮、骄横易怒的武夫。[3]绛曲沃主持教政时，沃德则主要率军在外征战，一度战绩颇丰。沃德作为国王，长期从事军务，以能征善战著称于世。有意思的是，沃德在位时期，作为教主的提婆罗阇却似乎乏善可陈。《阿里王统记》记述了他在位期间，主持兴建了噶剎寺（དགར་ཤག་གི་ཆོས་སྡེ），并提供田地供养僧人。[4]从可以

1　རྒྱལ་མོ་རྩོང་ནས་ རྒྱལ་པོ་དགག་ཁྲབ་པ་སྟོང་སུ་བཞུགས། ཟངས་དཀར་ཆགས་རྒྱལ་པོ་རྒྱས། ཤ 153

2　参见 Roberto Vitali, *The Kingdoms of Gu.ge Pu.hrang*, pp.282-284。

3　གཅེན་ཝོང་སྟེ་ བཙན་སྐུ་ཤེད་ཉིན་ཏུ་ ཆེ་ བས་སྐུ་ནས་ གཱལ་ཆེན་ཏུ་ ནས་སྒྲུལ་བ་ རྒྱལ་ ཙན་ དུ་ འཕྲོས་པ། གུ་གེ་ མཁན་ཆེན་དཔ་དཔང་གྲུབ་པས་བཟྱམས། མངའ་རིས་རྒྱལ་ རབས། ཤ 61

4　གུ་གེ་ མཁན་ ཆེན་ དཔ་ དཔང་ གྲུབ་ པས་ བཟྱམས། མངའ་རིས་རྒྱལ་རབས། ཤ 60

处置田地来看，出家为僧并执掌教政的提婆罗阇，仍然拥有不少世俗领主的权力和财富，但与沃德比起来，明显要弱势得多。1027年，那嘎罗阇接掌教政后，实力似乎有所恢复，他主持兴建了白巴寺，出资打造了可与科迦寺的文殊菩萨像媲美的铜质文殊像，还有银质金刚持菩萨像以及铜质金刚界诸本尊像等。[1] 然而《阿里王统记》和《广传》都说他只护持佛法4年，但他活到了1042年，也就是说，他1031年前后失去执掌教政的权力，并不是因为去世，那么1031年前后到底发生了什么事情，使得古格普兰联合王国的权力结构再次发生重大改变？

　　这一事件可能跟喀喇汗王朝的入侵有关。1021年，沃德取得于阗之战的胜利后，开始在古格以西的拉达克、桑噶尔甚至更西的珠夏一带扩展势力，他长年率军在西部地区征战，放松了对古格北境防御力量的建设。《日光王统记》记载，拉德晚年，上部霍尔人（འཧོར་བོད་）进犯边境，拉德作为大军的统帅进驻北方，在北方督军巡游时去世。[2] 拉德将国王之位交给沃德之后，专心从事佛事活动，本不应该率军出征，显然他亲自上阵必是古格普兰联合王国遭到重大威胁时才做出的决策。此处上部霍尔人应与前述葛逻禄人一样，指的都是喀喇汗王朝。在消化了攻灭于阗的重大战果之后，喀喇汗王朝的大军开始南下入侵古格的北部边境，由于沃德率主力在西方发展，拉德不得不重新披挂上阵，亲赴北部边境抵御喀喇汗王朝的入侵。考虑到拉德出家时36岁（约1006年），此时他应该在60岁左右，年迈的拉德率领非主力部队北上抗敌，形势应相当不妙，无论是被喀喇汗大军击败战死还是积劳成疾而猝死，拉德之死必然造成

1　གུ་གེ་མཁན་ཆེན་ངག་དབང་གྲགས་པས་བརྩམས། མངའ་རིས་རྒྱལ་རབས། ན 60
2　གུ་གེ་གྲགས་པ་རྒྱལ་མཚན་གྱིས་མཛད་ ཞི་བའི་འོད་ཀྱི་རབས་དང་རྒྱ་བའི་འོད་ཀྱི་རྒྱལ་རབས། ན 151

古格军队在北方战场上的崩溃，喀喇汗王朝大军很有可能就此攻入古格。因此，那嘎罗阇虽然活到了 1042 年才去世，但他只执掌教政 4 年，合理的解释是拉德之死与那嘎罗阇失去教主之位，应在同一时期，即 1031 年前后，而沃德再次与喀喇汗王朝交战战败被俘，并死于逃亡路上，则应发生在稍后几年中。喀喇汗大军攻入古格造成古格普兰联合王国政教权力结构的大变化。那嘎罗阇在喀喇汗大军攻入古格后，很有可能被入侵者掳劫而去了西域，他的后半生应该不是在古格度过的。

　　古格失陷，那嘎罗阇被俘，身处外地，正在西域进行军事扩张的沃德急忙回师，《日光王统记》记载，沃德后来与葛逻禄人交战，结果战败被俘。但他似乎在古格残余力量的帮助下又逃了出来，但因为已经身中剧毒，死在了逃亡的路上。[1] 至此，古格普兰联合王国中政教两方面的领袖人物都遭到了毁灭性的打击。特别是古格王系的唯一代表人物那嘎罗阇失去教主之位后，古格王室中柯热支与益西沃支双方在政教二元领导体制下的权力关系的结构性矛盾，也因此得以消解。

1　གུ་གེ་གྲགས་པ་རྒྱལ་མཚན་གྱིས་མཛད། ཉེ་མའི་རིགས་ཀྱི་རབས་དང་རྒྱ་བའི་རིགས་ཀྱི་རྒྱལ་རབས། ༡ 151~153

第三章　拉喇嘛与国王：古格政教二元领导体制研究（下）

　　藏文史籍普遍认为，朗达玛以后西藏的王权政治开始进入了衰败期，《贤者喜宴》的偈语说："油已耗尽灯熄灭，王权小如冬天水。王法败坏如腐绳，政权安乐如虹逝。"[1] 吐蕃王朝崩溃以后，西藏社会陷入长期的混乱之中，人们不得不感慨"王者奴隶无区别，吐蕃沦为破碎境"，[2] 社会秩序一度无法实现恢复，最终卫藏地区政权重建的主要形式，是地方贵族结合藏传佛教的教派力量，打造出了一批政教合一的区域性政权。这个过程中，君主制这一政体形式在卫

1　巴卧·祖拉陈瓦:《贤者喜宴·吐蕃史》，第508页。
2　巴卧·祖拉陈瓦:《贤者喜宴·吐蕃史》，第512页。

藏核心区基本上无法立足。古格王国从 11 世纪中期开始，率先加入佛教政治的大潮，从诸政权中脱颖而出，渐入佳境。从 11 世纪 40 年代到 11 世纪 80 年代这 40 多年中，古格政治稳定，文化繁荣，经济恢复发展，军事力量强劲，可以说是吐蕃王朝崩溃后，整个西藏最早摆脱困境的地区。

绛曲沃与古格政教二元领导体制的发展

突如其来的外敌入侵，拉德的猝死，沃德的被俘，对古格王国的打击是巨大的，但这次大灾难也无形中带来一个新的机遇，随着古格王室僧俗领导集团中最主要的领袖人物拉德、那嘎罗阇、沃德的相继离开，自益西沃晚年起便存在的古格王国中古格系与普兰系权力关系中的结构性矛盾得以消解。在喀喇汗军队撤离后，古格普兰联合王国在沃德的弟弟绛曲沃和悉瓦沃的带领下，稳定乱局，并最终开创出盛世。

拉德有三个儿子，长子即继承其国王之位的沃德，次子名叫扎西沃，幼子名叫永松德。扎西沃即绛曲沃，而永松德即悉瓦沃。《阿里王统记》记载，扎西沃于水猪年（1023）40 岁时出家，取法名绛曲沃（菩提光）。54 岁时（1063），立誓守护佛法。[1]这段记载虽然非常难得地记录了绛曲沃生平的重要纪年，但仔细推算起来，

1　གུ་གེ་མཁན་ཆེན་ངག་དབང་གྲགས་པས་བརྩམས། མངའ་རིས་རྒྱལ་རབས། ན 61

问题很多。首先，关于他出生的时间，按水猪年40岁出家的说法，则绛曲沃应出生于984年，作为拉德的次子，这个年份明显太早了，该年份不但与前文推断的拉德活跃的时间难以契合，而且与其兄长沃德生于羊年（995）的记载相互抵牾。合理的解释应该是40岁为14岁之误，那么绛曲沃就应生于铁狗年（1010）。其次，关于绛曲沃54岁时的叙述颇为晦涩，很难理解作者想要表达什么意思，此处极可能有漏文。但绛曲沃54岁时一定有大事发生应无问题，而这一点作者在后文中似有照应。

《阿里王统记》稍后记述绛曲沃的弟弟悉瓦沃的生平，其中说："悉瓦沃在阳火猴年（1056）出家，由俗名永松德改法名悉瓦沃（寂光）。之后，住世四十一年，在其兄长过世后，还活了三十四年。"根据这段记载推算，悉瓦沃应圆寂于1096年，而其兄长绛曲沃则应圆寂于1063年，正好与上文绛曲沃在54岁时立誓事件相合，可能的解释是绛曲沃在离世前夕，像益西沃那样举行过某种宗教仪轨，而《阿里王统记》在此处有漏文，以致文意不明。不过从这些记载基本上可以相互印证来看，其史料来源是有所本的。因此基本可以确定，绛曲沃（1010~1063）和悉瓦沃（1016~1096）的生平年代。

绛曲沃在1023年出家，恐怕并非偶然。前文已述，益西沃正好于1023年圆寂，绛曲沃的出家或许跟古格普兰联合王国内部权力的重新安排有关。绛曲沃的父王拉德在声名赫赫之际出家，成为喇钦波，与益西沃当年非常相似，大有在益西沃之后身兼教主之尊和国王之重的架势，但益西沃晚年有意安排王室中古格系首领执掌教政，在他圆寂后他的长子提婆罗阇成为教主，而拉德则在晚年将国王之位交给长子沃德，仍然形成普兰系首领执掌国政的局面。在拉德一系明显具有优势的情况下形成的这一仍以古格系首领握有最高权力的政教格局中，双方肯定达成了某种平衡协议。

这一让普兰系暂时让步的协议，可能正与绛曲沃有关。《阿里王统记》中记载，益西沃曾下旨让绛曲沃做叔父提婆罗阇的继承人，接续祖父和叔父的脚步，依靠对所有佛法的领悟前进。[1]这段文字表明，绛曲沃已具有了提婆罗阇法嗣的身份，同时也就成为益西沃的继承人，在将来有资格成为新一代的拉喇嘛。原来，益西沃在晚年的权力安排中，有意将绛曲沃培养成自己长子提婆罗阇的接班人，这样政教两权将来都会由拉德的儿子们执掌，这应该能让拉德满意。绛曲沃后来塑造过一尊与提婆罗阇等身的银质四臂护法神像，[2]显示出他与提婆罗阇的特殊关系。不过1027年提婆罗阇圆寂后，绛曲沃并没有继承教主之位。据前引《广传》所记，1027年提婆罗阇圆寂后，其弟那嘎罗阇接掌教政，其原因可能与绛曲沃此时太年幼有关，按前文推定绛曲沃生于1010年的话，此时他才17岁，似乎难以具有执掌教政的能力。

1031年前后，因为喀喇汗王朝的入侵，拉德在北方作战时离世，随后喀喇汗王朝的大军攻入古格，那嘎罗阇在混乱中失去教主之位，随后沃德再次与喀喇汗王朝交战，战败被俘，后死于逃亡路上。至此，考虑到其弟悉瓦沃年幼，绛曲沃成为王室中硕果仅存的重要人物。作为国王沃德的弟弟和教主提婆罗阇的法嗣，他在战乱中应具有相当的号召力，足以聚集力量，重建家园。由于古格特殊的地理位置，喀喇汗军队不可能对这里进行长期的占领。《拉失德史》的作者米儿咱·海答儿曾率军从喀什噶尔进入阿里高原，在拉达克和古格边缘地带短暂驻留。他在书中非常生动地描绘了他们进

1　གུ་གེ་མངའ་ཆེན་པ་དང་དགའ་གྱགས་པས་བརྩམས། མངའ་རིས་རྒྱལ་རབས། ཤ 62

2　གུ་གེ་མངའ་ཆེན་པ་དང་དགའ་གྱགས་པས་བརྩམས། མངའ་རིས་རྒྱལ་རབས། ཤ 62

入阿里高原后产生剧烈的高原反应的情况。[1] 显然，他们并无占领古格的企图，攻击古格不过是为了劫掠而已，况且他们长驻古格的困难可能并不在于古格的反抗，而是要面对严峻的自然条件。当喀喇汗军队完成劫掠后，必然满载而归地撤还西域，而绛曲沃则可以凭借王室领袖的身份，集教权与王权于一身，身兼教主与国王双重身份，肩负起重建秩序的责任。不过这个过程肯定不易，而且也必定经历一段不短的时间，从现有的材料来看，古格局势的稳定，至少要到 1037 年前后才得以实现，因为这一年古格王室开始资助著名的纳措译师前往印度，从而开启迎请阿底峡大师入藏的事业。[2] 而在此之前的几年时间，应是喀喇汗战争失败后的善后期。沃德战败可能在 1034 年前后，他被俘后，被喀喇汗人囚禁过一段时间，其后逃亡出来，因伤重不治而死于路上的时间应在 1037 年之前，这期间绛曲沃和悉瓦沃曾设法筹集资金将沃德赎回。《日光王统记》记载，绛曲沃为了营救沃德曾离开古格前往卫藏地区寻求支持，向东抵达芒域吉隆一带，最后行至贡塘时得到沃德身亡的消息。[3]

由于外敌入侵带来危机，绛曲沃时代是古格历史上的一段特殊时期，多种史料显示，绛曲沃既是教主，也是国王。事实上，因为收拾战后乱局的需要，也因为战后古格王室核心成员人数锐减，这时古格王室的核心成员中剩下绛曲沃、悉瓦沃与沃德之子泽德，悉瓦沃是绛曲沃的弟弟，泽德是绛曲沃的侄子，二人当时应该皆属冲龄，所以先前由王室僧俗领导集团负责的政教二元领导体制显然暂时失去了实施的必要条件。绛曲沃作为拉喇嘛，有

1　米儿咱·马黑麻·海答儿：《中亚蒙兀儿史——拉失德史》，新疆社会科学院民族研究所译，王治来校注，新疆人民出版社，1983，第 381~382 页。

2　ཆེ་བདག་ཞབས་དྲུང་གིས་བཀའ་བསྐུལ་ཚིགས་ལྒ་ལས་བཏུས་པ། 1982 བོད་མཚོ་སྔོན་མི་རིགས་དཔེ་སྐྲུན་ཁང་པར་དུ་བསྐྲུན། ༤ 157

3　གུ་གེ་ཚ་ཁྱུང་བདག་པོ་རྒྱལ་མཚན་གྱི་མཛད་ད། ཉེ་བའི་རིགས་ཀྱི་རབས་ལ་དང་རྩ་སྒྲ་རིགས་པའི་རིགས་ཚ་དར་བའི་རབས། ༤ 153

其专门的尊称——颇章尊巴（ཕོ་བྲང་བཙུན་པ་）[1]。ཕོ་བྲང་ 在藏语中是王宫、宫殿的意思，引申为对住在宫殿里的人的尊称，相当于汉语的陛下、殿下；[2] 而 བཙུན་པ་ 则是佛教徒对受持佛教戒律的出家人的敬称，一般译为尊者、大德等。[3] 颇章尊巴绛曲沃这个称号跟拉喇嘛益西沃一样都体现出他们出身于王族的显赫背景及其在古格政治中宗教首领的地位。

由于沃德的猝逝和那嘎罗阇的失位，绛曲沃得以兼任国王和教主，在多种早期史料中，绛曲沃的国王称号也是"阿达"（མངའ་བདག）[4]，该词在藏文中意为占有土地、属民和财富的领主，[5] 这个称号通常是吐蕃王朝崩溃以后藏文史书用来称呼后弘期时那些割据政权的君主的。因此，绛曲沃时代，政教二道合为一体，短暂地实现了教主与国王的合一，而拥有如此巨大权力的绛曲沃对古格战后的重建以及社会秩序的恢复和发展也的确做出了巨大的贡献。

绛曲沃不是一般意义上的最高统治者，而是身兼教主与国王双重身份的最高统治者，他上台后古格王国的政治重心重新回到了佛教发展事业上。在遭受外敌入侵的重创后，需要重建人们对佛教政治的信心，由于喀喇汗人早已信奉伊斯兰教，作为古格财富最集中之地的佛教寺院，必定在战乱中遭到了像北印度被中亚穆斯林袭击时所遭到的洗劫和破坏。在巨大的灾难面前，古格人比以前更需要精神支持，因此《阿里王统记》中记载，阿底峡大师抵达古格前的

1　གུ་གེ་མཁན་ཆེན་དཔལ་དབང་གྲགས་པས་བརྩམས། མངའ་རིས་རྒྱལ་རབས། ན 64

2　张怡荪主编《藏汉大辞典》，第 1725 页。

3　张怡荪主编《藏汉大辞典》，第 2200 页。

4　ཉེའུ་རྫོ་སྒས་ཀྱིས་བརྩམས། ཆོས་འབྱུང་བསྟན་པའི་རྒྱལ་མཚན། ན 147

5　张怡荪主编《藏汉大辞典》，第 682 页。

几年中，绛曲沃主要致力于佛教寺院的建设。由于战乱的关系，之前的政教中心托林地区可能受到较大的破坏，绛曲沃主政后，在托林东南方不远的芒囊打造新的政教中心。他在芒囊修建了两座大型寺院，其中一座名叫"吉祥增长弥勒寺"，并在寺中兴建了红殿和大金塔，特别是耗费万金，修建了供奉兄长沃德的肉身殿，还为12位格西修建了肉身殿。这12位格西可能就是在对喀喇汗战争中死难的高僧。另外一座名叫"菩提善地洲寺"，寺中配置僧人40名，同时供给丰厚的生活必需品以及从事各种宗教仪式的法器等，特别划拨208户人家给僧众们作为稳定的经济来源。芒囊这两座寺院的修建，使此地成为由绛曲沃兴建起来的一个新的政教中心，其繁荣程度应该不亚于当年益西沃治下的托林。后来绛曲沃就是在芒囊寺会见的阿底峡大师。不过，绛曲沃并没有放弃托林，对于因战乱而遭到严重破坏的托林，绛曲沃在那里兴建了"非凡莲花寺"，该寺可能是围绕托林寺展开的一项扩修工程。最后，他还在普兰兴建了"金热林寺"。所有这些寺院都由王室提供各种物资作为供养，这样在绛曲沃的经营下，古格、普兰的佛教应该很快恢复了往昔的繁荣。

与此同时，被俘的沃德最终死在了逃亡的路上，这虽是沃德的不幸，却为后弘期初期阿里佛教复兴事业取得突破性进展带来了契机。当初为了赎回沃德，古格上下四处筹措黄金，因此沃德死后古格的国库相当充实，这为从印度迎请阿底峡大师入藏提供了必要的经济支持。

　　为赎回兄长（沃德），绛曲沃到金矿丰富的卫地四处寻找黄金，收集到了许多的黄金。当他听到兄长的死讯后，想到为兄长积福的最好方法就是大兴佛法，为此他决定用这些黄金去印度迎请一位大班智达来西藏。[1]

此后的故事已为人熟知，1037 年纳措遂带着古格王室筹集来的大量黄金前往印度，历经重重困难最终于 1040 年与阿底峡大师一起启程返藏，于 1042 年抵达古格。也有材料对迎请阿底峡的经费来源有所补充，比如《贤者喜宴》就说是因为当时有一个大臣，能见到地下埋藏之物，挖出十六秤完整之金块等众多财物，以此作为迎请阿底峡之资。[2] 这一说法也许同《阿里王统记》的记载并不矛盾，因为绛曲沃四处筹措黄金赎兄时肯定会组织人力大力开发金矿，这个能够看到地下黄金的大臣其实就是一个探测和开发金矿的专门技术人才。

绛曲沃为后弘期西藏佛教的发展做出的最重大贡献，就是迎请阿底峡大师入藏，这也是在宗教事务方面他最为后人称道的成就。在绛曲沃的领导下，古格王国将后弘期初期迎请印度佛学大师入藏传法的事业推向高潮。阿底峡（ཨ་ཏི་ཤ，982~1054），本名吉祥燃灯智，藏人一般尊称他为觉卧杰（ཇོ་བོ་རྗེ），他是东印度萨霍尔国（在今孟加拉国）人，也是 11 世纪前半期印度最著名的佛学大师之一，时任摩揭陀的超岩寺[3] 的上座。迎请阿底峡入藏使古格王国付出了巨大的代价，后弘期的许多藏族佛教史家记载了很多故事来表现阿

1　གུ་གེ་མཁན་ཆེན་ངག་དབང་གྲགས་པས་བཟམས་མཛད། མངའ་རིས་རྒྱལ་རབས། ？ 63~64

2　巴卧·祖拉陈哇：《〈贤者喜宴〉译注（十七）》，黄颢译注，《西藏民族学院学报》1985 年第 2期。

3　超岩寺是印度波罗王朝时代最著名的佛教中心，其国王达摩波罗王在位期间先后征服了邻近的几个小国，成为地区霸主，该国王遂在摩揭陀北部、恒河东岸著名的那烂陀寺附近建立了毗讫罗摩尸罗寺，即超岩寺。寺院中心是一座菩提大佛殿，四周围绕 108 个小殿，分成两半，分属密教内道部分和外道部分，显教居次要地位。僧中常住学经者 108 人，执事有 114 人，凡是学习成绩突出者都可得到国王授予的"班智达"称号。超岩寺以密教为中心，夺那烂陀寺的地位，俨然成为印度佛教界的最高学府。参见索南才让《西藏密教史》，第 9 页。

底峡入藏之不易，特别是编造了一个益西沃为了筹措阿底峡入藏的经费而被异族俘虏，最后为了保住迎请阿底峡的黄金而放弃赎回自己，从而以身殉法的故事。尽管这个故事不是历史事实，[1] 但其中蕴含着后世藏族人民对古格王室为迎请阿底峡入藏付出的艰辛和做出的巨大贡献的一种深切的感念。

《阿里王统记》记载，迎请阿底峡的事业是在绛曲沃的主持下，由甲尊森（རྒྱ་བརྩོན་སེང་）和纳措译师楚臣杰瓦（ནག་ཚོ་ལོ་ཙ་བ་ཚུལ་ཁྲིམས་རྒྱལ་བ，1011~1064）等人先后历时多年，带着古格王室的大量黄金去印度才完成的。[2]《奈巴教法史》是一部成书于 1283 年的西藏古史，此书在记载古格王室迎请阿底峡入藏时跟后来的那些教法史不同，没有渲染益西沃以身殉法的故事，而是比较客观地记载了当时佛教界的情况，颇可印证《阿里王统记》的说法，书中写道：

> 与卫藏六弟子同时，阿里有名为拉喇嘛益西沃、希瓦沃、绛秋沃三位王者。当时，从天竺与泥婆罗方面除佛教徒外另有外道异教徒多人，用各种办法阻拦佛教传播。在吐蕃虽有传戒与听讲三藏者，由于大乘教法未圆满实行，乃派遣译师甲尊孙与那错，从必力噶玛拉希拉寺庙，邀请五十七名班智达中之最上顶饰，精于五明、具足三学、得十地之菩萨，尊者阿底峡来藏土，致使出家人发心，俗人遂成居士，贡献布施回向，亡人

1 　后弘期中期以来的所有藏史著作，包括《红史》《西藏王统记》《汉藏史集》《青史》《新红史》《贤者喜宴》等经典著作都基本持此说，不过这并非历史事实，据后弘期前期的《第吾教法史》《娘氏宗教源流》《阿里王统记》等史书的记载，益西沃晚年在托林寺寿终正寝。这一不实之说大概是结合了益西沃的侄孙沃德的事迹而编造出来的，因为沃德确实在对外征战中死于非命，详细考证参见 གུ་གེ་ཚེ་རིང་རྒྱལ་པོ་བཟང་པོ། ཤྭ་ཟུ་ཨེ་ཤེས་འོད་ཀྱི་སྐོར་གྱི་དཔྱད་པ་དང་ཉིད་ཉྒྱང་བའི་རྣམ་ཐར་དཔྱད་པ་དང་། གུ་གེ་ཚེ་རིང་རྒྱལ་པོ་ཡི་ཆོས་འབྱུག་བ་བཞུགས། 2005 ལོར་བྲིས་ཡོད་རིག་ངོ་ལི་བླ་རྒྱལ་ཁ་གྷས་བཀྲ་བ་བཞུགས། ཤ 74~92།

2 　གུ་གེ་མཁན་ཆེན་དཔལ་དགང་གྲགས་པ་བཟང་པོས། མངའ་རིས་རྒྱལ་རབས། ཤ 64

> 作七超荐，并为寺院佛像塔座开光，佛教乃如旭日东升。[1]

甲尊森当是甲·尊珠森格（ རྒྱ་བརྩོན་འགྲུས་སེང་གེ ）的简写，他是后藏涅蔡人，据说他是最早一批由益西沃派去印度迎请阿底峡的使者之一。他到印度时并不顺利，不但没能请得阿底峡，而且随从人员也大多患热病死去，所带的零碎黄金也用完了，毫无收获地回到古格，结束了他的第一次迎请之行。后来他又到印度学法，并且成为一名译师，当纳措译师到印度迎请阿底峡时，二人得以会合一起迎请阿底峡前往古格。不过他未能见到阿底峡在阿里的弘法事业，在返回阿里时死于尼泊尔。[2]

纳措·楚臣杰瓦是贡塘（今日喀则市的吉隆一带）人，在印度时曾从阿底峡学过一些教法，回到西藏后得到绛曲沃的召见，并承担了赴印度迎请阿底峡的重任。1037 年，楚臣杰瓦带着古格王室的大量黄金前往印度，历经重重困难最终于 1040 年与阿底峡大师一起启程返藏，于 1042 年抵达古格。[3]

阿底峡到阿里传法，对于后弘期初期的西藏佛教而言，意义极为重大。经过后弘期初期各地统治者大兴佛教之后，西藏佛教已有了一定数量的僧徒，也有了自己的寺院，不少经典被翻译了出来，但是在佛教教义的理解和宗教修习的实践上，当时卫藏和阿里地区的情况则相当混乱，特别是对密教修炼的曲解，导致许多佛教徒的修持实践出现严重偏差，给正常的社会秩序造成危害，给佛教的声誉带来一些不良影响。

《青史》借绛曲沃之口道出了当时西藏佛教界的混乱状态："此

1　札巴孟兰洛卓：《奈巴教法史——古谭花鬘》，王尧、陈践译，《中国藏学》1990 年第 1 期。

2　达仓宗巴·班觉桑布：《汉藏史集》，第 115 页。

3　廓诺·迅鲁伯：《青史》，第 150~151 页。

间西藏虽已有许多僧众，但是显见有许多对于密宗淫乐得解脱的邪行；而且此前所迎来的诸班智达，虽各有其特超法门，但对于总的西藏来说，未获得利益。"[1] 这段话由于汉译本的翻译太过简略而使迎请阿底峡的特殊意义没能一下子凸显出来，在藏文本中，这段话所要表达的意思就清楚得多了："雪域藏土出家僧人虽然很多，但他们中的许多人以修持密法为名，从事淫乱活动，又有一些人宣称不修密法，只靠性空就能涅槃成佛，别解脱戒的教法虽有传播，但学习菩萨行的人很少，而要改变这种情况，就应寻求一位能破除这些罪行的大班智达来藏，以前迎请来的班智达们虽然对分别法门很精通，但对整个藏区未能获得利益。"[2] 可见当时西藏佛教在显密两方面都有问题，特别是在密教方面的修持偏离正道，《如意宝树史》说有些僧人"借口修密，出家人偏离等持正见，饮酒邪淫，更有青裙师等，贪求淫欲、什物，追逐享受等，侵害佛教"。[3] 对于当时佛教界的这些不利于统治秩序的状况，阿里地方的统治者必然了然于胸，有的史书在描写绛曲沃在迎请阿底峡入藏前的心态时说："我等吐蕃，佛教发展甚为迟缓。尤其是密咒徒众，学舌念咒，却干苟合等种种劣行，致使佛法衰退。"[4] 足见当时佛教界的不堪之态已引起统治者的严重不满。

因此，迎请阿底峡入藏，核心目的在于利用他的宗教权威身份对刚刚发展起来但又不成熟和出现了偏差的西藏佛教界进行一次全面的整顿。阿底峡到古格后撰写了《菩提道炬论》，此书从理论上树立起了佛教的修习次序，要求学法者必须循序渐进，《青史》特别

1　廓诺·迅鲁伯:《青史》，第149页。
2　འབྲོག་གཉོན་རྒྱ་དཔལ་གྱི་བཀའ་བཅད། དེབ་ཐེར་སྔོན་པོ། 1985 མི་རིགས་དཔེ་སྐྲུན་ཁང་། གོང་མའི་དུ་བཞུགས། ན 300
3　松巴堪布·益西班觉:《如意宝树史》，蒲文成等译，甘肃民族出版社，1994，第307~314页。
4　释迦仁钦德:《雅隆尊者教法史》，第53页。

指出阿底峡在书中开示三士道次第，要求"除应是明了空性，其余则不可正修（即真实修）第二（秘密灌顶）和第三（智慧灌顶）灌顶"。[1] 这就禁止了密教修炼的泛滥。同时，他在宗教实践方面特别强调严守戒律，对密教修持方面也进行了整顿，在绛曲沃的要求下撰写了以智足传规的密集曼荼罗主的尊观自在所作的修持法，改革过去密教中的所谓邪淫做法，通过这一传规"尊者将阿里的善知识和一切人士都引入于善道中，在那里（托林寺）驻锡三年，依尊者传规而修行者极为兴盛"。[2]

可见，在阿底峡的努力下，西藏的佛教面貌有了根本的改观，通过他的宗教感召力，许多人接受了他的教导和指引，使得古格王室发动的对阿里佛教界的整顿成效斐然。对此，《阿里王统记》给予阿底峡很高的评价，他在古格3年，广弘佛法，得到许多人的信从，古格吸收到了纯正的佛法。所有的异端和非法之教法都遭到人们的摒弃。颇章尊巴绛曲沃为此给阿底峡提供了极为丰厚的供养，史称"阿里大供养"（ མངའ་རིས་ཀྱི་འབུལ་ཆེ ）。[3] 阿底峡离开阿里后又到卫藏传法近10年，其弟子后来形成后弘期前期西藏的主要教派噶当派。他到卫藏之后的事迹因与本书主题无关，就不再叙述了。[4]

古格王室迎请班智达入藏不但促进了阿里佛教的繁荣，更为整个西藏特别是卫藏地区佛教的进一步发展提供了契机，雅隆尊者就说当时"卫藏之寺庙、僧团发展甚快，然此时期，尚未恪守佛法。自诸法王菩萨之贤侄拉喇嘛叔侄迎阿底峡大尊者至吐蕃之后，阐明

1　廓诺·迅鲁伯：《青史》，第151页。

2　廓诺·迅鲁伯：《青史》，第153页。

3　 གུ་གེ་མཁན་ཆེན་ངག་དབང་གྲགས་པས་བརྩམས། མངའ་རིས་ཆྱལ་རབས། ན 64~65

4　关于阿底峡在卫藏的活动详情，可参见秦士金《阿底峡与仲敦巴——11世纪西藏佛教的整顿者》，《西藏研究》1994年第2期。

圣教，于是佛教自上阿里发展流传"。[1] 事实上，后弘期前期藏传佛教各教派的兴起在佛教知识方面从上路弘法中获益最大。相关研究也表明，与下路弘法相比，上路弘法以戒律严格、讲求次第和显密教理较为系统为特点，上路弘法的正统性更突出，对后世藏传佛教的发展传承有巨大的影响。[2] 因此，绛曲沃的功绩得到后弘期众多教法史的称颂。

悉瓦沃与泽德：古格政教二元领导体制的成熟

绛曲沃跟他的祖父益西沃一样在政教两方面都做出了巨大的成绩。一方面，由于突如其来的军事灾难给古格王室带来的灭顶之灾，绛曲沃不得不身兼拉喇嘛与国王的双重身份，将政教二元权力集于一身，在特殊时期对古格的政教二元领导体制进行了调整。另一方面，绛曲沃晚年安排他的弟弟悉瓦沃和侄儿泽德分别接任拉喇嘛和国王之位，恢复了古格政教二元领导体制的传统权力格局，而悉瓦沃与泽德的拉喇嘛和国王的搭配，在古格历史上运行得更加稳定和长久，教主、国王相互配合，悉瓦沃和泽德共同合作，将古格王国推向了它在后弘期西藏历史发展中的顶峰。

1　释迦仁钦德：《雅隆尊者教法史》，第 52 页。
2　石硕：《从〈拔协〉的记载看藏传佛教后弘期上、下两路弘传的不同特点及历史作用》，《西藏研究》2008 年第 2 期。

悉瓦沃，原名永松德（ཡོངས་སྲུང་ལྡེ），为拉德的第三子。[1] 绛曲沃在晚年选中他接掌古格的教政，他出家为僧，《阿里王统记》对其生平有一段总结性的描写，为方便讨论，现摘译如下：

> 王弟永松德于阳火猴年（1056）出家为僧，取法名为悉瓦沃，此后住世四十一年。兄长（绛曲沃）离世后，复住世三十四年。当其时，与王侄国王泽德一起，遵照神变祖先之优良行事和传统，为了佛法长存及正法得以弘扬，转译佛经正法，修建三宝所依，迎请众多藏地高僧前来，降低身段，向他们请受佛法。为了一切众生成就圆满妙善，完成了无数的福德和智慧。[2]

根据这条史料中关于绛曲沃和悉瓦沃的重要时间节点进行推算，绛曲沃于 1063 年离世，而他在 1056 年时，已让悉瓦沃出家为僧，提前布局，很明显是已经决定以自己的弟弟悉瓦沃为教主的继承人，将教政交给他打理。悉瓦沃于此时出家很明显是绛曲沃安排的权力交接之举，而悉瓦沃应该就在同时接替教主之位，执掌教政。悉瓦沃以王弟身份出家，成为后弘期初期古格最后一位著名的王者僧人，他也有一个特别的称号，叫作"拉尊巴"（ལྷ་བཙུན་པ），尊巴跟喇嘛一样都是对僧人的尊称，拉尊巴的意思基本上与拉喇嘛相同。这一称号后来也成为藏传佛教对王族出家人的习称。

值得注意的是，在传教主之位于悉瓦沃的同时，绛曲沃可能将国王之位传给了泽德，上述这段史料中，把悉瓦沃和泽德放在一起

1　གུ་གེ་མཁན་ཆེན་ངག་དབང་གྲགས་པས་བརྩམས། མངའ་རིས་རྒྱལ་རབས། ཤ 64

2　གུ་གེ་མཁན་ཆེན་ངག་དབང་གྲགས་པས་བརྩམས། མངའ་རིས་རྒྱལ་རབས། ཤ 65

叙述，似乎就是在暗示政教两方面的权力交接是同时进行的。而另外一些史料显示，泽德继位为国王，也是在 1056 年，与悉瓦沃接任教主之位同时。索南孜摩的《入法门论》记载，当上部地区（即阿里地区）的国王沃德传位于赞普扎西赤德赞时，为佛涅槃后 3190 年。《入法门论》的纪年体系中曾标明距此不远的火龙年（1016）是佛涅槃后 3149 年，[1] 因此，泽德成为古格国王的时间——佛涅槃后 3190 年，正是悉瓦沃出家的 1056 年。而这位被索南孜摩称为"赞普"的扎西赤德赞，应该就是泽德。可见，为了恢复政教二道的传统，与此同时或者稍后一点，泽德也继承了国王之位，执掌国政。因此，1056 年悉瓦沃出家与泽德继位为国王，是一次精心策划的权力交接，不仅涉及教权，也涉及政权。在绛曲沃的安排下，他们二人遵照祖制，即遵循益西沃佛教原则的政教二道进行统治。从现存的资料来看，悉瓦沃和泽德的合作是相当成功的，这一时期的古格政治稳定，文化繁荣，文治武功都臻于极盛。

悉瓦沃主持教政后，前期最主要的功绩是扩建了古格的托林寺。托林寺自益西沃建成以后就成为整个阿里地区的精神象征。自益西沃出家驻锡于此以来，托林寺几十年来一直是古格乃至整个阿里的宗教活动中心和教政运行总部。但是因喀喇汗入侵，托林寺可能受到很大的破坏，以至于绛曲沃时代重新营造芒囊作为新的政教中心。1063 年绛曲沃离世后，悉瓦沃显然意识到托林的重要意义，于是开始将政教中心转移恢复到托林，从 1067 年到 1071 年，在悉瓦沃的亲自主持下，托林寺进行了大规模的翻修工程，特别是增修了金碧辉煌的色康大殿，建造了文殊坛城和文殊佛像，绘制了大量精美无比的壁画。总共调集了 200 多名能工巧匠，用了 5 年的时间

1　བགྲོད་རྣམས་རྗེ་ཚོ་སྐྱིད་དག་ཆོས་ལ་འཇུག་པའི་སྒོ་ཞེས་བྱ་བཙུན་བཅོས། ས་སྐྱ་དགའ་འབུམ 2007 པོར་གྱུང་གི་བོར་རི་ལ་ནང་སྐྱེན་ཁང་གིས་བཙུགས། ན 494

才完成色康大殿的全部建筑工程。[1] 经过悉瓦沃的扩建和翻新，托林寺的气势更加宏伟。

悉瓦沃主持教政的后期最主要的功绩是和国王泽德一起成功举办了火龙年大法会，这次大法会由泽德担任施主，负责为法会提供物质上的支持；悉瓦沃则成为宗教方面的负责人，主持法会的日常运作。泽德是沃德的次子，也是绛曲沃和悉瓦沃的侄子。经过之前三代统治者以及众多王室成员的苦心经营，到泽德即位时，古格的佛教发展水平已经达到了相当的高度，成为卫藏各地僧人们向往的求法佳地。1076 年，泽德在托林寺举办了后弘期开始以来整个西藏的第一次佛教盛会——"火龙年大法会"，这一盛会将早期古格诸王的弘法事业推向了极致，使阿里地区第一次也是唯一一次成为整个西藏的文化中心。在后弘期经典藏史著作中，《青史》是最明确提到这次法会的史籍之一。

> 光军（沃德）的王子哲德（泽德）在位时，于丙辰法轮大会，召集了卫、藏、康三区所有持法藏大师们，各尽其长转所有诸法轮。桑嘎（桑噶尔）译师所译的《量释庄严论》也是在那时译出的。……在法轮会中有惹诺译师、粟译师、穹波却准、真喀窝伽、峨·洛登协饶（即俄译师洛丹喜绕）、玛通·德巴协饶等。[2]

可见，这次法会涉及的地域范围之广几乎囊括了整个藏族地区，参加的高僧大德也很多，《青史》对于与会者的情况只简单地记

1　གུ་གེ་ཨ་ཕྱག་ཆེན་དགའ་དབང་གྲགས་པས་བརྩམས། ཨ་མདོ་རིས་རྒྱལ་རབས། ཤ 65

2　廓诺·迅鲁伯：《青史》，第 45 页。

录了几位译师。《青史》中提到参加法会的惹诺译师也译为热译师。《热译师传》记载，热译师 61 岁时前往印度求法途经阿里，正好遇上阿里王泽德请了许多卫藏地区著名的法师参加盛大的法会，他受邀参加了法会。在法会上，热译师与俄译师洛丹喜绕、年译师达磨扎、赞卡吾奇、琼宝曲宗、玛尔童大巴喜热等著名学者欢聚一堂，共转法轮。其间，桑噶尔译师译出了《量释庄严论》，赞卡吾奇请班智达展嘉讲授了弥勒学。[1]

而《阿里王统记》中记载的与会人员的情况则要详细得多，尽管书中并未明确提出"法会"等词语，但其叙述的事件很明显就是火龙年大法会。在《阿里王统记》的叙述中，悉瓦沃成为这次法会的主角。

> 其时，迎自印度及克什米尔之班智达众，与大译师洛丹喜绕（ཨོ་ཆེན་བློ་ལྡན་ཤེས་རབ）、章蒂达玛宁波（བྱང་ཏི་དར་མ་སྙིང་པོ）及卫藏之善知识阿绛曲益西（ཨར་བྱང་ཆུབ་ཡེ་ཤེས）及随行者百二十一人俱。复有象雄瓦·杰瓦喜绕（ཞང་ཞུང་བ་རྒྱལ་བ་ཤེས་རབ）等及古格、玛域（གུག་མར་ཡུལ）之一切高僧大德至，于古格大转法轮三年。[2]

《阿里王统记》中法会的参与群体与《青史》相比，增加了从印度和克什米尔来的一些班智达，但对这些班智达的具体情况语焉不详。不过这一遗憾可以用《汉藏史集》中的材料予以弥补。

> 沃德的儿子额达则德（泽德）在位之时，迎请了印度的

1　热罗·益西森格：《西藏佛法修证之王：热罗大师传》，多识仁波切译，西藏人民出版社，2005，第 207 页。

2　གུ་གེ་མཁན་ཆེན་ངག་དབང་གྲགས་པས་བརྩམས། མངའ་རིས་རྒྱལ་རབས། ཤ 67

堪布喜瓦桑布、学者札那室利、其美沙乐和达、班智达噶雅达热，班智达普那雅室利、苏拉雅斯底、班智达苏玛底格底、班智达宣努奔巴、色吉郭恰、尼泊尔人巴难达罗、克什米尔班智达释迦室利等。由俄·洛丹喜绕、苏·噶多吉、宣努却、曲桑、穹巴·扎桑、古茹·仁钦札、卓米·释迦意希、定增桑布、桑格尔·帕巴喜绕、年穷·达玛札、属庐·曲却、玛尔巴多巴、洛札玛尔巴译师、巴曹·尼玛札、玛完·曲拔、热译师、甲译师、萨迦译师贡噶坚赞、绰浦译师强巴贝等印度和吐蕃的译师学者将印度和尼泊尔诸位班智达所讲说的无数显密经论译成藏文。[1]

　　《阿里王统记》和《汉藏史集》的记述表明火龙年大法会的参加者人数极多，分布范围极广，不但卫藏地区的高僧大量出席，阿里三围境内除古格外，拉达克也派出僧人参加，同时印度的班智达也来了不少。开列出来的藏地译师都是当时西藏佛教界精英中的精英，他们集中在一起翻译了不少经论著作。因此，从西藏佛教发展的角度上讲，这是后弘期以来的第一次宗教文化盛会，集中了西藏和印度的大批优秀的佛学人才，在国王泽德的资助下，在古格的宗教首脑人物悉瓦沃的主持下，火龙年的阿里大法会足以闪耀千古，而古格和托林寺也成为整个藏族地区的宗教文化中心。

　　另外，这次法会将卫、藏、康三区的高僧聚集到阿里，尽管此时整个藏族地区在政治上仍四分五裂，但在弘扬佛教的共同信念下各地佛教界的代表人物集中到一起，对藏族共同文化和民族凝聚力的形成可谓影响至大。从益西沃到泽德，早期古格历代王族成

1　达仓宗巴·班觉桑布：《汉藏史集》，第117~118页。

员（在位国王和出家的王族）的努力至此已使古格乃至整个阿里地区的佛教水平实现了根本性的转变，阿里地区摆脱后弘期刚开始时寺院稀少、佛学人才匮乏的局面，成为整个藏族地区佛教文化的高地，实现了跨越式发展，其间所展现出来的宗教威望和文化向心力甚至一度超越了长期以来都处于政治、经济和文化中心地位的卫藏地区。

11 世纪后半期在悉瓦沃的努力下，古格在精神文化建设方面沿着先辈们建立的基础继续发展，特别是佛教得到全面复兴。阿里地区则在这场佛教文化发展的竞争中处于领先地位，火龙年大法会的召开向整个藏族地区展示了古格的文化实力，将古格在后弘期的"文治"推向了顶峰。另外，身为国王的泽德跟他的祖、父一样致力于对外军事开拓，在军事上取得了一系列的重大胜利，将古格王国的"武功"也推向了极致。

泽德，全名切查泽德（ཀྱེ་ཚེ་ལྡེ་），是沃德三子中的第二子。[1]泽德在绛曲沃的安排下成为国王，主持国政，秉承以教治国的方针，对悉瓦沃的佛教事业十分支持，色康大殿的兴建和火龙年大法会的举办都是在泽德的支持和配合下成功完成的。泽德本人对佛教的发展也是尽心尽力，在大法会之后亲自资助和安排著名的俄译师洛丹喜绕前往印度学习。洛丹喜绕后来成为著名的佛经翻译者，教授了许多弟子，在教法传承上形成了一个特别的宗派，《青史》还门论述了他这一系的传承情况。正因为如此，后弘期以来所有的藏文史书都对泽德的弘法大业大书特书。但他作为国王的政绩特别是在军事上取得的巨大成功却无人关心，以致几乎湮没无闻。

---

1 ཀུ་གེ་མཁན་ཆེན་ངག་དབང་གྲགས་པས་བརྩམས། མངའ་རིས་རྒྱལ་རབས། ། 68

幸而，作为一个世俗统治者，泽德在军事方面的丰功伟绩在《阿里王统记》中被记载了下来。泽德被古格人称为圣王（འཕགས་པའི་རྒྱལ་པོ）、天神降世的国王（གནམ་ལྷ་བབས་ཀྱི་རྒྱལ་པོ），甚至把"吐蕃的天神赞普"（བོད་ཀྱི་ལྷ་བཙན་པོ）这样一个吐蕃王朝时代的正统君主的称号也给了他。[1] 这些称号都是非佛教化的尊称，从吐蕃时代起行用已久，可见它们所要表达的不是对泽德的佛教贡献的表彰，而是要对他在世俗社会中所取得的伟大成就给予肯定，这种记叙方式在后弘期佛教史家的笔下是十分罕见的，足见泽德在武功方面取得的成就之大。《阿里王统记》详细记载了他在北方一个叫作嘉（རྒྱ）的地方取得的巨大战绩，为他书所无：

> 阳水猪年（1083），泽德向北方高原进军，当时该地已被格萨尔（གྲུ་སར）的军队占领。古格大军在桑囊那·伦钦旺珠（སང་ནན་ན་བློན་ཆེན་དབང་གྲུབ）、桑囊瓦·奇本囊扎（སང་ནན་བ་ཆིབས་དཔོན་སྣང་གྲགས）、桑囊瓦的侄子觉色坚赞多吉（སང་ནན་བའི་རྒྱ་ཚ་བོ་རྗེ་གསུམ་རྒྱལ་མཚན་རྡོ་རྗེ）、辛伦永多（གཤེན་བློན་གཡུང་དོ）、桑囊瓦·色杰穆如（སང་ནན་བ་གསེར་རྗེ་མུ་རུ）五人的率领下表现勇猛无比，在嘉地的然塘（རམ་ཐང）地方将敌军的十三支部队打得丢盔弃甲，落荒而逃。泽德继续率领大军前进，在羌果拉地方遇到格萨尔派来的四个使者，他们建议举行和议，随后敌军遂向我臣服。泽德派桑囊瓦·伦钦旺珠和囊扎前往格萨尔军中，格萨尔献上了许多宝物作为贡品（原文列举的贡品种类繁多，包括一些珍贵的武器、大批难得的宝石和各种稀奇古怪的动物，由于史料价值

1　གུ་གེ་མངའ་ཆེན་དག་དཔང་གྲགས་པས་བརྩམས། མངའ་རིས་རྒྱལ་རབས། ན 72

不大，在此不一一译出——引者注）。[1]

　　格萨尔是藏族古代文学中的经典人物，作为一位传说中的英明神武的国王，这个称号是很容易被爱慕虚荣的君主借用的。很明显，出现在史料当中的格萨尔绝不会是传说中的格萨尔王。嘉地是上部拉达克的一个地名，在吉德尼玛衮征服玛域之前这里曾经建立过一个小王国，其国王就自称格萨尔。[2]泽德在嘉地的战绩表明，尽管 11 世纪下半期的古格沉浸在佛教复兴的文化繁荣之中，但文治上的成功并没有影响古格的军事实力，在泽德的统率下，古格一度拥有一支能征善战的军队，泽德率领大军试图取得吐蕃时代先辈们所的后人难以企及的军事成就。《阿里王统记》记载的泽德时代的古格拥有相当广阔的疆域，当然其中肯定不免有些夸张。书中的说法是，在东方，将多麦（མདོ་སྨད）一带直到孔卡玛如（གོང་ཁ་དམག་རུ）的三百个地点纳入治下；在南方，控制了切桑之地（ཇེ་སྲང་གི་ཡུལ）、亚泽曲拉墨巴（ཡ་ཚེ་ཆུ་ལ་མེ་འབར）至纯铁之柱（ཆར་ལྕགས་ཀྱི་ཀོ་རིང）等九处地方，种植七种藏树为界，领有热坎的郑新（ར་གན་གྱི་འབྲིང་ཤེང）、冲都巴热（ཆོང་འདུས་འབའ་རར）至克什米尔泽登（ཁ་ཆེ་ཚེ་སྟེང）等地；在北方，将拉金拉（ལ་འཇིང་ལ）等地纳入治下，再次种植一些树木为界，每两年入贡一次。[3]

　　这个疆域里的大多数地名都无法确认是当时或者现今的什么地方，只有南方的情况稍微清楚一点，切桑之地可能位于普兰最南端海拔最低的地方，与门隅接壤。[4]同时，亚泽的部分地方也被泽

1　གུ་གེ་མཁན་ཆེན་ངག་དབང་གྲགས་པས་བརྩམས། མངའ་རིས་རྒྱལ་རབས། ༠ 72~73

2　Roberto Vitali, *The Kingdoms of Gu.ge Pu.hrang*, pp.324-325.

3　གུ་གེ་མཁན་ཆེན་ངག་དབང་གྲགས་པས་བརྩམས། མངའ་རིས་རྒྱལ་རབས། ༠ 73

4　Roberto Vitali, *The Kingdoms of Gu.ge Pu.hrang*, p.331.

德控制，并以竖立的铁柱为边界。很明显，在泽德的经营下，古格东西南北方向的疆界都有了较大的拓展，特别是在南方向前推进了不少。不过有些记载明显是不合理的，多麦这个地名通常是指青海湖西南以及黄河上游一带，有时也用作今昌都市的别称，古格的势力明显不可能影响到这两个地方，更不用说控制这里的大片土地了。

　　泽德的赫赫武功加上悉瓦沃的彰彰文治，使 11 世纪后半期古格的政教二元领导体制的实践取得了相当的成功，这种繁荣局面应该一直持续到 11 世纪末泽德和悉瓦沃相继过世为止。自益西沃借复兴佛教开启政治体制革新以后，以政教二道为基础的佛教政治意识形态已经成为古格王国政治文化中最深入人心的政治理念，以此为基础设计的古格政教二元领导体制在社会治理上的巨大功效也呈现了出来。这一时期堪称古格乃至阿里历史上的黄金时代。

第四章　内外交困：古格政教二元领导体制的终结

　　从 986 年益西沃宣布复兴佛教的国策到 1083 年泽德的北伐大胜，古格从吐蕃王朝崩溃后西藏系统性的治理失序中走了出来，探索出了一条全新的社会治理道路，即运用佛教复兴，培育出一套全新的政治文化，依靠这套新型政治文化，设计了古格的政教二元领导体制。依靠这一新型的政治体制，古格在 11 世纪中后期就实现了政治稳定和文化繁荣，成为西藏西部军事实力较强的区域性政权。而同一时期的卫藏地区，缺乏区域性整合的政治力量，政局混乱，地方治理失序，各种政治势力处于正在进行区域性社会整合和政权建设的摸索期。

　　如后世认为西藏政教合一制最重要的代表萨迦政权，这时尚在雏形阶段。昆氏家族，虽然作为当地的一个地方贵族势力历史悠久，但是一直到官却杰布向卓弥译师学习佛法，成为佛教高僧后，才在当地变成有号召力的家族，直到 1073 年才开始修建萨迦寺。这时古格的新政已行之有年，且已进入收获期，而昆氏家族才开始以萨迦寺为中心，聚集人口、土地和财产，萨迦寺成为一个地方治理机构，萨迦派发展成为地方政权还有很长的路要走。从《萨迦世系史》的记载来看，萨迦派比较多地负责地方社会的治理，兼具真正意义上的"行政机构"功能已经是 13 世纪初的事了，如萨班·贡噶坚赞（1182~1251）的弟弟索南坚赞（1184~1239）开始主管地方治理中各种经济事务的规划和安排。[1]

　　然而，历史进程的吊诡之处在于，萨迦派后来居上，13 世纪前后，萨迦模式已成为卫藏地区政治体制建设的主流模式，大部分的地区型教派政权都在复制萨迦派的成功之路，而古格在吐蕃王朝崩溃后在政治文化和政治体制建设上的重要成就，似乎在 12 世纪以后就突然消失了踪迹。在后来的古格政治史中，早期的政教二元领导体制已不复存在——虽然后来古格政治生活中佛教的因素仍然很有影响力。有意思的是，15 世纪前后，帕竹政权由朗氏家族核心成员构成的僧俗领导集体——京俄与第悉分掌教权和政权的政治体制，虽然与古格的政教二元领导体制十分相似，却是从萨迦模式中发展出来的；而那时的古格，当年的政教二元领导体制已经终结了多年，恐怕早已不为人知。

---

[1]　书中记载："从辛莫且开始修建了一箭之地等长的围墙，在斯塘等地设立了集市和人口众多的村庄，在仲堆、仲麦、达托、芒喀寨钦等地建立庄园，在绛迥、喀索、果斋、客尔普等地建立了许多牧场，在热萨等地牧养马群。"阿旺贡噶索南：《萨迦世系史》，陈庆英等译注，西藏人民出版社，2002，第 95~96 页。

泽德之死与 11 世纪末古格的内乱和政变

　　泽德的一生虽然完成了伟大的政教功绩，被称为圣王、天神
降世的国王和吐蕃的天神赞普，[1] 但他的结局并不完美，他并未寿
终正寝而是死于非命。《阿里王统记》记载，有卦象预示泽德会
因为臣下造反而崩逝，时间在其叔父悉瓦沃升天之前。[2] 这一记
载虽然非常简略，但很明显说明泽德的驾崩是典型的非正常死
亡，揣其文意很有可能是死于一场宫廷政变或阴谋。《阿里王统
记》记载的泽德的结局虽然奇特，但并非孤证。另外一部藏文古
籍《热译师传》在行文中也暗示了泽德的非正常死亡，书中说著
名的热译师在他 61 岁时启程前往印度求法，途经阿里，正好遇
上阿里王泽德召集卫藏地区的著名法师在阿里举行盛大的法会，
热译师也被邀请参加了法会，在法会上他与俄译师、年译师等众
多大师欢聚一堂，共转法轮。当时热译师预见到阿里王有危及生
命的灾难，准备告知泽德作法禳灾，但由于桑噶尔译师从中作
梗，未能如愿。[3]

　　热译师是后弘期前期的一名高僧，全名热钦·多吉札（ར་ཆེན་རྡོ་
རྗེ་གྲགས），是尼泊尔吐晋庆布的弟子，译出了《大黑阁摩天敌》三部

1　ཀུ་གེ་མཁན་ཆེན་ངག་དབང་གྲགས་པས་བརྩམས། མངའ་རིས་རྒྱལ་རབས། ན 72

2　མཚུག་ཏུ་འབངས་སོ་ལ་འཁྲུག་ནས་དཀྲོངས་ཏེ་ཁྱིའི་སྟོན་པ་དགུང་གཤེགས་སོ། ཀུ་གེ་མཁན་ཆེན་ངག་དབང་གྲགས་པས་བརྩམས། མངའ་རིས་རྒྱལ་རབས། ན 74

3　热罗·益西森格：《西藏佛法修证之王：热罗大师传》，第 207 页。

和《胜乐金刚续》等密教经典，是西藏佛教界大威德密法系列五大传承系统中热系的首传宗师，他本人是后弘期佛教界的一个传奇人物，藏文古籍认为他活了 180 多岁。《热译师传》是由他的小儿子热曲热口述、孙子热·益西森格笔录而成的一部关于热译师本人一生修证的传记。排除当中的一些神奇故事，其内容大体上条理清晰，基本事件翔实可信。刚才提到了热译师 61 岁时在阿里遇到的大法会就是著名的火龙年大法会，他和桑噶尔译师确实都作为重要人物参加了法会。[1]《热译师传》的记载表明，泽德的死确为一场阴谋和政变所致，而他的非正常死亡对于稍后与阿里有接触的高僧来说也并非什么秘密，至少热译师的子孙就知道泽德是被人谋害的。热译师当时可能看出了泽德的反对派的阴谋，想提醒泽德注意，但遭到阿里本地佛教势力的代表桑噶尔译师的阻拦。这位桑噶尔译师本名帕巴喜绕（ འཕགས་པ་ཤེས་རབ ），是阿里的桑噶尔人，早年师从印度诸班智达学法，后来到卫藏地区修复了大昭寺和桑耶寺等吐蕃时代的名寺。[2]桑噶尔译师作为阿里本地人，可能与泽德的反对派有某种联系。在《热译师传》中，桑噶尔译师专门与热译师作对，二人最后结下深仇，在斗法的过程中桑噶尔译师败下阵来，最终一命呜呼。[3]

泽德被害的确切时间史书上没有记载，但通过上文提到的参加火龙年大法会的俄译师洛丹喜绕的生平活动可以推断出大致的时间。《青史》一书对俄译师的生平活动和年代有相当详细的记载。

当纳措年四十九岁时岁次己亥（1059）峨译师洛敦协饶

---

1 Lobsang Shastri, "The Fire Dragon Chos 'Khor(1076 AD)," in Alex Mckay eds., *The History of Tibet vol.2*, London: Routledge Curzon, p.176.

2 恰白·次旦平措等：《西藏通史——松石宝串》，第 292 页。

3 热罗·益西森格：《西藏佛法修证之王：热罗大师传》，第 223~224 页。

（俄译师洛丹喜绕）诞生。他年届十八岁时，阿里王哲德（泽
德）所倡建丙午法轮会（即火龙年大法会）上，有格波旺嘉、
惹译师（热译师）、凌译师、穹波却准、玛通·德巴协饶、芒
窝·绛秋协饶、真喀窝伽等人都一起来到。峨译师在克什米
尔留学十七年于壬申年他年届三十五岁时回到西藏，作出了
广大的利益众生事业后，享寿五十一岁于己丑年（1109）
逝世。[1]

俄译师 1076 年到阿里参加泽德举办的火龙年大法会，会后
他就去了克什米尔学法，17 年后，直到他 35 岁时才回到西藏，
也就是说他学成归来之时应当在 1092 年前后。这个时间大概就
是泽德被害的时段，结合悉瓦沃死于 1096 年，也可相互印证。
《佛教史大宝藏论》也记载了俄译师是由泽德派去克什米尔学法
的，但当他学成归来后资助他翻译《量释庄严论》的施主已变
成旺德了。

哲德（泽德）派遣峨·洛敦去到喀什米尔的信澎让波和嘎
敦嘉补二师座前，学习《因明》；又到婆罗门萨达扎那和阇弥
启麦等师座前，学习《慈氏诸论》。由旺德出资作施主翻译了
《量释庄严论》。[2]

多种史书记载，旺德是泽德之后的古格国王（具体分析详后），
上述这条材料表明当俄译师从克什米尔学成归来后，支持他进行译

1　廓诺·迅鲁伯:《青史》，第202页。

2　布顿大师:《佛教史大宝藏论》，第192页。

经事业的施主已变，不过这条材料跟刚才提到热译师的那段材料有
一点矛盾的地方，就是《量释庄严论》这部后弘期初期的重要译作
究竟是俄译师译的还是桑噶尔译师译的？《阿里王统记》记载的该
书译者跟《佛教史大宝藏论》是一致的，也认为是旺德时代的俄译
师。[1] 布顿大师是后弘期最著名的学者，向以著书严谨闻名，而阿旺
扎巴则是古格本地人兼国王上师，他们二人的记述一致表明该说法
可靠性较高。由于泽德在 1083 年时还发动过一次大规模的北伐，打
败了北方嘉地的统治者格萨尔，迫使其纳贡，并取得了大片疆土，[2]
所以他不大可能在此次大战后不久就被害，其死亡时间很可能在 11
世纪 80 年代末到 11 世纪 90 年代初之间。有关泽德死于臣下造反的
说法绝非空穴来风，从泽德死后的王位继承情况来看，这很可能是
一场谋朝篡位的宫廷政变。

　　泽德死后的古格王位继承情况，后弘期以来的史书虽然都有记
载，但各说各话，分歧很大。而且各种史书关于泽德之后的阿里王
朝的书写方式明显有很大的变化，之前每位国王都或多或少有些事
迹，而泽德之后一般只列出国王世系而已。至于泽德的继任者更是
众说纷纭，《汉藏史集》记载："额达则德（泽德）的儿子为巴德（རྒྱ་
ཞེ）。"[3] 而《红史》中泽德的儿子叫作巴列（རྒྱ་ཞེ）。[4]《第吾觉色宗教源
流》中泽德的儿子又成了沃巴（འོད་འབར），沃巴的儿子则叫旺德（དབང་
ཞེ）。[5]《娘氏宗教源流》则认为泽德的儿子为旺德。[6] 如此众多的史
籍对泽德之后的王位继承情况都有记载但又都不一致，表明泽德死

1　གུ་གེ་མཁན་ཆེན་ངག་དབང་གྲགས་པ་བཟང་པོ། མངའ་རིས་རྒྱལ་རབས་ཤ f 74~75

2　黄博：《拉喇嘛与国王：早期古格王国政教合一制初探》，《中国藏学》2010 年第 4 期。

3　达仓宗巴·班觉桑布：《汉藏史集》，第 118 页。

4　蔡巴·贡噶多吉：《红史》，第 36 页。

5　སྐྱེ་ཏོ་སྒྲ་གཅིག་བསྟན་པའི་ ཆོས་འབྱུང་བསྟན་པའི་རྒྱལ་མཚན། 1987 བོད་གོང་ཁྲོངས་མི་དམངས་དཔེ་སྐྲུན་ཁང་གིས་དཔར་དུ་བསྐྲུན། f 149

6　ཉང་ཉི་མ་འོད་ཟེར་གྱིས་བསྟན་པའི་ ཆོས་འབྱུང་མེ་ཏོག་སྙིང་པོ་སྦྲང་རྩིའི་བཅུད། 1988 བོད་གོང་ཁྲོངས་མི་དམངས་དཔེ་སྐྲུན་ཁང་གིས་དཔར་དུ་བསྐྲུན། f 471

后的权力交接的情况比之前的几位国王要复杂得多，各家所见的材料不一致很可能正是对这次不正常的权力交接讳莫如深的反映，这或许也是《雅隆尊者教法史》中阿里王统世系只写到泽德为止的原因。[1] 幸好阿旺扎巴在《阿里王统记》中对泽德的儿子的情况有很清楚的描述，有助于后人了解这一权力交替过程中被隐藏的故事。《阿里王统记》记载：

> 彼有四子，泽沃（ཚེའོད）、觉泽（ཇོཚེ）及多吉丹（རྡོརྗེགཏན），此三子者驻守森扎（སེངགྲ）宫堡。立拉尊旺沃（ལྷབཙུནདབངའོད）为嗣君（གདུངཚབ），驻锡噶波得德（དཀརཔོའིཏེཉི）。[2]

这条史料很清楚地表明泽德有四个儿子，其中并无一个与上述后弘期以来常见的教法史所记载的泽德的儿子吻合。从这段材料来看，泽德身前可能指定了自己的继承人，那就是旺沃，旺沃又被称为拉尊，这是益西沃之后古格王者僧人的专用称号。很明显，旺沃并没有成为国王而是出家做了僧人，他的出家很可能是因为泽德的突然死亡使他丧失了继位的可能，不得不出家避难。然而即使出家，他最终也没能躲过权力斗争的迫害，他最后的结局跟他的父亲一样也是死于非命。《阿里王统记》记载，旺沃后来因为与旺德之子、继位为国王的索南泽（དབོནཨཔའབདགབསོདནམསཚེ）发生冲突，被索南泽杀死于托林塘吉沃（ཐོགྲིངགིཊརྒིའོད）。[3] 泽德的继承人旺沃与旺德

1　该书在记载阿里王统时没有像其他同类史书那样在泽德之后给出世系，而是写完泽德的事迹后开始总结阿里王朝的情况，并发出"昔日文书，所载多不一致"的感叹。参见释迦仁钦德《雅隆尊者教法史》，第 40 页。

2　གུགེམཁནཆེནངགདབངགྲགསཔསབརྩམས མངའརིསརྒྱལརབས 7 74

3　གུགེམཁནཆེནངགདབངགྲགསཔསབརྩམས མངའརིསརྒྱལརབས 7 74

的后继者索南泽之间的矛盾大到要将对方置于死地才罢手的地步，
可见泽德之死内情复杂。

　　泽德死后古格王位的继承是如何安排的，这一点无法通过上
述所引教法史的记载确定，而《阿里王统记》的记叙方式则更为奇
妙。阿旺扎巴在讲完泽德的四个儿子的情况之后，突然笔锋一转地
写了一句很奇怪的话："扎墨提达（ཚེ་དྲིང་）死于幼时。"[1] 接着就开
始直接叙述旺德治国的功绩。这样的书写方式在让读者感到莫名其
妙之余，也让旺德即位的过程变得更加扑朔迷离。在这样的记叙
里，旺德上台的过程没有任何交代，如果不是现行版本的《阿里王
统记》在这部分有脱漏的话，就是阿旺扎巴有意模糊这段历史。很
明显，旺德不是泽德的儿子，阿旺扎巴接下来专门介绍了旺德的身
世，他说旺德是桑卡氏（ཟངས་ཀ）之子，全名叫赤扎西巴德赞，又名
旺德。[2] 另外，《阿里王统记》在讲述完旺德一生的功绩后给出了他
的死亡时间，说他死于其父之前，[3] 这表明他的父亲不是泽德。现存
史料中泽德死于非命的预言，加上旺德的上台不清不楚，以及其后
人对泽德的后人痛下杀手，种种迹象表明旺德是一个弑君夺位的阴
谋家，维他利先生也认为尽管没有直接的证据，但旺德是一个篡位
者（usurper）的可能性很大。[4]

　　巴德正好是《汉藏史集》所记载的泽德的儿子，而旺德则是
后弘期以来教法史中出现频率最高的泽德的继任者，二人在《阿里
王统记》中恰为同人异名。桑卡氏是古格早期的一个重要的外戚家

1　གུ་གེ་མཁན་ཆེན་ངག་དབང་གྲགས་པས་བརྩམས། མངའ་རིས་རྒྱལ་རབས། ན 74

2　གུ་གེ་མཁན་ཆེན་ངག་དབང་གྲགས་པས་བརྩམས། མངའ་རིས་རྒྱལ་རབས། ན 74

3　གུ་གེ་མཁན་ཆེན་ངག་དབང་གྲགས་པས་བརྩམས། མངའ་རིས་རྒྱལ་རབས། ན 75

4　参见 Roberto Vitali, *The Kingdoms of Gu.ge Pu.hrang*, pp.342-343。

族，益西沃和柯热的母亲就出身于桑卡氏。[1]旺德的母亲也出身于
桑卡氏，看来旺德本人应当仍出身于古格王室，但很可能不是王
族中的嫡亲近支，维他利先生推测旺德可能是泽德的兄弟的儿子。[2]
《阿里王统记》确实记载了泽德有两个兄弟，一个叫赞松（བཙན་
སྲོང་），他和他的子孙后来成为普兰的统治者；另一个叫德扎赤松
德（དེ་ཁྲི་སྲོང་སྲེ），又名查赞泽（གྲགས་བཙན་ཟེ），其子孙情况则不清楚。[3]
因此，维他利先生推测旺德可能是查赞泽的儿子。不过如果真是
如此，则旺德也是古格王族中的嫡亲近支，这样的身份正是他合
法继位的最好资本，他根本没有必要隐瞒，反而应该大书特书以
彰显其正统性。然而后来的历史书写的事实却是：阿旺扎巴对这
一段历史的叙述隐晦难明，而其他教法史对此的记载又错漏百出。
照此来看，旺德的后人，也就是此后的古格国王都不愿意有人记
载他们祖先的这段历史。如果旺德真是查赞泽的儿子，那么旺德
的后人对旺德的身世及其即位过程如此讳莫如深就有些不可理解
了。只有旺德是王室中的非嫡亲近支的身份，这样他对王位的觊
觎就是非分之想，才能使他及其后人故意隐瞒这段王位交替历史
的表现得到合理的解释。

　　泽德之死与旺德即位，是古格政治史上的一个重要转折点，作
为阿里王朝核心的古格发生的这次政变，对阿里政治和宗教的发展
都有着深远的影响。旺德的上台可能不仅仅是王室成员中的一个野
心家的成功，其背后一定有贵族大臣和地方实力派的支持，他们应
该才是策划这次谋朝篡位活动的主力。这一点通过旺德上台后的执
政理念的转变可以很清楚地看出来。旺德执政后古格政治发生两大

1　གུ་གེ་མཁན་ཆེན་ངག་དབང་གྲགས་པས་བརྩམས། མངའ་རིས་རྒྱལ་རབས། ན 51

2　参见 Roberto Vitali, *The Kingdoms of Gu.ge Pu.hrang*, p.339。

3　གུ་གེ་མཁན་ཆེན་ངག་དབང་གྲགས་པས་བརྩམས། མངའ་རིས་རྒྱལ་རབས། ན 68

转变，一是王权对佛教态度冷漠，二是起用贵族大臣和地方实力派，世俗贵族再次成为政治舞台上的主角。古格早期诸王兴佛的政治动机，是要打击贵族的权势以增强王权。古格的政教二元领导体制，将古格王国中的贵族大臣和地方实力派排除在权力核心之外。益西沃发起的这次政治改革肯定跟吐蕃王朝后期的佛教政治一样遭到贵族大臣的反对，只是这种反对声音在后世的佛教史书写中被过滤掉了而已。旺德上台的背后，一定有贵族大臣和地方实力派的支持。

贵族大臣在这次宫廷政变中发挥了巨大的作用还可以从旺德即位的年龄中探寻。《阿里王统记》记载，索南泽的父亲旺德被称为拉钦泽德的继嗣怙主（ᚣᚢᚣᚢᚢᚣ），他在 13 岁时登基为王，然而英年早逝。[1]13 岁是早期吐蕃时代君主即位的一般年龄，传说中松赞干布即位之年也是 13 岁，所以在藏族古代社会中 13 岁的人完全有执政能力。古代人寿命比现代人要短，所以比现代人早熟是可以理解的，但以前吐蕃赞普 13 岁能够继位是因为他们都是合法的王位继承人，即使旺德 13 岁时有行使王权的能力，但一个 13 岁的少年如果没有贵族大臣的扶持是绝不可能实现改朝换代的，所以旺德的上台必定有很强的贵族势力的支持。

从益西沃到悉瓦沃，从柯热到泽德，过去古格王室的领导集团，都是益西沃兴佛改制运动的忠实支持者和执行者，但旺德上台后的行为明显不同。旺德在位期间没有修建过一座寺庙，也基本上见不到他大力弘扬佛教的记载。他对佛教的态度如此冷漠在古格统治者中是绝无仅有的。这表明旺德执政后在宗教政策上做出了重大

1　ཡབ་དཔང་ལྷ་ལྔ་ཚེན་རྗེ་སྲིའི་ཀྱི་དཔོན་ཙ་རྒྱལ་ཚབ་མགོན་པོ་བོ་བརྒྱ་གསུམ་ལ་མངའ་གསོལ་ནས་སྐུ་གཤེགས་ཀུ་ལ་མ་ཤིགས་པ་དང་། ཀུ་གི་མཱན་ཚེན་དཔ་དཔང་སྐྱགས་ལས་
བརྩམས་མ་མངའ་རིས་རྒྱལ་རབས། 75

调整，已经事实上停止了自益西沃以来以政权力量推动的声势浩大的佛教复兴运动。从现存托林寺红殿的一段藏文题记的内容来看，旺德可能还发动过一次灭佛运动。1997 年，西藏考古工作者在托林寺红殿殿堂西壁北侧墙壁上的宗喀巴师徒三尊像的下方发现了一篇藏文题记，其中有一段文字如下：

> 孜德铭记父王言，宏扬佛法竭全力。贤者云集托林寺，功德常为后人夸。善缘极薄当地人，邪恶之心大膨胀。逼迫解散持法僧，佛经庙宇化成灰。此后长久无佛光，象雄善缘终未尽。迎来宗喀大弟子，阿旺扎巴燃佛灯。继承仁钦桑颇业，佛法再度逞辉煌。[1]

这段题记，前半段在表彰泽德举办火龙年大法会的弘法功绩，后半段则在赞颂阿旺扎巴在古格弘传格鲁派的贡献，这两部分内容在后弘期以来的藏史著作中都有详细的记载，题记的意思很明白，无须多做解释。但中间有一部分说"善缘极薄当地人，邪恶之心大膨胀。逼迫解散持法僧，佛经庙宇化成灰。此后长久无佛光"，则让后人不解何意。译释这段文字的西藏作家次多先生也颇感困惑，这部分内容迄今为止并没有相关史料可以解释，他只能根据文意推测泽德之后古格可能出现过一次灭佛运动。其实，如果结合上文揭示的旺德篡位及其宗教态度转变的背景来分析这段文字，那么这段题记很可能反映的正是旺德时期对古格佛教势力的疏离态度。

除了对佛教事业本身失去兴趣之外，在政治上，旺德也一改

1　次多：《阿里托林寺红殿壁文考》，《西藏艺术研究》1998 年第 2 期。

之前的政教二道的佛教政治体制。从行事来看，他对佛教政治相当反感，上台后开展的第一项工程不是像之前的统治者那样修建寺院，而是修建了后来举世闻名的东嘎城堡作为自己的新都，[1] 建都东嘎极有可能也是他抵制佛教势力的一个举措。因为自益西沃创建托林寺以来，托林地区就成为古格的政治和宗教中心，托林是因佛教复兴而发展起来的佛教文化的重镇，在这样一个佛教势力较强的地方想要改变益西沃以来的旧制，其阻力之大是不难想象的。另外，托林是益西沃及其后的三代古格统治者苦心经营了100多年的根据地，旺德篡位后出于自身安全和加强统治力量的考虑也有必要创建自己的政治中心。很明显，旺德不但对佛教事业不感兴趣，而且有意疏离益西沃以来形成的可以左右国政的佛教势力。

更重要的是，贵族势力在旺德统治时再次进入权力核心，《阿里王统记》在讲述旺德当政情况时说当时有大臣桑卡（ གློན་པོ་ཟངས་ཁ ）、杰论噶吉（ རྗེ་བློན་དགའ་སྐྱིད ）和达巴杰论扎白（ མདའ་པ་རྗེ་བློན་གྲགས་དཔལ ）三人同他一起处理国政。[2] 桑卡氏是母系旧贵族的代表，而另外两人则是拥有杰论头衔的地方贵族。"杰"（ རྗེ ）在吐蕃王朝时代一般指的是具有一定自主性的诸侯王，"杰论"一词在这里可能是指拥有"王公"头衔的地方贵族。这表明，旺德统治时期对益西沃时代的政教体制进行了大幅度的调整，外戚贵族和地方实力派的权力大大增加。旺德的新政对益西沃改制以来的政教体制进行重新调整，世俗权力得到提升而佛教政治受到抑制，特别是治国原则中政教两权中的教权基本上已不能再在政治生活中发挥原来的作用，很明显的例子是身为拉

1　གུ་གེ་མཁན་ཆེན་དཔལ་དབང་གྲགས་པས་བརྩམས། མངའ་རིས་རྒྱལ་རབས། ྣ 74

2　གུ་གེ་མཁན་ཆེན་དཔལ་དབང་གྲགས་པས་བརྩམས། མངའ་རིས་རྒྱལ་རབས། ྣ 74

尊的旺沃连自己的生命都无法保全，肯定已经没有了以前拉喇嘛那种对国政的指导权。旺德死后，其子索南泽继位。索南泽时代，旺德篡位所造成的王室内部的权力之争达到白热化。为了保证王位不受其他王族成员的威胁，索南泽即位之后不但杀死了泽德的儿子拉尊旺沃，还处死了宗室成员 30 多人，并大肆诛杀异己。[1] 考虑到古格政教二元领导体制时期，王室成员大量出家为僧以及古格高僧多有王室背景的情况，索南泽时期古格王室的内讧，对于古格佛教的打击也是巨大的。

古格的政教二元领导体制在旺德之后无法维持的一个后果就是传统的分封制再次死灰复燃。益西沃制定"王位继承法"，本就是为配合"以佛法护持国政"的新政，保证古格的政教二元领导体制平稳运行。从旺德之子索南泽统治时期的史料来看，政教二元领导体制时期施行的"王位继承法"已经被破坏，王室再次流行起了分封制。《阿里王统记》记载，索南泽的长子扎西泽（བཀྲ་ཤིས་འོད）继位为古格国王，建都东嘎（དུང་དཀར），领有古格南北之地（གུ་གེའི་ལྷོ་བྱང་ལ་མངའ་རྒྱུནས）；次子觉卧杰布（ཇོ་བོ་རྒྱལ་པོ）被封为库奴王（ཀུ་ལ་པོ་ཁུན）；幼子沃巴泽（འོད་འབར་རྩེ）受封绒穹（རོང་ཆུང）之地。[2] 显然，古格政教二元领导体制被破坏最严重的后果就是王室核心成员无法再形成一个团结统一的僧俗领导集体，使得古格王室内部出现了严重的分裂，这一事件极有可能是古格最终分裂的导火线。

泽德之死与旺德之立对于古格王室团结和统一的政治格局的影响是巨大的，这次谋朝篡位的政变势必对古格的分化重组产生重大影响。前文已经分析过，直到泽德之时，拉达克与古格仍然难分彼

---

1   གུ་གེའི་མཁན་ཆེན་དཔལ་དབང་གྲགས་པས་བརྩམས། མངའ་རིས་རྒྱལ་རབས། ཤ 75

2   གུ་གེའི་མཁན་ཆེན་དཔལ་དབང་གྲགས་པས་བརྩམས། མངའ་རིས་རྒྱལ་རབས། 1996 བོད་རྩོ་པིང་གཞུང་ལམ་ཁག་ལོ་ཤེགས་སྐོང་འཁོར་བའི་རྩ་དུང་མངད་སྐྲོ་བོ་སྐྱིག ཚོགས་རྒྱས་ཀྱིས་པར་དུ་བསྐྲུན། ཤ 75~76

此，而普兰与古格则本为一体，不分彼此。在后弘期初期，普兰一直与古格处于同一政权的治理之下，从益西沃到泽德，无论是复兴佛教还是改革政治，古格和普兰都是同步进行的，而以普兰为封地的柯热一系在益西沃之后更是成为古格王朝的正统。益西沃虽然集政教两方面的最高决策权于一身，但同时将具体的军政执行权交给了兄长柯热，建立起西藏政治史上空前强大的王权，通过政教合一的办法，古格政权实现了将决策权与执行权都集中到王室手中。贵族大臣在政治生活中的地位大大下降，从此失去了专权的体制依靠。益西沃以拉喇嘛之尊成为宗教领袖，在以教治国的理念下拥有政治生活中的最高决策权，普兰王柯热在处理一段时间国政后便成为古格和普兰的国王，拥有政治生活中的最高执行权，二人合作无间，阿里地区基本上结束了吐蕃王朝分裂以来的社会动荡，开启了一个繁荣稳定的新时代。[1]

古格的政教二元领导体制是古格与普兰联为一体的制度性保障，旺德政变后，古格与普兰的联合便无法维持，事实上普兰的分治确有可能与旺德的篡位有关。从现有的材料来看，古格早前对普兰的治理很可能采取的是一种分派王子前往镇守的形式，最初在益西沃继承古格王位的同时，柯热被派去镇守普兰。后来泽德即位的同时，他的兄长赞松则被派去镇守普兰，《阿里王统记》记载普兰王系开始于赞松，"赞松治普兰，泽德治古格"。[2] 从泽德时代的情况来看，这句话表述的是赞松以古格王子身份成为普兰的封君，泽德则以国王的身份坐镇古格，普兰在泽德时代并未自立。

1　参见黄博《拉喇嘛与国王：早期古格王国政教合一制初探》，《中国藏学》2010 年第 4 期。

2　གུ་གེ་མཁན་ཆེན་ངག་དབང་གྲགས་པས་བརྩམས། མངའ་རིས་རྒྱལ་རབས། ༦ 68

　　普兰真正从古格统治下脱离出来自立，很可能是在泽德遇害、古格政局大变之后。前文已分析过旺德上台篡权夺位的可能性很大，他以非常手段夺取古格王位，其后又大杀宗室，特别是诛杀泽德子孙，其行为势必遭到王室中泽德一系的强烈反对。赞松作为泽德的兄长，绝不会再听命于篡位者旺德控制的古格朝廷，他在这时最有可能的举动就是脱离古格而据普兰封地自立。事实上普兰王系也确实开始于赞松，旺德篡位之后古格的王统已发生变化，而其子索南泽又大杀宗室，此后的古格王国在王统世系上已经不再是阿里王朝的正统所在。作为泽德的兄长，赞松到这时已经成为从吉德尼玛衮到泽德的阿里王朝正统世系的唯一幸存者。《阿里王统记》在写完赞松统治古格之后紧接着排列了一串普兰王统的世系，然后就开始叙述普兰政权的情况，直到写完普兰和亚泽的情况后才又回过头来写古格的情况，这样的安排明显打乱了该书之前一直以古格历史为主体的编写体例。考虑到前面提到的阿里王朝正统世系的转变，阿旺扎巴这样的叙述安排绝不能说是没动心思的随意处置。

　　弄清了普兰分离的情况，回过头来看拉达克的情况就更加清楚了。拉达克的早期历史不过是对古格早期历史的曲折记忆，尤其是拉钦杰布、乌巴拉父子的故事很可能是改造了沃德、泽德父子的历史事实后形成的。所以跟普兰一样，真正意义上的拉达克王国在泽德死前也是不存在的。

　　传统史书记载，拉达克政权始于吉德尼玛衮的长子贝吉衮被分封到拉达克一带单独发展。按照传统的说法，拉达克政权开创于吉德尼玛衮的长子贝吉衮，《拉达克王统记》记载贝吉衮得到阿里玛域之地，其地东抵日土（ རུ་ཐོགས ）、果来金矿（ གསེར་ཁ་འགོག་ལད ）的白典角（ ཞེ་མཆོག་དཀར་པོ ）、苍地（ མཚམས ）的红热瓦（ ར་བ་དམར་པོ ）、旺列（ ཕྱས་ལེ ）的米吉颇庞山头（ᨠᨠᨠᨠᨠᨠᨠᨠ），西达克什米尔山口（ᨠᨠᨠᨠ）、多补巴坚（ᨠᨠᨠᨠ）以上，北至果俄金矿（ᨠᨠᨠᨠ），以上皆属嘉地范围。[1] 虽然后来的事实是阿里王朝的西北地区玛域拉达克一带从王朝直属领地中分离出来逐渐形成了拉达克王国，但种种迹象表明这一过程不可能只是一次分封就完成的。

从现存的史料来看，拉达克地区至少在吉德尼玛衮的孙子益西沃时代仍然隶属于以古格为正统的阿里王朝，可以说这时并不存在一个自主的拉达克政权。从藏文古籍《阿里王统记》的记载来看，后来古格政权的第一代统治者扎西衮得到的封地包括古格和普兰这两处阿里地区最富饶的地方，同时他还继承了吉德尼玛衮时代的军政中心——尼松堡，[2] 可见他是以阿里王朝正统君主的身份君临三围的。此后在他的儿子益西沃复兴佛教的过程中，《阿里王统记》的一些记载也可以印证古格政权拥有号令整个阿里三围的权力，托林寺建成之后益西沃为了将佛教原则引入政治生活进行改制，曾召开过一次齐集高僧大德和贵戚重臣的会议，值得注意的是，这次会议的代表除了来自古格和普兰之外，还有来自玛域的。[3] 这条材料表明不仅益西沃对玛域拉达克地区拥有管治之权，而且在有关阿里王朝的大政方针的决定上，拉达克方面也有派出代表参与的权利和义务。也就是说，这时的古格政府仍然是阿里王朝的延续，并不同于后世那种只是统治古格一隅之地的古格政权。益西沃晚年为了加快阿里佛教的发展和提升他的两个儿子在宗教界的实力，曾以行政手段使 200 名青年随同他的两个儿子出家修行。在《阿里王统记》的记载中，这 200 名青年分别来

1　ᨠᨠᨠᨠᨠᨠ 1987 ᨠᨠᨠᨠᨠᨠᨠᨠᨠᨠᨠᨠᨠᨠᨠᨠᨠᨠᨠᨠᨠᨠᨠ ᨠ 42

2　ᨠᨠᨠᨠᨠᨠᨠᨠᨠᨠᨠᨠᨠᨠᨠᨠᨠᨠᨠ ᨠᨠᨠᨠᨠᨠᨠᨠ ᨠ 51

3　ᨠᨠᨠᨠᨠᨠᨠᨠᨠᨠᨠᨠᨠᨠᨠᨠᨠᨠᨠ ᨠᨠᨠᨠᨠᨠᨠᨠ ᨠ 54

自阿里地区的四个大区，即古格 100 人、普兰 40 人、玛域 30 人、毕底 30 人。[1] 这个人员构成中，来自古格政权直接控制地区（古格和普兰）的青年占了 70%，但来自拉达克地区的青年仍占了 15%，可见古格政权在拉达克地区确有调动一定社会资源的权力。而 1024 年前后益西沃的侄孙沃德更在拉达克的中心地区修建了著名的白图寺，表明古格直到 11 世纪前期在这一地区的控制力仍未减退。

另外，与古格早期诸王的辉煌成就相比，早期拉达克诸王就相形见绌了，这一点颇为奇怪。在第一代君主贝吉衮之后，《拉达克王统记》仅仅列出了三代国王的名字，即拉钦卓衮（འབྲོ་མགོན་）、拉钦扎巴德（གྲགས་པ་ལྡེ་）、拉钦绛曲森巴（བྱང་ཆུབ་སེམས་དཔའ་），[2] 这三代国王在王朝史中没有任何事迹留下。对比起来，卓衮为益西沃和柯热的同辈，扎巴德与拉德同辈，绛曲森巴则与沃德等同辈。在此三代君主统治期间，古格正声势浩大地进行着一系列复兴佛教和改革政治的活动，[3] 而拉达克的诸位君主们在史书上却无一事可记，也从另一个侧面证明了早期拉达克政权并不能独立自主地行使权力。尽管这三代国王在位期间没有任何事迹被记录下来，但从他们的名字中仍能解读出一些信息，这三个名字中前两个是世俗化的名字，而与沃德同辈的绛曲森巴则是一个佛教名字，意为"菩萨"，这与古格佛教复兴的历程大体一致，而绛曲森巴这个名字同著名的拉喇嘛绛曲沃也十分相似。

拉达克从第五代君主拉钦杰布（ལྷ་ཆེན་རྒྱལ་པོ་）起才开始有了具体的历史故事，此时拉达克政权修建了第一座寺院——鲁吉寺（གྲུ་འཕྱལ་གྱི་

1　གུ་གེ་མཁན་ཆེན་ངག་དབང་གྲགས་པས་བརྩམས། མངའ་རིས་རྒྱལ་རབས། ན 59

2　ལ་དྭགས་རྒྱལ་རབས། ན 43

3　参见黄博《拉喇嘛与国王：早期古格王国政教合一制初探》，《中国藏学》2010 年第 4 期。

དགོན་པ），使拉达克有了第一批僧人。拉钦杰布在位时还资助过"雪山三湖"（གངས་རི་མཚོ་གསུམ）地区的修行僧人，当时这一地区的修行僧团已有相当的规模，最多时达 500 人，最少时也有 100 人。[1] 拉钦杰布是《拉达克王统记》中第一个从事过具体事务的国王，但有意思的是他在史书上的名字不是一个真正的"名字"，拉钦杰布只是一个尊称，相当于"圣上国王"。他除了修建了拉达克最早的寺院鲁吉寺之外，还跟"雪山三湖"地区的僧团有密切的关系。奇怪的是，"雪山三湖"通常指的是普兰东部的神山圣湖地区，雪山即冈底斯山，三湖为玛旁雍错、拉昂错和公珠错，处于阿里最西部拉达克地区的统治者却对阿里最东部处于古格统治下的普兰地区的僧人提供资助，在早期历史中这似乎有点太不正常。拉钦杰布没有真正的名字，但他是最早在拉达克弘扬佛教的国王，从辈分上看他正好与沃德同辈。由于益西沃和柯热采取的是兄终弟及的继承方式，拉钦杰布的统治年代很可能跟沃德相同，而沃德正好在拉达克修建过白图寺。作为古格国王，沃德要资助神山圣湖地区的僧团很容易，这个著名的但又没有名字的拉达克国王拉钦杰布很可能是后期拉达克史家改造沃德的事迹后形成的。[2]

从行事上看，如果说拉钦杰布与沃德只有几分相似的话，那他的儿子乌巴拉的故事则与沃德的儿子、著名的古格国王泽德极其相似。《拉达克王统记》记载拉钦乌巴拉（རྒྱུད་པ་ལ）调动拉达克上下两部的军队进攻浓迪（གུང་ཉི），浓迪战败后被迫订立和约，浓迪国王发誓直到冈底斯山的积雪融化、玛旁雍错的湖水干涸，永远向拉达克进献贡赋。此外还将珞哦（ལྷོ་པ）至普兰（སྤུ་ཧྲངས）以下，南到切桑之

1　ལ་དྭགས་རྒྱལ་རབས། ན 43

2　伯戴克对拉钦杰布的名字也感到奇怪，并猜想他和沃德很可能是同时代的人，不过伯戴克没有怀疑此王存在的真实性。参见 Luciano Petech, *The Kingdom of Ladakh c.950-1842A.D*, p.18。

地（ཇེ་སྲང་གི་ཡུལ）和曲拉墨巴（རྒྱལ་མེ་འབར）以内，西至热坎郑新（ར་ཀག་
འབྱེང་ཤིང）、达库（སྟག་ཁི）以内，北到嘎徐（ཀ་ཤུ）以外的地方纳入治
下，使其年年入贡，岁岁来朝。[1] 照此记载看来，当时拉达克似乎
成为西部地区的一个军事力量强大的政权，以至于伯戴克先生不
得不感叹拉达克居然可以在这一时期在西喜马拉雅地区建立起短
暂的霸权。[2]

　　不过事实上乌巴拉在军事上的成就跟他的名字一样让人难以理
解，位于阿里西北部的拉达克政权竟然可以将势力扩展到阿里东南
部的珞哦和普兰，这一战功对拉达克来说似乎太大而大为可疑。更
重要的是，他的军事成就同《阿里王统记》中泽德的伟大功绩有太
多重合之处。泽德最初在嘉地打败格萨尔，显示出古格当时拥有巨
大的军事能量，而嘉地恰恰是在拉达克境内。此后泽德东征西讨，
将一个十分广大的区域纳入治下，而这个区域同《拉达克王统记》
里记载的乌巴拉的统治区域竟然十分相似，尤其是在南方，《阿里王
统记》的记载为：

　　　　南至切桑之地（ཇེ་སྲང་གི་ཡུལ）、亚泽曲拉墨巴（ཡ་ཚེ་རྒྱལ་མེ་འབར）
　　　及纯铁之柱（ཚང་སྟག་ས་གྱི་རོ་རང）等九地，植蕃树之有荆棘者七，止
　　　于热坎郑新（ར་ཀག་གྱི་འབྱེང་ཤིང）、冲都巴热（ཚ་འདུས་པ་འབའ）及克什米
　　　尔泽登（ཁ་ཆེ་ཚེ་རོང）。[3]

　　二者竟然有三个地名完全相同，即切桑之地、曲拉墨巴和热
坎郑新，通过对比乌巴拉和泽德的故事可以发现，乌巴拉的故事

1　ལ་དྭགས་རྒྱལ་རབས། ན 43

2　Luciano Petech, *The Kingdom of Ladakh c.950-1842A.D*, p.18.

3　གུ་གེ་མ་ལན་ཆེ་བ་དྭ་དྭང་གྲགས་པས་བཙལ། མང་རིས་རྒྱལ་རབས། ན 73

跟其父拉钦杰布的故事一样，极有可能都脱胎于古格国王的事迹。如果说拉钦杰布与沃德的相似还只是巧合的话，那么其子乌巴拉同泽德的相似紧接其后且如此不谋而合，就值得深思了。在早期阿里史料屈指可数的记载中，拉达克的两代君主与古格的两代君主如此相似绝不可能是不相关的两种历史书写。事实上，《阿里王统记》的成书比《拉达克王统记》要早好几个世纪，《拉达克王统记》对从贝吉衮到绛曲森巴的四代早期国王的无事可记也表明拉达克早期史的历史记忆疑点重重，因此拉钦杰布和乌巴拉的故事极有可能是后来的拉达克人结合古格的历史编造出来的，因此有理由相信拉达克真正从阿里王朝中分立出来绝不会是在所谓的吉德尼玛衮分封三子之后。以上的考证提示我们，古格王泽德在世时阿里王朝仍有可能是统一的，真正的分化应发生在之后，而泽德的死于非命或许可以为我们解开这一谜题。

旺德以非常手段上台，政治号召力和影响力大打折扣。其权力所及恐怕也只能控制住古格王国的中心地区，而无力插手普兰和拉达克事务。拉达克极有可能也是在这一时期从古格的管治之下独立出来的。《拉达克王统记》记载，乌巴拉的儿子那鲁（སྨུ་ཆེན་དག་ལུགས）即位后，于虎年在旺列（ཕཡལ）修建城堡，于龙年修建卡拉泽（ཀ་ལ་རྗེ）城堡。[1] 那鲁的时代大概相当于旺德的时代，他修建的两座城堡是拉达克最早的城堡建筑，修建城堡在割据时期有很明显的政治意义。吉德尼玛衮在阿里开国修建了尼松堡，旺德篡位之后也在东嘎修建了城堡，那鲁在这时修建城堡正好符合拉达克事实上在泽德死后才自立的推断。知道了这一历史背景，那么这段材料中长期以来被认为是毫无意义的两个时间或许可以补证

---

1 ལ་དྭགས་རྒྱལ་རབས། ན 43~44

上述猜测。前文已经论证过旺德在位的时间在 11 世纪末到 12 世纪初，他具体篡位的时间应在 1092 年之前，至少在这个时间他已完全控制住了局面，否则不可能有能力去资助俄译师的译经事业。以此为参照，那鲁修建旺列城堡的虎年很可能是第一饶迥土虎年（1098），而修建卡拉泽城堡的龙年则是第一饶迥铁龙年（1100），这两个时间与旺德统治古格的时间相差不远，可见上述推测是比较合理的。由于泽德之死和旺德篡位，阿里王朝首次分裂，在 12 世纪初阿里地区初步形成古格、普兰和拉达克三大地方政权鼎足而立的区域政治格局，也就是后世追认的阿里三围的基本地理结构。

　　因此，11 世纪末旺德的上台，使古格佛教的发展暂时失去了政权力量的支持，这对古格佛教的进一步发展是相当不利的。当然，佛教对统治者而言始终是一种有利的意识形态，旺德应该不会公开表示反对，事实上在他之后的古格国王大多仍然崇敬佛法。另外，旺德时代贵族权力的迅速回升也对政治的稳定不利，旺德死后就立即发生了大臣金霍尔瓦趁王室内争之机起兵叛乱的事件。旺德之子索南泽即位后又恢复对佛教的兴趣，他在位期间同王后京拉宗（ཀྱེ་ལྷ་བཙུན་）一起为佛教发展做了一些事情，特别是仿照托林寺修建了仁钦林寺（རིན་ཆེན་གླིང་）。不过索南泽统治之时旺德篡位所造成的王室内部的权力之争达到白热化，为了保证王位不受其他王族成员的威胁，索南泽即位之后不但杀死了泽德的儿子拉尊旺沃，还处死了宗室成员 30 多人，并大肆诛杀异己。[1] 他在内政上采取这种残酷的高压手段，对古格佛教发展的损害是巨大的。因为从益西沃时代开始，按照兴佛诏令的规

1　གུ་གེ་མཁན་ཆེན་ངག་དབང་གྲགས་པས་བརྩམས། མངའ་རིས་རྒྱལ་རབས། ན 75

定，每一代王室成员除了王位继承者之外，其余宗室大部分都要出家为僧，古格佛教僧人中最有实力的群体就是王族，索南泽大杀宗室的行为肯定会使古格佛教势力中一部分王族僧人遭到灭顶之灾，这些人在出家后往往是寺院的领袖人物，这极有可能使古格佛教多年积累的人才被一扫而空。旺德和索南泽的统治时代大约在 11 世纪末到 12 世初，这一时期正是卫藏佛教开始本地化和宗派化的关键时期，而古格佛教界却因政治斗争的内耗而大受损失，这也是古格佛教发展水平进入 12 世纪以后突然落后于卫藏地区的内部原因之一。

扎西泽之死与 12 世纪中叶古格的军事灾难

除了内政上的混乱局面给古格政教二元领导体制造成的破坏之外，古格政教二元领导体制终结的另一个重要原因是 12 世纪前期阿里地区受到了来自北方异族的大规模侵扰，保持了 100 年繁荣安定局面的阿里地区被这场突如其来的战争完全破坏。整个古格几乎被洗劫一空，阿里地区的经济和文化自然受到前所未有的破坏。这次大规模的外敌入侵发生在索南泽的儿子扎西泽统治古格的时期。11~12 世纪藏传佛教后弘期刚刚开始不久，此时西藏佛教在本地的复兴和发展进入了一个关键时期。在卫藏地区，这一时期后世藏传佛教的几个重要派别——宁玛派、噶当派、萨迦派、噶举派等先后形成。[1]佛教在西藏的发展获得各方的支持，形势大好，对佛教而言，似乎再无势力危及其生存和发展了。不过，在各种史书中，这一时期曾经是后弘期上路弘法源头之一的阿里地区的佛教发展水平并不突出，不但没有形成具有地方或宗派特色的教派，而且还似乎一度遭受敌视佛教的外敌的威胁，藏文史籍中通常把这一威胁佛教的异族敌人称为"噶逻"（གར་ལོག）。

　　关于藏文中 གར་ལོག 一词指的是什么，长期以来缺乏仔细的考究，且各种意见分歧较大。该词在《藏汉大辞典》中的汉文部分释义为：葛逻禄，蓝眼突厥。古代中亚细亚突厥语族之一支。11世纪，其国王曾杀死阿里谷格（古格）出家国王也协畏（益西沃）。[2]这一解释似乎想告诉我们噶逻人就是古代的葛逻禄人，是中亚突厥语族的一支。不过奇怪的是，以藏汉对照为体例的这部辞典在这一词条的藏文解释上却与汉文部分并不那么对应，藏文部分说：

སྔར་ཁ་ཆེ་ཡུལ་གྱི་མི་རིགས་ཏུ་དུ་ཀའི་ནང་གསེས་ཡན་ལག་ཅིག་ཡིན་ཞིང་། དུས་རབས་བཅུ་གཅིག་པར་དེའི་རྒྱལ་པོ་ཞིག་གིས་སྟག་བླ་མ་ཡེ་ཤེས་འོད་བཀྲོངས་པ། [3]

　　后半句的意思为"11世纪其国王杀死了拉喇嘛益西沃"，这与汉文解释基本一致，但前半句意为"从前克什米尔地方的民族中的一个分支部族"，则与汉文释义大相径庭。藏文释义中少了其是突厥语族分支部落的说法，却增添了"克什米尔地方

1　宁玛派创立于11世纪中后期的三素尔时期；噶当派则以1056年仲敦巴创立热振寺为始源；
　　萨迦派的创立以官却杰波1076年创立萨迦寺为标志；噶举派稍晚，始于11世纪末12世纪
　　初的米拉日巴师徒。参见王森《西藏佛教发展史略》，第41、54、68、97页。
2　张怡荪主编《藏汉大辞典》，第353页。
3　张怡荪主编《藏汉大辞典》，第352~353页。

的民族”，两者之间的差别是很明显的，噶逻一词在同一部辞典中就存在如此不同的解释，颇值得玩味。辞典释义中汉藏对照的后半句没有分歧，也就是益西沃的故事似乎是界定噶逻人身份的重要线索。后弘期初年为佛教复兴立下大功的古格国王拉喇嘛益西沃丧命于噶逻人之手，在所有史书中都是值得大肆渲染的情节，而这一事件也是噶逻人危害西藏佛教事业发展的典型事例。关于益西沃死于噶逻人之手的事件，从 14 世纪中期的《红史》到 19 世纪初的《土观宗派源流》，前后 500 年可谓史不绝书，为了便于说明问题，下面不妨将这些记载的藏文原文和通行的汉译文一并摘出。

最早记载这一事件的可能是《红史》(1363)[1]，其藏文原文为：

> ཡབ་ནི་ལྷ་བླ་མ་ཡེ་ཤེས་འོད་ཅེས་བྱའོ།། ཁོང་རང་ཡང་རྒྱ་གར་དུ་བྱོན་པས་ལམ་དུ་གར་ལོག་གི་དམག་གིས་བཟུང་སྟེ། བོད་ཀྱིས་གསེར་བསྡུས་ནས་བླུ་བར་བཅམས་པ་ནའང་། སྐུ་ལུས་ཙམ་གཅིག་རྙེད་པ་ལ་དབུ་ཙམ་གཅིག་མ་རྙེད་པར་དགོངས། [2]

通行的汉译本为：

> 父亲被称为天喇嘛益希沃，他自己也去印度，在途中被葛禄逻人的军队抓住。搜集藏地的黄金前往赎取，只够赎取身子而没有赎取头的黄金，因而被杀。[3]

1　《红史》一书，一般认为始写于藏历第六饶迴火狗年(1346)，成书于水兔年(1363)。参见东嘎·洛桑赤列《红史·作者介绍》，蔡巴·贡噶多吉《红史》，第 2 页。

2　ཚལ་པ་ཀུན་དགའ་རྡོ་རྗེས་བརྩམས། དེབ་ཐེར་དམར་པོ། 1981 ལོར་མི་རིགས་དཔེ་སྐྲུན་ཁང་གིས་པར་དུ་བསྐྲུན། ཤ 42~43

3　蔡巴·贡噶多吉：《红史》，第 36 页。

　　《红史》叙事简略，汉译文与藏文原文基本一一对应，在汉译本中译者似乎接受了《藏汉大辞典》的意见，将噶逻译为了历史上的"葛逻禄人"。不过这一处却不是《红史》最早提到噶逻人的地方，在先前讲到佛教后弘期的开始时，因朗达玛灭佛而带着佛经逃亡的三人的逃跑路线中就有噶逻，书中说他们从"吉祥曲沃山逃往阿里地区，又从葛禄罗绕行突厥地区，到达朵麦安琼南木宗"，[1] 注释说葛逻禄大概是指"勃律"。[2] 这样一来，译者虽然接受了《藏汉大辞典》的意见将此词译为葛逻禄，却没有采用它的释义，而是将此词理解为勃律地方，双方的见解并不一致。在这个故事中，益西沃去印度的途中被噶逻人抓住，然后被索要黄金，因赎金不够而被杀，这似乎是一次单纯的强盗土匪式的绑架事件。从中可以读出的信息是，藏族史家认为噶逻人抢劫成性且贪财好杀。

　　然而 100 多年后，这个故事发生了较大的变化，藏史名著《青史》（1476）[3] 在记述益西沃殉难时也提到了噶逻人，不过其旨趣已大不相同，其藏文原文为：

ཀླ་ཀློ་ཨ་ཡེ་ཤེས་འོད་ཀྱིས་རང་གི་རྒྱལ་སྲིད་གཏད་ཞིང་ཀྱུ་དམག་གི་དཔོན་མཛད་དེ། གར་ལོག་དང་འཁབས་
ལས་ཐལ་སྟེ་གར་ལོག་གིས་བཙོན་དུ་བཟུང་། གར་ལོག་གིས་ཨེ་ཤེས་འོད་ལ་ཕྱོད་དགོས་མཆོག་གསུམ་ལ་སྐབས་སུ་འཛིན་
པ་གཏོང་ན་དེ་ཀྱིས་བཙོན་ལས་གཏོང་། དེ་ཀླ་ཀློ་ཨ་ཡུས་རེ་པོ་དང་སྲིད་མཉམ་པའི་གསེར་བྱུང་ན་གཏོང་ཞེར་
ནས། [4]

<hr>

1　蔡巴·贡噶多吉:《红史》，第 35 页。

2　蔡巴·贡噶多吉:《红史》，第 188 页。

3　《青史》初稿完成于 1476 年，定稿完成于 1478 年，直到 1481 年才刊刻出版。参见王璞《藏族史学思想论纲》，第 148 页。

4　འགོས་གཞོན་ནུ་དཔལ་གྱིས་བརྩམས། དེ་བར་རྫ་ཚོན་ན། 1985 བོར་སི་ཁྲོན་མི་རིགས་དཔེ་སྐྲུན་ཁང་གིས་པར་དུ་བསྐྲུན། ན 299

通行的汉译本为：

> 拉喇嘛耶喜峨（益西沃）虽已将王位交出，然而仍作武将，他和克什米尔突厥族交战而失败，突厥将耶喜峨囚于狱中而对他说道："你如果能放弃信仰皈依三宝，则从狱中将你释放；如不这样，则拿等同你整个身体重量的黄金来赎你出狱。"[1]

与《红史》简略的记载相比，《青史》的故事显得更加生动，有了初步的情节。然而汉译本中将噶逻人转译成了"克什米尔突厥族"，则与原文之意出入不小，这一翻译可能综合了《藏汉大辞典》的汉、藏文释义，将汉文释义中的突厥语族的一支和藏文释义中的克什米尔地方民族的一支结合了起来，这样一来噶逻人的情况似乎更明确了。《青史》叙述的这个故事的大体框架虽然与《红史》相似，但其主旨已发生变化。《红史》中这一事件只是抢劫成性、贪财好杀的噶逻人的一次绑架事件，但在《青史》里则变成了一场宗教军事冲突，益西沃与噶逻人的冲突并不是"路过"，他是作为军队统帅与噶逻人作战失败被俘的，而噶逻人在胜利后的首要要求竟是要益西沃放弃对佛教的信仰。噶逻人在这里不再是一群抢劫成性的"绑匪"，而是敌视佛教、与弘扬佛教的圣人为敌的"外道"（ཕྱི་རོལ་པ），佛书中以自己为内，而将佛教之外的各种宗教称为外道，意即异教徒。[2] 益西沃之死也就由《红史》中因绑匪撕票而死的"遇害"上升到《青史》里因护卫佛法、坚持信仰而死的"殉道"了。

1　廓诺·迅鲁伯：《青史》，第 149 页。

2　དུང་དཀར་བློ་བཟང་འཕྲིན་ལས་ཀྱིས་རྩོམ་སྒྲིག་མཛད། དུང་དཀར་ཚིག་མཛོད་ཆེན་མོ། 2002 ཤོག་གྲངས་གཉིས་སོང་རིག་པའི་དཔེ་སྐྲུན་ཁང་རིན་པར་དུ་བསྒྲུབས། ཤ 1364

《青史》以后的藏文史书基本上接受了殉道的说法，并且将它的情节不断升华。在 100 多年后的《新红史》（1538）[1] 中，这一故事又发生了一些变化，其藏文原文为：

ཕྱིས་རྗེ་བོ་སྤྱན་འདྲེན་པའི་དོན་ཏུ་གསེར་འཚོལ་བར་བྱོན་པས་གར་ལོག་གི་རྒྱལ་པོས་བཟུང་། མངའ་རིས་ནས་གསེར་མང་པོས་བླུ་བར་བརྩམས་ནའང་རྗེ་བོ་གདན་འདྲེན་ལ་གནོད་དོགས་ནས་བླུ་མ་བཅུག་པར་ཆོས་ཕྱིར་སྐུ་སྲོག་བཏང་བ་ཡིན་འདུག[2]

通行的汉译本为：

　　此后，为了迎请阿底峡而往寻黄金时，他被卡洛王捉获。（益西约）想到如果由阿里用众多黄金赎身，那将有碍于迎请阿底峡事。想罢遂不准赎身，为此，（益西约）为了佛法而舍命。[3]

在《新红史》的叙述中，益西沃的形象更加高大，而噶逻人所扮演的角色则更为可怕。在《青史》中噶逻人与益西沃是因为战争而发生冲突，在《新红史》中则完全是噶逻人主动攻击根本没有恶意的益西沃，对西藏特别是阿里地区的佛教复兴事业予以残酷打击。作者在这里更加鲜明地集中表现出他们敌视佛教、凶恶残暴的特点。从上面的引文中可以看到，《新红史》的汉译本与藏文原文文意完全一致，只是译者黄颢先生并没有对噶逻一词进行意译，而是将它直接音译为卡洛人，并在文后的注释中认为它可能有两种含

1　黄颢：《前言》，班钦索南查巴：《新红史》，第 1 页。

2　བོད་ཀྱི་རྒྱལ་རབས་ཀྱི་དཔྱད་གཞིར་གྱུར་པ་དེབ་ཐེར་དམར་པོ་གསར་མ། 1989 བོད་ལྗོངས་མི་དམངས་དཔེ་སྐྲུན་ཁང་གིས་དཔར་དུ་བསྐྲུན། ༠ 435

3　班钦索南查巴：《新红史》，第 27 页。

义，一是指勃律，一是指葛逻禄，并倾向于葛逻禄说。[1]《新红史》在这一故事上的叙事转变，基本上为后来的大多数史书所接受，200 多年后的《土观宗派源流》（1801）[2] 一书也基本上采取了此说，其藏文原文为：

དཱུང་གསེར་མང་པོ་བཙལ་ནས་སྐྱུན་འཇེན་པར་མངགས་དགོངས་ནས་གསེར་འཚོལ་དུ་ཐབས་པ་གར་ལོག་གི་
རྒྱལ་པོས་བཟུང་ནས་མ་བཏང་། ཡེ་ཤེས་འོད་ཀྱི་དབོན་པོ་ཆུབ་འོད་ཀྱིས་གསེར་མང་པོ་བཙལ་ནས་ཁུ་བོ་བླུ་བར་ཕྱིན་
ཀྱང་གཏོང་མ་ཉན། དེ་ནས་ཡེ་ཤེས་འོད་གར་ལོག་གིས་བཀྲོངས།[3]

通行的汉译本为：

> 因想收集更多的黄金，再遣人往迎。遂亲身前往采金，不料为迦尔劳王所执。耶协畏（益西沃）之侄降曲畏收集了很多黄金，往赎其叔，遭到拒绝，耶协畏遂为迦尔劳所害。[4]

在这里，益西沃的故事基本上没有新的内容了，汉译本中刘立千先生对于噶逻一词又用了一个新的音译——迦尔劳，表明他对此词的所指略有疑惑，刘立千先生在注释中对迦尔劳做了简略的解释，认为它是阿里西部一个信仰回教的小邦，可能是卡尔卢克或者葛逻禄。[5]

尽管各家解释并不一致，但是通过对上面诸书的排比可以看

1　参见班钦索南查巴《新红史》，第 134 页注释 195。
2　刘立千：《土观宗派源流·译者前言》，土观·罗桑却季尼玛：《土观宗派源流》，刘立千译注，西藏人民出版社，1985，第 1 页。
3　ཐུབ་བསྟན་ཕྲིན་ལས་ཚོགས་ཀྱི་མ་བསྐལས། ཐུབ་བསྟན་རྒྱུང་ལམགས། 1985 བོད་གནས་ནུབ་མི་རིགས་དཔེ་སྐྲུན་ཁང་གསོ་བར་དུ་བསྐུན། ན 85
4　土观·罗桑却季尼玛：《土观宗派源流》，第 46 页。
5　参见土观·罗桑却季尼玛《土观宗派源流》，第 269 页注释 400。

到，在益西沃殉道故事中，噶逻人始终扮演着反面的角色，并且有一个由最初凶残的绑匪、贪财的强盗到后来迫害佛教、残杀大德的外道的变化路径。在这些史书中，噶逻人的存在似乎只有一个作用，就是以其凶暴反衬益西沃的伟大。一个族群在藏族的历史记忆中成为完全反面的角色，似乎再也找不到第二例。而更为有意思的是，这个集中表现藏族对噶逻人的可怕记忆的殉道故事，经过严谨的学术考辨已经被证明是后世史家的虚构，历史上的益西沃的结局是在古格寿终正寝，并没有在外域死于非命，也就是说益西沃殉道的故事在历史上根本没有发生过，这个故事很可能是附会益西沃的侄孙古格国王沃德之死而编造出来的。[1] 那么益西沃死于噶逻人之手的记忆就颇令人费解了，为什么藏族史家会在不约而同地编造这个虚构故事时把噶逻人而不是别的什么人当作"凶手"呢？

要回答这个问题，首先还得弄清 གར་ལོག 究竟所指为何，这一点藏学界长期以来未形成定论。《东嘎藏学大辞典》也收录了 གར་ལོག 这一词条，编者广征博引了《红史》《阿底峡传》《恰译师传》等书，但对此词族群属性和生活地域的界定基本上与上述各家的说法差不多，认为是突厥语族的一支，位于西藏的西北边境，此外还重点突出了它与伊斯兰教的关系。[2]

其实，综合以上几种译法及其解释，གར་ལོག 一词主要有三种解释，一是葛逻禄，二是勃律，三是"克什米尔突厥族"，且葛逻禄说得到大多数译者的赞同。从此词的构成来看，它最可能的就是音译的葛逻禄人，该族群与吐蕃交往的历史颇为悠久，此词有其具体所指，不会是一个对"克什米尔突厥族"的泛称。而勃

1 　གུ་གེ་ཚེ་རིང་རྒྱལ་པོས་བརྩམས། སྤུ་ཧྲང་མ་ཡེ་ཤེས་འོད་གར་ལོག་ཏུ་འདས་ཉིད་སྐོར་ལ་དཔྱད་པ་དང་། གུ་གེ་ཚེ་རིང་རྒྱལ་པོའི་ཆེད་རྩོམ་ཕྱོགས་བསྒྲིགས། 2005 བོད་ལྗོངས་བོད་ཡིག་དཔེ་རྙིང་དཔེ་སྐྲུན་ཁང་གིས་པར་དུ་བསྐྲུན། ༡ 74~92

2 　དུང་དཀར་བློ་བཟང་འཕྲིན་ལས་ཀྱིས་རྩོམ་སྒྲིག་མཛད། དུང་དཀར་ཚིག་མཛོད་ཆེན་མོ། ༡ 492

律，藏语中称为"珠夏"（ཧྲུག），指的是现在克什米尔以北的地区，在地理上勃律又分为大勃律和小勃律，大勃律指巴尔蒂斯坦（Baltistan），小勃律指吉尔吉特（Gilgit），这两个地方都与噶逻了不相关。[1] 而且其居民巴尔蒂人本身就是藏族的一支，其伊斯兰化的时间约在 14 世纪末，此前则一直信仰佛教。[2] 而益西沃的故事发生在 11 世纪初，此时他们对佛教尚不会有多大的敌意，这就与殉道故事的逻辑不合。事实上，将噶逻一词同克什米尔以及勃律联系起来的解释，基本上都是受到益西沃殉道故事的影响而产生的误读。因为在故事中，益西沃从阿里外出，似乎最有可能经过的地区就是克什米尔或巴尔蒂斯坦，这就很难跟西域的葛逻禄人发生联系。但现在这个故事被证伪，则这种担心就完全没有必要了。 གར་ལོག 一词是藏族对历史上的葛逻禄人的称呼，这在现存的敦煌古藏文文献中也有反映。

敦煌古藏文写卷 Pt.1283 是一部关于西域和北方诸民族情况的报告书，其写作时间当在公元 8~9 世纪，这卷文书的第 591~594 行、617~618 行都提及了 གར་ལོག 情况，目前在"国际敦煌项目"（The International Dunhuang Project，IDP）网站上可以查阅该写卷的原件图片。[3] 为了方便论述，笔者将提到 གར་ལོག 的两

1　勃律本身没有大小之分，小勃律是勃律遭到吐蕃攻击后一部分人逃亡到吉尔吉特一带避难形成的，唐代西行求法高僧慧超记述："大勃律原是小勃律王所住之处，为吐蕃来逼，走入小勃律国坐。首领、百姓在彼大勃律国不来。"参见慧超撰，张毅笺释《往五天竺国传笺释》，第 64 页。

2　关于巴尔蒂斯坦的伊斯兰教的传入，一般传说是著名的传教者大艾米尔赛义德阿里·哈姆达尼于 1381 年首次从克什米尔到巴尔蒂斯坦，在这里到处传教，广修清真寺，然后再去叶尔羌。1383 年他再次率领门徒进入巴尔蒂斯坦，兴建了许多清真寺。参见穆罕默德·尤素夫·侯赛因阿巴迪等《巴尔蒂斯坦（小西藏）的历史与文化》，陆水林译，中国藏学出版社，2011，第 31 页。

3　http://idp.bl.uk/database/oo_scroll_h.a4d?uid=-5078862267;recnum=86628;index=1.

段截取了下来。

第一段（两个圆点间的文字）：

第二段：

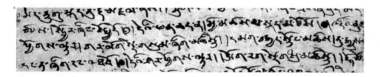

现将这两段藏文整理如下：

（1）དེའི་བྱང་ཕྱོགས་ན་བ་མཚེ་སྟེ་ལྷ་ལྔ་མཚིས། དེ།། ཧོར་དང་། གར་ལོག་དང་གསུམ་བསྟོངས་ཏེ། འབྲུག་ཆོར་གྱི་རྒྱལ་པོ། ཁ་གན་གྱི་སྒྲིང་བརྒལགྲེ། བ་མཆེ་གྱི་སྟེ། དཔོན། ཁ་གན་གྱི་ཐོབ་པ་ལས། ཧོར་དང་། གར་ལོག་གིས། བ་མཆེ་བ་གན་བསད་ནས།

（2）འདིའི་ནུབ་ཕྱོགས་ལ་ལྷར། གར་ལོག་སྟེ་གསུམ་ཞིག་མཚིས་སྟེ།། དམག་བརྒྱད་སྟོང་མཚིས། དུ་རྒྱས་དང་ད་ཞིག་དང་འཐབ།

对于这两段文字，王尧先生的翻译如下：

（1）其北有拔悉蜜五部落，与回鹘、葛逻禄三方联盟，击溃默啜可汗。拔悉蜜部落长乃即可汗大位。后，回鹘又与葛逻禄合谋杀拔悉蜜可汗。

（2）其西，有葛逻禄三部，胜兵8000人。与突骑施、大食征战。[1]

在这里，王尧先生将 གར་ལོག 译为葛逻禄，虽然他并未加以说明，但考诸汉文史料，这里 གར་ལོག 的情况确实是与唐代的葛逻禄人完全对应的。[2] 葛逻禄人是唐代活跃于西域地区的一个族群，一度拥有强大的势力。其最初活动的地区在今天新疆阿尔泰山以西、准噶尔盆地北部地区。史称"葛逻禄本突厥诸族，在北庭西北、金山之西，跨仆固振水，包多怛岭，与车鼻部接。有三族：一谋落，或为谋剌；二炽俟，或为婆匐；三踏实力"。[3] 葛逻禄人由三个主要部落构成，这与敦煌古藏文文献中有关 གར་ལོག 一词的第二段内容相符。而第一段文字记载了两件事情，一是葛逻禄人同回鹘等联合反对突厥默啜可汗，二是与回鹘联手反对拔悉密部。两件事情在汉文史料中都有反映，《新唐书·拔悉蜜传》记载："天宝初，与回纥叶护击杀突厥可汗，立拔悉蜜大酋阿史那施为贺腊毗伽可汗，遣使者入谢，玄宗赐紫文袍、金细带、鱼袋。不三岁，为葛逻禄、回纥所破，奔北庭。"[4]

葛逻禄人早期是接受突厥人统治的一个部落联盟，7 世纪中期唐朝消灭西突厥阿史那贺鲁势力后，葛逻禄人遂归顺唐朝，唐朝在今天新疆西北部的塔城一带设置了阴山、大漠和玄池三个都督府安置葛逻禄三部。他们在 8 世纪前半期发展起来，成为唐朝在西域地

1　王尧：《敦煌本吐蕃文书〈北方若干国君之王统叙记〉译解》，《西藏文史探微集》，中国藏学出版社，2005，第 66、67 页。

2　除王尧先生以外，国外学者也多将此词译为 Qarluq（葛逻禄）。见森安孝夫《敦煌藏文写本 Pt.1283 号新释》，郑炳林主编，耿昇译《法国藏学精粹》（3），甘肃人民出版社，2011，第 1057 页。

3　《新唐书》卷 217 下《回鹘传下》，第 6143 页。

4　《新唐书》卷 217 下《回鹘传下》，第 6143~6144 页。

区的一支劲旅，帮助唐朝抵御突厥默啜可汗的侵扰。[1] 吐蕃王朝在唐代争夺西域的过程中与葛逻禄人交往频繁，后来双方结盟对付回鹘，互相援助。史称黠戛斯"常与大食、吐蕃、葛禄（葛逻禄）相依杖，吐蕃之往来者畏回鹘剽钞，必住葛禄，以待黠戛斯护送"。[2] 8 世纪中后期，葛逻禄在西域是最有实力的三大势力之一，他们最初是与唐朝和回鹘结盟，助西域唐军坚守北庭的，但在 8 世纪末吐蕃攻打北庭之际，转而投靠吐蕃，成为吐蕃在西域的战略同盟，他们对吐蕃攻陷北庭、完全控制西域起到了重要作用。[3] 由于在西域共同战斗的经历，吐蕃很早就有了关于葛逻禄人的知识是很正常的，在这种情况下，གར་ལོག 不可能是一种泛称。上述这份写卷也表明在藏文中 གར་ལོག 指的就是汉文史料中的葛逻禄人。

　　从这份写卷中可以看到，葛逻禄人的特性是好勇斗狠、善于征战。这一点可能是当时与葛逻禄人有所接触的其他族群之人的共同感受，比这份写卷稍晚一点的波斯文著作《世界境域志》（始作于 982 年）就认为葛逻禄人好战，习于劫掠。[4] 这一点倒是与本书之前所引述的早期藏文史书中噶逻人凶残的绑匪形象颇为一致。在《红史》中，葛逻禄人只是为了劫财，并没有对佛教表现出敌意。尽管从 8 世纪后半期起，伊斯兰教就在中亚开始活跃起来，但直到 10 世纪以前，佛教在西域还有相当的影响力，后来在这一地区占据统治地位的伊斯兰教，这时还并不引人注目。在与吐蕃战斗和合作之时，葛逻禄人还没有皈依伊斯兰教。葛逻禄人在 9 世纪中叶以后逐

1　参见张云《葛逻禄部早期历史初探》，《唐代吐蕃史与西北民族史研究》，中国藏学出版社，2004，第 501~514 页。

2　《新唐书》卷 217 下《回鹘传下》，第 6149 页。

3　薛宗正：《吐蕃、回鹘、葛逻禄的多边关系考述——关于唐安史之乱后的西域角逐》，《西域研究》2001 年第 3 期。

4　佚名：《世界境域志》，王治来译注，上海古籍出版社，2010，第 76 页。

渐迁居七河地区，《世界境域志》没有把葛逻禄人划为穆斯林，足见到 10 世纪末时葛逻禄人都还并非佛教的外道。葛逻禄人成为穆斯林，喀喇汗王朝起了关键作用。

喀喇汗王朝在 10~12 世纪是西域的霸主，然而该王朝的建立者和建立的准确时间长期以来都不清楚。9 世纪后半期，随着吐蕃王朝和回鹘汗国的崩溃，西域的政治格局开始新一轮的整合，喀喇汗王朝在这一过程中逐渐控制了喀什噶尔和七河地区。尽管关于喀喇汗王朝的建立者学术界众说纷纭，但葛逻禄人建立说在诸种说法中颇有优势。[1] 喀喇汗王朝是第一个突厥语族的伊斯兰王朝，它的伊斯兰化大概在 10 世纪后半期，统治喀什噶尔的阿尔斯兰汗在位时期在苏非派教士的帮助下实现了喀喇汗王朝的伊斯兰化。据传其时间为 960 年，这一年伊斯兰教被宣布为国教，同时约有 20 万突厥语族人接受了伊斯兰教。[2] 在喀喇汗王朝治下，西域地区成为伊斯兰教的天下，葛逻禄人在这一时期自然也皈依了伊斯兰教，葛逻禄人在后期藏族中越来越明显的凶残的外道形象与此相关。

11 世纪以来的 200 多年间，西域和中亚的伊斯兰教诸政权大力对外扩张，所到之处佛教遭到了极大的打击和破坏，尤其是与西藏毗邻的两个佛教中心——其北边的西域佛教王国于阗和其西边的佛教发源地北印度地区被消灭，这一系列的事件给正在大力复兴和发展佛教的西藏造成了很大的冲击。喀喇汗王朝宗奉伊斯兰教后从阿尔斯兰汗起用了 40 多年的时间发动了对于阗的战争，经过残酷的战斗最终在 11 世纪初攻占了于阗。于阗与古代西藏的关系非常密切，

1　据学者统计，目前喀喇汗王朝的建立者有托古兹古兹·回鹘说、土库曼说、样磨说、葛逻禄说、葛逻禄·样磨说、处月说、突厥说、葛逻禄汗族说、葛逻禄·回鹘说、葛逻禄·样磨·九姓乌古斯说等。参见李树辉《喀喇汗王朝的建立者及建立时间》，《西域研究》2004 年第 4 期。

2　魏良弢：《喀喇汗王朝史稿》，第 77~78 页。

现存的藏文文献中有大量与于阗相关的内容。[1]由于共同的佛教信仰，加上于阗佛教的发展远远早于吐蕃，所以自前弘期以来于阗就已成为西藏佛教徒心中的一个"圣地"，[2]于阗境内的牛头山更是多种佛经以及藏文文献所授记的圣迹。[3]此外，后藏著名的夏鲁寺还专门供奉于阗国王的画像。[4]于阗的亡国以及于阗佛教的毁灭，给后弘期初期的西藏带来巨大的冲击，大有末法之世来临的感觉。在喀喇汗王朝中，葛逻禄人由于骁勇善战，而成为王朝军队的主力。[5]他们在攻灭于阗的战争中肯定发挥了重要作用，因此给西藏留下了恐怖的印象。后期藏族对葛逻禄人形象描述的转变或许与此有莫大的关系。通过此番梳理可知，藏文史书中益西沃殉道故事中的噶逻人形象的变化正是对葛逻禄人本身历史演进的一种曲折反映。

前文已经指出，益西沃死于噶逻人之手这个故事在历史上并未发生过，那么选择噶逻人来做这个故事的"凶手"，是否意味着噶逻人与西藏之间的紧张关系仅仅出于后弘期西藏人的一种对"外道"的恐惧呢？藏文史书中的故事往往是对某种历史真实的另类记录，看似没有根据的故事背后通常隐藏着某些历史的真实。[6]除了

1　据学者统计，在藏文《大藏经》中有八部与于阗相关的著作，即《甘珠尔》中的《无垢光经》《月藏经》《日藏经》《牛角山授记》和《丹珠尔》中的《于阗阿罗汉授记》《僧伽伐弹那授记》《善友传》《于阗授记》，此外还有著名的敦煌藏文文献 Pt.960《于阗教法史》等。参见巴桑旺堆《藏文文献中的若干古于阗史料》，《敦煌学辑刊》1986 年第 1 期。

2　《汉藏史集》一书中有专章叙述于阗古史，称为"圣地于阗国之王统"。见达仓宗巴·班觉桑布《汉藏史集》，第 47 页。

3　参见张小刚《敦煌所见于阗牛头山圣迹及瑞像》，《敦煌研究》2008 年第 4 期。

4　宿白：《西藏日喀则地区寺庙调查记（上）——西藏寺院调查记之三》，《文物》1992 年第 5 期。

5　魏良弢：《喀喇汗王朝史稿》，第 66 页。

6　《于阗教法史》载金城公主来到西藏 20 多年后，于阗国王灭佛，大量僧众逃亡到吐蕃。这一事件经考订在历史上并未发生过，而与此同时事实上发生了另外一件事，就是开元年间于阗王尉迟眺叛唐事件，这个故事只不过是对尉迟眺事件的曲折记忆。参见殷晴《古代于阗和吐蕃的交通及其友邻关系》，《民族研究》1994 年第 5 期。

噶逻人之外，在这个故事中，阿里这个地理背景也特别值得注意。在上述所引的多种后弘期以来的藏史名著中，噶逻人与西藏的关系主要是建立在益西沃殉道这个虚构的故事之上，然而在另外一些不太常见的史书中，噶逻人对西藏特别是对阿里的威胁则并不完全是一种想象了，噶逻人可怕的外道形象似乎还与另外一些历史事件相关，也就是说噶逻人可能与阿里地区之间确实发生过某种程度的冲突甚至战争。

　　阿里地处西藏的最西边，其北方和西北方直接与西域地区相接，正北方是于阗，往西北方向走则可以到达叶尔羌和喀什噶尔，从而进入中亚。对阿里而言，尽管由于自然环境的恶劣减少了被攻击的可能，但偶尔受到来自西域和中亚的骚扰不是不可能的。最终成书于13世纪的《第吾贤者宗教源流》一书[1]就记载了一次比较严重的噶逻人入侵古格的事件，结果是古格国王及其兄弟或被杀死或被俘虏：

དེའི་སྲས་བསོད་ནམས་སྟེ། དེ་ལ་སྲས་གསུམ་སྟེ་གཅེན་པོ་བཀྲ་ཤིས་རྩེ་དང་། དེ་འོག་མཆན་ཐང་སྐོང་གཉིས་གར་ལོག་གིས་བཀྲོངས། ཆུང་བ་འོད་འབར་སྟེ་གར་ལོག་གི་ཡུལ་ན་བཙུགས།[2]

试译为：

　　其子索南德，彼有三子，兄扎西泽，次阿塘迥，二人皆为噶逻所杀。幼弟沃巴德被囚于噶逻之地。

1　Leonard van der Kuijp, "Dating the Two Lde'u Chronicles of Buddhism in India and Tibet," *Asiatische Studien*, 1992, pp. 468-491.

2　མཁས་པ་ལྡེའུ། མཁས་པ་ལྡེའུ་མཛད་པའི་རྒྱ་བོད་ཀྱི་ཆོས་འབྱུང་རྒྱས་པ། 1987 བོད་ལྗོངས་བོད་ཡིག་དཔེ་རྙིང་དཔེ་སྐྲུན་ཁང་ནས་བསྐྲུན། ན 363

在这部后弘期早期写成的史书中，噶逻人的出现并不像后来的
史书那样与益西沃的殉道故事相连。这一记载简洁明了，并无神奇
的故事和精彩的细节，更像是对真实事件的记录。而且这件事情之
后作者所知的历史就结束了，看来此事离作者所处的时代应该相去
不远。有关第吾贤者的生平，学界所知甚少。恰白·次旦平措先生
考证，此人可能是《青史》中所记的管理玉热堆地方的首领美布达
本旺扎的儿子，大约生活在 12 世纪。[1] 晚近发现的成书于 15 世纪末
的《阿里王统记》也有类似的记载，且更为详细：

དེ་ལ་སྲས་གསུམ་སྟེ། བཀྲ་ཤིས་རྩེ། རྫོ་བོ་རྒྱལ་པོ། འོད་འབར་རྩེ། དང་པོ་ནི་གུ་གེ་སྟོད་སྨད་ལ་མངའ་སྒྱུར་ཏེ། དུན་

བཏར་ལ་གདན་ཆགས་པའི་ལ་སྲས་ལྔ། ཨ་གྷ་ར་ཙ། ཙན་ད་རཱ་བོདྷི། ཨ་མི་སོགས་ཙ། ཕྱོགས་ཙ་འབར་བཙན་ནོ། བར་པ་

རྒྱལ་པོ་ཞིན་དུ་བསྐོས། ཆུང་འོ་འབར་ཙ་རོང་ཆུང་ལ་བསྐོས་ཏེ། སྐུ་མཆེད་གསུམ་ནས་སྲུར་གྱི་ཡབ་མེད་ཀྱི་རྒྱ་དང་།

ཕྱག་བཞེས་ཕྱགས་ལ་མངའ་ནའང་། དུས་ཀྱི་བྱ་ངས་དང་རྒྱལ་པོའི་སྙེས་སུ་བས་ལ་བབས་པས། གར་ལོག་གི་དམག་སྟོང་

གཞི་གོག་གི་ལུ་རོགས་བཀྲ་ཤིས་རྩེ་དགྲོང་། གཙུང་འོད་འབར་ཙ་སོགས་པོའི་ཡུལ་དུ་དུད་འཛིན་ནས་རྫོ་བོ་རྒྱལ་པོ་གུ་གེའི་

མངའ་མཛད་ནས་ཁྲི་ཡི་དྲག་བཏུལ། [2]

试译为：

> 彼有三子，曰：扎西泽、觉卧杰布、沃巴泽。长子管治
> 古格南北之地，驻锡于吞达。彼有五子，曰：阿嘎热扎、赞达
> 菩提、阿米索扎、却扎、泽巴赞。次子封为库奴之王，幼子受
> 封绒穹之地。三兄弟虽知昔年祖先之丰功伟业，然晦暗降于王
> 身，噶逻之军队犯境，杀扎西泽于尼贡沟，囚王弟沃巴泽于索

1　参见孙林《藏族史学发展史纲要》，第 189 页。

2　གུ་གེ་ཨ་ཁད་ཆེན་པོ་དང་དཀར་དགའ་ངམ་བརྒྱམས། མངའ་རིས་རྒྱལ་རབས། 1996 བོད་རྫོང་བླང་གསུང་ལགས་འདའ་གཏིས་སྦོང་འཕོར་འདར་བའི་རིངས་དུན་མདོ་སྙེའི་གོ་སྒྲིའི་ཆོགས་ཆུང་གིས་བར་དུ་བསྒྲིགས། ༡ 75~76

波之地。未几，觉卧杰布入主古格，制服外敌。

　　尽管这几种史书中的内容并不完全一致，主要人物的名字也略有差别，但都记录了噶逻人入侵事件是发生在扎西泽为国王的时期。由于噶逻人后来主要活动于中亚河中地区，藏文史书中的这次噶逻人与古格的战争便使人不太敢相信。比如对《阿里王统记》详加研读的维他利先生就认为这里的噶逻人并非葛逻禄人本身而是指的喀喇汗王朝。[1] 事实上此时喀喇汗王朝国力衰落，正面临内部族群的反抗和新兴西辽王朝的征服，不可能有实力远征阿里地区，发动一场对古格的战争。

　　确定扎西泽在位的大致时代，将有助于我们更准确地找寻这一入侵事件的真实信息。《阿里王统记》记述，扎西泽的父亲是索南泽，索南泽的父亲是赤扎西巴德赞，又名旺德。旺德的上一任国王就是举办了著名的火龙年大法会的古格王泽德，而泽德则死于其叔父悉瓦沃圆寂之前。[2] 至于悉瓦沃的卒年，《阿里王统记》的年代题记中有明确的说法：

ཁྱིར་བོད་ཕྱུག་ཏུ་བསྟན་པ་དར་བ་ནི། རྒྱལ་པོ་ཁྲི་སྲོང་ལྡེ་བཙན་གྱི་ཤིང་མོ་ལུག་ལོ་ལ་དཀར་རྐྱལ་ ཡན་ཆད་ ན་མ་ཞི་བ་འོད་སྐུ་གཤེགས་ཏེ་ ཆོས་པོ་གཡུང་དྲུང་བ་བཞི་བཅུ་ཞེ་དགུན་སོང་། སྤྲ་ཟླ་མ་ཡེ་ཤེས་འོད་ཀྱིས་མེ་སྤོ་ཁྲི་ལ་པ་མཛད་ རེས་ཀྱི་འབངས་ལ་པ་རྣམས་ལ། སྤྱོད་པ་དང་རེས་ན་དར་པའི་ཆོས་དང་པ་བཀའ་རྣས་བ་བཞི་ཉི་ཤུ་རྩ་དྲུག་སོང་། སྤྲ་ བཀུར་པ་བཞི་བོད་སྲོངས་པའི་བོ། ལྷ་རྒྱ་མོ་ཡོས་ཡན་ཆོད་ལ། སངས་རྒྱས་རྒྱུ་ལ་འདས་ནས་བསྟན་པ་ལ་སྤ་བརྒྱ་ཕྲག་ བཅུ་གསུམ་པའི་སྟེང་ནས་ལོ་གསུམ་སྔོན་ཞིང་ནི་བཅུ་ཞེ་བཞི་བསོང་། འདི་སྐོང་བ་བརྒྱ་སྤྲ་ལུ་དྲུག་གུ་གི་བསྒྱུ་ ཆོས་པ་ངག་དྲབང་གྲགས་པའི་ཕྱགས་སོ།[3]

1　Roberto Vitali, *The Kingdoms of Gu.ge Pu.hrang*, pp.348-349.

2　མངའ་རིས་རྒྱལ་རབས། ཤ 74~75

3　མངའ་རིས་རྒྱལ་རབས། ཤ 67~68

试译为:

盖蕃域正法之弘传也,自阴木蛇年(765)赤松德赞王宣诏(兴佛),迄喇嘛悉瓦沃谢世,已三百四十七年矣。自阳火狗年(986)拉喇嘛益西沃于上部阿里颁弘传正法之令于阿里诸臣民,迄拉尊巴悉瓦沃离世之阴铁兔年(1111),已百二十六年矣。佛涅槃后佛法住世五千年,已三千二百四十四年矣。——千七百五十六年,古格奉教者阿旺扎巴记。

这段年代题记的纪年颇有问题,按前揭《阿里王统记》第61页中的说法,悉瓦沃在1056年41岁时出家为僧,出家后又活了41年。按此计算,则他应生于1016年,卒于1096年。但这段年代题记又明确地说悉瓦沃圆寂于1111年,结合泽德可能死于11世纪90年代初,而《阿里王统记》还特别强调泽德死在其叔父悉瓦沃之前,则悉瓦沃卒于1096年的这种说法可能性更大一些。前文已经揭示了在泽德死后以及旺德即位后,古格王室发生了大规模的"清洗",泽德之子旺沃被旺德之子索南泽诛杀,这一系列王室内部的重大事件,都不再能看到悉瓦沃的身影,说明悉瓦沃可能早已不在人世。

泽德如果死于11世纪90年代初的话,那么旺德在位的时间可能就在11世纪90年代至12世纪20年代,因为《阿里王统记》说他13岁登基,英年早逝。那么索南泽的在位时间很可能在1120~1140年,则扎西泽即位的时间很可能在1140年之后了。这个时间也基本上与前述第吾贤者生活的时代相近。自从9世纪前半期吐蕃王朝衰落退出西域以后,到这时已过了差不多300年。在这期间葛逻禄人也发生了很大的变化，昔日的盟友已经成了外道入侵者。

840 年后回鹘汗国和吐蕃王朝相继崩溃，西域政治格局开始新一轮的整合，最后喀喇汗王朝在今天新疆西部和中亚兴起，关于喀喇汗王朝的建立者历来众说纷纭，魏良弢先生认为喀喇汗王朝的建立与回鹘汗国的西迁有关，西迁的庞特勤进入葛逻禄人活动的七河地区，整合西域各族最终建立起一个新的王朝，史称喀喇汗王朝。1040 年前后王朝又分裂为东西两部，东部王朝的领地主要在今新疆西部和南部，控制着七河地区、伊犁河谷、喀什噶尔和于阗等地。[1] 喀喇汗王朝是一个由多族群构成的地域广大的政权，由于其最初进入的七河地区是葛逻禄人的主要聚居地，因此在喀喇汗王朝中葛逻禄是一个很有势力的族群，同时他们长期处于游牧经济状态，好勇斗狠，侵略成性。在喀喇汗王朝中，葛逻禄人长期是王朝军队的主力。

扎西泽在位的 12 世纪中叶，古格王国北部的西域地区正值多事之秋。新兴的西辽成为西域的新霸主。1125 年，辽朝在新兴的金朝的连续打击下灭亡，其部分残余势力在宗室耶律大石（1087~1143）的率领下避居今蒙古国首都乌兰巴托以西的可敦城。1130 年前后，金军开始对盘踞在可敦城的耶律大石集团发动大规模的攻击，迫使耶律大石向西迁徙进入西域，在今新疆塔城地区的额敏县一带建叶密立城为新的根据地。在伊斯兰教史书中，耶律大石被称为菊儿汗。[2] 1134 年前后，东部喀喇汗王朝统治下的葛逻禄人和康里人可能起兵造反，喀喇汗王朝的可汗伊卜拉欣（1132~1158 年在位）为

---

1 参见魏良弢《喀喇汗王朝史稿》，第 32~50 页。

2 参见魏良弢《西辽史研究》，宁夏人民出版社，1987，第 60~77 页；纪宗安《西辽史论·耶律大石研究》，新疆人民出版社，1996，第 24~46 页。

镇压葛逻禄人的叛乱向西辽请兵，耶律大石趁机出兵攻下了东喀喇汗王朝的都城八剌沙衮，迁都于此，东喀喇汗王朝从此成为西辽的附庸。对此事，撰写于 13 世纪中叶的《世界征服者史》有如下记载：

> 该邦（指东喀喇汗王朝）的君王是一个把他的先世追溯到阿甫剌西牙卜、但无能无力的人。该地的哈剌鲁（葛逻禄）和康里突厥人已摆脱了对他的隶属，而且经常欺凌他：袭击他的部属和牲口，进行抄掠。这个当君王的家伙，不能阻止他们或者把他们赶跑。听说菊儿汗及其部下的移居，以及他们人多，他向他们遣出使者，把自己的软弱、康里人和哈剌鲁人的强大和奸诈告诉他，并请求他到他的都城去，以此他可以把他的整个版图置于他的治下，从而使他自己摆脱这尘世的烦恼。菊儿汗进抵八剌撒浑（八剌沙衮），登上那不费他分文的宝座。[1]

这段记述比较隐晦，但从中我们不难看出葛逻禄人在 12 世纪30 年代与喀喇汗王朝和新兴的西辽王朝之间的紧张关系，葛逻禄人可能与喀喇汗王朝和西辽王朝有过激烈的争斗。在西辽王朝统治下，葛逻禄人与喀喇汗王朝之间的冲突仍然不断，特别是 1156 年至 1164 年，葛逻禄人成为河中地区动荡的主要原因。1156 年，统治撒马尔罕的桃花石汗·伊卜拉欣被葛逻禄人所杀，尸体被扔到草原上。随后伊卜拉欣的儿子查格里汗又杀死葛逻禄人的大道领培护

1　志费尼:《世界征服者史》上册，何高济译，翁独健校订，内蒙古人民出版社，1980，第417~418 页。

汗，并对其诸子和其他葛逻禄人进行迫害，葛逻禄人于是前往花剌子模避难。1158 年，花剌子模统治者伊勒·阿尔斯兰率军带领葛逻禄人进犯河中地区，西辽方面出兵 1 万人援助喀喇汗王朝的查格里汗，最后双方订立和约而停战。1164 年，西辽王朝鉴于葛逻禄人的军事力量过于强大且屡屡生事，于是下令将葛逻禄人从布哈拉和撒马尔罕迁往喀什噶尔，并且要求他们放弃武器，从此解甲归田，从事生产。这一措施遭到葛逻禄人的强烈反对，于是他们起兵叛乱，进攻布哈拉。其间，西辽王朝一边派人与葛逻禄谈判以瓦解其斗志，一边暗中进军出其不意地将葛逻禄人击溃。[1] 此后葛逻禄人被西辽解除了武装，实力锐减，在西域再也掀不起什么风浪了。

　　从上述葛逻禄人的历史可知，1134~1164 年的 30 年间，他们虽然拥有强大的军事实力，但在西域的境况日益困窘，尤其是在军事上的天赋使他们成为众矢之的。有学者认为葛逻禄人随身携带武器、以当兵为职业的风俗不能适应中亚历史发展的要求，其躁动不安、好勇斗狠、侵略成性的特性既不利于当地经济的发展，又影响到社会安定和人民生活，因此注定最终衰落。[2] 而这一时期正好与藏文史籍中记载的噶逻人和古格王国发生战争并大败古格军队的扎西泽国王在位时间一致。在这期间葛逻禄人完全有可能进入阿里地区寻找出路。在西域受到压迫，特别是被西辽王朝迁到喀什噶尔，强行解除武装，其中不服统治的部分葛逻禄人可能离开西域进入阿里地区。尽管地理环境使这一远征历经艰辛，但在历史上由西域进入阿里的军事行动屡见不鲜。最著名的就有两次，一次是《拉失德

---

[1]　巴托尔德:《蒙古入侵时期的突厥斯坦》，张锡彤、张广达译，上海古籍出版社，2011，第 381~383 页。

[2]　石沧金:《试述葛逻禄的衰落》，《西北史地》1998 年第 2 期。

史》的作者米儿咱·海答儿曾率军从喀什噶尔进入阿里高原，在拉达克和古格边缘地带短暂驻留。他在书中非常生动地描绘了他们进入阿里高原后产生剧烈的高原反应的情况。[1] 另一次是 1716 年准噶尔军队自伊犁出发，经叶尔羌，翻过昆仑山进入阿里，然后发动对西藏的拉藏汗的突袭。[2]

按照前引《阿里王统记》的说法，噶逻人侵入古格后在尼贡沟（གཉེ་གོང་གི་ཕུ）杀死国王扎西泽，并将王弟沃巴泽囚禁在索波（སོག་པོ）之地。看来尼贡沟是噶逻人与古格人决战的地方。关于尼贡，《汉藏史集》中有一条信息，阿里王朝在进行分封时，次子德祖衮所得的封地为"象雄、吉觉、尼贡、如托（日土）、普兰、玛措"，[3] 这块封地也就是后来古格王国的疆域。在这里，尼贡与日土并列，可能位于日土附近，噶逻人从西域进入阿里，在阿里北部与古格决战亦合情理。而这里的"索波之地"也在某种程度上印证了葛逻禄人入侵事件的真实性。在藏文中索波所指比较复杂，在唐代敦煌文书中指的是粟特人，元明以后泛指吐蕃以西诸国，清代以后成为专指蒙古人的词。[4] 粟特（sogdian），为索格底亚那的简称，是指中亚以泽拉善夫河为中心的阿姆河和锡尔河之间的地区，通常称为河中地区。[5] 在前面的论述中可以看到，河中地区后来也是葛逻禄人最活跃的地方。显然，葛逻禄人攻入阿里杀死古格王扎西泽后，将俘虏的王弟沃巴泽带回了河中地区囚禁了起来，换句

1 米儿咱·马黑麻·海答儿：《中亚蒙兀儿史——拉失德史》，第 381~382 页。

2 梁俊艳：《略论准噶尔侵扰西藏及其在藏统治（1716~1720）》，《新疆大学学报》2010 年第 6 期。

3 达仓宗巴·班觉桑布：《汉藏史集》，第 114 页。

4 杨铭：《SOG-PO 源流考》，《中国藏学》1994 年第 1 期。

5 陈海涛、刘惠琴：《来自文明十字路口的民族——唐代入华粟特人研究》，商务印书馆，2006，第 1 页。

话说，这里的索波之地其实就是指的葛逻禄人之地。

通过以上分析，完全有理由相信藏史中记载的这场 12 世纪中叶葛逻禄人与古格人之间的战争在历史上确实发生过，并且给西藏留下了深刻的印象。由于国王被杀、王弟被俘，古格境内必定遭到葛逻禄人的大肆破坏，尽管史料稀少而不知道入侵后的详情，但也有一些蛛丝马迹可寻。1997 年，西藏考古工作者在托林寺红殿殿堂西壁北侧墙壁上的宗喀巴师徒三尊像的下方发现了一篇藏文题记，其中有一段文字如下：

> 孜德铭记父王言，宏扬佛法竭全力。贤者云集托林寺，功德常为后人夸。善缘极薄当地人，邪恶之心大膨胀。逼迫解散持法僧，佛经庙宇化成灰。此后长久无佛光，象雄善缘终未尽。迎来宗喀大弟子，阿旺扎巴燃佛灯。继承仁钦桑颇业，佛法再度逞辉煌。[1]

这段题记在表彰泽德举办火龙年大法会的弘法功绩后有一段描述古格佛教遭到破坏的话，让后人颇感困惑，因为古格历代君主都是以弘扬佛教而闻名的。这段题记指出，在泽德以后曾经一度出现过佛教被破坏的情形可能不是古格王国自己的政策调整，而是外力所致，这在时间上正好和 12 世纪中叶藏史中记录的噶逻人入侵事件相符，可能指的就是同一件事。显然，后来藏族史家都以记录佛教事业为目标，对于世俗历史并不在意而使此事隐没不显。[2] 这段题

1　次多：《阿里托林寺红殿壁文考》，《西藏艺术研究》1998 年第 2 期。
2　在后弘期以来的藏族史学观念中，宗教史占据着最重要的位置，由于后期史学家大多是佛教徒，所以其写作也集中在宗教史上。参见孙林、张月芬《藏族传统史学的体系及其史学观念的总体特征》，《中国藏学》1998 年第 3 期。

记对这次战争也只剩下一些跟佛教有关的残余印迹了，后来此事更是渐渐为人们所遗忘。尽管事件变得模糊不清，但葛逻禄人对阿里的冲击给西藏造成的恐惧感沉淀下来，并以另一种形式被记忆，那就是将它与根本没有发生过的益西沃殉道故事结合起来，编织了一个大多数史家都津津乐道的噶逻人谋害益西沃的故事。

　　11世纪90年代初，泽德之死与旺德上台，使古格的政教二元领导体制被破坏，严重影响了古格内部的稳定，先是普兰分治，接着是索南泽对三子进行分封，古格的实力大损，12世纪40年代以后的一段时间里，又遭到噶逻人的入侵，国王扎西泽战死，幼弟沃巴泽被俘。不久之后，索南泽的次子、被分封到古格边地镇守库奴的觉卧杰布带兵收复古格，赶走了噶逻人。[1] 但自从古格的政教二元领导体制终结，王位继承法被破坏后，古格内部的稳定问题一直得不到解决，反而走上了大多数吐蕃王室后裔政权的老路。觉卧杰布的继任者不是他的儿子，而是死于噶逻人之手的国王扎西泽的幼子泽巴赞。《阿里王统记》中说泽巴赞即位之后，消灭了内外之敌，恢复了古格的稳定，说明泽巴赞继位时，古格可能再一次遭遇了噶逻人的袭击。对于泽巴赞的继位，古格内部也有反对者，所以他的继位并不是一次平稳的权力交接。泽巴赞时代（约在12世纪后半叶），贵族势力已经在古格政治生活中占据了优势，泽巴赞的两个王后，分别出自古格南北的两大贵族之家，他们基本控制了朝政。泽巴赞死后，南北贵族争权，古格在继普兰分治之后再次分裂，北方贵族支持拉坚王后，拥立其子吉德赞，统治古格北部；南方贵族支持洛丹王后，拥立其子白沃赞，在古

1　གུ་གེ་མངའ་རིས་ཆེན་དཔག་དཔང་གྱགས་པས་བརྩམས། མཎ་འ་རིས་རྒྱལ་རབས། ན 75~76

格南方称王。古格在 12 世纪晚期进入了南北朝时代。[1] 可以说，随着古格政教二元领导体制的终结，整个 12 世纪，古格都是在一系列的内乱与外患中度过的，11 世纪古格在政治体制和政治文化建设上的成就已经荡然无存。

---

1 གུ་གེ་མཁན་ཆེན་པ་དཔང་དཀར་ཀྱ་གས་པས་བརྩམས། མངའ་རིས་རྒྱལ་རབས། ན 76~77

第五章 *12 世纪前后古格与卫藏的社会发展及文化联系*

古格王国虽然远离西藏政治文化中心的卫藏地区，但其历史与西藏的历史和命运息息相关，古格与卫藏在政治和文化上有着非常紧密的联系。古格王室主导的上路弘法，对 10~13 世纪整个西藏的政治文化的形塑有着举足轻重的作用，上路弘法所引进的佛教理论和实践的修证体系，对后世藏传佛教各教派都有深远的影响。古格佛教在 12 世纪以前一度具有领先全藏的优势，对西藏各地的佛教高僧有着强大的吸引力。1076 年的火龙年大法会，能够吸引全藏各区的高僧参加，即是古格与卫藏地区政治文化交流的一次高潮。但 12 世纪以后，藏传佛教在卫藏地区繁荣起来，各个教派相继兴起，而古格佛教哪怕是在最繁荣的 11 世纪，都没有发展出属于自己的教派，导致古格没能在藏传佛教的教派格局中占有一席之地，在政治文化上逐渐成为卫藏模式的接受者和追随着。本章首先比较了卫藏佛教和古格佛教发展的时间线与历史进程，进而对古格佛教没有形成本地教派的情况进行分析。这一政治文化格局决定了古格在随后的时间里，成为卫藏文化的输入地，大量的卫藏教派和僧团进入古格境内，深刻地影响了古格的政治文化格局。本章以止贡派为例，对古格和阿里地区的政治因素与卫藏地区的文化因素的交流及互动进行个案研究。

古格与卫藏政治文化发展模式的比较

大型宗教发展到一定阶段必然会出现教派化的现象，像佛教这样一个理论体系庞大（显教方面）和实践方式多样（密教方面）的大型宗教在进入西藏后也迅速开始分化组合，逐渐形成了各种教义和系统，伴随着印度佛教的西藏本地化过程，原先共为一体的西藏佛教势力先后涌现出大大小小的诸多教派。任何一种外来宗教传入之后都会出现教派的分化，正是该宗教本地化已然成熟的标志。

佛教从两汉之际传入中原之后经过几百年的发展，到隋唐时出现了宗派竞起的局面，天台宗、三论宗、唯识宗、华严宗、律宗、密宗、净土宗、禅宗这八大汉传佛教宗派的出现就是汉地佛教本地化达到一定程度后的产物。由于佛教传入西藏较晚，其发

展在吐蕃王朝崩溃后又有所中断，所以直到 12 世纪前后才开始出
现大规模的本地化的趋势，而这时也正是藏传佛教各教派层出不
穷的时期。[1] 后弘期前期最有影响的藏传佛教的各个教派基本上都
是从卫藏地区发源的，其创始者大多也出身于卫藏地区。在藏传
佛教各大教派中，除格鲁派等几个少数后起之秀外，大部分教派
的兴起和壮大都在 12 世纪前后，这一时期先后出现的影响较大的
教派主要有宁玛派、噶当派、萨迦派、噶举派，其中噶举派又是
支系最多、派系最复杂的一个，该派在形成后又不停地分化演变，
最后形成所谓的四大八小的派系格局。从 11 世纪后半期到 12 世
纪前半期，西藏佛教界进入了一个自主创新的高峰期，一系列以
印度佛教教理和实践为基础，结合自身的理解和本地实际需要的
西藏本地教派相继产生。教派集团的相继形成标志着佛教在卫藏
地区已经完成了本地化的使命，把西藏佛教事业的发展推向了一
个新的阶段。

宁玛派（ རྙིང་མ་པ ）是后弘期藏传佛教中最古老的教派，他们认
为自己的教法是从 8 世纪来到西藏的莲花生那里传下来的，其教法
可追溯到前弘期的吐蕃时代；另外，他们的密法教授系统属于旧译
密咒系统，故而他们自认为是古旧派，故称宁玛派。宁玛派虽然自
称源起甚早，但真正形成教派还是在 11 世纪前期的所谓大素尔活
动时期。[2] 宁玛派的实际开创者是大素尔·释迦迥乃（ རུ་པོ་ཆེ་ཤཱཀྱ་འབྱུང་
གནས ，1002~1062），他曾经跟从许多上师学法，先后修习过《幻化》
《心宗法》《密灌顶》等密法，特别是花了重金在当时最著名的卓弥
译师处学得不可思议的秘诀，最后综合学习所得，"善为分析本续和

1　参见班班多杰《汉地佛教与藏传佛教本土化之历史考察》，《中国社会科学》2004 年第 5 期。
2　王森：《西藏佛教发展史略》，第 39~40 页。

释续；综合本论和释论；贯通密经义于修法中；综合修法和仪轨"，形成了自己的修法体系，然后广收徒众，相传座下有所谓的四位高峰弟子和大修士一百零八人，之后开始修寺活动，宁玛派最早的主寺邬巴隆寺和卓浦寺就是在他的活动下创建的，从他开始宁玛派初步形成了自己的教法体系和师徒传承。[1]大素尔活跃的时期正是古格佛教发展最繁荣的时代，不过此派虽然兴起最早，但组织涣散，发展分散，在 16 世纪以前并未形成一个稳定的寺院集团，所以与西藏地方政治的关系并不紧密，此派形成后在古格也有传播，但在政治上影响甚微，不过该派在古格民间社会拥有十分广泛的信众，影响不小。

噶当派（ བཀའ་གདམས་པ ）是后弘期前期在显教方面影响最大的教派，该派的出现与古格王室和古格佛教界有着深厚的宗教渊源。该派尊古格王室迎请入藏的阿底峡大师为祖师，奉阿底峡应拉喇嘛绛曲沃之请撰写的《菩提道炬论》为根本经典。噶当派作为一个教派其奠基者是活跃于 11 世纪中期的仲敦巴，一般讲噶当派就是以仲敦巴为该派的创始人。仲敦巴·杰瓦迥乃（ འབྲོམ་སྟོན་པ་རྒྱལ་བའི་འབྱུང་གནས ，1005~1064），是卫地的堆隆地方人，该地位于今天拉萨市堆隆德庆区境内，一向是卫藏地区的核心地带。仲敦巴早年追随康区丹玛地方的色准大师（ ཞེ་བཙུན ）学法，他为人勤奋好学，《青史》记载他在色准大师那里，"内而所有磨糌粑诸杂劳；外而放牧许多牛马畜类；还要骑着良马巡视以防盗。他在磨糌粑磨旁也搁着书本阅读，对求学有极大的勤奋"。[2]

正是这种不知疲倦地追求佛法真义的精神使仲敦巴对阿底峡

1　廓诺·迅鲁伯：《青史》，第 68~70 页。
2　廓诺·迅鲁伯：《青史》，第 153 页。

在古格的活动产生了极大的兴趣，遂打算去古格拜见阿底峡大师。他的这一举动最终树立起了自己在西藏佛教史上开宗立派者的地位，同时也在卫藏与古格佛教发展水平及实力对比的转变上发挥了不可替代的作用。他在拜见阿底峡之前已与卫藏地区政教首领商量好了招待阿底峡到卫藏地区传法的事宜。1045 年春，仲敦巴与阿底峡在普兰相见，随后阿底峡接受邀请前往拉萨一路传道讲法，最后在桑耶寺和纳塘寺长住，直到 1054 年圆寂。因此，虽然阿底峡大师入藏是由古格王室大力迎请的，但在古格的传法只有 3 年的时间，而在卫藏地区则长达 9 年，大大提升了卫藏地区引进和吸收印度佛教的总体水平。仲敦巴除了抓住迎请阿底峡入卫藏地区的良机之外，还在阿底峡的传法过程中结合西藏地区的实际进行修正，[1] 使印度佛教的教理和实践更加适应西藏本地的需要。1056 年，他在今天拉萨市林周县的东北塘古地方创建了噶当派的主寺——热振寺，此后逐渐形成自成一体的教法体系。[2]

　　萨迦派（ས་སྐྱ་པ）可谓后弘期前期西藏政治史上最著名的教派之一，其在 13 世纪由于带头归顺元朝而受到蒙古皇室的大力支持，此后一段时期内不仅在西藏历史上，更在中国历史上大放异彩。不过该派的兴起要上溯到活跃于 11 世纪后期的官却杰波（དཀོན་མཆོག་རྒྱལ་པོ，1034~1102）。官却杰波是吐蕃时代的望族昆氏家族（འཁོན）的后人，他本人出生在后藏的萨迦地方，一生中大部分时间与主要事业都是在萨迦地方度过和建立起来的。他早年跟随后弘期初期著名的卓弥

1　仲敦巴对阿底峡传授的方法进行有意识的引导，力图改变藏族地区过去重密轻显的风气，对阿底峡的传法进行筛选，并不时提醒和阻止阿底峡在大众场合宣讲密法，这些事情在噶当派的经典《噶当语录》中有很多记载，详细论述参见秦士金《阿底峡与仲敦巴——11 世纪西藏佛教的整顿者》，《西藏研究》1994 年第 2 期。

2　关于噶当派创派的详细过程，参见格列丹增《试论噶当派的兴起原因及历史影响》，《民族研究》2001 年第 2 期。

译师学法，获得该派特别的"道果法"教授，奠定了开宗立派的宗教理论与修行的基础，在当地贵族象雄古热瓦（ཞང་ཞུང་གུ་རབ་）的支持下，仅以一匹白骒马、珍珠鬘、一套女装就购得了门卓以下、派卓以上的地方，遂于 1073 年在该地建造了后来举世闻名的萨迦寺。[1] 其后以萨迦寺为中心，逐渐形成了一个以教团势力为基础的政治实体。萨迦派兴起之后很快就将教派与地方政治结合，采用父子兄弟相传的方式，逐渐构成了一个以中心寺院为中枢机构的政教合一制的地方割据政权，成为后弘期以来以教派政权为基础的政教合一制的最早实践者和代表，[2] 对后世盛行于西藏的政教合一制的多样化影响深远。

　　噶举派（བཀའ་བརྒྱུད）是后弘期前期宗教派系最庞杂的教派，与其他几个教派相比，噶举派形成时间相对较晚，从形成之初就已分成两大传承系统，即香巴噶举（ཤངས་པ）和达布噶举（དྭགས་པོ）。香巴噶举创始于活跃于 12 世纪前期的穹波南交（ཁྱུང་པོ་རྣལ་འབྱོར，1083~?）。穹波南交是前藏尼木地方人，最初是一名苯教徒，跟随苯教师学苯法，后来改习宁玛派的大圆满法，大约在 12 世纪初开始先后到尼泊尔和印度亲自从印度佛学大师们学习密法，学成之后回到西藏，最初在拉萨以北的彭域地区（འཕན་ཡུལ）传教，后来转入今日喀则市南木林县的香地区（ཤངས）建寺 108 座，创立在当地影响最大和最有势力的教团组织，因此得名香巴噶举。不过该派在教法和师承上并未形成特别的传承，在 15 世纪以后就湮没无闻，[3] 因此该派与古格的社

1　阿旺贡噶索南：《萨迦世系史》，第 14 页。

2　有学者认为萨迦教派政权这种政教合一体代表了后弘期以来的一种地方势力的形成过程，即由一个宗教活动家创立教派，从教派创立之日起，该活动家的家族即与其教派紧密地结合在一起，形成一个政教合一体的地方势力。参见王献军《西藏分裂割据时期诸政教合一体的形成》，《西北民族学院学报》1999 年第 1 期。

3　参见王森《西藏佛教发展史略》，第 95~96 页。

会和政治关系不大。

在 13 世纪以后与古格社会政治有着千丝万缕联系的是噶举派两大传承系统之一的达布噶举系统。达布噶举的形成经历了相当漫长的过程,该派源于玛尔巴(1012~1097)、米拉日巴(མི་ལ་རས་པ,1040~1123)师徒,而最终创立于达布拉结(1079~1153),前后历时近百年。玛尔巴·却吉洛追(མར་པ་ཆོས་ཀྱི་བློ་གྲོས)出生于今山南市洛扎地方(ལྷོ་བྲག)的普曲城,他最初也打算去当时西藏最有名的卓弥译师处学法,但由于卓弥一向对前来求学者都索以重金,玛尔巴遂决定直接去印度学法,他先后七次去尼泊尔和印度,求学多年,从诸多上师那里习得《呼金刚灌顶》《密集续》《明灯释论》《玛哈玛雅灌顶加持教授》等高深密法,晚年定居在洛扎的卓窝垄(གྲོ་བོ་ལུང)地方传法授徒。[1]

玛尔巴有四大弟子,其中对噶举派的形成起到关键性作用的是米拉日巴,米拉日巴出生于今天日喀则市吉隆县一带的贡塘地方(གུང་ཐང),是玛尔巴众多弟子中密法修持成就最高的,他的故事后来在藏族民间广为流传,《米拉日巴传》也成为藏族地区最流行的文学作品之一。从《青史》的记载来看,他最初也是一名苯教教法的学习者,曾经用苯教的法术造过不少恶业。1077 年他38 岁时心生悔意开始转信佛教,投入玛尔巴门下学法,历经种种考验最终得玛尔巴亲传密法,1084 年离开玛尔巴后开始按玛尔巴所传的密法进行修炼,最后体证到大手印的境界,成为当时修持成就最高的人。[2] 米拉日巴本人的证道生涯和弘法成就与古格及阿里地区关系颇为密切,他在后期进入阿里的冈底斯山一带修炼

1　 廓诺·迅鲁伯:《青史》,第 243~245 页。
2　 关于米拉日巴的生平,参见廓诺·迅鲁伯《青史》,第 257~262 页。

并致力于消除苯教在这一地区的影响，为将冈底斯山从苯教的圣地变成佛教的圣地做出了巨大贡献。此外，他同 11 世纪后半期主持古格教政的拉喇嘛悉瓦沃也有宗教上的交流，曾写有道歌送给悉瓦沃，道歌的内容是以诗体的形式写下他自己求习佛法的经历，表明当时悉瓦沃对米拉日巴的成就和事迹或许还并不熟悉，但已有了一些接触和交流。[1]

　　米拉日巴一生收徒众多，其中最著名的就是冈波巴·达布拉结·索南仁钦（ སྒམ་པོ་པ་དྭགས་པོ་ལྷ་རྗེ་བསོད་ནམས་རིན་ཆེན ），他是今山南市隆子县一带的达布地方人，最初是一名医生，达布拉结的意思就是达布地方的医生。他的本名叫索南仁钦，1104 年 26 岁时出家为僧，他出家后最初前往彭域地方学的是噶当派的教法，1111 年前后听闻米拉日巴的大名后，才到今日喀则市聂拉木县境内的郑地区（ ཇུན ）拜米拉日巴为师，经过 13 个月学习后离开米拉日巴独自专修。1121 年，他在今山南市的加查县境内建立冈波寺作为主寺，因此得名冈波巴，并在冈波寺传法授徒 30 年，形成一套融合噶当派的显教理论和噶举派的密教修法，以大手印为特色的新教派，是为达布噶举派，噶举派至此才真正成为一个教派。[2]达布拉结早年学法的经历与古格和阿里也颇有渊源，他出家后的第一位老师玛域洛丹（ མར་ཡུལ་བློ་ ལྡན ）就是一个从阿里地区到达布地区传法的僧人，他在玛域洛丹那

1　道歌全文为："那么可爱我孩儿，你求通达听我说，你今是否识名相？你若不识我名相，米拉日巴是我名。贡塘下区断脐处，前后藏区广求学，诸师上人以为首，绒敦拉嘎以前师，有恩上师约十人。特在拉杰鲁穿前，求得威猛咒诅法，内证高深见智慧，导修作法亦精通，人我戏论但未断。那若麦枳施加特，身含缘起道要点，心与法性母相会。听说师住妥普曲，译师美名心领会，仅一闻名信毛竖，途径险苦来师前，一见师颜生感动，似乎是我多生师。具恩父师之座前，栖止六年又八月，如影随形伴不离，虽无财物以供师，身语汗劳作事事，意诚师喜尽传我，一切耳传诸教授。"见廓诺·迅鲁伯《青史》，第 260 页。

2　关于达布拉结的生平详情，参见廓诺·迅鲁伯《青史》，第 271~276 页。

里学得了《胜乐》和《大宝六庄严母》等许多灌顶密法。[1]达布噶举派后来又分化为四大支派和八小支派，该派在 13 世纪一度在阿里地区取得优势地位。

　　以上四大教派是后弘期前期在西藏影响最大的四个教派，另外还有一些小教派跟本节所要讨论的主题关系不大，在此从略。从上述四大教派的兴起时间来看，除噶举派最初形成的时间稍晚之外，其他三个教派都是兴起于古格佛教极盛之时，而噶举派的酝酿期事实上也在这一时段内。三大教派虽基本上在 1076 年古格举办著名的火龙年大法会之前就已建成主寺或完成教派的初创工作（除噶举派外），但很明显这一时期全藏佛教文化的高地仍然是古格，而从上面的发展形势来看，卫藏地区的发展后劲明显强于古格统治下的阿里地区。

　　由于卫藏地区在吐蕃王朝崩溃之后长期处于混乱之中，到 11世纪时其割据程度远远严重于阿里地区，这一时期阿里地区基本上因为阿里王朝在 10 世纪的进入而实现了局部的统一，特别是在该地区出现了一个拥有强势地位的古格王国。古格王室的佛教复兴运动虽然声势浩大、成效显著，但在政府主导下的文化发展带有很强的政治目的，佛教在阿里的发展和壮大主要是依靠王权的强力推行，而不是由于宗教本身的吸引力。另外王权为利用佛教发展进行政治革新，从一开始就将教权牢牢地控制在手中，阿里地区在后弘期初期最著名的高僧都具有王室背景，也就是说他们都是依靠本身的权力和地位活跃于宗教舞台之上，而不是因为具有深湛的宗教修为。在这样的背景下，阿里地区的佛教事业既缺乏自身进步的动力，又受到王权对教义和教法发展的制约，没有像卫藏地区那样在教

1　　廓诺·迅鲁伯:《青史》，第 272 页。

理或教法上产生出自己的见解或者形成特别的体系，因此即使在11 世纪最繁荣的 100 年中也没有像卫藏地区那样人才辈出、宗派并起。

　　一般认为，佛教宗派的产生需要具备以下几个条件：一是建立高度发达的寺院经济以确保本派拥有独立的经济来源，从而推动自身的持续发展；二是必须创立一套系统的学说体系以保证本派在思想理论上的独立地位，并由此与其他宗派区别开来；三是拥有相对固定的传教区域，以某个大型寺院为中心创造一定的教团势力范围；四是建立起严格的法嗣制度和完善的寺院规范以确保本派能够独立传承下去。[1] 从这些条件中可以看到，具有自主创新能力的高僧大德的领导是串联全部条件的关键，而这恰恰是古格佛教界最缺乏的。

　　卫藏地区的政治形势与阿里地区有着很大不同，吐蕃王朝崩溃之后一向作为西藏政治重心的卫藏地区失去了政治上的权威地位，赞普后裔和各地贵族各据一方，特别是云丹的后代在卫藏地区并未像吉德尼玛衮进入阿里之后开创了局部的统一局面，而是分化衍生出众多大小不等的割据势力，加上吐蕃时代的旧贵族和王朝崩溃后新兴的地方实力派，整个卫藏地区即使在一个小范围内也没有实力足以独当一面的政权出现，政权分布支离破碎、各自为政是这一时期卫藏地区在政治格局上最大的特点。[2] 这种局面反倒给佛教的发展提供了一个相对宽松的政治环境，11 世纪之后卫藏地区佛教主要是依靠高僧大德和民间力量的结合而发展起来的，四大教派的创始人都不是地方政权的掌握者，他们的兴起主

1　潘桂明：《中国佛教思想史稿》第 2 卷上，江苏人民出版社，2009，第 11 页。
2　陈柏萍：《分裂割据时期的西藏社会》，《青海民族学院学报》2000 年第 1 期。

要得益于本身的宗教成就，在一个政府权力干涉较小甚至有些时候处于权力真空的状态下要发展佛教的势力，他们不得不从佛教教理和修持方面下功夫，增加宗教本身的吸引力，具有很强的自主创新的积极性，这是在王权严密控制下的古格王国所不具备的有利条件。

当然，卫藏地区佛教的这种发展模式由于没有政权强有力的推动，在其兴起的初期会缺乏像阿里地区那样的社会动员能力，故而早期的实力和发展速度都不如阿里，比如噶当派虽然在1056年仲敦巴创建热振寺时就已初步形成，但仲敦巴时代作为主寺的热振寺的常住僧人不过五六十人，其在整个西藏佛教界的影响并不大，直到仲敦巴弟子博多瓦（1031~1105）接掌热振寺后，综理教典，在教理上发展出"噶当七论"的理论体系，并四处讲经说法，才得到卫藏僧俗各界的赞誉，一般来说噶当派的声名到博多瓦时才大著于卫藏。[1]而官却杰波虽然在1073年创建了萨迦寺，但该派直到其子萨迦五祖之一的贡噶宁波时才初具规模，萨迦派的独门秘法道果法的口诀与修法的完整教授也是到这时才基本完成的，贡噶宁波执掌萨迦寺的近半个世纪的时间内广收门徒，至此萨迦派才势力渐盛。[2]

综上所述，卫藏地区的这几个大的教派在11世纪后半期阿里佛教的鼎盛时代就已基本形成，但当时古格佛教的声势仍然能威震全藏。不过尽管古格佛教发展水平取得暂时领先的地位，但由于上述双方发展模式的不同，卫藏地区在新一轮的文化实力竞争中拥了自主创新的核心竞争力，它所拥有的教派优势和人才优势

---

1   王森:《西藏佛教发展史略》，第54页。
2   王森:《西藏佛教发展史略》，第69页。

使其在稍后的竞争中后劲十足。因此即便是正常发展下去，阿里和卫藏地区的文化实力对比也会发生逆转，然而更不幸的是在11世纪末到12世纪初卫藏地区教派势力大发展的时期，阿里地区却遭遇了一系列内部的政治动乱和外部的异族入侵，这样的双重打击使得阿里地区本就不妙的佛教发展的社会政治环境更加恶化。

13世纪前后，随着藏传佛教进入教派时期，西藏的佛教政治遂进入教派政治时代。一方面，各教派集团成为各种政治力量的基本单位，在卫藏地区建立起一系列的政教合一的教派政权；另一方面，卫藏地区各教派进入阿里地区后得到阿里地区各地方政权的资助和扶持，特别是与上述阿里地区的三大地方势力相结合，其思想不同程度地成为这些地方政权的政治指导思想，并深深地融入阿里地方政治生活和运作之中。卫藏教派集团在阿里地区的活动，改变了这一地区原有的政治结构和权力运作模式，建立起一种不同于卫藏地区政教合一的教派政权的教派政治模式，可以称之为政教合作模式。当教派政治成为西藏社会的主流之后，在政治宗教化的同时，宗教也政治化了。[1]事实上，无论是卫藏地区政教合一的政权建设还是阿里地区政教合作的初步尝试，其发展路径相当一致。

藏传佛教各教派发展壮大后在阿里地区都有一定的传播，但各教派对阿里地区的传教热情则是不一样的。13世纪以后最晚兴起的噶举派对阿里地区的传教事业最为热心，成就也最大，尤其是噶举派中的两个支派止贡噶举派和蔡巴噶举派纷纷派出精英和组织传教

1　需要注意的是，政治的宗教化（religionization of politics）与宗教的政治化（politicization of religion）的演变路径并不是在所谓古代社会的落后状态下才会发生的一种倒退的历史现象。事实上，它是一种相当有效和历久常新的政教关系倾向，时至今日，仍然是全球化时代政治与宗教关系中的核心问题，这一现象在当代已被当作一个新问题加以研究。参见刘义《全球宗教复兴与宗教政治——一个宗教社会学的理论概述》，《文史哲》2010年第1期。

团进入阿里地区。而此一时期阿里地区的政治格局也进一步分化，先是普兰从古格分离出来自立，不久古格内部南北势力之间矛盾激化，古格也分裂为南北两朝，加上最初从阿里王朝分裂出来的拉达克王国，阿里地区形成三足鼎立的区域政治格局。

在卫藏地区发源的藏传佛教各教派在 12 世纪前后兴起并发展壮大之后立即进入西部地区发展教派势力，与阿里地区的本地政治势力结合，深刻地影响了 12 世纪以后阿里地区社会和政治发展的走向。自后弘期佛教兴起之后，政治便开始与佛教理念和寺院势力结合，形成了西藏特有的佛教政治，整个后弘期的政治发展大势就是佛教政治的日益深入和扩大，最后由格鲁派建立的甘丹颇章政权集其大成。上一章已经论述了，以政教合一为特征的西藏佛教政治事实上最早开始于阿里地区，不过从 11 世纪末开始由于泽德的死使得阿里地区早期佛教政治的实践基本停止，特别是由益西沃开创并实施了将近百年的政教二元领导体制在整个 12 世纪基本上完全消失了踪影，而阿里地区的区域政治格局在这一转变的背景下也日益碎片化。

12 世纪以后，虽然佛教在阿里地区仍有发展，但佛教政治则相当式微，世俗贵族的政治力量得到恢复和加强。与此同时，西藏的佛教政治的创造和实践的重心也从阿里地区转移到卫藏地区。11 世纪末到 12 世纪中期，卫藏地区的佛教发展迅猛，特别是几大教派在形成后都得到较大的发展。随着佛教发展的教派化，在全民信教的情况下，西藏政治的发展也开始出现"政治教派化"的倾向，教派政治在 12 世纪时很快成为西藏政治发展的主流，各教派或者成为地方势力，或者结合地方势力，都实现了在教派聚集地执掌政教两权的目的，这一时期先后兴起了萨迦教派政权、帕竹教派政权、蔡巴

教派政权、止贡教派政权、夏鲁教派政权、雅桑教派政权，[1] 使教派
政权在卫藏地区占据绝对优势地位，教派政权也因此成为教派政治
在卫藏地区的主要模式。教派政治在卫藏地区发展成熟后遂开始向
全藏蔓延，特别是随着各教派势力的西进，教派政治也开始对阿里
地区的政治生活产生重要影响，最终将阿里地区纳入教派政治发展
的轨道上来，不过阿里地区政治教派化的过程相当复杂，而教派政
治在阿里地区的发展也有其地方特殊性。

卫藏教派的西传及其对古格政治文化的影响

　　藏传佛教各教派在 11 世纪末 12 世纪初形成后，除了在发源地

1　萨迦教派政权的政治中心在后藏的萨迦地区，是以萨迦派为基础建立起来的，1073 年官却
　　杰波建立萨迦寺之后以此为中心形成教派势力的同时也在当地逐渐发展出一个地方政治势
　　力，到 13 世初，萨迦教派政权已经成为后藏一支举足轻重的政治力量，而萨迦派则在整个
　　藏族地区有着相当大的影响力。帕竹教派政权的政治中心在山南的泽当地区，1208 年朗氏
　　家族的领导人扎巴迥乃成为帕竹噶举派的教主，地方贵族与教派组织相结合，从而逐渐形成
　　政教合一的帕竹教派政权。蔡巴教派政权的势力中心则在拉萨附近的蔡地方，是依托蔡巴噶
　　举派建立起来的，1175 年向蔡巴在蔡地方建立蔡巴寺，此后经过一段时间的发展形成了一
　　个政教合一的地方势力。止贡教派政权的活动中心在拉萨以东的止贡地方，是在止贡噶举派
　　的基础上建立起来的，1179 年止贡巴主持止贡寺后逐渐发展出一个以教派为支撑的地方势
　　力。夏鲁教派政权则是以后藏的夏鲁寺为中心形成的一个政教合一的地方政权，1040 年夏
　　鲁寺建成后逐渐成为一个拥有土地和属民的地方势力，到 11 世纪前半期夏鲁教派政权已经
　　形成。雅桑教派政权的政教中心为位于山南乃东地方西南的雅桑寺，1206 年该派形成后逐
　　渐与地方势力结合，后来也形成了一个教派政权。详情参见王献军《西藏分裂割据时期诸政
　　教合一体的形成》，《西北民族学院学报》1999 年第 1 期。

卫藏地区迅速发展之外，大部分开始自然而然地向西部的阿里地区和东部的多康地区传播，甚至有些教派还组织人力、物力向阿里地区进行大规模传教，以图本派能有更大的发展空间。而阿里地区在13世纪初的区域政治格局已是四分五裂，各教派传入阿里后，自然也得到各政权的支持和利用，这些教派组织进入阿里地区后与阿里地区原来的各政权结合，使得阿里地区的政治生态发生了一些变化，在卫藏地区占统治地位的教派政治，也逐渐在古格及阿里政治生活中发挥越来越重要的作用。藏传佛教各教派发展壮大后在阿里地区都有一定的传播，但各教派对阿里地区的传教热情则是不一样的。13世纪以后最晚兴起的噶举派对阿里地区的传教事业最为热心，成就也最大，尤其是噶举派中的支派止贡噶举派长期派出精英和组织传教团进入阿里地区，而古格王国及阿里地区诸政权——古格、普兰和拉达克对止贡噶举派也最支持，本节试图在前人研究的基础上，结合相关藏文史料，详细梳证止贡派在阿里地区初步传播的情况以及古格及其各分治政权对止贡派大举西进的因应。[1]

　　从13世纪初开始，卫藏各教派在阿里地区已有很大的影响力。随着阿里地区政治形势的稳定，各政权的注意力也更多转向内在的治理上，在卫藏教派西进的同时，阿里各政权正需要引进更高级的佛教形式来安定民心，正如列宁所说的那样，所有一切压迫阶级，为了维持自己的统治，除了镇压之外还必须树立起一种牧师的职能，借以安慰民众和给予他们减少苦难的那种不一定能够实现的前

1　早前意大利藏学家伯戴克和房建昌有专文考论止贡派在西藏西部地区的整个历史发展过程，后来维他利在其所著的《古格普兰王国》一书中也涉及止贡派西传与古格、普兰政权的相关问题，他们的研究主要以止贡派在阿里或西藏的整个发展过程为中心，并未过多地关注早期传教情况，其成果和不足之处，将在下面的行文中具体讨论。

景。[1]卫藏教派要开辟新的传教地，阿里政权需要升级版的精神服务，双方可谓一拍即合。在阿里地区的王朝史记忆里，最早与阿里地区诸政权发生宗教政治关系的是止贡噶举派。

《阿里王统记》中普兰王赤巴赞是第一个与止贡噶举派发生关系的国王，同时也是最早同止贡噶举派建立正式的政教合作关系的阿里地方政权的统治者之一。

དེའི་སྲས་ཁྲི་འབར་བཙན་གྱིས་ཁ་ཆར་ཀུན་མཆེད་ཆེན་པོ་བཞེངས། གསེར་གྱི་མདོ་མང་། རྒྱུད་འབུམ་ལ་སོགས་པ་གསེར་ལས་བཞེངས། ཆོས་ཀྱི་རྗེ་འཇིག་རྟེན་མགོན་པོ་ལ་དད་གུས་མཐའ་དག་པས་ཡུད་ཙམ་ཞིག་ན་མཁའ་ལ་རྡོལ་ཞིང་མངལ། གདམས་ངག་བསྩལ། དེའི་སྲས་བཀྲ་ཤིས་དངོས་གྲུབ་མགོན་མཆེད་བདག་ཏུ་དབང་བསྐུར། ཡབ་བླ་ཆེན་མངོན་པའི་ཆེན་བྲ་ཆེན་སྤྲུལ་ཆོར་གྲགས། བྱང་སེམས་ཟླ་བ་རྒྱལ་མཚན་གྱི་སྤྲུལ་པར་གྲགས་སོ། གངས་རི་མཚོ་གསུམ་གྱི་པའི་རི་རི་པའི་བདག་ཉིད་དང་། ཆོས་ཀྱི་རྗེ་འཇིག་རྟེན་མགོན་པོ་ལ་དཔལ་འབྱོར་ཞེས་ཆོག་མངད་ན། དཀར་རྒྱུ་གི་སྲོག་ཤིང་མངད་དོ།

其子赤巴赞建科迦兄弟大佛像，以金汁造无数显密经集。敬信法主济登衮波，法主亲显空中，须臾之间，传语教诫。册立其子扎西俄朱衮为国君。父王遂出家为大喇嘛，号喇钦达查。是为月幢菩萨之化身。献顺缘于雪山三湖之山中修行者，呈供养于法主济登衮波及其徒众，号为噶举生命树。[2]

这段史料中的济登衮波（འཇིག་རྟེན་མགོན་པོ）即止贡派的创始人止贡巴·仁钦贝（1143~1217），意为世间怙主，下面提到的三世怙主也是指的止贡巴。止贡噶举派是在阿里地区的王朝史中最早出现的教

1　列宁：《第二国际的破产》，《列宁全集》第 26 卷，中共中央马克思恩格斯列宁斯大林著作编译局编译，人民出版社，1990，第 248 页。

2　གུ་གེ་མཁན་ཆེན་དག་དབང་གྲགས་པ་བསྟན་བསྐྱབས། མངའ་རིས་རྒྱལ་རབས། 1996 བོད་ལྗོངས་བོད་ཡིག་དཔེ་རྙིང་དཔེ་སྐྲུན་ཁང་འབོར་བའི་རྗེ་དྲན་སྐྲོག་པོ་སྲིན་ཆོག་རྒྱུས་གྱིས་བདུ་བསྐྲུན། ན 76

派，除了普兰王国之外，差不多在同一时期或者稍后一点，拉达克
王国也跟止贡噶举派建立起了供施关系，这一联系是早期拉达克史中
一件被大书特书的事情，从那鲁国王时代修建城堡之后到这时虽然已
经历经了五位国王，但这期间史书上基本无事可记，直到和止贡噶举
派建立起供施关系的俄朱时代，拉达克的历史才丰富起来，《拉达克
王统记》写道：

དེའི་སྲས་ལྷ་ཆེན་དངོས་གྲུབ། རྒྱལ་པོ་དེའི་དུས་སུ། རབ་ཏུ་བྱུང་བ་དབུས་གཙང་དུ་འགྲོ་བ་སྔོལ་བཙུགས་ནས།
ཡབ་མེས་ཀྱི་གཏུག་ལག་ཁང་རྣམས་ཞིག་བསོས་མཛད་པ་དང་། ཆུད་པར་དུ་ཆོས་ཀྱི་རྗེ་འཇིག་རྟེན་གསུམ་ཀྱི་མགོན་པོའི་
དྲུང་དུ། གསེར་དངུལ་ཟངས་བྱི་རུ་མུ་ཏིག་ལ་སོགས་པའི་བརྒྱ་འབུལ་དང་། བཀའ་འགྱུར་ཚར་གཉིས་དང་། གསང་སྔགས་
ཀྱི་དཀྱིལ་འཁོར་མང་དུ་བཞེངས་སོ།

　　其子拉钦俄朱，此王之时，始遣僧徒赴卫藏，修缮先祖之
诸寺，至殊胜法主三世怙主近前，献金、银、铜、珊瑚及珍珠
等各百，造《甘珠尔》二，建密教坛城众。[1]

　　这两段记载分别有不同的史料来源，但其中的共同点则非常明
显，就是普兰和拉达克的国王都对止贡巴产生强烈的兴趣，表明普
兰和拉达克在对卫藏教派的选择上基本上在同一时期不约而同地选
中了止贡噶举派。《阿里王统记》和《拉达克王统记》不约而同地
将止贡噶举派同本政权的宗教政治关系写进自己的王朝史中，说明
噶举派尤其是止贡噶举派在 13 世初已经成为阿里地区最具影响力的
藏传佛教教派，而事实上止贡噶举派也确实是当时对西部地区最有
兴趣的卫藏教派之一。

―――――――――――

1　ལ་དྭགས་རྒྱལ་རབས། 1987 བོད་བོད་ལྗོངས་མི་དམངས་དཔེ་སྐྲུན་ཁང་ཀིས་པར་དུ་བསྐྲུན། པ 44

　　止贡噶举派在传承上源于帕竹噶举派，噶举派在达布拉结时代初步形成，他一生收徒众多，徒弟中人才辈出，其中最著名的弟子为帕木竹巴（1110~1170），帕木竹巴·多吉杰布（ཕག་མོ་གྲུ་པ་རྡོ་རྗེ་རྒྱལ་པོ）本人并不是卫藏地区之人，他的出生地在东部多康南部金沙江流域的止垄乃雪（འབྲི་ལུང་ཞབས）地方，青年时代他一直在西康学法，先后从师 16 人，这说明同样是边地的康区 12 世纪的佛教发展水平并不落后。1128 年，他离开家乡前往卫地寻求深造的机会，初到卫藏的时候，与阿里还颇有渊源，早期向他传授《胜乐密续》等众多密法的上师玛·却吉坚赞（དམར་ཆོས་ཀྱི་རྒྱལ་མཚན）就是后弘期初期古格王室复兴佛教时培养出来的普兰小译师的亲传弟子。他在前后藏先后师从萨迦派、宁玛派、噶当派等教派的高僧学习各种教法和理论，历时 20 余年，积累了一些名声和知识。在达布拉结的晚年，他与向蔡巴（1123~1194）一起拜见了达布拉结，得到许多教法，尤其是达布拉结在临终前将本门的特别法门《俱生合和导释》教授传给了他。达布拉结死后，他经过一段时间的修炼，将以前所学融会贯通，自成一体，遂于 1158 年在今山南市桑日县境内的雅鲁藏布江北岸一个叫作帕木竹的地方修建了本派的主寺——丹萨替寺，此后一直在丹萨替寺授徒弘法，直至离世为止，当时该寺常住僧众有 800 人之多，教派的实力已相当强大。[1] 帕木竹巴的兴起表明，从 12 世纪前期开始，卫藏地区的佛教发展水平在全藏已经是最高的了，卫藏地区对于整个藏族社会来说处于文化中心的地位，帕木竹巴本人生在康区，但学成大法、开宗立派还是要到卫藏地区才能实现，他最后也没有选择回家乡建立主寺，而是在前藏的帕竹地方开始了他的宗教事业。

　　帕木竹巴一生弟子众多，在他死后该派不断分化，最终又形成

---

[1]　参见廓诺·迅鲁伯《青史》，第 328~333 页。

了八个支派。帕木竹巴晚年最得意的弟子就是止贡噶举派的创始人止贡巴。止贡巴，原名仁钦贝（ རིན་ཆེན་དཔལ།），又名济登衮波，跟帕木竹巴一样也不是卫藏本地人，他出生在今天四川省德格县与石渠县交界处的丹玛地方，跟帕木竹巴一样都是康区人。他家世代都修习宁玛派教法，他从小就会替人念经。1167 年，他离开家乡到卫藏地区，在丹萨替寺拜帕木竹巴为师，成为帕木竹巴晚年最宠爱的弟子，得到不少特别的教法传授，声誉日隆。帕木竹巴生前有意让他成为自己的法嗣，帕木竹巴死后他在 1177 年出任丹萨替寺的寺主，但是由于财政困难而得不到僧众的支持。[1] 因此到 1179 年，他只好放弃丹萨替寺寺主之位，到了今天拉萨东边的墨竹工卡县东北 60 公里的止贡地方接手他的师兄木雅贡仁原先在这里建立的一座小寺，此后他将此寺扩建翻新，取名止贡寺，成为止贡噶举派的主寺。他在止贡寺招揽僧徒，很快就形成规模，在随后的时间里，他将主要精力都用在发展止贡寺上，由于他声名远播，慕名来学法的人很多。此外，为了充实本派的实力，他还不择手段，巧取豪夺，所以到 13 世纪初止贡寺已经成为西藏的一座大寺，而止贡噶举派在藏传佛教各教派中也颇具实力了。[2]

　　止贡派势力发展起来之后，就开始有组织地进入西部地区活动。由于普兰境内的神山圣湖地区是西藏的宗教圣地，前往冈底斯山一带修行对僧众而言是一种很有意义的修炼功德，而对于教派组

1　《青史》（第 337 页）中说在他担任寺主期间，"从丁酉年起至己亥年，这三年中虽由止贡法王来作寺主，但由于财富受用微薄，堪布等僧众也就敬信小而希求偏大，以此无济于事"。

2　据《青史》（第 354 页），第一年就有 100 名僧人前来投靠他。而据《止贡法嗣》，在止贡寺建成不久的一次大法会中就有僧徒 55525 人聚集在止贡寺，其他他又诓骗达垅塘巴和他一起为丹萨替寺修建大殿，建成之后趁丹萨替寺有危险，他借口保护寺产而将大量经书和财物运回止贡寺，为止贡寺夺取了不少财富。在他晚年止贡寺弟子已聚集到令人不可思议的 13 万人之多。参见直贡·丹增白玛坚参《直贡法嗣》，克珠群佩译，西藏人民出版社，1995，第72~76 页。

织来说，冈底斯山的修行圣地则是自我实力和宗教修持水平的最佳展示平台，控制这一地区的宗教意义极为重大。所以各教派都有僧人前往冈底斯山修行，有些教派还会特别组织僧团前去驻守修行，而噶举派则对冈底斯山有着特别的感情，他们的祖师米拉日巴曾在冈底斯山的洞穴里修行多年，最后证得大法。对噶举派来说，冈底斯山既是西藏宗教的圣地，又是本派祖师证道的圣山，因此他们对冈底斯山的兴趣很大。帕木竹巴在临终前将他晚年最看重的两个弟子止贡巴和林热巴（1128~1188）叫到跟前吩咐他们一定要派遣山中修行者去以冈底斯山为代表的三大圣山修炼，并告诉他们这些地方是祖师们授记过的圣地，在冈底斯山修行一定能够生起欢乐，因此去冈底斯山修行是非常有益处的事情。二人听后都答应一定完成师父的遗愿。[1]

　　为完成师命，止贡巴在止贡寺建成后不久就亲自率领门徒24人前往冈底斯山朝圣，此行为他赢得了不少宗教修持方面的名声，据说他在朝圣期间和徒弟们见到了业塘地神来欢迎他们，并见到衮嘎窝开口说话。[2] 止贡巴晚年对西部地区的弘法事业下了很大的功夫，动用大量的人力和物力，特别是三次组建传教团派遣大量僧人前去冈底斯山修持和建立根据地。关于止贡派在冈底斯山一带的传教情况，国内外已有一定的研究成果。最早关注这一问题的是伯戴克，[3]

1　དཀོན་མཆོག་བསྟན་འཛིན་ཆོས་ཀྱི་བློ་གྲོས་ གངས་རིའི་གནས་བཤད་དཀར་ཆག་ཤེས་ལ་བཞུགས་སོ། 1992 བོད་རོང་སྐྱོང་མི་དམངས་དཔེ་སྐྲུན་ཁང་དཔར་དུ་བསྐྲུན། ༠42

2　廓诺·迅鲁伯：《青史》，第354页。

3　伯戴克于1977年3月在日本东洋文库作了题为"冈底斯山和玛旁雍错湖地区的止贡派"的演讲，演讲内容发表在日本1977年出版的《东洋文库》上，后来由我国学者王永红翻译为汉文，此后伯氏又以此题写了一篇《止贡派在西部西藏和拉达克》的文章，发表在稍后的纪念乔玛的论文集中。详见伯戴克《西藏西部拉达克地区的止贡噶举派》，王永红译，《国外藏学研究译文集》第9辑，西藏人民出版社，1992，第220页；另见 L.Petech，"Bri.gung.pa sect in Western Tibet and Ladakh," in L.Ligeti ed., *Proceedings of the Cosma de Koros Memorial Symposium*, Akademiai Kiado, Budapest ,1978。

后来房建昌先生结合伯戴克的成果加上其他资料对此问题有比较详细的梳理，不过限于当时的学术风格，房文在行文中基本没有清楚地给出史料的来源，[1] 后来维他利先生为了考证这一时期的古格王统传承情况也对这一问题进行过详细的梳理。根据他的研究，从 11 世纪末到 12 世纪初，止贡派在冈底斯山掀起了持续 30 多年的传教高潮，先后三次组建传教团，第一次为 1191 年前后，第二次为 1208 年前后，第三次则在 1215 年。[2]

　　接下来本书将集中论述止贡派传教团三次进驻冈底斯山的传教情况。第一次传教团是由埃浦巴领导的，他的主要任务是前往咱日山、拉奇山和冈底斯山这三座神山建立隐修据点，这一次向每座圣山派出了 80 人。[3] 第一次派遣是试探性的，人数并不算多，这一次因为西部地区正遭受一次严重的战乱，社会局势不稳，故而成效不大。因此后来止贡巴又组织了一次向圣山派遣修行者的运动，第二次圣山派遣运动跟上次一样，仍然是向三座神山分别派遣一支隐修团，这次的负责人是聂钦波（1164~1224）和卡巴强多，止贡巴这次向冈底斯山等三座神山派遣了 900 名修行者。[4] 这时已是止贡巴的晚年，止贡派的实力已经相当雄厚，另外可能他对冈底斯山止贡派的势力扩张已非常心急，故而这次派出的人数竟然比上次多出了 10 倍不止。第二次派遣规模虽然不小，但跟第三次向冈底斯山派出的传教团规模比起来，就逊色多了。1215 年，止贡巴 73 岁[5] 时让集聚

1　参见房建昌《止贡噶举派在西藏的兴起及发展》，《西藏研究》1988 年第 2 期。

2　参见 Roberto Vitali, *The Kingdoms of Gu.ge Pu.hrang*, pp.371-379。

3　དགོན་མཆོག་འཕྲིན་འཛིན་གྱིས་བརྩམས། གངས་རིའི་གནས་བདག་ཤེལ་དཀར་རྒོང་ཟེར་ལས་བཏུགས་སོ། ༠ 48

4　དགོན་མཆོག་འཕྲིན་འཛིན་གྱིས་བརྩམས། གངས་རིའི་གནས་བདག་ཤེལ་དཀར་རྒོང་ཟེར་ལས་བཏུགས་སོ། ༠ 49

5　需要注意的是，藏文材料中的 73 岁是指止贡巴的年龄而不是古雅冈巴的年龄，伯戴克将此岁数加在古雅冈巴身上是一种严重的误读，以至于他没有给出第三次向西部大传教的准确时间。

在他门下的僧徒 55525 人组成圣山修道团，由古雅冈巴率领浩浩荡荡地向冈底斯山进发，这一次成效显著，终于在冈底斯山建立起了止贡派的基业。古雅冈巴（ རྒྱལ་སྒང་པ ），本名却杰彭措嘉措，出生于藏坡峒地方，他早先曾跟随许多上师和智者学法，精通经咒等各种知识，后来师事止贡巴，取得大成就。[1] 古雅冈巴在止贡巴的众多弟子中并不是特别突出的一个，止贡巴的弟子中排在前面的有所谓的八大京俄弟子、八大心传弟子、八大热巴弟子，而古雅冈巴只不过是属于所谓的三大冈巴弟子而已。[2] 然而他后来在止贡派的西部弘法大业中却发挥了关键作用，是一个杰出的宗教活动家。

从 12 世纪末到 13 世纪初，止贡派连续三次向神山圣湖地区弘法的运动使得该派与神山圣湖所在地的普兰王室建立起紧密的联系，在第二次弘法时两位负责人就与普兰王室建立了相当良好的交情。聂钦波，全名叫聂钦波·杰瓦拉囊巴，他的父亲是个咒师，门下弟子众多，家境富裕，曾经担任过拉萨的地方官，其家族可谓有财有势。聂钦波后来成为止贡巴的弟子，得到许多密法传授，修持圆满，他后来创建了拉囊寺，故被称为拉囊巴。[3]《聂·拉囊巴传》记载，他率领 700 名弟子到上部传教，一路饥寒交迫，备尝艰辛，终于抵达普兰，得到普兰王公大臣的盛情款待，其中有一个王公请求他施行灌顶之法，但是由于卡巴强多从中作梗未能成事。不久，这位王公心生悔意，于是跟从拉囊巴的弟子觉色洛扎巴接受了集密灌顶法。[4] 这表明止贡派在西部地区弘法的高僧已经与普兰王室建立起了宗教关系。以古雅冈巴为首多达 5 万余人的第三次传教团进

1　དགོན་མཆོག་བསྟན་འཛིན་ཆུ་ལ་ཚུལ་ཁྲིམས། 《གངས་རིའི་གནས་བཤད་མེས་དཀར་ཤེལ་ཞེས་པ་བཞུགས་སོ》ན 50~51

2　参见直贡·丹增白玛坚参《直贡法嗣》，第 85 页。

3　直贡·丹增白玛坚参:《直贡法嗣》，第 82~83 页。

4　གཙོས་ལུ་ནང་པའི་རྣམ་ཐར། ཤེས་སོ། ན 84~85

驻冈底斯山，他们在冈仁波齐及其附近的谢扎年日、达垅、拉垅、泽杰、列米、门、古格等地的众多山洞中修行，并长期驻守。古雅冈巴本人也因为最先住在一个叫"古雅冈"的山洞中修行，才得名古雅冈巴。[1]第三次弘法以后，止贡派在西部地区人数众多，影响很大，使得西部阿里诸政权的统治者都开始主动与其结交，担任施主。《冈底斯山志》记载：

> 多杰增巴古雅冈巴和古格法王扎西德赞、塘域[2]王拉钦俄朱衮、普兰王喇钦达查赤巴及其子南德衮建立起供施关系，并在阿里三围使止贡派的各项事业有了很大的发展。止贡派在冈底斯山的修行者们接受古雅冈巴的教诫，坚守杀戒，一心为世间众生着想，静心修炼，所悟得的知识、功德不仅多如繁星，而且黑山人和喜波尼玛森格等在同一时间获得许多得道升天的成就。故止贡派在西部不是徒有虚名，而是将佛教经论中的主要精华部分加以极力弘扬，得到巨大的发展。[3]

可见，当时阿里地区最有势力的三大地方政权的最高领导者——古格法王扎西德赞、玛域拉达克王拉钦俄朱衮、普兰王喇钦达查赤巴及其子南德衮都成为止贡派的支持者，止贡派和阿里诸政权建立起供施关系，声势大震，影响遍及阿里三围之地。这段史料的记载与本小节开头时所引的《阿里王统记》和《拉达克王统记》

1　དཀོན་མཆོག་བསྟན་འཛིན་གྱིས་བརྩམས། གངས་རིའི་གནས་བཤད་དཀར་ཆག་ཤེལ་གྱི་མེ་ལོང་ཞེས་བྱ་བ་བཞུགས་སོ། ནི 51~52

2　塘域（ठाड་ਘੁਲ），疑为芒域，也就是玛域的误写，因为当时阿里并无一个叫作塘域的政权，而俄朱衮作为玛域拉达克的国王，在前面所引的《拉达克王统记》《阿里王统记》中都有提及，可见塘域肯定是笔误。

3　དཀོན་མཆོག་བསྟན་འཛིན་གྱིས་བརྩམས། གངས་རིའི་གནས་བཤད་དཀར་ཆག་ཤེལ་གྱི་མེ་ལོང་ཞེས་བྱ་བ་བཞུགས་སོ། ནི 52

的记载完全吻合，可见《阿里王统记》和《拉达克王统记》将其政权同止贡派的关系写进王朝史中绝非随意之笔，而是表明他们与止贡派之间确有一种非比寻常的政教合作关系。止贡派所掌握的宗教教义和思想性规范的阐释权对于阿里地区诸政权来说有着重要的意义和功能，它将各种社会规范和准则佛教化，把现有秩序神圣化，不仅给阿里民众以心理的支撑和精神的安慰，而且可以为阿里地区社会带来秩序与稳定。

古雅冈巴及止贡派能在神山圣湖地区建立起传教基地是在普兰政权大力支持下才实现的，止贡派关于古雅冈巴修建远声寺的神话传说便反映了这一事实。据说，古雅冈巴率众抵达冈底斯山后，在一次修行时碰到了变化成 7 个印度瑜伽行者的冈底斯山的山神，他们给了古雅冈巴一块很大的黄金，古雅冈巴对身边的瑜伽行者说他自己是一个修者，不需要黄金，拒绝接受。这时三世怙主法王止贡巴出现在空中，告诉他不必疑虑，应该收下山神给的这些黄金，这些黄金后来成为修建远声寺的主要资金。古雅冈巴利用僧众和国王供献的黄金，在冈底斯山西边的达垅沟的山坡上修建了一座雄伟的佛寺，取名远声寺，古雅冈巴在冈底斯山主持止贡派的西部僧团达 25 年，为止贡派在西部地区的发展打下了坚实的基础，他本人也获得了“多杰增巴”的尊号。[1] 他所创建的远声寺后来成为止贡派在西部地区的主寺。远声寺的具体位置在今普兰县巴噶乡冈仁波齐峰南麓，距巴噶乡政府驻地 30 公里，标准地理坐标为北纬 31.06º，东经 81.17º，寺址所在地的海拔约为 4700 米。[2]

事实上，上面的故事中山神暗喻的就是地方统治集团，止贡巴

1 དཀོན་མཆོག་བསྟན་འཛིན་གྱིས་བརྩམས། གངས་རིའི་གནས་བཤད་ཤེལ་དཀར་མེ་ལོང་ཞེས་པ་བཞུགས་སོ། ཤ 53~54

2 ཀུ་གེ་ཚེ་རིང་རྒྱལ་པོས་བརྩམས། མངའ་རིས་ཆོས་འབྱུང་གངས་ལྗོངས་མཛེས་རྒྱན། 2006 ལོར་བོད་ལྗོངས་མི་དམངས་དཔེ་སྐྲུན་ཁང་གིས་པར་དུ་བསྐྲུན། ཤ 169~172

的话则表达了卫藏佛教集团同阿里当地旧政权合作的意愿，同意双方结成供施关系。其后古雅冈巴还成为神山圣湖地区止贡派山中修行者的总管，他在冈仁波齐峰下修建的远声寺则成为止贡派在西部地区的政教总部，止贡派为加强对西部教务的管理，特别设立了一个新的职位叫作多杰增巴（ རྡོ་རྗེ་འཛིན་པ་ ），简称多增（ རྡོ་འཛིན་ ），意为"持金刚"。古雅冈巴成为止贡派在西部的第一位多增，他主持冈底斯山和西部止贡派的教务长达 25 年（1215~1239），止贡多增的出现表明止贡派在西部已有自己的教政组织体系。

此外，这一时期止贡派还有一位对西部地区弘法事业做出特殊贡献的高僧，他就是大成就者森格益西（ གྲུབ་ཐོབ་ཆེན་པོ་སེང་གེ་ཡེ་ཤེས་ ）。他在冈底斯山中的协扎修行了 3 年，在协扎他和上主巴派的创始人郭仓巴相见，当时郭仓巴也刚刚到冈底斯山一带活动。两位高僧见面后，森格益西打算向郭仓巴请求达布噶举派的修炼方法，但遭到郭仓巴的拒绝，郭仓巴借口说他本人没有什么成就的方法，如果有的话，一定会传授给他。这样二人便开始斗法，他们飞升空中，显现出玛尔巴、米拉日巴等噶举派祖师的幻象，又在空中坛城上竞技显法，展示出精彩的舞蹈和神奇的幻术。此后，森格益西与普兰王室开始交往，他给普兰国王达查赤巴及其子阿蒂以及许多王公大臣传授了菩萨戒和其他知识，作为回报以及表达普兰政权对止贡派的支持，普兰王将查拉桑丹林寺和贵孔寺（ རྩི་ཁུང་དགོན་པ་ ）赐给了森格益西，并将容扬嘎尔（ རོང་ཡང་དཀར་ ）的土地赐给止贡派作为对山中修行者的供养，虽然森格益西只在西部地区活动了 3 年，但是他在止贡派的西部弘法事业中也是一位功不可没的高僧。[1] 止贡派在他的努力下奠定了丰厚的经济基础，不过在政治

1　 དགོན་མཆོག་བསྟན་འཛིན་གྱིས་བརྩམས། གངས་རིའི་གནས་བཤད་དཀར་ཆེ་ལོང་ཤེས་པ་བཞུགས་སོ། ན 57~59

上使止贡派在西部地区特别是在阿里诸政权中更上一层楼的则是
接下来要讲到的止贡林巴。

　　差不多和古雅冈巴在西部活动同时，还有一位止贡派高僧也
进入西部地区，特别是深入阿里诸政权的王室中传教弘法，使阿里
地方政权同止贡派之间的宗教政治合作关系进一步加强，他就是在
止贡巴身边有弥勒和文殊之称的两大弟子之一的京俄·喜绕迥乃
（1187~1241），他又被人们称为止贡林巴。《直贡法嗣》记载，他是
康区人，最初师从止贡巴的弟子白典埃普瓦学法，埃普瓦死后他前
往卫地找到止贡巴，得到止贡巴的信任，担任止贡巴的侍寝，得到
很多密法传授。他在止贡巴死后（1217）离开止贡寺，"途经纳木
错，来到上部阿里地区，受到芒域（即玛域的误写）、古格、普兰
等地头人和上霍尔、噶逻禄以及现称为祖兰的雅子瓦（即亚泽）等
地国王的敬重。上部地区的佛法事业得以发展也依赖于此尊者的恩
惠。尊者还建造了冈底斯和玉如等寺院"。[1] 玉如寺全称喇嘛玉如寺，
是拉达克最古老的寺院之一，也是拉达克山顶城堡式寺院建筑的代
表，曾经是拉达克最大的文化中心，传说该寺是由玛尔巴的老师兴
建的，又说是著名的大译师仁钦桑波所修建的 108 寺之一。据说其
鼎盛时期有 400 名僧人，即使现在仍有 40 多名僧人。该寺建筑有一
个四面围合带檐廊的庭院、一个经堂、一座佛殿、僧人宿舍和藏经
阁以及印经房，还设有王室专用、禁止妇女进入的法王殿。[2] 止贡林
巴到拉达克后对这座古寺进行了改造，使之成为止贡派在拉达克的
主寺，即使到现代，该寺还在定期派出大量僧人到止贡寺学经，据
2004 年的调查统计，该寺尚有 30 名老年僧人在 20 世纪 50 年代之

1　直贡·丹增白玛坚参：《直贡法嗣》，第 82 页。
2　周晶、李天：《拉达克藏传佛教寺院建筑地域性艺术特征研究》，《西藏民族学院学报》2010
　　年第 1 期。

前到止贡寺学习过。[1] 可见，止贡林巴到阿里传教时跟古雅冈巴一样，也得到阿里地区诸政权的大力支持，不过《直贡法嗣》一书的记载比较笼统，关于止贡林巴在西部同各个国王的交往，《止贡林巴传》一书有更细致的描写：

> 是时，（止贡林巴）年三十三，经北路至上部之地。抵觉卧阿蒂坚处，主仆等众发菩提心，授灌顶法，复授大手印密法，生一味正见，皆具无分坚实信仰。旋施灌顶于国王达查之妹觉卧本坚、觉卧格龙玛等，并开释其义。[2]

由于止贡派在阿里地区的大本营在普兰境内的神山圣湖地区，所以止贡林巴最初传教的重点自然是普兰王室，只有得到普兰王室的支持，才能在西部立足。另外，声势浩大的止贡派在西部拥有如此强大的力量也使得普兰政权不得不对他们加以笼络，普兰王室成员多次接受止贡派的教法，似乎有以止贡派作为政权主导教派的意图。当然，双方之间这种宗教政治合作关系的建立自然会为止贡派带来不少社会资源，《冈底斯山志》记载：

> 京俄·喜绕迥乃，又被称为止贡林巴，他率领五百僧众到了冈底斯山，使本门教法在当地得以兴旺，证得圆满智慧。此后他给国王阿蒂曼传授了一些胜乐和密法，作为回报国王将科迦寺和坦巴宗等七处地方赐给了他。[3]

1　参见 Sonam Joldan, "Traditional Ties between Ladakh and Buddhist Tibet: Monastic Organization and Monastic Education as a Sustaining Factor," *Tibet Journal*, Summer 2006, p.85。

2　འབྲི་གུང་རིན་ཆེན་དཔལ་གྱི་རྣམ་ཐར་བཞུགས། འབྲི་གུང་སྐྱེས་མེས་དཔ་ལྡང་རྩ་རྣམ་ཐར། 1985 པེ་གོང་བོའི་མཚན་ཚོགས་གྱི་པར་དུ་བསྒྲུབས། ཤ 22

3　དཀོན་མཆོག་བསྟན་འཛིན་གྱི་བརྩམས། གངས་རིའི་གནས་བདག་མ་དཀ་རི་འོང་ལགས་པ་ཤེན་པ་ལ་ཕུལ་གངས་སོ། ཤ 54

　　这里提到的国王阿蒂曼，就是前面经常提及的普兰王达查赤巴的儿子阿蒂，此时他可能已经继任为国王了。通过王权的承认，止贡派在普兰境内成为首屈一指的教派势力，科迦寺也在此后一段时间里成为止贡派在普兰腹地的一个重要的根据地。除了同普兰政权有比较亲密和稳定的政教合作之外，在止贡林巴的努力下，止贡派在这一时期同阿里边缘地区的亚泽政权也建立起良好的供施关系，此后一段时期里，亚泽王国都是止贡派的支持者。关于止贡林巴同亚泽王室的交往，藏文史料中有两处记载，算是比较丰富的了。《冈底斯山志》记载：

　　　　当京俄（喜绕迥乃）驻锡于普兰科迦寺时，门亚泽宗朗的国王扎巴德率领属僚四万人抵达玛旁雍错为其母举行葬礼，其间京俄与国王二人相会，通过翻译就历史和宗教问题交换了意见，国王对京俄生起敬信之心，国王用百两黄金铸造了灌顶宝瓶和一些价值连城的珍宝敬献给大师，最终求得了上乐六十二神大灌顶法，得以修行甚深大法。在京俄大师的劝导下，国王将珍珠伞、珍珠手套等无数财物以及一些寺院、修行地和田产等奉献了出来，给止贡派的修得者们提供精美的衣食，其虔诚之心无与伦比。国王还发誓要做拉堆塘穹地方以上所有信仰达布噶举的修行者之施主，京俄大师还坐着金轿应邀去了亚泽，国王又将洛门地方的一些寺院奉献给了大师。[1]

　　二人会面相谈甚欢，不但确定了亚泽政权对止贡派的支持，而且还使止贡派势力扩展到阿里南方的亚泽和洛门塘地区。但从这段

1　དཀོན་མཆོག་བསྟན་འཛིན་གྱིས་བརྩམས། གངས་རིའི་གནས་བཤད་དཀར་ཆེ་ཡོང་ཞེས་པ་བཞུགས་སོ། ན 54~56

材料的行文来看，似乎亚泽王需要通过翻译才能与止贡林巴交谈，这一点使一些西方学者判定亚泽王国并非藏族政权，但是后弘期以来的史料都显示，亚泽政权也是早期阿里王朝的一个分支，藏文史书在写到阿里王朝时除了著名的古格、普兰、拉达克外，都会提到亚泽的情况，因此阿里王朝分支政权亚泽的国王不会说藏语似乎太不合乎情理，何况宗教信仰的产生是需要很深入的精神交流和体会的，如果仅仅是通过翻译的泛泛之谈，就生起敬信之心似乎太儿戏了，何况国王还从上师那里学得不少密法，如果言语不通，是很难办到的。这段记载可能是对原始资料有所删减而令人产生误会，因为另外一部记载这次会面的藏文传记——《止贡林巴传》对此事的记述更加详细而且情节也更为合理，书中写道：

> 复次，止贡林巴师徒驻锡于普兰科迦寺时，与亚泽王等相遇于措玛卓巴湖，其时国王与王后率众亲随至其地，安葬王母。其时国王有精研咒术及法相之班智达二人，彼等借译者之口听受教理正言，大起敬信之意。亚泽王亦深通佛法，彼亦领受清静正理之答语，生起无分坚实之信仰。发心起愿，得授极富甚深胜乐灌顶，是时，念及往昔止贡巴之授记，遂虔心祈愿于丹玛三主。[1]

《止贡林巴传》所述细节相当丰富而且合于情理，措玛卓巴湖可能就是玛旁雍错的别名，文中清楚地指出，翻译人员的作用是将止贡林巴的话转译给精通咒术和法相的两位亚泽班智达，可见需要翻译的不是亚泽国王本人而是国王带来的班智达，这些班智达很有

---

1 འབྲི་གུང་རིན་ཆེན་དཔལ་ཆོས་ཀྱི་རྣམ་ཐར། འབྲི་གུང་སྐྱེ་མེས་རབ་འབྱུང་དགམ་རྣམ་ཐར། ན 22

可能不是藏族人，班智达是个梵文转写词，意为大学者，通常也用来指称境外的大学者，所以他们需要翻译才能明白止贡林巴讲说的内容。而亚泽王不但本来就对佛教有一定的理解，而且完全可以和止贡林巴进行交谈，这就解决了前一段材料中亚泽王身为阿里王系的后人而不懂藏语的矛盾。

　　事实上，《止贡林巴传》的史源更加可靠，他的作者是止贡寺的第十六任寺主仁钦平措（1509~1557），[1] 该书写作时间远远早于《冈底斯山志》一书。《冈底斯山志》的全名为《略说古代冈底斯山和玛旁雍错的历史——水晶明镜》，它的作者贡觉旦增，全名贡觉旦增却吉洛追陈列，是止贡寺的第三十四任住持。此书写成于 1896 年，[2] 比《止贡林巴传》晚了 300 多年，很可能在撰写时抄用了不少先前的资料，作者极有可能在一些细节上因为某些原因而使其内容与早前史书差别很大，才给后人造成这样的误解。止贡林巴在阿里地区从事了 7 年的宗教活动，[3] 同古雅冈巴一起与阿里诸政权特别是普兰政权建立起良好的政教合作关系。

　　经过 11 世纪末到 12 世纪初的努力，止贡派已成为神山圣湖地区和阿里地区最具政治影响力的教派，也成为阿里地区诸政权在政治上最支持的教派。《阿里王统记》记载，普兰国王喇钦达查赤巴的儿子南德衮即位后，特意派人向止贡寺献上了用宝物装饰的上百部经书和 80 多件银器以及许多宝贝作为供养，还在之前赐给止贡

1　仁钦平措出生于续地区的古尼冈地方，是第十五任止贡寺寺主衮噶仁钦的侄子，1528 年继任止贡寺寺主之位，1532 年明世宗册封其为阐教主，是为明代所封的四大教主之一。1534 年辞去寺主之职，专门从事宗教活动直到离世。参见直贡·丹增白玛坚参《直贡法嗣》，第 154~164 页。

2　Dan Martin, *Tibetan Histories:A Bibliography of Tibetan-Language Historical Works*, London:Serindia Publication, 1997, p.168.

3　འབྲི་གུང་རིན་ཆེན་དཔལ་ཚོགས་ཀྱི་བཀའ་འབུམ། འབྲི་གུང་སྐྱེས་བུས་རབ་འབྱུང་དཀར་རྒྱས་དཔར་ན 31

派的贵孔寺大兴土木，[1] 可见普兰政权给予止贡派丰厚的经济支持，表明了双方达成政教合作关系的坚定立场。而《阿里王统记》中止贡派不断出现且只有其活动的记载也表明该派在阿里地区的特殊地位，止贡派在阿里地区优势地位的出现表明王权同教权以新的方式在教派政治的形式下开始运作。需要指出的是，这一时期，止贡派在阿里并未取得唯一独尊的地位，各政权虽然选择某一教派为主要支持对象，但并不排斥其他教派，在政治上允许各教派共存。

1　གུ་གེ་མཁན་ཆེན་དཔལ་དབང་གྲགས་པས་བརྩམས། མངའ་རིས་རྒྱལ་རབས། ན 70

第六章　元朝统一西藏前后古格王国及阿里地区的政治文化研究

12世纪晚期，古格因为南北贵族的斗争而分裂成南北朝，进入13世纪，古格在政治体制和政治文化的各个方面皆乏善可陈。特别是古格的政教二元领导体制结束之后，益西沃时代确立的"以佛法护持国政"的政治文化传统也式微了，古格在政治文化建设上远远落后于卫藏地区。12世纪晚期到13世纪初期，古格南北分治，实力大减，其在佛教文化的发展与建设上几乎没有什么建树，没有新修大型的寺院，没有涌现出著名的高僧，更没有产生出藏传佛教的"古格教派"。不过自11世纪末赞松获得普兰的封地，古格与普兰分治后，普兰的政局一直比较稳定，从11世纪末到13世纪初的百年间，赞松之子赤赞德，赤赞德之子赞秋德，赞秋德之子扎赞德，

扎赞德之子赞多德，赞多德之子赤巴赞，父子之间皆能一脉相承，[1]
王统传承的稳定说明普兰的局势比古格要好得多。

而进入 13 世纪，西藏社会的政治形势迎来了前所未有的转
折。13 世纪，大蒙古国与元朝的兴起，使中央政府的影响力第一
次全面深入地进入西藏社会，蒙元中央通过扶植萨迦教派政权主
理藏政，实现了对西藏的有效治理。关于这一过程的研究，过去
多视西藏为一整体来讨论，事实上蒙元的统一事业对西藏社会内
部的区域政治结构也影响深远。在这一过程中，蒙古势力与萨迦
派利用其强大的军事力量和宗教影响重新整合西藏众多的地方势
力，最后无论是教派政权还是世俗政权都被纳入这一新的统治秩序
之中。正是在这一时期的军事与宗教的双重压力之下，具有悠久王
权传统、长期割据一隅的阿里地方诸政权最终被纳入西藏政治之中。
本章尝试以古格王国和阿里地区为中心，通过揭示西藏内部区域社
会的政教关系演进历程，加深我们对元朝统一西藏的策略和程度的
理解。

蒙古势力进入西藏前夜古格王国的政治文化格局

在蒙古势力进入西藏前夕，阿里地区的政教格局较为复杂。在
政治上，形成三围分立的格局，整个区域在 12 世纪后形成由阿里王

1　གུ་གེ་མཁན་ཆེན་ངག་དབང་གྲགས་པས་བརྩམས། མངའ་རིས་རྒྱལ་རབས། ཤ 68~69

朝若干分支政权分而治之的局面，当时阿里地区较大的割据政权有古格、拉达克、普兰、亚泽等，而古格这时一度还分裂为南北朝。在宗教上，阿里地区基本上成为兴起于卫藏地区的噶举派诸支的天下。其中，止贡噶举派是 13 世纪前期阿里地区在政治和宗教上最具优势的噶举派支系，它不但是较早地大举进入西藏西部活动的教派，而且在阿里的神山圣湖地区建立起规模庞大的传教基地，并在 13 世纪初期得到阿里诸政权在政治上的大力支持。无论是在古格、普兰还是在拉达克，止贡派都占据优势地位，在阿里王朝史记忆中被誉为"生命之树"。[1]

但这一时期阿里地区的宗教力量相当多元，除止贡派外，同属噶举派支系的蔡巴派与主巴派都在阿里占有一席之地。阿里地区自 9 世纪后期吐蕃王朝崩溃以后，就一直处于赞普后裔的割据统治之下，吐蕃的世俗王权传统在这里得以延续。虽然各教派都有排他性，但各政权往往各派并用，将教派势力纳入自己的权力结构中，不许教派势力挑战王权的权威。因此，尽管止贡派在阿里因为一度抢占了先机而占据优势，但并未一家独大，这一点在普兰王处理主巴噶举派进入阿里后的遭遇中显得尤为突出。

主巴派是噶举派的分支教派之一，它和止贡派同出于帕竹噶举系。该派源于帕木竹巴的弟子林热·白玛多吉（སྙན་རས་པད་མ་རྡོ་རྗེ），而真正的创立者则是林热巴的弟子藏巴嘉热·益西多吉（གཙང་པ་རྒྱ་རས་ཡེ་ཤེས་རྡོ་རྗེ，1161~1211）。藏巴嘉热于 1205 年在拉萨附近建立本派的根本寺院——主寺（འབྲུག），因此该派被称为主巴噶举派。[2] 尽管主巴派

1　关于这一时期及稍前的阿里地区的政治格局与宗教概况已另文撰述，在此从略。参见黄博《三围分立：11 世纪前后阿里王朝的政治格局与政权分化》，《中国藏学》2012 年第 3 期；《生命之树：西藏阿里王朝与止贡噶举派早期政教关系研究》，《世界宗教研究》2012 年第 6 期。

2　克珠群佩：《主巴噶举早期历史简论》，《西藏研究》2003 年第 3 期。

对阿里的关注较早，但在阿里地区的弘法事业起步较晚，据说帕木竹巴临终前曾向弟子交代一定要开拓神山圣湖地区的弘法事业，当时接受遗命的两大弟子，就是止贡派的创始人止贡巴和主巴派的奠基人林热巴。[1] 止贡巴接命后迅速让弟子们组织起一支庞大的僧团西进，驻锡阿里的神山圣湖地区，而林热巴接受的这一祖师遗愿直到他的徒孙郭仓巴·贡布多吉时才得以实现。

郭仓巴出生于山南洛扎地区，是藏巴嘉热的高徒，1226 年在后藏的协噶尔创建郭仓寺，传法收徒，形成主巴派中的上主巴支系。[2] 他在创建郭仓寺之前曾有一段到一些圣地修证佛法的经历。《青史》记述，藏巴嘉热圆寂后的第二年，郭仓巴前往喀曲、冈底斯山和那烂陀寺等处安住专修，在喀曲住了 3 年，[3] 时年 25 岁；然后在冈底斯山和那烂陀寺住了 4 年，时年 29 岁。[4] 藏巴嘉热圆寂于1211 年，也就是说郭仓巴在 1212 年前往喀曲，在喀曲待了 3 年，即 1214 年前后抵达冈底斯山一带修行，继而离开冈底斯山穿越阿里地区进入克什米尔，再到印度那烂陀寺，这一系列的活动一共用了 4 年时间。

然而此时的阿里宗教派系的权力格局对晚到的主巴派来说已相当不利，郭仓巴到达神山圣湖地区之时，冈底斯山一带早已是止贡派的天下。止贡派从 1191 年起就开始了持续的西进运动，特别是 1215 年组织了一支据说由 5 万多人组成的以古雅冈巴为首的西进僧团进驻冈底斯山，随后在冈仁波齐峰南麓建立了止贡派阿里教团总部——远声寺，并设置"多增"一职统率在阿里的僧

1   དཀོན་མཆོག་བསྟན་འཛིན་གྱིས་བརྩམས། གངས་རིའི་གནས་བདག་ཤེལ་དཀར་མེ་ལོང་། 1992 བོད་ལྗོངས་མི་དམངས་དཔེ་སྐྲུན་ཁང་ཤོག་གྲངས་དུ་བཀྱས། 第 42~43
2   王森：《西藏佛教发展史略》，第 141~142 页。
3   廓诺·迅鲁伯：《青史》，第 403 页。
4   廓诺·迅鲁伯：《青史》，第 406 页。

众，古雅冈巴成为第一任多增。因此，郭仓巴抵达冈底斯山后，止贡派不肯为他提供修炼的山洞，他只好在冈底斯山的空森佛塔度过了一个夏季。他原计划在冈底斯山和玛旁雍错住上 3 年，并想好好享用一下这里的神圣资源，结果控制了神山圣湖地区的止贡派僧团竟然不准他在这里过冬。[1] 看来郭仓巴甫一入山，就遭到了当时已在阿里人多势众的止贡派的压制，尽管《郭仓巴传》记载了他与在冈底斯山修行的止贡派高僧森格益西斗法，展示了出神入化的法术，似乎比止贡派略胜一筹，[2] 但是这个斗法胜利的故事并不能改变主巴派在神山圣湖地区的弱势地位，郭仓巴只能另觅圣地修行，这恐怕也最终促成了他的印度那烂陀寺之行。

　　然而值得注意的是，止贡派试图在古格佛教界吃"独食"的行为，引起普兰政权的强烈反应，虽然当时止贡派已获得包括普兰政权在内的古格诸分治政权的大力支持，但对王权而言，止贡派试图独大的行为必须加以警告，一向对止贡派给予巨大支持的普兰王喇钦达查赤巴在得知郭仓巴的遭遇后，竟发表了一篇措辞严厉的讲话：

　　　　自在大成就者林热巴乃帕木竹巴弟子辈中之殊胜修法者，伊之声名远播，东至恒河皆闻其名。其弟子法主藏巴嘉热亦为证得自在之修法者，其徒众皆小心谨慎，行止极佳，伊等自修本门教法，住于朕之山中证悟大法，尔止贡派众人竟欲将伊等逐走，尔等欲何为焉！地者，朕之地也；山者，朕之山也！[3]

1　གནས་རྒྱུས་དང་པོ་བློ་བཟང་། ཆོས་ཚན་པ་རྣམ་ཐར། 1993 བོད་མཚོ་སྔོན་མི་རིགས་དཔེ་སྐྲུན་ཁང་གིས་པར་དུ་བསྐྲུན། ༡ 60~63

2　གནས་རྒྱུས་དང་པོ་བློ་བཟང་བསྐལ་བཟང་། ཆོས་ཚན་པ་རྣམ་ཐར། ༡ 65

3　གནས་རྒྱུས་དང་པོ་བློ་བཟང་བསྐལ་བཟང་། ཆོས་ཚན་པ་རྣམ་ཐར། ༡ 66

　　在此之前止贡派已与古格、拉达克和普兰等阿里政权建立了广
泛的供施关系,《冈底斯山志》载：至尊多增与古格法王扎西德赞,
塘域王拉钦俄朱衮,普兰王喇钦达查赤巴、南德衮父子结供施之
缘,弘法伟业遍及阿里三围。[1]然而普兰王喇钦达查赤巴在处理止
贡派与主巴派的争端中的态度表明,早期教派势力在阿里地区的发
展形态同卫藏地区迥然有别,尽管世俗王权一方面需要利用教派来
稳定统治,但另一方面世俗统治者并不沉溺于某一教派,而使王权
为教权服务,恰恰相反,这一时期的教派力量必须为政权服务,此
时的普兰王仍有"普天之下,莫非王土"的气概。为了保持王权在
权力对比上的优势,统治者自然不愿看到一派独大的局面出现,这
就是普兰政权对止贡派试图排挤他派、唯我独尊的做法加以阻止的
原因,地是我的地,山是我的山,便是王权对教派势力旗帜最鲜明
的权力宣示。

　　此外,差不多跟止贡派同时,蔡巴噶举派的一些高僧也开始
进入西部地区,只不过他们的活动不像止贡派那样是由教派总部
组织的集体行为而是个人的自发行为。蔡巴噶举派是达布噶举的
四大教派之一,该派创始人向蔡巴于1175年在拉萨蔡溪卡贵族噶
尔家族的支持下在拉萨东面的蔡地方创建了蔡巴寺,开宗立派。
他创派之后不择手段地发展本派势力,甚至不惜以武力公开抢掠
资财,蔡巴派从一开始就既是一个教派,又是一个地方军政实体。[2]
《红史》记载,蔡巴派很早就有僧徒进入阿里地区修炼,最早到神
山圣湖地区的是如托巴·达喀囊贡日巴（ རུ་ཐོག་པ་ཏ་སྐ་སྣང་སྐོན་རབས་པ ）,他
是向蔡巴四大弟子之一的班丹拉秋喀巴（1144~1215）之徒。拉秋

1　དཀོན་མཆོག་བསྟན་འཛིན་ཆུ་ཁྱེར་བཙུགས། གངས་རིའི་གནས་བཤད་དཔལ་དཀར་ཤེལ་གོང་ཞེས་པ་བཞུགས་སོ། ན 52
2　克珠群佩：《简述蔡巴噶举派的兴衰》,《西藏研究》2000年第1期。

喀巴担任过蔡巴寺的住持，他于 1193 年创建拉秋寺，因此得名拉
秋喀巴。如托巴拜拉秋喀巴为师，取法名为桑杰沃，他因倡建墨
竹如托寺而得名如托巴。他在向蔡巴死后依止堆恰宾巴到衮斯雪
山（即冈底斯山）和六山寨修行，其间创建了达喀寺（ཏ），这可
能是蔡巴派在西部地区最早的据点，他任达喀寺住持期间，使蔡
巴派的影响力扩展到普兰、亚泽一带，《红史》称述其功业有"宏
扬奴日、麦香布禳多波（布禳即普兰）和罗卧等地利他之事业"
等语。[1]

　　如托巴除了是蔡巴派最早进入阿里地区传教的高僧之外，还
为阿里地区培养出一位杰出的佛教人才。阿里地区自后弘期初期
以后很少有人能够在佛教史上有所表现，藏传佛教中知名的高僧
大德中有很多是来自东部边地多康地区的，却几乎没有来自阿
里地区的。如托巴的弟子智慧者寨巴（1165~1244）可谓阿里地
区在史册上屈指可数的高僧之一。《红史》对他的情况有详细的
记载：

　　　　智慧者寨巴（ཤེས་རབ་འཇོམ་པ）生于阿里玛盘雍错湖边的萨沃
赖漾穷喀如地方，其父亲为麦贵巴衮的次子玉荣京拉，据说他
是吉热日巴的转世。在拉堆达喀地方由堪布祖介瓦等人授比丘
戒，起法名寨巴宁波，他与达喀地方送礼的人作伴，背着屋
脊宝瓶到卫地方去寻找佛法，当到达墨竹岗普新寺庙时，把屋
脊宝瓶并到智慧如托巴之手，祈请教法，后在此修行三年。在
一个晚上，梦见一名叫玛热秋格瓦的女人，让他随从香仁波且
学法，到茅蓬中修行。故他急忙为西面突然显现的佛像敬献曼

_____

1　参见蔡巴·贡噶多吉《红史》，第 113~115 页。

遮，并祈祷，因而产生优于其以前的一切感受。此后，他到
北方的祁宗普山洞中，不下山坐静十三年。木猪年（1215 年）
倡建萨龙寺，他一生中有很多智慧弟子，住持僧团三十年，
七十九岁龙年（1244 年）逝世。[1]

寨巴宁波出生于阿里的神山圣湖地区，然后前往卫藏地区，学
有所成，他创建的萨龙寺后来由他的弟弟和侄子相继接掌，主持该
寺教务数十年，在蔡巴派里形成一个萨龙宗系，有如此成就者在后
弘期初期以后的阿里地区出生的僧人中可谓凤毛麟角。

如托巴在阿里地区的开创性弘法活动虽然声名远播，但他主要
依靠个人的力量进行，所以未能与阿里地区的诸政权建立起政治联
系。使蔡巴噶举派同阿里地方政权建立起比较亲密的政教合作关系
的是如托巴的继承人达磨索南（རྡོར་མ་བསོད་ནམས），达磨索南是如托巴晚
年选择的达喀寺的继任者。

　　此后，他在仁波且（指向蔡巴）法座之前，召集僧众
说："我建有一座小寺，由我的侄子觉色为首的三四名圣者住
守。"此后，觉色、仓杜瓦钦波、萨丹宗巴、多丹达索（即
达磨索南的缩写）等人来到此寺，刚满二个月，觉色卒。此
时如托巴年迈，故对多丹达索说："你住在此寺，作利益众生
之事吧！"[2]

达磨索南接掌达喀寺后，继续推进蔡巴派在阿里地区的传教事

1　蔡巴·贡噶多吉：《红史》，第 113~114 页。
2　蔡巴·贡噶多吉：《红史》，第 115 页。

业，也许是鉴于主巴派受挫的教训，他前往阿里地区开拓时，并不以占据具有圣地意义的神山圣湖地区为目标，而是直接与普兰王室建立联系，将本派的教法引入普兰王室中，开启了蔡巴派与普兰王室的政教合作，《丹巴却列参坚传》载：

> 其往神山圣湖也，遂与数弟子至普兰乞食。其时，伊之事业，普兰王亦有所闻。是时，王久病，苦不堪忍，行将离世。乃为王灌顶，痛稍舒，未几竟痊愈矣。王大喜，赐普兰之田地甚夥。复赐水磨十七，并将齐卓寺、喀巴色吉恰吉寺、却垅寺、贡果松寺、洛俄扬查森等寺皆献与蔡巴派主理。此亦达喀寺何故今日仍为上部蔡巴派领袖之因由。[1]

从此记述来看，达磨索南似乎在机缘巧合之下治好了普兰国王的病而得到普兰政权的赏识，其实不全尽然。细绎此文可知，他首先率领弟子进入神山圣湖地区，但并未在此驻留，而是深入普兰境内活动，为蔡巴派赢得了普遍的声誉，事实上形成了一股王室也无法忽视的宗教势力，然后利用给普兰王治病的机会，使蔡巴派教法得到普兰王室的认同，于是获得普兰政权在经济上的大力支持。更为重要的是，在普兰政权的扶持下，蔡巴派在阿里地区拥有了一大批寺院，并将达喀寺建为上部蔡巴派的总部，崛起为阿里地区除止贡派以外的另一支举足轻重的教派力量。这为蔡巴派另一高僧多丹云萨微米拉将蔡巴派的宗教事业在普兰政权中更上一层楼打下了坚实的基础。《红史》载：

1　དབང་ཕྱུག་དཔལ་ལྡན་གྱིས་བརྩམས་པ། དཔལ་ལྡན་བྲ་མ་དམ་ཆོས་ལེགས་ཤ་ཅན་གྱི་རྣམ་ཐར། ཤིང་པར་མ། ན 10

仁波且（指向蔡巴）的弟子多丹云萨微米拉到六山赛和衣斯（即冈底斯山）等地，米拉住在金刚窟修证一切咒力，作无数利益众生之事业。前往布让王（即普兰王）驻地太索，任布让王父母的内应供喇嘛，由于虔诚敬奉，故布让王父母把黄金献于禅院。布让王父母、僧人和弟子们在米拉死后不久，为其塑造外像和内像。[1]

从《红史》的记载来看，多丹云萨微米拉在普兰的角色和地位已有后世萨迦派与蒙元朝廷的政教关系的重要特征，他所担任的"内应供喇嘛"就是后来蒙元朝廷中著名的"国师"的雏形。在此需要注意的是，文中"布让王父母"按藏文的习惯不是指普兰国王的父母，而是对国王和王后的一种尊称。多丹云萨微米拉成为王室的宗教精神领袖。他死后的待遇也表明他在普兰政权宗教生活中的首脑地位。多丹云萨微米拉与普兰政权的关系可以说开启了一种政教合作、各得其利的有效模式，王权利用具有精神权威的宗教力量来加强统治，宗教利用政权掌握的社会资源获取各种支持，只是在这里宗教力量教派化了，正如文中所说"由于虔诚敬奉，故布让王父母把黄金献于禅院"，蔡巴派为普兰王室提供优质的宗教服务，从而获得了丰厚的经济回报。因此，多丹云萨微米拉圆寂后的一个相当长的时期内，蔡巴派不断派人接替他留下来的这个内应供喇嘛的职位，形成世代相传的王廷教职。

多丹云萨微米拉是蔡巴派在普兰王室的第一任内应供喇嘛，考虑到他是向蔡巴的弟子，他在西部地区的活动年代可以推

---

1   蔡巴·贡噶多吉：《红史》，第119页。

断为 1200~1220 年。[1] 多丹云萨微米拉圆寂后，普兰王室邀请了第二任内应供喇嘛——楚达瓦到普兰，"护持寺庙、僧人及其弟子"，在普兰的王城太索担任国王的内应供喇嘛，这表明他一方面要主持普兰地区蔡巴派的教务，另一方面还要为普兰王室服务，可见他不但是蔡巴派在普兰的教团领袖，也是普兰王室的精神导师。蔡巴派在阿里不具有止贡派那样强大的教团力量，因而容易得到王权的信赖，得以在朝中服务。楚达瓦在普兰"对别人敬信感戴，终身作无数利他之事"。他圆寂后的待遇跟多丹云萨微米拉一样，"施主王父母、僧人及弟子们为其塑造了外像和内像"。[2]

事实上，蔡巴派与普兰王廷的这一关系，为西藏社会的政教格局开启了一种令人瞩目的政教关系模式。除了阿里地方诸政权在政治生活中有一定的宗教需求需要这些卫藏教派来为自己服务之外，更重要的是，卫藏教派进入阿里地区成为新的权力集团，它不仅是有组织的宗教力量，更是有组织的政治力量。在西藏这样一个以宗教信仰为主导的社会中，由上层僧人们组成的僧侣贵族集团势必会为了本身的发展而不同程度地致力于攫取社会财富和政治权力。然而教派集团在阿里面临的处境又与在卫藏地区有所不同，由于阿里地区旧有政权的存在，教派势力不可能像在卫藏那样发展成为一个政教合一的政治实体，但阿里本地政权如果对新进的卫藏教派的宗教地位若罔闻的话，则又是相当不明智的，所以西部地区早期教派政治往往是卫藏教派与阿里旧政权的

1　由于蔡巴派的史料不具备明确的历史时间，为了便于理解，只能按正常情况假设每位上师的活动时间为 20 年，以下皆是如此推定，这些年代并不具有准确的历史根据，只能作为叙述和理解的工具，不过从后来古格与普兰关系的演变来看，这一推断应当是合理的。

2　蔡巴·贡噶多吉:《红史》，第 119 页。

结合。因此，这一时期尽管受到教派集团的影响，但阿里地区的政教关系与卫藏地区迥异。在卫藏，这一时期的权力格局往往是政教两权分工合作，除极少数情况外，卫藏地区大多数教派政权，尽管其内部教权和政权往往分别由不同的人执掌，但政教两权集中于同一个世家显贵手中。[1] 所以其权威虽然分别源自政教两个中心，但权力集中于一个集团，可以说具有政教合一、二元分治的特点。

卫藏地区自吐蕃王朝崩溃以后，大小贵族各据一方，量多而势小，教派政权在发展中逐渐取得了强势地位。而13世纪时阿里地区的情况则大不相同，教派势力所面对的是比卫藏地区权势更大、地位更高的世俗王权——既有君临一方的权势，又有赞普后裔的神圣身份。尽管教派首领以广结供施之缘这样的既有观念来理解他们与世俗王权的关系，但对王权来说，这一政教关系实乃另有意涵。教派势力虽然在政治力量的支持下迅速兴起，但仍然要接受王权的领导。世俗政权利用教派力量加强其统治，教派势力则依靠政权力量扩大其影响，形成政以教固、教以政张的关系。这一点与稍后蒙古势力入藏后卫藏各教派面临的局面是一样的。当蒙古入藏与萨迦派结合以后，阿里政权也实现了同噶举派的结合，两种相似的政教关系模式遂在13世纪中期遭遇，于是双方开始了一场政治与宗教的双边竞赛。

---

1   王献军：《西藏分裂割据时期诸政教合一体的形成》，《西北民族学院学报》1999年第1期。

元朝统一西藏时期古格与卫藏的政治竞争及文化整合

　　13世纪初，藏传佛教噶举派诸支从卫藏西进阿里，止贡噶举派僧众较早取得优势地位并获得阿里地区诸政权的支持。随后他们阻挠主巴噶举派的传教活动，却遭到普兰政权的严厉申斥。同时，蔡巴噶举派在几位高僧的持续努力下成为普兰王室的内应供喇嘛。另外，此时蒙古崛起，阿里地区可能是最早接触蒙古势力的西藏地区。13世纪中期开始，蒙元结合萨迦派势力，统一卫藏，在西进阿里之时，遭到古格联合噶举派的抵制，在这一过程中双方运用了基本一致的政教关系模式展开竞争，最后古格突然衰落，阿里与卫藏一起统一于元朝的治下。可以说，13世纪初蒙古崛起，以强大的军事力量为后盾，扶植萨迦派，基本上将政治上分裂割据了400多年的西藏再次整合到了一起，这一过程对于自吐蕃王朝崩溃以后就处于割据状态的古格王国和阿里地区而言，意义尤为重大。

　　值得注意的是，阿里地区很有可能是蒙古铁骑最早踏及的西藏地区。《蒙古源流》的清译文曰：

　　　　岁次丙寅年四十五岁，用兵于土伯特之古鲁格多尔济汗。彼时土伯特汗遣尼鲁呼诺延为使，率三百人前来进献驼只、辎重无算，会于柴达木之疆域。汗嘉予之，遂大赍其汗及使臣而

　　遣之，上因致书并赞仪于萨嘉察克罗咱斡阿难达噶尔贝喇嘛，
云："尼鲁呼诺延之还也，即欲聘请喇嘛，但朕办理世事，未暇
聘请，愿遥申皈依之诚，仰恳护佑之力。"由是收服阿里三部
属八十万土伯特人众，遂进征额讷特珂克。[1]

　　按成吉思汗45岁丙寅为1206年，这时蒙古与西藏之间还隔
着西辽、西夏、金等几个政权，这个时间蒙古汗国根本不可能对西
藏发动进攻，而成吉思汗时代也没有同萨迦派相交结的史料可资佐
证，尽管这个故事在时间和人物上令人起疑，但它可能是蒙古人对
征服西藏的一种历史记忆。所谓阿里三部，即"阿里三围"，这一
说法是后弘期以来藏族地域概念中的习语。[2]看来在蒙古人的历史记
忆中，阿里地区是最早被征服的西藏地区之一。不过这段资料对蒙
古汗国在收服阿里三围后进兵印度的描述，显示此事与蒙古大军的
西征有关。[3]

　　事实上，成吉思汗晚年不是没有同阿里地区诸割据政权进行接
触的可能。1218年，蒙古大军在成吉思汗的率领下进入西域，在喀
什噶尔、叶尔羌、和田等地活动，这些地方都与阿里地区接壤，彼
此之间互有交通。藏史中记载，12世纪中叶发生过一次规模较大
的噶逻人入侵阿里事件，噶逻人的军队在古格北部边境的尼贡沟击
杀了古格王扎西泽，并将王弟沃巴泽俘获。在西域的蒙古军队的一
支是完全有可能像半个多世纪前的噶逻人一样通过南疆地区进入阿

1　萨囊彻辰著，道润梯步译校《新译校注蒙古源流》，内蒙古人民出版社，1980，第158~
　　159页。

2　黄博：《试论古代西藏阿里地域概念的形成与演变》，《中国边疆史地研究》2011年第1期。

3　蒙古与阿里的早期接触，陈庆英先生早前在论述蒙藏民族关系的开端和早期发展时即曾注意
　　到。参见陈庆英、丁守璞主编《蒙藏关系史大系·政治卷》，外语教学与研究出版社，2002，
　　第22~24页。

里。[1] 面对强大的蒙古军队，阿里地区的拉达克政权和古格政权的地方头人很可能向蒙古表示归附。可资印证的是，藏文史料记载了在 1219 年前后，阿里北部地区有噶逻人和索波王在古格边境聚会。此次聚会还与止贡派在阿里的著名高僧止贡林巴有关，当时他得到普兰王的支持驻锡科迦寺，不久应噶逻大臣辛提白（ཤེན་ཐིག་རྗེ）的邀请前往古格北部边境的尼贡（གཉེ་གོང）地方参加集会，得到了盛情款待。其间有所谓的噶逻王和蒙古王（སོག་པོའི་རྒྱལ་པོ）的国师同他见面并会谈佛理，止贡林巴以其高深的造诣折服了所有人，最后获得了丰厚的供养而回。[2]

显然，噶逻人在蒙古与阿里的最初接触中肯定扮演了重要角色。其实他们早在蒙古汗国兴起之初就投靠了成吉思汗，蒙古人称他们为"哈剌鲁"。1211 年，成吉思汗派忽必来那颜征讨哈剌鲁，其首领阿尔斯兰汗本就饱受西辽的压迫，于是决定降蒙反辽，杀死西辽少监，归附了蒙古汗国，阿尔斯兰汗亲自朝见了成吉思汗，成吉思汗见他主动来归，还把一位家族的姑娘嫁给了他。[3] 有了噶逻人作向导，蒙古军队自然具备了进入阿里边境的军事能力。此外，引人注目的是，第一次西征期间，蒙古人对阿里地区已相当熟悉，成吉思汗曾和大将郭宝玉讨论进取西藏的可能性，"帝将伐西蕃，患其城多依山险，问宝玉攻取之策，对曰：'使其城在天上，则不可取，如不在天上，至则取矣。'帝壮之，授抄马都镇抚"。[4] 依山筑城的城堡统治是吐蕃时代已形成的一大政治特色，不过当时卫

1　参见黄博《畏惧噶逻：西藏古格王朝与西域葛罗禄的传说与历史》，7~17 世纪西藏历史与考古、宗教与艺术国际学术研讨会会议论文，成都，2013 年 7 月，第 135 页。

2　འབྲི་གུང་རིན་ཆེན་དཔལ་ཕུན་ཚོགས་ཀྱི་རྣམཐར། འབྲི་གུང་སྤྲེ་ཞོར་རབ་འབྱུང་དབས་སྨ་མཛད། 1985 གོང་བུར་གོང་ང་མ་འཛུན་ཚོགས་ཁང་པར་བསྐྲུན། ན 23~24

3　拉施特主编《史集》第 1 卷第 1 分册，余大均等译，商务印书馆，1983，第 247 页。

4　《元史》卷 149《郭宝玉传》，中华书局，1976，第 3521 页。

藏地区大部分已成为教派政权的天下，中心寺院已取代城堡成为各大势力的政治核心，只有阿里地区的世俗政权仍然大规模地延续着这一传统。可见成吉思汗获得的情报反映的正是阿里地区的情况。

1225 年随哲别参加西征的郭德海在班师途中即遭遇了一支吐蕃部队的兵变。

> 从先锋柘伯西征，渡乞则里八海，攻铁山，衣帜与敌军不相辨，乃焚蒿为号，烟焰漫野，敌军动，乘之，斩首三万级。逾雪岭西北万里，进军次答里国，悉平之，乙酉，还至峥山，吐蕃帅尼伦、回纥帅阿必丁反，复破斩之。[1]

这段材料表明，早在 13 世纪 20 年代就有吐蕃军队加入蒙古军团作战。从时间上看，这时蒙古军中的吐蕃帅尼伦极有可能就是来自阿里拉达克的头人。蒙古第一次西征期间在中亚及北印度一带声势浩大，如克什米尔的奉佛世族斡脱赤兄弟在此后不久就离开故土投靠了窝阔台，当时他们的一番议论颇能显示出蒙古西征对印度北部山地诸邦的威慑，"世道扰攘，吾国将亡，东北有天子气，盍往归之"。[2] 克什米尔与阿里地区的拉达克仅一山之隔，是印度和中亚通往西藏以及新疆的交通要道，拉达克自然极易受到蒙古军队的骚扰。因此在蒙古军队大军压境之下，拉达克和古格西北部的一些地方头人是很有可能暂表归附的。故而稍后的蒙古西征军中才会有吐蕃部队参加。

1　《元史》卷 149《郭德海传》，第 3522 页。
2　《元史》卷 125《铁哥传》，第 3074 页。

通常认为，蒙古势力正式入藏是在1240年以后，[1]也就是说阿里地区与蒙古接触比卫藏地区早了十多年，不过这一接触并不深入，也没有持续下去。而稍后随着对西夏故地和金国河西地区的占领，蒙古才展开了对吐蕃诸部的经营，首先将蒙古影响力正式扩展到卫藏地区的是阔端。阔端是窝阔台大汗（1186~1241）的次子，窝阔台即位为蒙古大汗之后，将河西重镇凉州一带作为阔端的封地，而且还将西夏故地和原金国陕甘地区的军政全权都交给了阔端执掌。1236年，蒙古大军三路征讨南宋，阔端就是以陕甘地区军事力量为主体的西路军的统帅。[2]阔端长期驻守河西地区，与安多藏族有一定的接触，1239年征讨南宋的战争结束后，他派出部将多达那波率军进藏，为蒙古征服西藏探路。

西藏的政教势力遂在1240年首次与蒙古军队正面遭遇。《贤者喜宴》记载，铁鼠年（1240）蒙古汗国从北方阔端统治之地派出以多达为将军的蒙古军队第一次抵达吐蕃境内。蒙古军在多堆、多麦、索曲、热振等地方见人便杀，给热振寺造成了极大破坏。达隆寺因为被雾笼罩，没有被发现才得以幸免，杰拉康寺被焚毁，索敦等500僧众被杀。止贡寺的京俄·扎巴迥乃（1175~1255）降下石雨，故止贡寺未遭损害。但是蒙古人要京俄·扎巴迥乃去当受供喇嘛，他暗示蒙古人西方有一个适合当受供喇嘛的人，让蒙古人去迎请萨班，同时又鼓动萨班为了整个西藏的利益去蒙古。于是在木龙年（1244）迎请萨班与他的两个侄子——10岁的八思巴和8岁的恰

1　目前学术界基本一致认为蒙古与西藏的首次正式接触在13世纪40年代，相关论证以日本学者冈田英弘以蒙文资料和美国学者Turrell V. Wylie以藏文资料进行的研究最具代表性。参见冈田英弘《蒙古史料中的早期蒙藏关系》，邓锐龄译，《民族史译文集》第4集，1978，第31~47页；怀利《蒙古初次征服西藏史实再释》，邓锐龄译，《民族史译文集》第4集，第1~30页。

2　胡小鹏：《略论元代河西的阔端系诸王》，《西北民族学院学报》1992年第1期。

那多吉到止贡寺，献上礼物，资送他们前往阔端驻地。[1] 从蒙古军队首次进藏以及西藏各方的应对来看，蒙古贵族最初属意的并不是后来被元朝中央授权管治西藏的萨迦派，而是噶举派。

　　蒙古军队进藏后，噶当派的主寺热振寺和杰拉康寺遭到重创，而噶举派的达隆寺和止贡寺未受兵祸，此点值得注意。蒙古军队入藏后的战略是主要集中攻击当时分布范围最大但并未形成政治实体的噶当派，而对拥有广泛的教派政权的噶举派则不予杀伐。这除了因为噶举派诸支颇具实力外，恐怕也与噶举派极具向外传教的热情有关，事实上噶举派除了大举西进，在阿里地区弘法外，也积极东进，在蒙古周边的西夏、河西一带十分活跃，甚至有可能很早就在蒙古本地传过教。《贤者喜宴》记载，在成吉思汗登基三四年后，就有蔡巴噶举派的高僧藏巴董库巴（གཙང་པ་དུང་ཁུར་བ）率领徒众 7 人到蒙古传法，得到成吉思汗的赏识，并在蒙古攻入西夏后出面保护当地的寺院。[2] 而前文提到 1219 年时在阿里的止贡派高僧止贡林巴与蒙古人有过聚会，因此蒙古贵族在热振之战后要求当时的止贡寺寺主京俄·扎巴迥乃去做"受供喇嘛"，参加和谈。不过扎巴迥乃最初似乎并不愿意归附蒙古贵族，据其后人绛曲坚赞回忆，热振之战后，扎巴迥乃仍试图组织噶举派继续抵抗，不过这一计划很快就失败了，因为当时实力较强的止贡噶举派的第二任贡巴——释迦仁钦随即被俘，"多答逮捕了贡巴释仁，准备杀害之"。[3] 贡巴全称"本萨贡巴"，又称"贡钦"，是秉承止贡派座主旨意掌管止贡地区行政事务的最高官员，此职后来还与止贡万户长和乌斯藏宣慰使捆绑在一

1　དཔལ་བོ་གཙུག་ལག་ཕྲེང་བས་བརྩམས། ཆོས་འབྱུང་མཁས་པའི་དགའ་སྟོན། 2006 ཝོང་ཐི་རིགས་དཔེ་སྐྲུན་ཁང་གིས་དཔར་དུ་བསྐྲུན། ན 726

2　དཔལ་བོ་གཙུག་ལག་ཕྲེང་བས་བརྩམས། ཆོས་འབྱུང་མཁས་པའི་དགའ་སྟོན། ན 725

3　大司徒·绛求坚赞:《朗氏家族史》，赞拉·阿旺、余万治译，陈庆英校，西藏人民出版社，
　　2002，第 69 页。

起，是止贡派中世俗权力的执掌者。[1]贡巴释迦仁钦被俘后，扎巴迥乃不得不亲自出面与入藏蒙古军队主帅多答交涉，贡巴获释，并最终达成归附蒙古的协议，扎巴迥乃把象征西藏统治权的"装有木门的户口名册"献给了多答。[2]这再次表明蒙古贵族最早寻找的统治西藏的代理人并不是萨迦派，然而对于蒙古贵族提出的要其前去当受供喇嘛，前往内地朝觐蒙古汗廷的要求，扎巴迥乃却心存疑虑，暗施小技地将这一任务交给了萨班。

　　扎巴迥乃是止贡派创始人止贡巴·仁钦贝的弟子，当时正担任止贡寺的寺主，他出身于山南地区最有势力的世俗贵族朗氏家族，同时又具有帕竹噶举派的教派首领地位，身兼要职、位高权重的他自然不愿离开卫藏前去内地，更何况与蒙古谈判还有随时失败的危险。于是他才向蒙古人推荐了萨迦派的萨班·贡噶坚赞，扎巴迥乃没有想到此举竟然促成了萨迦派和蒙古贵族之间的政教合作，形成了后来的萨迦派接受蒙古的领导，而蒙古贵族则成为萨迦派的信徒，并让萨迦派负责招抚西藏各政教势力接受蒙古统治的新局面，萨迦派遂从大蒙古国权贵手中获得了组织西藏地方政府的权力。这样一来萨迦派的势力开始迅速膨胀，这恐怕是扎巴迥乃始料未及的。不过萨迦派最终取得西藏的领导权还是经历了一些曲折。而这一时期噶举派的优势仍在，除前述的蔡巴派在普兰获得类似国师的地位之外，此时的止贡派在古格的弘法事业也打开了新的局面。

　　经过13世纪初的三次西进弘法，加上古雅冈巴和止贡林巴两位杰出的宗教活动家的努力，止贡派在阿里地区成为首屈一指的教派势力。在卫藏教派首次遭遇蒙古军队之际，主持止贡派阿里僧团

1　参见王献军《止贡"贡巴"小考》，《中国藏学》1998年第4期。
2　大司徒·绛求坚赞：《朗氏家族史》，第70页。

的第一任多增古雅冈巴圆寂，尼玛贡巴（ཉི་མ་གྲགས་པ）随即出任第二任
多增，在他的领导下，止贡派进一步扩大了同阿里诸政权之间的政
教关系，特别是与阿里地区实力最强的古格王室建立起了供施关
系，《冈底斯山志》记载：

> 其后，多杰增巴尼玛贡巴至。古格王赤扎西旺秋（ཁྲི་བཀྲ་ཤིས་
> དབང་ཕྱུག）、贝衮德（དཔལ་མགོན་ལྡེ）父子从请教法，乃以普兰噶尔东
> （དཀར་སྟོད）之玉浦（གཡུ་ཕུག）、帕白铺（བར་པད་ཕུག）、达却铺（མདའ་ཆོས་
> ཕུག）等处及萨垅（ཟ་ལུང）上下等地献上，遂为远声寺之教产。[1]

古格王父子从尼玛贡巴请受止贡派的教法，也就意味着古格
王室成为止贡派的信徒，止贡派则运用其宗教实力为古格政权提
供各方面的精神支持，同时从古格政权那里获得丰厚的经济支持，
这样世俗政权与教派集团在阿里地区实现了强有力的联合。事实
上，古格政权与止贡派在这时建立联盟绝非偶然，可能正与双方
都在这一时期不得不面临蒙古大力经营卫藏及萨迦派迅速崛起的
压力有关。

1246年萨班一行抵达凉州，很快取得了阔端的信任，双方基
本上达成了一致意见，西藏在政治上接受蒙古的领导，蒙古则承认
西藏现有各政教势力的既得利益使其不受侵害。随后萨班写信回西
藏要求各地方世俗政权和教派势力归顺蒙古，此信就是著名的《萨
迦班智达贡噶坚赞致乌思藏阿里善知识大德及众施主的信》。值得
注意的是，萨班奉命招抚的对象除了卫藏地区的政教首领外，还包
括割据上部地区的阿里王系诸政权，信的开头即点出了招抚的对象

---

1 དཀོན་མཆོག་བསྟན་འཛིན་ཁྲིས་པ་བཟུམས། གངས་རིའི་གནས་བཤད་ཤེ་ལྡཀར་མེ་ལོང་། ན 59

是"卫、藏、阿里各地善知识大德及诸施主"。[1] 可见尽管 1240 年蒙古军队入藏只在卫藏地区有所行动，但蒙古贵族并不认为可以在他们征服西藏的大业中将阿里地区排除在外。

　　跟卫藏地区主要由教派政权控制不同，阿里地区诸政权都是由吐蕃赞普后裔建立的，继承了吐蕃时代的世俗王权政治，其割据统治已在这一地区持续了 300 多年。比起卫藏的教派首领来，要这些王室首脑主动归顺蒙古更加困难。何况此时阿里地区的实力因古格的中兴而大大增强，因此阿里诸政权对是否归顺蒙古举棋不定，试图抵制蒙古势力和萨迦派染指阿里。故而萨班在信中特别叮嘱了阿里所在的上部地区要尽快下定决心归顺，他在信中威胁道：

　　　　前此数年，蒙古兵未至上部地方，由我率白利归顺，因见此归顺甚佳，故上部阿里、卫、藏等部亦归顺，复又使白利诸部输诚。故至今蒙古未遣军前旅来，亦已受益矣，然吐蕃之上部诸人有不知此情者。其时有口称归降，但所献贡品不多，未能取信而遭兵祸，致使人财尽失，此事想尔等亦有所闻。与蒙古交兵者，欲想以其地险、人勇、兵众、甲坚和娴熟箭法等而能获胜，终遭覆亡。[2]

　　看来卫藏地区对归顺蒙古已无异议，而上部地区，也即阿里诸政权则颇不愿意。事实上，13 世纪中期前后的阿里地区确实有一定的实力同蒙古对抗，当时因南北分裂而衰落了将近百年的古格王国在国王扎巴德的领导下完成了统一，实力迅速增长，一度崛起为

1　阿旺贡噶索南：《萨迦世系史》，第 88 页。

2　阿旺贡噶索南：《萨迦世系史》，第 89 页。

西部地区的新霸主。扎巴德上台后励精图治,不但结束了古格的南北分裂之局,还将控制的地区扩展到普兰一带。同时他还积极向外开拓,首先打通了阿里与印度、尼泊尔的商路,通过发展贸易使经济实力大增,然后出兵攻占了甲龙、尼蒂、冲尼、让南、桑旺和阿如等地,迫使库须局库向古格进贡,古格一跃而成为西藏西部乃至西喜马拉雅地区的霸主。[1] 古格新开拓的地区相当于今天印度境内的库马翁、加尔瓦尔、库奴一带,这些地方在近代也是印度与西藏的主要商路,因此扎巴德控制这一地带意味着获取了印度和西藏之间商业贸易的巨大利润,这无疑会使古格的实力更加强盛。蒙古结合萨迦派试图控制全藏,面对其咄咄逼人之势,古格政权在加强军事、经济实力的同时,不得不寻找新的应对之策。

面对蒙古的军事压力以及萨迦派的宗教诱服,古格政权不得不加紧利用阿里地区早已形成的政教关系资源。此时藏传佛教三大派中,萨迦派正在为蒙古整合西藏各势力而扩大自身的实力,是阿里世俗政权的直接对手。噶当派分布虽广,但未建立起有力的教派政权,且在蒙古军队入藏之初遭到残酷打压,早已顺服,古格已无依靠他们抵制蒙古与萨迦派势力进入的可能。只有噶举派既拥有众多的教派政权,又未在蒙古军队入藏之初受到军事打击,实力尚存,他们虽然已经归顺蒙古,但并不甘心接受萨迦派的领导,且其支系教派中的止贡派、蔡巴派与阿里地区诸政权有广泛的政教合作关系,所以他们自然成为古格政权在抵制萨迦教派集团以及蒙古势力进入阿里时的天然同盟。特别是稍后蒙古内部的政治变化,使得萨迦派的扩张力量一度减弱,双方暂时达到了势均力敌的状态。

1　གུ་གེ་མངའ་ཆེན་པ་དབང་གྲགས་པས་པ་བརྩམས། མངའ་རིས་རྒྱལ་རབས། 1996 བོར་ཧོ་ལིང་གཙུག་ལག་ཁང་ཕོ་གཉིས་ཀྱི་སྐོང་འཆར་བའི་རྩེན་དན་མཐར་སྒྲིན་གི་ཀྲ༑ ཚོགས་ཚང་གིས་པར་དུ་བསྐུན། ན 78

1248 年，阔端的兄长贵由汗驾崩，此后汗位转入托雷一系手中。之前西藏地区一直处于阔端的监控之下。蒙哥汗（1209~1259）即位后为削弱阔端一系的势力，遂重新安排西藏各教派与蒙古宗王的结合。《汉藏史集》记载，拖雷的长子蒙哥汗与止贡噶举派结为施主与福田，次子额沁哈丹与萨迦派结为施主与福田，三子忽必烈与蔡巴噶举派结为施主与福田，四子阿里不哥与噶玛噶举派结为施主与福田，五子旭烈兀也与止贡噶举派结为施主与福田。[1] 这样一来噶举派特别是止贡噶举派实力大增。对阿里地区而言更重要的是，蒙古汗廷宣布将阿里的部分地区划归与止贡派关系最为密切的帕竹噶举派管理，帕竹派在这一地区委任官员，"蒙哥汗的封诰中规定帕木竹巴的领地上自阿里的郭润砼，下至波日拉山脚。在委任南萨拔希为长官后，我们始领有"。[2] 既然噶举派诸支的既有权力已经得到蒙古朝廷的承认，那么这一时期古格的策略便是借助阿里地区的止贡派、蔡巴派等噶举派的力量，阻止萨迦派势力染指古格，进而抵制蒙古势力的进入。

在古格王国重新统一普兰前，普兰王室与阿里蔡巴派的关系已相当稳固，当时普兰的蔡巴派首领是第二任内应供喇嘛楚达瓦的继任者——喜饶贝瓦，史称"由其护持寺庙、僧人和弟子们，于太索任施主王父母的应供喇嘛"。他任职期间，取得了普兰政权宗教首领的地位，普兰王将著名的大译师仁钦桑波修建的大金堂和四座经堂都奉献给了他。喜饶贝瓦在普兰也"作无数利益众生之事"。他死后跟前两任一样，也由国王和王后、蔡巴派的僧众和他的弟子为其塑造外像和内像以资纪念。[3] 喜饶贝瓦之后，普兰王室又邀请了

1　达仓宗巴·班觉桑布：《汉藏史集》，第 138 页。

2　大司徒·绛求坚赞：《朗氏家族史》，第 72 页。

3　蔡巴·贡噶多吉：《红史》，第 119 页。

第四任内应供喇嘛——桑杰沃色瓦来普兰,"护持寺庙、僧人、弟子和施主,于太索任施主王父母的应供喇嘛,并为施主王父母和君臣们灌顶"。古格征服普兰,大约就在桑杰沃色瓦时期,《红史》提到他后来又接受了古格王的邀请,为古格王父母和君臣们施行灌顶仪式。古格政权继续让他担任应供喇嘛,古格王还接受蔡巴派的灌顶。

　　这表明,在征服普兰后,古格王室延续了以前普兰王室统治时期的方针,继续维持与蔡巴派的供施关系。蔡巴派仍然在朝廷中发挥作用,古格政府也继续给予蔡巴派丰厚的经济支持,据说桑杰沃色瓦在古格"得到无数布施,故发展众僧,壮大其事业"。之后他再次回到普兰的政治中心太索,继续主持蔡巴派在阿里地区的教政,"此后他又返回布让王驻地太索,为僧众做了无数善事"。可以说桑杰沃色瓦在任时将蔡巴派在阿里地区的声势推向了顶点。古格政权与蔡巴派结合后,给予大力支持,使蔡巴派的实力迅速增强。据称桑杰沃色瓦在任后期,主持修建了包蚌寺、却龙寺、麦措寺和玛龙寺等寺院,还将在阿里地区得到的财物送回蔡巴派在卫藏地区的主要寺院,因此成为享誉西藏的高僧,"喇嘛桑杰沃色瓦把以经典为主的宝贝和财物赐给达喀寺,同时亦把经典、宝贝和财物赐给蔡(即蔡巴寺)贡(即贡塘寺)寺和拉秋寺,故喇嘛桑杰沃色瓦的名声遍布堆、蔡地方,他是一位深受敬信爱戴的僧人"。[1]

　　对于在阿里地区拥有庞大僧团且建立基地的止贡派,扎巴德下了更多的功夫。他不但延续了上一代古格王室与止贡派的供施关系,还使古格与止贡派的结合更加紧密。扎巴德进驻普兰后,在军事要塞杰蒂城召见了第三任止贡多增衮噶坚赞,进一步巩固了双方

1　蔡巴·贡噶多吉:《红史》,第120页。

的政教联盟。

　　其后，多杰增巴衮噶坚赞（ གུན་དགའ་རྒྱལ་མཚན ）至，古格国王
扎巴德（ གྲགས་པ་ལྡེ ）及王后拉坚桑珠（ ལྷ་རྒྱལ་བསམ་གྲུབ ）父母迎请尊
主至普兰杰蒂城（ རྒྱལ་ཏི་མཁར ），听受教法，乃献上普兰塘野（ ཐང་
ཡག ）上下等处，以为供养。[1]

　　杰蒂城是普兰王室统治时期的一个中心城堡。相关研究表明，
扎巴德在西部地区建立霸权大约在 13 世纪 60 年代，[2] 因此，衮噶坚
赞担任止贡多增的时间也应该在 1260 年前后。为了增强古格在宗
教上对抗蒙古—萨迦势力的实力，扎巴德除了整合古格境内的噶举
派力量之外，还积极与止贡派在卫藏的总部——止贡寺结交。《阿
里王统记》记载，扎巴德在位之时曾向止贡寺寺主古鲁达磨热查
（ གུ་རུ་དྷརྨ་རཱ ）敬献了 100 名童子和大量的财宝，对止贡派表示出超乎
常礼的尊崇，他还向这些供献品跪行了 100 次的敬礼。[3] 扎巴德以
非常之礼进一步使古格在卫藏噶举派中获得了良好的声誉。
　　在这一背景下，止贡派在阿里的实力也得到了更大规模的提
升，据说在第四任止贡多增——达磨坚赞（ དར་མ་རྒྱལ་མཚན ）时期，止
贡派在阿里地区的势力达到极盛，该派在西部地区的修行者和寺院
遍布阿里各地，形成了以冈底斯山为中心、以远声寺为总部的止贡
派西部地区势力网络。据说此时止贡派的修行僧人遍布阿里三围的
千山万谷，僧众已达千人之数。同时该派在西部地区的寺属产业也
相当庞大，仅主寺远声寺的属寺就包括娘日、珠楚浦、日波泽给、

1　དགོན་མཆོག་བསྟན་འཛིན་གྱིས་བརྩམས། གངས་རིའི་གནས་བདག་སོགས་དཀར་པོ་ཡོང་ཞེས་པ་བཞུགས་སོ། ན 59

2　Roberto Vitali, *The Kingdoms of Gu.ge Pu.hrang*, p.441.

3　གུ་གེ་མཁན་ཆེན་དཔལ་དཔང་གྲགས་པས་བརྩམས། མངའ་རིས་རྒྱལ་རབས། ན 78

列米蒂钦、列米衮宗、蒙日措、多波喜多杰宗、洛曲米嘉扎、加野益西宗、卓雪江浦、扎黎杜、普兰贵扎、普兰科迦、普兰香长白乌、普兰查嘎热、库奴桑丹却林。[1]《冈底斯山志》记载，达磨坚赞时期，止贡寺的寺主为迥仁波且（གཅུང་རིན་པོ་ཆེ）。按迥仁波且本名多吉扎巴，是止贡寺的第四任寺主，他于 1255 年就任止贡寺寺主，此后一直担任此职直到 1278 年病逝为止。[2] 因此，达磨坚赞时代大约在 13 世纪 70 年代。

13 世纪中后期，阿里地区在古格国王扎巴德的领导下，联合噶举派以抵制萨迦派，不仅使阿里地区暂时经受住了蒙古势力的威胁，也使蔡巴派和止贡派迎来了一个大发展时期。不过古格—噶举派联盟的短暂繁荣在 13 世纪末遭到蒙古—萨迦势力的有力反击，最终以元朝的胜利——实现了对阿里地区的有效统治而结束。正当扎巴德在古格开启其中兴大业之际，蒙古朝廷的权力斗争也逐渐因忽必烈的胜出而平息。1260 年以后，由于萨迦派的新领袖八思巴同蒙古新大汗忽必烈的非同寻常的密切关系，蒙古和稍后的元朝政府命萨迦派全权管理西藏事务，凭借蒙古贵族和中央政府的支持，萨迦派势力迅速膨胀，开始将注意力转移到阿里地区。

1265 年，八思巴奉忽必烈之命返回西藏，随即试图将帕竹派所控制的下部阿里地区纳入萨迦派的控制之下。萨迦派将召帕竹派这一意图宣布后，遭到帕竹派的坚决反对，他们说："纳噶孜是止贡万户的领地，萨迦派拿去后，止贡派会不悦的，虽说阿里人是我们的属民，却是门生关系、供施关系，不忍舍弃，不愿调换。"由于当时古格和止贡派的实力较盛，萨迦派的意图一时未能实现，直到后

1　དགོན་མཆོག་བསྟན་འཛིན་ཀྱི་བ་རྩ་ཆོམས། གངས་རིའི་གནས་བ་བད་དཀར་མེ་ལོང་ཞེས་པ་བཞུགས་སོ། ཕ 59~60

2　参见直贡·丹增白玛坚参《直贡法嗣》，第 98~101 页。

来萨迦派施计毒杀了帕竹派委任的下部阿里长官南萨拔希后才得到
了这一地区的控制权，"南萨拔希丧生后萨迦派掌管了阿里万户"。[1]
当时下部阿里地区处于吐蕃赞普后裔贡塘王朝的统治之下，萨迦派
取得对阿里贡塘王朝的管理权后，贡塘王朝也就成为萨迦派控制古
格的先锋，他们逐渐向阿里地区渗透。最终元朝在萨迦派的宗教支
撑和自身强大的军事力量的有力支持下，实现了对阿里地区的有效
控制。关于这一过程的史料极为稀少，有些史书偶有提及也大多语
焉不详，不过综合各种材料，基本上可以看到 13 世纪末叶古格—
噶举派联盟的失败和阿里地区被元朝纳入治下的事实。

　　贡塘王朝的史书记载，在萨迦派的指挥下，萨迦贡塘联军一度
进入普兰，在普兰的噶尔东修筑城堡，噶尔东事实上成为监控阿里
地区的总部。[2] 这次军事胜利造成了古格中兴事业的终结。《阿里王
统记》载，扎巴德在他的文治武功达到鼎盛之时突然离世，"阴火牛
年（1277）薨，时年四十八"。[3] 可能是扎巴德的猝死，导致了古格
在军事上的大败，也可能是这次大败造成了扎巴德的突然离世，无
论如何，扎巴德在这个时候死去使古格的实力迅速衰落。更令人值
得注意的是，蔡巴派与止贡派在阿里的弘法事业都在他们刚刚取得
辉煌业绩的第四代阿里领导人时期，突然中断。《红史》记载的蔡
巴派普兰内应供喇嘛的谱系就在第四任桑杰沃色瓦时结束，而《冈
底斯山志》记载的止贡多增的谱系在第四任多增达磨坚赞后中断了
一个较长的时期。

　　更为重要的是，古格的王统也在扎巴德之后出现了断裂。尽管

1　大司徒·绛求坚赞：《朗氏家族史》，第 72~73 页。

2　གཏོག་རིག་ལ་རྗེ་དབང་ནོར་བུ་ལ་བརྩམས། ཤོ་རྟེ་སྐྱབས་ཀྱི་གཏུང་རབས་མངོན་རིས་གྱང་གྱང་ཆི་སྐྱ་སྐྱར་ལྷས་ཁྲལ་ནེ་རབས་ཀྱི་དུ་རང་སེ་ལ་བསྒྱུར་གྱི་མེ་ཆོག
ཤོང་གྱི་ལོ་རྒྱུས་དེ་བ་ཟེར་ལ།ཁག 1990 ཤོ་རིན་ཤིང་ཤོ་རི་ལི་ཤི་ནི་དཔེ་སྐྲུན་ཁང་ཀོས་ས་ར་ད་བསྒྱན། ༡ 108

3　གུ་གེ་མ་ལལ་ཆེ་ར་ལལ་དབང་ས་བ་ས་བཟུག་ལ་བ་བཟུག་ས། མ་ནང་རེ་ར་བ་བ་ས། ༡ 79

《阿里王统记》记述扎巴德死后其子南杰德继位，但是结合南杰德
生平的其他资料，他事实上出生于 1372 年，也就是说古格王统在
扎巴德后中断了 100 多年。[1] 这些迹象表明，阿里地区旧有的政教
势力在 13 世纪末叶遭到了一次近乎天崩地裂式的打击，无论是政
治上还是宗教上，原有的政教组织都中断了发展历程，阿里地区的
诸政权看来不得不在其后归顺蒙古并接受萨迦派的管治，致使史料
残缺。也有可能是后来的书写者在书写这段历史时故意将这一段臣
服于人的历史从史书中抽去，所以才会在阿里地区的政治史和宗教
史上出现这么大的一段空白。古格—噶举派势力的衰退在阿里地区
留下的权力空白很明显被元朝—萨迦派的新权威所取代。

《汉藏史集》的记载为此提供了一个有力的旁证，元朝中央政
府和萨迦地方政府确实在阿里地区一度取得了相当有效的统治权
力。1287 年，元朝中央派出大员和萨迦本钦一起主持了对西藏的户
口清查工作，阿里地区也被列入这次清查工作中，"上部纳里速古鲁
孙（即阿里三围），普兰是被雪山围绕，古格是被石山围绕，芒域
是被河流围绕，这几处算起来，有二千六百三十五户"。[2] 同时，元
朝在西藏推行驿站制度，在阿里地区也设置了驿站，并让当地负责
承担驿站运转的劳役和费用，"玛法木地方（即玛旁雍错）的小站由
普兰人支应，古格南北两路的小站，由梅朵色如人支应管理"。[3] 这
些记载表明，元朝政府不但能够在阿里地区清查户口、建立驿站，
而且还可以征派赋役，可见元朝中央政府和萨迦地方政权对阿里地
区所拥有的并不是名义上的统治权，而是可以相当有效地行使这种
权力。随着统治的稳固，1292 年元朝中央正式在阿里设置军政机

1　Roberto Vitali, *The Kingdoms of Gu.ge Pu.hrang*, p.451.

2　达仓宗巴·班觉桑布:《汉藏史集》, 第164页。

3　达仓宗巴·班觉桑布:《汉藏史集》, 第166页。

构——纳里速古儿孙路宣慰使司，隶属乌斯藏、纳里速古儿孙等三路宣慰司都元帅府。[1] 纳里速古儿孙即"阿里三围"的音译，同时还设纳里速古儿孙元帅二员。[2]

在宗教上，稍后萨迦派在元朝的支持下给止贡派在卫藏的总部予以了最沉重的打击，最终取得了对西藏各教派的绝对优势。1290年，忽必烈派出皇子铁木儿不花率领元朝大军进藏，与萨迦本钦阿迦仑会合，攻陷止贡寺，并将该寺的大殿焚毁，僧俗被杀合计1万人以上，藏史将这一事件称为"止贡林洛之乱"。[3] 随着阿里地区传统优势教派止贡派的衰落，萨迦派逐渐成为影响阿里宗教生活的重要教派。考古发现古格王城遗址佛殿中有多处萨迦派祖师的画像，王城红殿、大威德殿和坛城殿的壁画中均绘有"萨迦五祖"之第一祖贡噶宁波的画像，坛城殿的壁画中还绘有萨迦三祖扎巴坚赞和著名的萨班的画像，[4] 这表明萨迦派已经进入古格王室的精神生活中。

13世纪初，藏传佛教噶举派各支经历了持续发展的繁荣后，大多建立起教派政权，并积极向外拓展弘法，然而当新兴的教派势力与阿里地区颇有实力的世俗政权相遇时，情况与卫藏地区就大异其趣了。当止贡派、蔡巴派与阿里地区传统的赞普后裔诸政权相遇时，当萨迦派等各派与蒙古相遇时，尽管宗教首领们可以用结供施之缘来理解双方的政教关系，但是在王权主导下开启的政教合作——政以教固、教以政张，已经为卫藏地区的政教传统注入了新的因素。教派势力成为王权治国理民不得不加以借重的重要力量，

1　《元史》卷17《世祖本纪》，第367页。

2　《元史》卷87《百官志》，第2198页。

3　张云：《元代西藏"止贡之变"及相关问题考释》，《中国藏学》2000年第3期。

4　西藏自治区文物管理委员会：《古格故城》，第312页。

更在提升世俗政权驭众之术、强化王权之威、开拓权力之域上，增色不少。可以说元世祖在八思巴圆寂后授予其赐号中的藻饰——"开教宣文、辅治大圣"一语，[1] 正好道出了此中的奥妙。蒙元势力的进入，进一步刺激了王权与教派势力的结合，蒙古—萨迦势力的步步进逼与古格—噶举集团的突然衰落，最终使元朝实现了对西藏的统一。然而无论胜负，双方所使用的策略却基本相同，显示出这一时期政教关系发展的大趋势。

1　《元史》卷202《释老传》，第4518页。

结语　古格史与西藏政治体制及政治文化
研究的再思考

　　从益西沃到绛曲沃，在两位既作教主又当国王的君主的带领下，古格王国大力弘扬佛教，几乎成为一个"佛教王国"。古格国王及王室成员似乎也完全成为宗教活动家和佛教高僧。由于他们对后弘期佛教复兴事业的巨大贡献，后世的藏史著作几乎无一例外地会提及这一偏处西部一隅的割据之地。而后弘期的上路弘法事实上也确实是割据时期西藏佛教发展的源头活水。后弘期佛教复兴运动对西藏社会和政治的影响是关键性的，几乎决定了后来近千年西藏政治的发展形态，所以上路弘法时期的古格史，历来颇受传统藏文史著和现代藏学研究者的重视，只是大家看重的是其宗教文化方面的意义而已。但事实上，这一时期古格的佛教史远不如它的政治史的研究价值重大。

　　早前对后弘期佛教复兴的原因的分析，由于对马克思主义理论中的经济分析框架的过度依赖，导致过分强调客观因素（社会经济和政治条件等方面的内容）在佛教复兴过程中的作用，比如东嘎·洛桑赤列教授的成名作《论西藏政教合一制度》一文，对后弘期前期佛教的复兴和教派的繁荣，提出了两点主要原因：一是当时西藏的农牧业生产有了较大的发展，各地的手工业、商业也发展了起来，尤其是金矿开采技术和规模大大提升；二是 11 世纪中期以后，佛教发源地中印度地区被信奉伊斯兰教的阿拉伯军队占领，佛教势力在印度已无立足之地，致使大量高僧流入西藏避难。[1] 这两点原因事实上只是佛教复兴的必备条件，前者表明西藏拥有复兴佛教的经济实力，后者表明西藏获得复兴佛教的人才，但是拥有这些条件，只能说明佛教复兴只是有可能而非必然。也有一些早期的研究对佛教复兴的主观原因有所涉及，但大多只是笼统地指出宣传佛教思想和资助佛教徒的活动，对各地统治者来说有利于维持自己的统治秩序。[2]

　　对后弘期佛教复兴的原因，过去的研究大多泛泛而论，虽然也有一些学者发现，在讨论西藏政教合一制度形成的过程中，对经济因素的单一强调有失偏颇，且只从经济角度入手，并不能解决西藏政治史上这一最大的转向是如何产生的这个重要问题。王献军曾撰文质疑在探讨政政教合一制的形成原因时，仅仅强调宗教层面的经济因素这样的观点是难以成立的，因为这种意见明显

1　东嘎·洛桑赤列：《论西藏政教合一制度》，陈庆英译，《西藏民族学院学报》1981 年第 4 期。
2　王森：《西藏佛教发展史略》，第 35 页。

忽视了世俗封建主的态度。其文认为，佛教经过几百年的思想斗争，成为西藏占统治地位的主流文化，成为西藏社会中唯一一种意识形态，这是吐蕃王朝崩溃后西藏政教合一制的出现在思想文化上的必要条件。另外，世俗封建主势力在长期的混战中变得软弱无力，佛教势力日益强大，高僧大德在社会中所享有的崇高威望迫使世俗封建主不得不给自己披上一件僧侣的外衣以寻求新的权威，这些导致政教合一制的最终形成。此说虽对过去的经济决定论有一定的突破，不过仍流于空泛的议论而缺乏基于具体史实的历史分析。[1]

　　本书的主体内容，即从 986 年益西沃宣布确立复兴佛教的国策，开始古格新政，到 1083 年泽德北伐大胜的古格政治史，正是吐蕃王朝崩溃后西藏社会走上特殊的政治体制的早期阶段。古格王国在阿里地区走出了一条跟西藏和其他藏族地区有所不同的古格道路，因此本书有必要在最后，在梳理相关史实的基础上，讨论后弘期初期上路弘法中古格王室复兴佛教的地方性背景和政治改革的王室动机。特别需要注意的是，古格王室是上路弘法的倡导者和实际执行者，其复兴佛教的同时也在进行着一场影响深远的政治改革，且二者往往相互交织，难分彼此，弄清其中的原委，不但有助于我们深入理解后弘期佛教复兴中上路弘法兴起的原因，更能够使我们深入地领会后弘期以来西藏政教合一制兴起的社会历史原因。

1　参见王献军《西藏政教合一制形成原因再探》，《西藏民族学院学报》1998 年第 1 期。

古格王国与吐蕃王朝的政治文化遗产

阿里地区在 11 世纪前后突然成为西藏佛教的高地，古格王室功不可没，但是后弘期以来的史书在古格王室突然对佛教兴趣高涨这一点上都是轻描淡写地一笔带过，其原因好像是首倡佛法的益西沃心血来潮。相关记载差不多都认为是益西沃在阅读了吐蕃赞普时代弘扬佛教的历史后才对佛教产生了强烈的兴趣。《汉藏史集》说益西沃在后半生时，看到先辈们的文书，心生悔悟，发愿按照祖先的例规弘扬佛法；[1]《贤者喜宴》说益西沃因阅读先祖史籍，心生愁绪，遂出家为僧。[2] 这样的解释明显是把佛教的复兴看成一个孤立的现象而把这一重大事件兴起的原因简单化了。事实上，阿里地区在吐蕃时代本身就有一定的佛教基础，而阿里政权建立前后的历代统治者中也不乏对佛教有兴趣之人，其中不少人还进行过一些小规模的崇奉佛教的活动。

吐蕃王朝后期的几位赞普都是极力崇佛者，他们运用政权的力量大力扶植佛教成为新的意识形态，兴建了大昭寺、小昭寺、桑耶寺、噶琼寺等著名的寺院，翻译佛经，讲论经义，声势一度十分浩大，但这些活动发生的地区基本上都在卫藏一带，至于阿里地区的佛教发展情况则很少有记载。赤松德赞（742~797）时期是第一次弘扬佛教的高潮，西藏佛教真正形成一定规模也是在这一时期，赤松德赞亲自颁布了著名的兴佛证盟诏书，这份诏书是前弘期西藏佛

---

1   达仓宗巴·班觉桑布:《汉藏史集》，第 114 页。

2   དཔལ་བོ་གཙུག་ལག་ཕྲེང་བ་བཞུགས། ཆོས་འབྱུང་མཁས་པའི་དགའ་སྟོན། 2006 བོད་མི་རིགས་དཔེ་སྐྲུན་ཁང་གིས་པར་དུ་བསྐྲུན། ༔ 228

教发展的关键性文献之一。《贤者喜宴》记载，诏书写定后曾抄写
了 10 多份分别交给各大寺院和各地方长官保存与遵守，其中特别提
到了三个地方长官，其中一个就是治理阿里地区的象雄地方长官。[1]
这条材料表明赤松德赞发展和保护佛教的政令也推行到了阿里地
区，而且阿里地方长官有可能收藏有这份著名的兴佛诏书的原件，
因此益西沃在阿里地区看到祖先的兴佛文书可能并非佛教史家的
编造。

　　从现有的材料来看，赤松德赞时期阿里地区也有一些佛教活
动，赤松德赞有个出身于没庐氏家族的王妃赤洁莫赞（འབྲོ་བཟའ་ཁྲི་རྒྱལ་མོ་
བཙན）后来出家为尼，法名为绛曲杰赞（བྱང་ཆུབ་རྗེ་མཚན），此妃建造了格
吉寺无量光佛之九眷属佛像，按照佛经中之规制在上部建立教规。[2]
没庐氏是象雄时代就存在的西部地区的古老贵族之一，吐蕃王朝时
期更是阿里地区最有势力的世代将相之家，汉文史书在提到 9 世纪
中期活跃于河湟地区的吐蕃大将尚婢婢的身世时揭示了没庐氏的来
历，"婢婢，姓没卢，名赞心牙，羊同国人，世为吐蕃贵相"。[3] 而
藏族地理概念中的上部通常指的就是以阿里地区为主的西藏西部地
区，结合没庐妃的出身，她极有可能在阿里地区进行过一些佛教活
动，而此时的阿里地区也似乎有一些寺院和僧团，否则她在这里建
立教规就没有意义了。事实上，当时阿里的佛教传播可能已有相当
的成果，而且没庐氏可能还是吐蕃时代阿里地区弘扬佛教的积极参
与者。

　　晚近以来的考古发现更增强了上述记载的可靠性。20 世纪 90
年代在普兰县的细德村发现了一块佛教造像石碑，此碑的书写形式

1　དཔའ་བོ་གཙུག་ལག་ཕྲེང་བ་བརྩམས། ཆོས་འབྱུང་མཁས་པའི་དགའ་སྟོན། 2006 བོད་མི་རིགས་དཔེ་སྐྲུན་ཁང་གིས་པར་དུ་བསྐྲུན། ན 196

2　དཔའ་བོ་གཙུག་ལག་ཕྲེང་བ་བརྩམས། ཆོས་འབྱུང་མཁས་པའི་དགའ་སྟོན། 2006 བོད་མི་རིགས་དཔེ་སྐྲུན་ཁང་གིས་པར་དུ་བསྐྲུན། ན 184

3　《新唐书》卷 216 下《吐蕃传下》，第 6105 页。

与桑耶寺碑文十分相似，研究者推测极有可能是赤祖德赞时期的佛
教造像遗迹。碑的两侧刻有两篇简短的向观音菩萨乞求福佑的发
愿文：

> 东侧：马年秋月初亏，大尚狮子（ མང་གི་ཁར་ཆེན་པོ ）没庐·赤
> 赞扎衮波杰（ འབྲི་བཙན་རྒྱ་མགོན་པོ་རྒྱལ ）为一切无数有情同心祈愿，制
> 圣观自在菩萨之浮雕像，立石祈福。为全体无数众生发愿，种
> 此善根。
> 西侧：于南无圣观世音菩萨面前，忏悔一切罪孽，增益福
> 泽，清除烦恼与所知二障，福智圆满。愿我尚没庐·赤赞扎衮
> 波杰与无数有情一时俱皆成就无上正觉。[1]

碑文的内容反映了吐蕃王朝后期阿里地区的佛教信仰在贵族中
已有了相当的影响。有意思的是，碑文中的祈愿主角竟然又是没庐
氏，没庐氏由于长期与吐蕃王室通婚，属于高级外戚集团，所以碑
主拥有专指外戚重臣的"尚"的称号，考虑到《贤者喜宴》记载的
没庐妃同佛教的亲密关系，没庐氏在碑文中的出现就绝不仅仅是巧
合那么简单了。

显然，没庐氏应该是受到赞普的影响在吐蕃王朝后期成为佛教
信徒。可见在吐蕃王朝时代阿里地区已有一定的佛教发展基础，同
时阿里地区最著名的贵族没庐氏也是信佛贵族。该贵族集团在吐蕃
王朝崩溃后转而支持赞普后裔在阿里立政建权，他们的宗教倾向对
阿里王室肯定也有一定的影响。吉德尼玛衮到阿里立政建权时得到
不少当地贵族的支持，其中没庐氏是最重要的本地力量，《拉达克王

1　ཆོས་རིང་ཚོས་རྒྱལ། གསར་དུ་བརྙེད་པའི་ཉིང་གི་རྒྱུན་རས་གཟིགས་ཀྱི་རྡོ་རིང་ལས་བྱང་ གི་གནད་ཁྲུད། གནས་རྫོ་ས་རིག་གནས། 1994 ལོའི་དྲུ་གསར་དེབ་1པ། ཤ 4~6

统记》记载了吉德尼玛衮刚到普兰时曾与没庐氏联姻，娶了一个名叫没庐·莎科尔迥（འབྲོན་ཟ་འཁོར་སྐྱོང་）的王妃。[1]这条材料无论是地点（普兰）还是人物（没庐氏）同前面提到的普兰观音碑的内容完全吻合，没庐氏与阿里王室的早期联姻极有可能将本身的佛教倾向带到王室中。

在益西沃之前，古格王室所在阿里王系的几代君主都有信仰佛教的倾向，只不过到益西沃时才发扬光大而已。益西沃的祖父贝柯赞在位时就曾修建过一些寺庙，《拉达克王统记》记载他在位时曾在上部阿里建造了 8 座寺庙，并抄写了大量的佛经，试图振兴已经衰亡多年的佛教。[2]《汉藏史集》的说法与此稍有不同，寺院兴建的地点不在阿里，但数量相同，书中说贝柯赞曾修复被其祖父的恶行而毁坏的娘麦、卓布麦龙等 8 座寺院。[3]考虑到贝柯赞当时的势力中心主要在后藏地区，此时到上部阿里建寺的可能性似乎不大，尽管建寺地点有分歧，但两书都有建寺 8 座的相同记载则表明贝柯赞复兴佛教的兴趣绝非空穴来风。此外，益西沃的父亲扎西衮也有一些佛事活动，《阿里王统记》记载他曾为玉扎寺（གཡུ་སྒྲུབ་ལྷ་ཁང་）打造弥勒佛像，绘制壁画，为僧人修建佛塔。[4]所以在益西沃兴佛之前，阿里地区和阿里王室有一定的佛教基础，益西沃的佛教信仰仅就意识层面而言也绝非无本之木、无源之水。

鉴于以上史实，我们可以很有把握地推断益西沃在决定兴佛之前在思想上肯定已经有了一定的佛教理念或者信仰，但这尚不足

1　ལ་དྭགས་རྒྱལ་རབས། 1987 བོད་ལྗོངས་ལྗོ་མི་དམངས་དཔེ་སྐྲུན་ཁང་གིས་པར་དུ་བསྐྲུན། ན 42

2　དེའི་སྲས་ལྷ་དཔལ་འཁོར་བཙན། རྒྱལ་འབྲིའི་ར་ེ་ལ། སོང་མངའ་རིས་ཀྱི་གཙུག་ལག་ལས་སོ་སོགས་ལ་སྒྲུ་ལག་ལས་བཀུར་བཞེས་སོ། འབྲན་ལ་སོགས་པའི་གཙུག་རི་ གྱང་ཨང་དུ་བཞེངས་ནས། ཆོས་ཚིགས་ཀྱི་དར་སྲང་ལ་ཕིན་ནི། ལ་དྭགས་རྒྱལ་རབས། ན 41

3　达仓宗巴·班觉桑布：《汉藏史集》，第 114 页。

4　འདི་གཡུ་སྒྲུབ་ལྷ་ལ་དུ་རུ་བྱུམས་པའི་སྐུ། ཕོ་བྲང་གིས་ལ་བཏགས་པ་བཞེངས། དགེ་འདུན་ཆུ་མཚོ་ཅན་དང་བཅས་པ་མངའ་དུ་བདེགས་པར་མ། གུ་གི་ཨ་མན་ཆེ་ན་ཐང་དང་། གྱགས་པས་ལ་བརྩམས། མངའ་རིས་རྒྱལ་རབས། ན 51

以解决他为何对佛教情有独钟的问题。经过阿里王朝最初两代统治者的苦心经营，社会政治渐趋稳定。但是吐蕃王朝崩溃以来，整个西藏政局纷扰，人心散乱，对益西沃而言，他这个新建立起来的边地割据政权在统治力量和政治格局基本稳定下来之后应当采取什么样的主流意识形态来安定人心、图谋发展才是他在政治思想领域首先需要考虑的问题，因此就佛教信仰本身的吸引力来谈后弘期初期古格王室复兴佛教的动因似乎又落入后弘期以来的佛教史家的"陷阱"之中。

古格王国的统治者们为什么在政权刚刚稳定不久就如此迫不及待地孜孜以求佛教的复兴？前面已经说明了这并非古格王室某些统治者的心血来潮。如果我们深入考察就会发现，这样的追求恰恰是他们深思熟虑后的结果。在吐蕃王朝崩溃以后，旧有的统治秩序遭到很大的破坏，特别是平民起义，大有翻天覆地之势，正如史书上所说的那样，当时吐蕃时代王族和贵族的后裔在此后的时间里均做了属民或属民的属民，而广大的奴隶及奴隶的奴隶则高傲自大。[1] 这一天翻地覆的大动乱，使吐蕃社会陷入前所未有的混乱之中，给西藏人民造成的心理冲击是巨大的，奈巴班智达在其所著的《奈巴教法史》一书中对吐蕃王朝崩溃后的西藏社会有相当生动的描述：

> 佛法如绸缦撕裂，王权受到限制，法令之威如山崩坍，诏告之石碑颓圮，御敌边哨丢失，内政混乱，首领间恶语弥漫，四分五裂，人欲横流；明智而心胸宽广者寡，狡诈自私者多，

1　ཚོས་རྒྱལ་དེ་དགའ་རྣམས་ཀྱི་རིགས་སྒྱུས་པའ། ཁྲི་དུས་འདི་ན་འབངས་དང་ཡང་འབངས་སྟོད། ཁེ་དང་ཡང་ཁེང་མང་པོ་རྗེགས་པས་ཆེད། དཔལ་པོ་གཤུབ་ལ་ལག་ཏུ་བབ་ འཚུནམས། ཚོས་སྤྱང་ལ་གསལ་བའི་དགར་གསོ། 2006 བོད་མི་རིགས་དང་སྐད་ལ་ཁ་གསེལ་པར་དུ་བསྐྲུན། ན 230

良行与忠诚消失，被禁之奸恶猖獗。当时，世态凉薄，人心躁乱，宫殿为鬼窟，官长如罗刹，飞鸟驿使如敌，在家不舞，出门不歌，地方赋税繁重；出行而需挂兵甲，箭堞瞄准大门，牲畜饲于屋内，青年去做射手，翁媪悲伤哀痛，作人之信念、廉耻与羞愧泯尽，全不信守佛教戒律和誓言，宗教和世俗之法规，伦理颠倒错乱，直至今日，如此传闻。[1]

　　社会长期的大动乱，不但使一般人民生活在水深火热之中，对于那些曾经高高在上的王室贵族来说，境遇也是每况愈下，他们要摆脱困境，不得不寻找新的精神寄托。事实上，后弘期开始前后，很多王室贵族在混乱的时局之下过着颠沛流离、朝不保夕的生活。阿里王室在建立政权以前的遭遇就是如此（详见下一小节）。因此在割据时期之初，无论是王室还是一般的世俗贵族，其合法性和神圣性的自信心都极为缺乏，吐蕃王朝过去的荣光已经随着统一政权的崩溃而烟消云散，王室乃至贵族集团的权威和权力仅仅来自家族血统的高贵，凭借古老的婚姻关系而获得的力量和意志对于整个社会而言，其吸引力和影响力早已远远不够。

　　阿里王室拥有赞普后裔的高贵血统，比起其他任何一个由旧贵族建立起来的新割据政权而言，都更有再创过去辉煌的冲动。事实上，赞普后裔退入阿里之后从未忘记过祖先曾经建立的辉煌业绩，也从未放弃过为恢复祖先的荣耀而做出努力。从史料中可以看到，阿里诸王经常以赞普、天神之子、天神赞普等吐蕃王朝的神圣尊号自许，在历代教主弘法的同时，历代国王也致力于军事上的功业，不断地开疆拓土，特别是柯热和泽德二王在这方面都取得了不少成

<hr>

[1]　札巴孟兰洛卓:《奈巴教法史——古谭花鬘》，王尧、陈践译,《中国藏学》1990 年第 1 期。

绩，而尚武好战的沃德更是为了建立赫赫武功而送了性命。尽管他们如此努力，但现实是残酷的。回顾过去吐蕃王朝的东征西讨，无往不胜的武功和国家统一、政治稳定的文治的双重成就，对于僻处西部边地的阿里王室来说皆已无再现的可能。

　　吐蕃王朝最辉煌的时代正是藏传佛教前弘期在吐蕃发展得最好的时期这两个事实的偶然重合[1]使得阿里王室意识到如果试图再创盛世，只有投身于复兴佛教的伟大事业。本书第一章中所引由古格大臣尚绒奉益西沃之命颁布的第一道兴佛诏书的开头就开列了一串值得效法的古代君主的名单，包括先祖托托日年赞、先祖松赞干布、先祖赤松德赞、先祖赤热巴金。[2]这几位赞普恰恰都是与佛教的传入和发展有着密切关系的吐蕃君主。从当时的实际情况来看，对阿里王室而言，投身于佛教事业是他们唯一力所能及之事，古格王国身处穷山恶水而又势单力薄，唯有宗教上的成就是他们可以利用的优势，尽管这种优势在这个时代已经相当不明显，但用来发展宗教已经完全足够，通过宗教意识形态的运作，营造出虚构的精神权威，后来的事实证明这一策略相当成功。在宗教成就的光环之下，附着上新精神力量的王权更加崇高圣洁，也更令人心悦诚服。事实上，西藏王权利用宗教加强自身权威的做法有着悠久的历史传统，早在吐蕃王政初创时代就已有精彩的

1　赤松德赞是前弘期对佛教发展最积极的赞普之一，同时他统治的时代也是吐蕃对外扩张最强劲和成效最大的时期，吐蕃军队先后在唐朝的河西、西川、陇右战场上取得一连串的胜利，一度还攻陷过唐朝的首都长安，唐朝长安以西的大片土地沦陷。其后赤德松赞和赤祖德赞时期是佛教在前弘期最繁荣的时候，而此时吐蕃的实力也相当强盛，仍然占据着唐朝的河陇地区，双方不断发生战争，而吐蕃在军事上则一直处于优势地位。参见陈庆英、高淑芬主编《西藏通史》，第43~49页。

2　གུ་གེ་མ་ཡབ་ཆེན་དཔའ་དཔང་ཀྱ་གལ་པས་བརྩམས། མངའ་རིས་རྒྱལ་རབས། ན 52

表现，[1] 作为吐蕃赞普的直系后裔，阿里王朝在这个问题上继承先祖的遗风也是顺理成章。

割据时期的赞普后裔通过复兴佛教建立起了精神上的高度权威，弘扬佛教成为当时和后世公认的善行，正因为如此到后弘期中期之后王族成员因为宗教发展方面的功业而声誉再起，《贤者喜宴》对这些赞普后裔给予了极高的评价，"他们的体态和智慧优于他人，贵族的善行使众生欢乐，此后这些人成了贤者们予以颂扬的对象"。[2] 可见，时人对赞普后裔的高度评价得自他们那些使众生快乐的善行，而这种善行很明显就是复兴和弘扬佛教的事业。同时经过佛教观念的改造，王权实现了神佛化，其精神权威更为强势。

> （赞普）源出极佳圣族，乃佛与转轮王之种，系延自圣乔达摩释迦族。根源善美，乃降自光明天。制天库而财丰，具广智而遍知。彼等示圣慈神变身，荣光耀于转轮王。此等神变法王之世系历经四十代，吐蕃众生，现世来世，恶业俱净，极乐终成。如此恩德，如何可量？神仙、父母、亲友，孰能施治！[3]

经过传入西藏的佛教对王权神圣性的改造，吐蕃赞普在民众心目中由过去的天神之子变成神佛遗种了，事实上，益西沃父子通常

1　藏史中吐蕃王统的开创者聂赤赞普的来源就是出自苯教的观念，聂赤赞普在苯教徒的拥戴下登上王位，他在死后的神化过程也是苯教所为，也就是说他的王权在藏史中并非凭空产生而是由苯教神权赋予的，其无与伦比的神圣性通过宗教方式的操作得到承认。参见石硕《七赤天王时期王权与苯教神权的关系——兼论西藏王政的产生及早期特点》，《西藏研究》2000 年第 1 期。

2　དཔའ་བོ་གཙུག་ལག་ཕྲེང་བ་བཞུགས། ཆོས་འབྱུང་མཁས་པའི་དགའ་སྟོན། 2006 བོད་མི་རིགས་དཔེ་སྐྲུན་ཁང་པར་དུ་བསྐྲུན། 页 227

3　དཔའ་བོ་གཙུག་ལག་ཕྲེང་བ་བཞུགས། ཆོས་འབྱུང་མཁས་པའི་དགའ་སྟོན། 2006 བོད་མི་རིགས་དཔེ་སྐྲུན་ཁང་པར་དུ་བསྐྲུན། 页 230

就被认为是菩萨的化身。[1] 尽管恩格斯早就阐明了神性即人性，他说："我们没有必要首先召来什么'神'的抽象概念，把一切美好的、伟大的、崇高的、真正人性的事物归在它的名下。为了确信人的事物的伟大和美好，我们没有必要采取这种迂回的办法，没有必要给真正人性的事物打上'神性的'烙印。"[2] 不过，在古代社会，反其道而行之往往是一种普遍而有效的统治技巧。在益西沃时代，通过菩萨概念的引进，西藏社会把一切美好的、伟大的、崇高的品质都归诸那些弘扬佛教的法王，世俗王权通过这样的方式获得了过去不曾有的神圣性。前面提到古格早期三位拉喇嘛——益西沃、绛曲沃、悉瓦沃的名字中都有"光"（沃），可能正是利用了光明天的起源传说。同时赞普的权威不再来自世俗的权力和血缘关系，而是来自以佛教进行统治的功德，这一功德甚至超过佛教政治观念中的理想君主转轮王，超过一切的神仙、父母，真是大有爹亲娘亲不如赞普亲，天大地大不如赞普大的味道了。这种转变为当时的政教合一制的首次实践奠定了观念基础。

　　另外，就精神状态而言，后弘期初期的乱世现实也使得时人对心灵满足的需求颇为迫切。但是考虑到即便是所谓的盛世，普通民众的生活依然困苦的历史现实，后弘期之初吐蕃赞普后裔和世俗贵族们面临崩溃的旧日王朝的烂摊子，其内心的失落与世事艰难同以往吐蕃王朝的盛世大业形成强烈的对比，事实上他们比一般民众更加需要宗教所提供的精神慰藉。

　　这个时期的藏族地区社会，虽然在政治上处于一个分治割据的状态，在文化上却未割裂吐蕃王朝的历史。一方面，所有的王统史

1　གུ་གེ་མཁན་ཆེན་ངག་དབང་གྲགས་པས་བརྩམས། མངའ་རིས་རྒྱལ་རབས། ན 51

2　恩格斯：《英国状况——评托马斯·卡莱尔的〈过去和现在〉》，《马克思恩格斯全集》第3卷，人民出版社，2002，第520页。

都坚持世系的延续性和历史叙事的连贯性，无论是《阿里王统记》
《拉达克王统记》还是《贡塘王统史》等，都是如此。另一方面，
所有的教法史又在改造人们对吐蕃王朝的历史记忆，都在极力塑造
一个全新的吐蕃王朝最高统治者的神圣系谱，把伟大的赞普变成法
王，通过赞普到法王称号的转变，潜移默化地再塑了吐蕃王权的神
圣性。从对吐蕃王朝赞普的书写方式来看，王统史与教法史双管齐
下，达到了改造历史记忆的目的，但在历史记忆的表层仍然保留了
对过去的美好回忆，吐蕃王朝的最高统治者还是赞普，可这个赞普
已经不是原来的那个赞普了。

　　因此，后弘期初期不论是阿里还是卫藏，复兴佛教最积极的地
方势力大多是吐蕃赞普的后裔。[1] 当然，除了统治者精神层面的需
求之外，更重要的可能还是佛教思想有利于对属下民众精神生活的
控制。对于一般民众而言，在西藏，佛教除了是一种高深的知识之
外，还是一种高尚的生活方式，这种生活可以使人得到宁静。佛教
的一些教义有利于统治人民已不需要加以详细解释，只需要看一看
阿底峡入藏之后与当时的古格政治领袖绛曲沃之间的对话就可以明
白，驭民之术也是后弘期弘法所要考量的重要内容。《噶当问道语
录》一书中记载了阿底峡到达阿里后，绛曲沃与阿底峡之间的一
场关于因果法治国的对话，颇能说明问题。

　　　　绛曲沃进言道："朕比丘绛曲沃迎请上师之夙愿成真，蕃域

---

[1]　在后弘期初期的佛教复兴运动中，除了古格王室以外，还有一些地方小王也热衷佛教事业，
　　最著名的有下路弘法开始时卫藏地方的小王益西坚赞（ཡེ་ཤེས་རྒྱལ་མཚན），他是云丹的六世孙。此
　　外，占据后藏拉堆一带的赤扎西孜巴贝（贝柯赞的另一个儿子）的子孙也对佛教发展特别在
　　意，著名的卓弥译师就是在该地小王的支持下发展起来的。参见王森《西藏佛教发展史略》，
　　第25~28页。

> 有此大贤，经义精湛，发此宏愿，传扬教法。佛法深奥稀有，然在此蕃域，请以因果法护持众生。”闻此，主尊甚喜，道：“因果法即是甚深法，深信因果，胜见本尊。”[1]

绛曲沃与阿底峡的对话所表明的王室对佛教兴趣的关注点已经十分清楚。在与后弘期上路弘法教义来源的关键人物阿底峡大师的交谈中，绛曲沃首先关心的并不是阿底峡所具有的高深的佛教知识如何在阿里和西藏弘扬的问题，而是那些通俗易懂、老少咸宜的业果报应思想。表面托词说的是为了教化众生，其实绛曲沃首要关心的乃是如何更好地利用佛教思想使属下的人民心甘情愿地接受统治。而不畏艰辛从印度赶来阿里的阿底峡大师在听完绛曲沃带有如此世俗性的政治功利主义的言语之后竟表示十分赞同，表明后弘期之初世俗领袖与宗教首领之间一开始就有相当默契的合作。

此外，阿底峡到阿里后还对广大民众宣讲应当尊重赞普，这对增强古格属民对王室的凝聚力和安然地接受政府的统治无疑又是一剂相当有效的强心针。《贤者喜宴》记载，古格臣民在听受佛教导师的教导之后表态要尊重赞普的权威，怀念具有菩提心的法王的功德和恩惠，不论他们有没有权势，都应一视同仁，加以大力供奉。[2] 佛教这种高深的理论，成为王权有力的支撑。“理论只要说服人，就能掌握群众；而理论只要彻底，就能说服人。”[3] 可见要人民心悦诚服地接受统治，只要运用一种可以说服大多数人的宗教，就可以实现，而只要将这种宗教包装得足够吸引人，就一

1　འབྲོམ་སྟོན་པས་བརྩམས། བཀའ་གདམས་པ་ཆོས་བཞུགས། 1994 ལོར་མཚོ་སྔོན་མི་རིགས་དཔེ་སྐྲུན་ཁང་གིས་པར་དུ་བསྐྲུན། ཤ 134~135

2　དཔའ་བོ་གཙུག་ལག་ཕྲེང་བས་བརྩམས། ཆོས་འབྱུང་མཁས་པའི་དགའ་སྟོན། 2006 ལོར་མི་རིགས་དཔེ་སྐྲུན་ཁང་གིས་པར་དུ་བསྐྲུན། ཤ 230

3　马克思:《〈黑格尔法哲学批判〉导言》,《马克思恩格斯全集》第3卷，第207页。

定能说服大多数人，这样弘扬佛法的效果就出来了。在阿底峡的教导中，佛教的进一步发展已经在为王权提供合法性，统治者引进佛教在思想层面上讲，实现自我陶醉的同时也起到了麻痹人民的作用。

最后，后弘期初期整个藏族地区无论是东部的多康地区还是中部的卫藏地区，都不约而同地选择恢复和发展佛教，佛教已经成为四分五裂的藏族社会共同的精神文化。在这一背景下，早期古格王室加入这一佛教复兴的大潮中，无疑使西部的阿里地区与多康、卫藏等地在文化上连成一体，后弘期以来的几百年中，尽管藏族地区在政治上长期处于分裂割据的状态，但在民族心理和民族文化上逐渐形成统一的精神特质，古格复兴佛教的巨大成效使得它在后弘期一度成为民族文化的中心。

火龙年大法会就是自朗达玛死后 200 多年来四分五裂的西藏社会第一次统一行动，其中前来参加此次盛会的人几乎囊括了西藏本地所有的高僧大德，僻处西部的古格一度成为全藏的文化中心，仅参加这次大法会的译师就包括了前后藏大量杰出的人才，一些人甚至还是后弘期前期藏传佛教的几个主要教派的奠基者或创始人。可见在当时，阿里的赞普后裔们虽然没有了祖先的权势，但靠着佛教文化的成就仍然拥有号召全藏的影响力。经过后弘期初期的佛教复兴运动，佛教逐渐成为藏族的共同精神文化，一种迥异于吐蕃时代的民族文化逐渐形成，而这一过程中古格王国的贡献使它成为后世藏族历史记忆中后弘期初期最浓墨重彩的一笔，只要提到这段历史，则处于偏僻之地的阿里俨然拥有中心正统之地位，通过文化竞争古格王室似乎又再次找到了昔日吐蕃王朝独领风骚于青藏高原的那种感觉。

古格经验与后吐蕃王朝时代西藏社会的发展道路

上一节已经阐明了古格早期诸王在发动这场声势浩大的佛教复兴运动的同时也在不动声色地进行着一场影响深远的政治革新，后弘期佛教复兴的政治意义在最初的阿里王室看来或许远远比它的宗教意义更为重要。当然，政治家对宗教的兴趣背后一定会有政治的因素，这一点任何时代任何地方都是如此，但是阿里的佛教复兴运动与新政教合一体制的建立过程密切配合，宗教活动背后的政治动机是有其十分特殊的时代性和地方性的，并不能简单地以宗教有利于统治来解释后弘期阿里地区的这场由王室一手倡导起来的佛教复兴大潮。将后弘期初期佛教复兴的热情概念化和简单化并不利于理解这场颇具特色的政治文化运动。

过去提到这个问题总是笼统地说统治者利用宗教统治人民，忽略了后弘期西藏的具体环境和地域性特点，比如有的书总结原因时就说："他们（当时西藏的统治者）意识到宣传佛教思想和帮助佛教僧人的宗教活动，对于维护自身利益、强化统治是极为有利的。因此他们积极扶持佛教势力，大力开展佛教复兴活动。"[1]

益西沃是第一个把教法置于国法之上的西藏地方政权的最高统治者，也是后弘期以来政教合一制的开创者，但是需要注意的是，

---

1   参见陈庆英、高淑芬主编《西藏通史》，第110页。

在古代中国像他这样对佛教敬信和崇奉的统治者并不在少数，像西藏后弘期初期这样整个社会对佛教热情的高涨在汉地的南北朝时期也出现过，特别是南朝的齐梁时期统治者大多奉佛弘教，此时的汉地也是分裂割据的乱世，与后弘期之初吐蕃王朝崩溃后的乱局十分相似，这一时期汉族历史上也出现过一个与益西沃颇为相似的君主——梁武帝。作为君主，二人都对佛教表现出十分强烈的信仰，特别是在佛教政治方面，益西沃将佛教引入政治生活，确立为治国之根本方针，开创了政教合一体制；事实上梁武帝本人也曾试图公开将佛教确立为国家政治意识形态，他曾在一道诏书中宣称只有佛教才是正道，儒家和道家的思想都是邪见。[1] 在他的影响下梁朝境内的一些封疆大吏就在境内试行过以教治国的佛教政治。[2]

　　益西沃推行政治改革，宣称以教法制定国法，有趣的是梁武帝颁布《唱断肉经竟制》(见《全梁文》卷1)，致使后世汉地僧尼永无口腹之乐，却又是以国法推行教法，二君可谓相反相成。益西沃最后以国君身份出家为僧成为拉喇嘛，众所周知梁武帝也有此心，曾三次舍身同泰寺，弄出不少奇闻。二人身处乱世，利用佛教，所为相似而所得大异，益西沃兴佛改制，得一时之国泰民安，创一代之政教新制，而梁武帝崇佛则以悲剧收场，以开国之君遭亡国之祸，历极富贵而以饿死终。另外，佛教政治的社会经济代价是巨大

1　梁武帝在《敕舍道事佛》(《全梁文》卷4) 中宣布："唯佛一道，是于正道。……朕舍外道，以事如来。若有公卿能入此誓者，各可发菩提心。老子、周公、孔子等虽是如来弟子，而为化既邪，止是世间之善，不能革凡成圣。公卿百官，侯王宗室，宜反伪就真，舍邪入正。……其余诸信，皆是邪见，不得称清信也。门下速施行。"此诏不但表明梁武帝有以佛教为治国之正统思想的想法，还表明他试图以王权推行佛教，让王公大臣都进入佛门，与益西沃之所为酷似。

2　梁朝末年的郢州刺史陆法和就是一个这样的地方官，《资治通鉴》卷165承圣二年九月丙子条记载："护军将军陆法和为郢州刺史。法和为政，不用刑狱，专以沙门法及西域幻术教化，部曲数千人，通谓之弟子。"

的，古格王室为了复兴佛教，不论是兴建佛寺还是供养僧人，都要耗费大量的社会财富，对社会经济的消极影响是十分明显的。齐梁时代汉地大兴佛教时，因为这一点而起来反对者代不乏人也史不绝书，宋明帝夸耀佛寺之盛，有人敢当面对他说："陛下起此寺，皆是百姓卖儿贴妇钱，佛若有知，当悲哭哀愍，罪高佛图，有何功德。"（见《南齐书·良政传》）"竭财以赴僧，破产以趋佛……致使兵挫于行间，吏空于官府，粟罄于惰游，货殚于泥木"（语出范缜《神灭论》），范缜的这几句话几成后世批评崇佛害政的习语。这样的记载在后弘期之初古格举国兴佛的时代背景下却不曾见到。汉地与藏地，萧梁与古格，相似的环境和相似的行为得出完全不同的结果。此处比较的目的是要表明，想要分析后弘期初期阿里地区的兴佛改制的政治背景和原因必须进入当时当地的地方政治和文化特点中去找寻和剖析。

古格的弘法事业与政治形势大有关系，图齐很早就注意到了。他在 1933 年的著作中就已提醒读者要注意古格诸王弘法的动力很可能是政治的因素，他在书中写道：

> 无论他们的信仰有多么真挚都不应该忘记益西沃是一个国王，而且这个国王的家族在他们统治的地方安定下来的时间又很短。他本人必定遇到了敌对势力的反对，这些事情在东方经常发生，如宗教运动或者由教派领导的事变。[1]

图齐的见解在当时大有拨云见日之功，长期以来由于佛教史的

1　Giuseppe Tucci, *Rin-chen-bzan-po and the Renaissance of Buddhism in Tibet around the Millennium*, p.68.

书写习惯，上路弘法这一大事完全是佛教征服了西藏，在藏人心目
中它与现实政治无关，古格弘法的政治意图被遮蔽了。由于当时阿
里地区的历史研究才刚刚起步，很多背景知识缺乏，图齐也未能进
一步阐述这一问题，事实上上路弘法的政治目的颇为复杂。

　　益西沃复兴佛教的政治目的就在于利用佛教行改制之事，古
格王国作为阿里王朝的一个分支，在益西沃时代其政治发展形态
应当是吐蕃王朝政治的天然继承。益西沃的祖父，古格王国的奠
基者吉德尼玛衮，正是所谓的吐蕃王朝末代赞普的直系后裔。吉
德尼玛衮的父亲贝柯赞是吐蕃王朝的末代赞普朗达玛的儿子沃松[1]
之子，此一系在吐蕃王朝崩溃后一直不得势，贝柯赞本人最终死
于非命。沃松一系最初在朗达玛死后争夺赞普之位没有成功，尽
管多数史书都倾向于承认沃松是朗达玛之子而以正统许之，但政
治斗争的结果是另一位来历不明的王子云丹在其母后那囊氏（སྣ་
ནམ）的支持下得以据有拉萨地区，继立为赞普，沃松一系不得不
退守后藏。贝柯赞后来因为对地方贵族及其属民的安置不当而导
致地方贵族叛乱，最后被臣下达孜（སྟག་རྩེ）和尼雅氏（གཉགས）杀死
于后藏拉孜的娘若香波城堡，根据《贤者喜宴》的记载推断，贝
柯赞身死之时应为公元 895 年（前揭《大阳王统记》记载其死于
893 年）。[2]

　　贝柯赞之死对于本就势力单薄的沃松一系来说是一个极为沉重
的打击。贝柯赞的儿子吉德尼玛衮和赤扎西孜巴贝（ཁྲི་བཀྲ་ཤིས་བརྩེགས་པ

---

[1]　关于沃松的身世，后世西藏史著一般都认为他是朗达玛的遗腹子，现在有学者结合敦煌文书
　　和沃松生母蔡邦氏的身世进行考论，种种迹象表明沃松很有可能是朗达玛的兄长赤祖德赞的
　　儿子，不过无论他是朗达玛之子还是赤祖德赞之子，都是吐蕃赞普之子则无疑问。参见扎西
　　当知《吐蕃末代赞普欧松赞身世辨》，《中国藏学》2009 年第 1 期。

[2]　དཔལ་བོ་གཙུག་ལག་ཕྲེང་བས་བརྩམས། ཆོས་འབྱུང་མཁས་པའི་དགའ་སྟོན། 2006 བོད་མི་རིགས་དཔེ་སྐྲུན་ཁང་གིས་པར་དུ་བསྐྲུན། ར 226~227

 དཔལ）都无法再在卫藏中心地区立足，二人只得离开中心地区而向边缘的西部地区迁徙。由于当时刚刚发生了臣民叛乱杀死君主的严重政治事件，可想而知吉德尼玛衮前往阿里建立政权的过程是相当艰辛的。《红史》记载："他们二人（指吉德尼玛衮和赤扎西孜巴贝）统治的地区大部被云丹的后裔夺去，所以逃往阿里。"[1] 后来的《汉藏史集》和《贤者喜宴》等史书中的表述也基本一致。《汉藏史集》的说法是"他们二人的大部领地都被云丹一家夺去，于是兄弟二人先后逃往阿里上部地区"。[2]《贤者喜宴》的说法也基本一样，"（贝柯赞）大妃之子为吉德尼玛衮，小妃之子为赤扎西孜巴贝，此二子之属地大半为云丹夺占，故奔上部避之"。[3] 这些记载透露出阿里王朝的建立是吉德尼玛衮为躲避云丹一系之逼压的逃难之举，因此藏史在叙述他去阿里的时候完全没有开国之君远征创业的雄壮气势，大部分史书的描写基调都是悲剧性的，《贤者喜宴》中对吉德尼玛衮临行前与大臣话别的描写就颇为凄凉：

　　尼玛衮之赴阿里也，属僚尚·巴曹仁钦德（སྣ་བོ་ཞང་པ་ཚབ་རིན་ཆེན་སྡེ）及久若·来扎拉来（ཅོག་རོ་ལེགས་བཙ་ལ་ལེགས）二臣送之，至切玛雍仲（ཇེ་མ་གཡུང་དྲུང），巴曹献狼皮斗篷之衣一，久若献幼骡一，献毕俱泣下。[4]

　　此外，《拉达克王统记》中也记载了一个吉德尼玛衮率领残部前

1　蔡巴·贡噶多吉：《红史》，第35页。

2　达仓宗巴·班觉桑布：《汉藏史集》，第114页。

3　དཔའ་བོ་གཙུག་ལག་ཕྲེང་བས་བརྩམས། ཆོས་འབྱུང་མཁས་པའི་དགའ་སྟོན། 2006 ཤོ་རིག་དཔེ་སྐྲུན་ཁང་གི་ཐོག་པར་དུ་བསྐྱན། ༡ 228

4　དཔའ་བོ་གཙུག་ལག་ཕྲེང་བས་བརྩམས། ཆོས་འབྱུང་མཁས་པའི་དགའ་སྟོན། 2006 ཤོ་རིག་དཔེ་སྐྲུན་ཁང་གི་ཐོག་པར་དུ་བསྐྱན། ༡ 228

往阿里时穷困潦倒，以至于被迫食用藏族人一向都不吃的"鱼"[1] 来充饥的故事：

> 吉德尼玛衮之往阿里也，值吐蕃大乱，白玛苏赞（འབལ་མ་ཟུག
> བཙན）、空莫聂巴（ཁུང་མོ་ཉག་པ）、阿嘎扎（ཨྱག་བཙ）三人将百骑卫之
> 上路，途次，献呈鱼、蛋，以布拭之而食。故此后布食遂成吐
> 蕃王之俗规。[2]

这两段材料反映出吉德尼玛衮创业之初的局势非常不妙，因此有些学者猜测他是在其父遇害后被叛军流放到阿里的。[3] 此说则又未免将形势估计得过于糟糕，从后来的历史发展情况来看，吉德尼玛衮逃亡去阿里比流放的可能性要大得多，逃亡虽是败乱之局，但尚能自主；若是流放则是早已为人所制，又怎么可能建立政权、开创新朝呢？何况上述史料中尽管吉德尼玛衮被描写得已经到了山穷水尽的地步，但仍然有一些贵族大臣愿意追随他去西部开创新的天地，似乎也还不至于沦落到被人流放的境地。

吉德尼玛衮到阿里后苦心经营，利用自己赞普后裔的身份，招抚阿里地区的旧贵族和地方势力，逐渐在阿里地区站稳了脚跟，终于扭转了沃松王系自吐蕃王朝崩溃以来近半个世纪的颓势，在西部发展实力，建立政权，开创了前所未有的蒸蒸日上的大好局面。吉

1　鱼类的食用禁忌是藏族社会的一个古老传统，其起源可能跟早期的苯教信仰中龙神崇拜有关，因为苯教认为鱼类等水生物是龙神变化而来的，苯教衰落后这一观念又通过佛教戒杀生的教条得以保存下来。参见陈烨《藏族的饮食禁忌及其现代价值》，《西藏民族学院学报》2005 年第 5 期。

2　བདགས་རྒྱལ་རབས། ན 41~42

3　《西藏通史——松石宝串》一书就认为"吉德尼玛衮似乎被某个平民起义组织逐至阿里"。参见恰白·次旦平措等《西藏通史——松石宝串》，第 230 页。

德尼玛衮作为吐蕃赞普后裔,其建立的阿里王朝应当仍然采用的是
吐蕃王朝之制。吐蕃政权最初是一个带有军事贵族联盟体性质的政
治实体,其最初由雅隆地方势力而一跃成为混一吐蕃的霸主,完全
是通过同各地贵族进行盟誓的方式,获得他们的支持,然后经过一
连串的军事征服才取得的。在这种体制下,贵族有着相当大的实
力,吐蕃政治的实际运作中世代将相的高级贵族集团在中央政府中
占据绝对优势,地方则由拥有一定军政实力的地方实力派所控制,
因此赞普常常大权旁落。松赞干布完成统一大业后,就试图加强王
权,但成效并不显著,他死后噶尔家族专权达半个世纪。吐蕃后期
赞普通过引进佛教进行改革,一度使世俗贵族在政治上严重受挫,
但最后遭到贵族势力最凶猛的反扑,吐蕃王朝也因之而衰亡。[1]考
虑到吉德尼玛衮建立政权之前的实力十分虚弱,他的新王朝中贵族
势力只会比吐蕃时代更大,《贤者喜宴》中说他到阿里后"由于行为
高尚,智慧广博,而使阿里三围众人满意,遂即请其为王"。[2]可见
他建立政权靠的是"德"而不是"力",即通过安抚旧贵族和地方
实力派来获取他们的支持,其形式与吐蕃王朝的雅隆政权时代十分
相似。

　　前面提到阿里地区最著名的贵族势力没庐氏对吉德尼玛衮的
支持,除此之外当有更多名不见经传的贵族加入建立阿里王朝的大
业中。贝柯赞死于贵族的叛乱,吉德尼玛衮依靠阿里旧贵族的支持
建立政权,加上吐蕃时代的政治遗产,可以肯定益西沃即位之初政

1　吐蕃时期的政治大势和具体史实可参见石硕《佛教对吐蕃王朝政权体制的影响——兼论吐蕃
　　王朝前、后期政权形态的变化》,《青海民族学院学报》2002 年第 4 期;林冠群《唐代吐蕃政
　　治制度之研究》,《唐代吐蕃史论集》,第 65~96 页。

2　ཅེས་གྲགས་པ་ལྟར་བ་སྒོང་པ་ལེ་གནས་ཆེ་བ་བས་མངའ་རིས་བཟའ་བསྐོར་གསུམ་གྱི་མི་རྣམས་མགུ་སྟེ་རྗེ་ཞིག་དབང་པོ་གཙུག་ལག་ཁང་ཟིན་བས་བསྐངས། ཚོ་བྱུང་ཨ་ལབ་པའི་དཀར་
　　ཆོག། 2006 བོ་མི་རིགས་དཔེ་སྐྲུན་ཁང་ལ་པར། ད བཀྱུ་ན པ 228

治的运作仍然是吐蕃王朝时代特别是其前期和中期的那种军事贵族联盟体制，贵族政治是主流。而这种政治形势对于王权而言并非好事，经过两代的经营和恢复，益西沃即位时，西藏社会经济有所发展，阿里王朝的实力也有了较大的提升。

据说益西沃弘扬佛教、大兴寺院的第一笔资金就是对外掠夺所得。《娘氏宗教源流》记载，益西沃当时有一个叫作色波（ཟེར་པོ）的供物（མཆོད་རྫས），后来被古格境外的萨冈（ས་སྒང）地方的牧民（འབྲོག་མི）杀了。益西沃梦见他会得到一块像马鞍一样大的黄金，于是向萨冈人要求赔偿，萨冈人遂将一处叫作东孜旺（དོང་རྩེ་ཝང）的金矿送给了益西沃，在这个金矿中的每一个采金点都挖出了十藏升的黄金。后来益西沃就利用这批黄金修建了包括托林寺在内的大批寺庙。[1] 这个故事表明古格的实力提升，已经具有震慑外夷的声威，才可能制造这么一个纠纷让萨冈人转让金矿的所有权。这一点确实是佛教得以复兴的物质条件，但具有这样条件的益西沃为什么选择佛教作为刚刚建立的古格王国的主流意识形态进行改革而不是采取其他的方式来进行这种改革呢？

对于益西沃而言，吐蕃时代的旧制明显不符合古格王权的利益，事实上吐蕃王朝中后期以来的赞普都已意识到这一点，从赤德祖赞到赤祖德赞历代赞普都是崇佛的，其原因绝不仅仅是佛教的宗教吸引力。吐蕃赞普中最早将佛教作为一种国策来引进的是赤德祖赞，他是在解决了噶尔家族长达半个多世纪的专权问题后开始转向对佛教的提倡，因此吐蕃时代最初引进佛教事实上是把佛教看成一种文化、一种新的礼仪和等级以及一种更为完备的社会制度，通过

1　ཁོག་གི་མཆོག་གནས་མེ་ར་ཞིས་བུ་པ་དང་། ས་སྒང་ལ་འཇིག་མི་བརྒྱས་ཏེ། དེས་མེར་པོ་ཚན་བསད་ཏ་པ་ན། ... 1988 བོད་ལྗོངས་སྟོང་ཡོད་461

对佛教的引进寻求一种新的文化和制度的杠杆来平衡王室与大臣之间的权力及利益关系。[1] 阿里王朝建立之初面临的政治格局与赤德祖赞时相差无几，由于传统文化和历史传承的关系，益西沃的改制也只能借助佛教而不是其他意识形态来完成。

　　首先，佛教是吐蕃王室的传统扶持对象，从吐蕃中后期开始，历代赞普都是佛教的支持者，而一旦赞普权力虚弱，则会出现反佛浪潮。事实上没有一位赞普是反佛的，唯一一个被认为是反佛的赞普——朗达玛，其实只是一个被贵族架空的没有实权的傀儡，[2] 真正反佛的都是贵族大臣。基于这样的历史传统，王室与佛教有着天然的亲近感和千丝万缕的政教联系，益西沃选择佛教是很顺理成章的事情。事实上，对佛教的这种宗教感情只不过是王权的社会利益和政治利益的表现罢了，利用佛教来加强王权这一点，早期古格诸王与吐蕃中后期的赞普并无二致，只是古格走得更远，在益西沃的大力崇佛的背景下成功地将旧有的贵族政治改制为全新的以王权为主导的佛教政治而已。这时，王权与佛教结合通过宗教式的运作实现了神圣化，从而在权力上获取了独占性的神圣资源，[3] 这是一种宗教化的王权——法王、弘佛君主等所能拥有的特殊的社会资源，在这一过程中贵族被排除在权力中心之外，王权独占国家权力的模式不但得以实现而且得到了合法性的证明。

1　石硕:《吐蕃政教关系史》，第 217 页。

2　朗达玛并未主导所谓的毁佛运动，而且真正意义的毁灭佛教的政治运动从未发生过，朗达玛是在政变中被贵族大臣拥立上台的，并无实权，毁佛之事纯为后世教法史家的捏造。详情参见林冠群《朗达玛毁佛事迹考辨》，《唐代吐蕃史论集》，第 447~463 页。

3　宗教社会学的研究表明，不同的神人关系模式有不同的神圣资源，不同的神圣资源可以构成不同的权力资源。所谓的神圣资源，实际上就是一种特殊的社会资源，是依据神人关系及其相关性人际关系网络所获得的资源。神圣资源是宗教行动者依据人际交往之中角色身份关系所获的与神独自交往的特权，它能够对行动者独断占有的权力进行合法性证明。参见李向平《信仰、革命与权力秩序：中国宗教社会学研究》，第 59 页。

其次，阿里王朝在西藏西部建立，这里既是古代象雄诸部活动的旧地，又是古老的苯教的发祥地。苯教是吐蕃王朝早期的主流意识形态，后来成为贵族用以抵制佛教、对抗王权的工具，吐蕃时代贵族大臣基本上在反佛的同时崇苯，吉德尼玛衮进入阿里地区建立政权，得到不少地方贵族的支持，阿里作为苯教的发源地，苯教势力更是强大。对王权来说，只有将贵族政治在意识形态上的支撑彻底打倒，才有釜底抽薪之效。苯教既与贵族政治关系密切，又是阿里地区的传统宗教。在宗教教义里，阿里普兰的神山圣湖地区就是苯教的圣地。苯教古籍《世间苯教源流》记载：

> 在南赡部洲之北方，持边山之南方，生长着如意桃木之地，冈底斯大山之前，玛旁雍湖之畔的四条河流之源，醉香山附近，九座黑山环抱之地，有缚刍河和信度河流过，此乃三世圣尊诞生之圣地。[1]

作为外来者的赞普后裔，消灭旧有的苯教影响有利于增强自身的政治吸引力，在这种背景下益西沃也只有选择佛教作为王国的新意识形态了。事实上在兴佛的同时古格王室也在尽力消除苯教在阿里地区的影响，其所采用的严酷手段跟佛教宣扬的慈悲为怀理念大相径庭。《阿里王统记》记载了这一对苯教的残酷迫害运动：

> 以苯教尝传自象雄，乃集一切苯僧置一室中，以火焚之。复聚一切苯经，投之水中。[2]

1　琼布·洛珠坚赞：《世间本教源流》，多杰南杰译注，《中国藏学》1999 年第 2 期。

2　ཨང་ཕྱུང་དུ་བོན་བསྟན་པ་དར་བ་ལ་སོགས། བོན་པོ་ཐམས་ཅད་བསྡུས་ནས་ཁང་པ་གཅིག་ལ་བསྲེགས། བོན་པོའི་ཐམས་ཅད་བསྡུས་ནས་ཆུ་ལ་བཏང་ངོ༌། གུའི་ མ་ཆེན་དཀར་དང་གཡང་བཟའང་། མངའ་རིས་རྒྱལ་རབས། ༔ 54~55

　　古格王室一方面采取如此极端的方式打击苯教；另一方面大力
扶持佛教去争夺人们的信仰领域，古格王室培养了大量的高僧，其
中不乏在这方面颇有成果之人。

　　著名的大译师仁钦桑波就是一个对付苯教的高手，《佛教史大
宝藏论》中记载"大译师仁请让波在阿里地区，降伏了'嘎嘉龙王
（ྒྱལ་ར་ཆུལ）'，并破除了一切邪密不正行"。[1] 熟悉苯教的人都知道，龙
神是苯教特有的神灵和崇拜对象，苯教经书《十万龙王经》记载世
界上有三种神各主天、地、水三界，龙神居于水下，种类繁多，形
象不定，主宰着人间的苦难和自然的灾害。[2] 而所谓的邪密不正行就
是苯教的修行方式。这一记载不过是以神话的方式反映了佛教大师
与苯教争夺民众并取得胜利的历史，而后弘期早期类似的记载还相
当多。[3] 最终在古格政权的打压下苯教在它的发源地阿里地区几乎销
声匿迹。1997 年之后国际藏学界对藏族地区的苯教寺院分布进行调
查，在西藏自治区境内一共有 90 座苯教寺院，但阿里地区只有噶尔
县有一座苯教寺院而已，是整个西藏各大区中苯教寺院数量最少的
地方。[4] 显然，虽然苯教的大量教义和方法在经过改造后被佛教吸
收，但作为一种有组织的宗教集团，苯教在阿里地区已基本上被完
全消解了。

　　在阿里地区的旧有意识形态——苯教退出社会生活和政治舞台

1　布顿大师：《佛教史大宝藏论》，第 191 页。

2　格勒：《藏族早期历史与文化》，第 423~424 页。

3　藏文古籍《热译师传》中也有类似的记载，热译师在阿里地区传法 14 年，先后有过两次对
　　付苯教的重大活动，一次是他在玛旁雍错地区朝圣时与一个名叫仙俗吐的苯教咒士对抗，最
　　后以法力将其击毙；另一次是他在象雄地区活动时，与一伙苯教徒辩论和比试神通，最后战
　　胜了苯教徒，并使他们改宗了佛教。这两个故事正好也印证了古格王国的苯教政策，一方面
　　对顽固者予以消灭，另一方面迫使他们脱离苯教而改信佛教。参见热罗·益西森格《西藏佛
　　法修证之王：热罗大师传》，第 218~221 页。

4　才让太：《苯教的现状及其与社会的文化融合》，《西藏研究》2006 年第 3 期。

的同时，佛教观念和势力在王权的扶持下迅速崛起，益西沃利用佛
教教义进行政教合一的统治实践，最终形成古格的政教二元领导体
制，从制度上加强了王权的力量。过去君主在名义上至高无上，无
所不统，但在实际政治生活中这样的强人是不可能存在的，这就使
得君主不得不将部分行政权交给大臣，吐蕃时代大相专权的制度性
条件即在于此。益西沃以教治国、政教分立的政教二元领导体制，
是这次政治改革的关键，从此原有的王权被分割为二，决定大政方
针的教权由教主负责，国王则只负责执行具体的军政事务，这一新
制表面上看起来国王的权力好像下降了，实际上在这种政教二元领
导体制下，王权的力量得到了空前加强，决策权和执行权都集中到
王室僧俗领导集团手中，地方贵族在政治生活中的地位大大下降，
不再能够成为支配性力量，对王权也不再构成威胁，这才是古格王
室兴佛改制在政治上最大的目的和成就。此外，益西沃时代古格的
政教合一制不但在当时具有制度创新的意义，在现今也对我们的理
论研究提供了创新性的启发。宗教政治在现代社会中被认为只可能
存在于极少数狂热分子和极端分子之中，它是一种边缘化了的落后
的政治形式，[1]但古格早期的佛教政治改革表明，宗教政治的实施也
是一种高度理性化的政治设计。

1　肖恩·塞耶斯:《当代世界中的宗教与政治》，谭群玉译,《现代哲学》2006 年第 6 期。

大事记

842 年

吐蕃王朝末代赞普朗达玛身亡，统一的吐蕃王朝崩溃。

843 年

吐蕃王子沃松在与另一王子云丹的争位斗争中失利，避居后藏。

875 年

沃松病死，其子贝柯赞即位。

893 年

贝柯赞被发动叛乱的臣下杀死，其子吉德尼玛衮继位。

906 年
吉德尼玛衮放弃后藏地区，前去开拓和经营西藏西部地区。

911 年
吉德尼玛衮在西藏西部的经略取得成功，开创了"阿里王系"。
其三子贝吉衮、扎西衮、德祖衮，在后世分别发展出拉达克王系、
古格王系和桑噶尔王系。

947 年
扎西衮之子赤德松祖赞出生，又名松艾，出家后法名益西沃。

958 年
大译师仁钦桑波在古格出生。

970 年
仁钦桑波出家为僧。

约 975 年
仁钦桑波第一次前往克什米尔、印度等地求学。

977 年
松艾即位，成为古格国王。

978 年
鲁梅·楚臣喜饶等"卫藏十人"回到卫藏弘传佛法，标志着藏
传佛教后弘期下路弘法的开始。

约 985 年

仁钦桑波结束第一次印度求学之旅，回到古格。

986 年

古格国王松艾与王兄柯热召集王室贵族宣布弘扬佛教的国策，标志着藏传佛教后弘期上路弘法的开始。

989 年

古格国王松艾受戒出家，是为拉喇嘛益西沃。

995 年

古格王室和普兰王室联合举行了"维浦垛会议"，颁布"新颁诏令集"，确立"以佛法治理国政"的原则，并按这一原则制订了"王位继承法"。

996 年

益西沃的长子提婆罗阁出家为僧。托林寺的兴建工程开工。

1004 年

托林寺完工，举行了盛大的开光仪式。

约 1006 年

柯热之子拉德出家，取法名达磨波巴（却吉沃色）。

1007 年

卓弥·释迦益西前往尼泊尔、印度等地求学。

约 1008 年

仁钦桑波奉古格王室之命带领 20 余名古格青年前往印度求学，
是为第二次印度之行。

1009 年

喀喇汗王朝攻灭于阗。拉德之子沃德成为国王，开始率领大军
外出作战。

1012 年

鲁梅·楚臣喜饶的弟子那囊·多吉旺秋兴建了杰拉康寺。

约 1014 年

仁钦桑波结束第二次印度之行，率领古格青年学成归来。

1016 年

益西沃的次子那嘎罗阇出家为僧。

1021 年

沃德率军与葛逻禄人激战，大破之，进驻于阗，并在当地委任
官员。

1023 年

拉喇嘛益西沃圆寂。长子提婆罗阇继任"教主"。拉德次子扎
西沃出家为僧，取法名为绛曲沃。

1024 年

沃德前往拉达克，兴建了白图寺。

1027 年

提婆罗阇圆寂，其弟那嘎罗阇接任"教主"。

约 1031 年

喀喇汗王朝大举进攻古格，拉德率军北上抗敌，病死于前线。

约 1034 年

沃德与喀喇汗王朝大军遭遇，战败被俘。古格遭受了开国以来最严重的一次军事灾难，那嘎罗阇失去"教主"之位。已出家的拉德次子绛曲沃继任国王，并兼任教主之位。

1037 年

在绛曲沃的资助下，纳措译师奉命前往印度迎请阿底峡大师。

1042 年

在古格王室的邀请下，阿底峡大师来到古格，绛曲沃亲往迎接，并请阿底峡大师驻锡托林寺讲经传法。

1045 年

仲敦巴在普兰拜见阿底峡，成为大师弟子，并邀请大师前往卫藏地区传法。

1054 年

阿底峡在卫藏地区圆寂。

1056 年

拉德的幼子永松德出家为僧，取法名悉瓦沃。仲敦巴修建了噶当派的主寺热振寺。

1063 年

绛曲沃离世。沃德之子泽德即位为古格国王。

1071 年

悉瓦沃主持的托林寺扩建工程"色康大殿"完工。

1073 年

官却杰波修建萨迦寺，为萨迦派的兴起奠定了基础。

1076 年

古格王室在悉瓦沃和泽德的主持下于托林寺举办了全藏第一次法会——火龙年大法会。

1083 年

泽德率军北征，取得嘉地大捷，古格的文治武功趋于鼎盛。

约 1092 年

古格发生政变，泽德遇害身亡。世系传承不明的宗室旺德登上王位。泽德的兄长赞松据有普兰自立。

1096 年

悉瓦沃圆寂。噶举派祖师米拉日巴曾在悉瓦沃圆寂前到古格治下的冈底斯山修行，给悉瓦沃写过一道歌。

约 1120 年

旺德病死，其子索南泽即位，古格王室发生内讧，泽德之子旺沃被索南泽杀害。

1121 年

米拉日巴的弟子达布拉结修建冈波寺，奠定了噶举派的传承基础。

约 1140 年

索南泽病死，长子扎西泽即位。次子觉卧杰布受封于库奴，幼子沃巴泽受封于绒穹之地。

1158 年

达布拉结的弟子帕木竹巴修建丹萨替寺，开创了帕竹噶举派。

约 1160 年

噶逻人从北方侵入古格，国王扎西泽战死，王弟沃巴泽被俘。觉卧杰布从库奴带兵赶走噶逻人，登上王位。

1170 年

帕木竹巴圆寂。他在圆寂前召来两位弟子止贡巴和林热巴，嘱咐他们一定要去开拓古格和阿里地区的传教事业。

1175 年

达布拉结的弟子向蔡巴创立蔡巴寺，奠定了蔡巴派的基础。

1179 年

帕木竹巴的弟子止贡巴·仁钦贝接掌止贡寺，奠定了止贡派的基础。

约 1180 年

古格国王觉卧杰布病死。扎西泽的幼子泽巴赞即位。

1191 年

止贡派僧人埃浦巴率领止贡派僧团进驻冈底斯山。

约 1200 年

泽巴赞死后，两位贵族争权，古格一度形成南北朝局面。北方贵族拥立拉坚王后之子吉德赞，统治古格北部；南方贵族拥立洛丹王后之子白沃赞，统治古格南部。

1205 年

林热巴的弟子藏巴嘉热修建了"主寺"，开创了主巴派。

1208 年

止贡巴的弟子聂钦波率领的第二批止贡派僧团进驻冈底斯山。

1214 年

藏巴嘉热的弟子郭仓巴开始进入冈底斯山修行，与止贡派发生争执，他得到了普兰国王喇钦达查的关照。

1215 年

在止贡巴的亲自主持下，派出以其弟子古雅冈巴为首的庞大僧团进驻冈底斯山。古雅冈巴得到了古格国王扎西德赞、普兰国王喇钦达查、拉达克国王拉钦俄朱衮的支持，止贡派成为古格和阿里地区最有影响力的教派。止贡派设立了本派在冈底斯山的僧团首领——"多杰增巴"一职，古雅冈巴成为首任多增。

1217 年

止贡巴圆寂，其弟子止贡林巴开始进入古格和阿里地区传法，得到普兰王阿蒂曼的资助。

约 1220 年

向蔡巴的弟子多丹云萨微米拉圆寂。他生前曾担任普兰王室的第一任内供应喇嘛，之后，楚达瓦、喜饶贝瓦、桑杰沃色瓦先后担任普兰王室的内供应喇嘛。

1239 年

第一任止贡多增古雅冈巴圆寂。

1240 年

蒙古军队入藏，攻破热振寺。

1246 年

萨班与蒙古宗王阔端举行凉州会盟。

约 1260 年

古格国王扎巴德统一古格和普兰，成为西藏西部的霸主。邀请止贡多增衮噶坚赞到普兰传法。

1278 年

古格国王扎巴德猝死。扎巴德后期在位的止贡多增为达磨坚赞。

1287 年

元朝中央派出官员与萨迦本钦一起主持了对西藏的户口清查，包括古格在内的阿里地区清查出 2635 户。

1292 年

元朝中央在古格和阿里地区设置的军政机构"纳里速古儿孙路宣慰使司"建立。

参考文献

一　专著

（一）藏文

ཀུ་གི་བྲི་ཐང་པ་ཡེ་ཤེས་དཔལ་གྱིས་མཛད། བྱང་ཆུབ་སེམས་དཔའི་ལོ་རིན་ཆེན་བཟང་པོའི་ཁྲུངས་རབས་དཀའི་སྒྲུང་སྒྲོན་མ་རྣམ་ཐར་ཤེལ་ཕྲེང་ལུ་གུ་རྒྱུད། བྲི་ཏིའི་དཀྱིལ་གཟུགས་ལག་ཁང་གི་ཤིང་སྐ རྡོ་རྗེ་ཆེ་བཞུན་གྱིས་རྒྱ་གར་གྱི་དེ་ལ་བསྒྲུབ།

གངས་རིན་བ་ཚོས་བདུངས་རྡོ་རྗེ གང་ཅན་བོད་ཀྱི་ཐུབ་དོས་མཛད་རིས་སྒོར་གསུམ་གྱི་སྟོན་བྱུང་ལོ་རྒྱུས་འཆི་མེད་ང་སྐྱ། 1996 བོར་བོད་སྟོངས་མི་དམངས་དཔེ་སྐྲུན་ཁང་གིས་པར་དུ་བསྐྲུན།

མཐའ་རིས་སྐྱིད་གྲོལ་རི་དག་གནས་ལོ་རྒྱུས་བསྟ་དུ་ལུ་ཀྱི་ན་སྐྲུན་ཁང་གིས་བསྐྲམས། བོད་སྟོངས་སྟོད་མཐའ་རིས་སྐྲོར་གསུམ་ནེ་རབས་ཆགས་སྐྱིད་ཀྱི་ལོ་རྒྱུས་དང་དགོན་ལྗེ་ཁག་ཞིག་གསོས་སྒྲུབ་པའི་གནས་རྒྱུལ། 1996 བོར་བོད་སྟོངས་མི་དམངས་དཔེ་སྐྲུན་ཁང་གིས་པར་དུ་བསྐྲུན།

ཀུ་གི་ཆེ་རིང་རྒྱུལ་པོར་བརྩམས། མཐའ་རིས་ཚོམ་འབྱུང་གནས་སྟོངས་མཛེས་རྒྱུན། 2006 བོར་བོད་སྟོངས་མི་དམངས་དཔེ་སྐྲུན་ཁང་གིས་པར་དུ་བསྐྲུན།

ཆོས་དཔག་གིས་བརྩམས། སྤྱོད་མཐའ་རིས་ཀྱི་དགོས་སྟེ་ལོ་རྒྱུས་དཔག་གསལ་མཐོང་བའི་མེ་ལོང་། 1999 བོར་བོད་ སྐྱོངས་མི་དམངས་དཔེ་སྐྲུན་ཁང་གིས་པར་དུ་བསྐྲུན།

གུ་གེ་མཁན་ཆེན་དཔལ་དབང་གྲགས་པས་བརྩམས། མཐའ་རིས་རྒྱལ་རབས། 1996 བོར་བོད་ལྡིང་གཙུག་ལག་ཁང་ལོ་ གཅིག་སྐྱོང་འབོར་བའི་རྟེན་དྲན་མཛད་སྒྲིག་གོ་སྒྲིག་ཚོགས་ཆུང་གིས་པར་དུ་བསྐྲུན།

ལ་དྭགས་རྒྱལ་རབས། 1987 བོར་བོད་སྐྱོངས་མི་དམངས་དཔེ་སྐྲུན་ཁང་གིས་པར་དུ་བསྐྲུན།

དགོན་མཆོག་བསྟན་འཛིན་གྱིས་བརྩམས། གངས་རིའི་གནས་བཤད་ཉིས་དཀར་མེ་ལོང་ཞེས་པ་བཞུགས་སོ། 1992 བོར་བོད་སྐྱོངས་མི་དམངས་དཔེ་སྐྲུན་ཁང་གིས་པར་དུ་བསྐྲུན།

ཏོག་གས་སྨན་བླ་བ་སེང་གིས་བརྩམས། ཨོ་རྒྱན་པ་རྣམ་ཐར་རྒྱས་པ། 1997 བོར་བོད་སྐྱོངས་བོད་ཡིག་དཔེ་སྟེག་དཔེ་སྐྲུན་ ཁང་གིས་པར་དུ་བསྐྲུན།

འགོས་གཞོན་ནུ་དཔལ་གྱིས་བརྩམས། དེབ་ཐེར་སྔོན་པོ། 1985 བོར་མི་ཐྲོན་མི་རིགས་དཔེ་སྐྲུན་ཁང་གིས་པར་དུ་ བསྐྲུན།

ཉུང་ཉི་མ་བོད་ཟེར་གྱིས་བརྩམས། ཆོས་འབྱུང་མེ་ཏོག་སྙིང་པོ་སྦྲང་ རྩིའི་བཅུད། 1988 བོར་བོད་སྐྱོངས་མི་དམངས་དཔེ་ སྐྲུན་ཁང་གིས་པར་དུ་བསྐྲུན།

སྟེའུ་རྡོ་རྗུས་ཀྱིས་བརྩམས། ཆོས་འབྱུང་བསྐྲུན་པའི་རྒྱལ་མཚན། 1987 བོར་བོད་སྐྱོངས་མི་དམངས་དཔེ་སྐྲུན་ཁང་ གིས་པར་དུ་བསྐྲུན།

མང་ཐོས་ཀླུ་སྒྲུབ་རྒྱ་མཚོས་བརྩམས། བསྟན་རྩིས་གསལ་བའི་ཉིན་བྱེད། 1987 བོར་བོད་སྐྱོངས་མི་དམངས་དཔེ་སྐྲུན་ ཁང་གིས་པར་དུ་བསྐྲུན།

ནུ་ལུ་དགོན་གྱི་ལོ་རྒྱུས་མདོར་བསྡུས། 1987 བོར་བོད་སྐྱོངས་མི་དམངས་དཔེ་སྐྲུན་ཁང་གིས་པར་དུ་བསྐྲུན།

འཕྲིན་སྒྲོན་པས་བརྩམས། བཀའ་གདམས་པ་ཆོས་བཞུགས། 1994 བོར་ མཚོ་སྔོན་མི་རིགས་དཔེ་སྐྲུན་ཁང་གིས་པར་ དུ་བསྐྲུན།

འབྲི་གུང་རིན་ཆེན་ཕུན་ཚོགས་ཀྱིས་བརྩམས། འབྲི་གུང་སྐྱིང་ཞེས་རབ་འབྱུང་ངས་རྣམ་ཐར། 1985 པེར་བོད་པའི་ མཛུན་ཚོགས་ཀྱིས་པར་དུ་བསྐྲུན།

སངས་རྒྱས་དར་པོས་བརྩམས། རྟོད་ཚང་པ་རྣམ་ཐར། 1993 བོར་མཚོ་སྔོན་མི་རིགས་དཔེ་སྐྲུན་ཁང་གིས་པར་དུ་ བསྐྲུན།

བསྟན་འཛིན་ལུང་ཏོགས་ཉི་མས་བརྩམས། སྤྲ་འབྱུང་ཆོ་ཟོགས་ཆེན་ཆོས་འབྱུང་ཆེན་མོ། 2004 གུང་གོའི་བོད་རིག་པ་ དཔེ་སྐྲུན་ཁང་གིས་པར་དུ་བསྐྲུན།

ཀ་ཐོག་རིག་འཛིན་ཚེ་དབང་ནོར་བུ་བཀའ་འབུམ། བོད་རྗེ་ལྷ་བཙན་པོའི་གདུང་རབས་མངའ་རིས་སྨད་གུང་ཐང་དུ་ཇི་ལྟར་
བྱུང་བའི་ཚུལ་དེའི་གཏེར་དུ་ངེས་འཕྱུལ་གྱི་མེ་ལོང་། བོད་ཀྱི་ལོ་རྒྱུས་དེབ་ཐེར་ཁག་ལ། 1990 བོར་བོད་ལྗོངས་བོད་ཡིག་
དཔེ་རྙིང་དཔེ་སྐྲུན་ཁང་གིས་པར་དུ་བསྐྲུན།

དགའ་ཆེན་བློ་བཟང་བཟོད་པས་བརྩམས། སྤུར་པའི་རྒྱལ་རབས་དང་ཚོས་འབྱུང་། 1982 བོར་ཁ་ཆེའི་སྐུ་ཚལ་པ་སློབ་
གྲྭ་ཆེ་བས་པར་དུ་བསྐྲུན།

དཔའ་བོ་གཙུག་ལག་ཕྲེང་བས་བརྩམས། ཆོས་འབྱུང་མཁས་པའི་དགའ་སྟོན། 2006 བོར་མི་རིགས་དཔེ་སྐྲུན་ཁང་
གིས་པར་དུ་བསྐྲུན།

（二）汉文

阿旺贡嘎索南:《萨迦世系史》，陈庆英等译注，西藏人民出版社，2002。

巴荒:《废墟与辉煌：西藏阿里古文明之旅》，文汇出版社，2004。

班班多杰:《藏传佛教思想史纲》，三联书店上海分店，1992。

班钦索南查巴:《新红史》，黄颢译，西藏人民出版社，2002。

布顿大师:《佛教史大宝藏论》，郭和卿译，民族出版社，1986。

蔡巴·贡嘎多吉:《红史》，陈庆英、周润年译，东嘎·洛桑赤列校注，西藏人民出版社，2002。

策仁旺杰:《颇罗鼐传》，汤池安译，西藏人民出版社，2002。

陈庆英、高淑芬主编《西藏通史》，中州古籍出版社，2003。

达仓宗巴·班觉桑布:《汉藏史集》，陈庆英译，西藏人民出版社，1986。

大司徒·绛求坚赞:《朗氏家族史》，赞拉·阿旺、余万治译，陈庆英校，西藏人民出版社，2002。

丹津班珠尔:《多仁班智达传》，汤池安译，中国藏学出版社，1995。

丹珠昂奔主编《历辈达赖喇嘛与班禅额尔德尼年谱》，中央民族大学出版社，1998。

德西迪利：《德西迪利西藏纪行》，杨民译，西藏人民出版社，2004。

傅恒：《钦定西域同文志》，《景印文渊阁四库全书》第 235 册，台北：台湾商务印书馆，1982。

格勒：《藏族早期历史与文化》，商务印书馆，2006。

古格·次仁加布：《阿里史话》，西藏人民出版社，2003。

顾朝林等：《中国城市地理》，商务印书馆，1999。

顾祖成等编《清实录藏族史料》，西藏人民出版社，1982。

郭卿友编著《民国藏事通鉴》，中国藏学出版社，2008。

黄沛翘：《西藏图考》，西藏人民出版社，1982。

慧超撰，张毅笺释《往五天竺国传笺释》，中华书局，1994。

霍巍：《西藏西部佛教文明》，四川人民出版社，2000。

霍巍：《古格王国：西藏中世纪王朝的挽歌》，四川人民出版社，2002。

纪宗安：《西辽史论·耶律大石研究》，新疆人民出版社，1996。

廓诺·迅鲁伯：《青史》，郭和卿译，西藏人民出版社，2003。

拉施特主编《史集》第 1 卷第 1 分册，余大均等译，商务印书馆，1983。

林冠群：《唐代吐蕃史论集》，中国藏学出版社，2006。

马丽华：《西行阿里》，中国藏学出版社，2007。

孟广耀：《蒙古民族通史》第 1 卷，内蒙古大学出版社，2002。

米儿咱·马黑麻·海答儿：《中亚蒙兀儿史——拉失德史》，新疆社会科学院民族研究所译，王治来校注，新疆人民出版社，1983。

潘桂明：《中国佛教思想史稿》第 2 卷上，江苏人民出版社，

2009。

　　恰白·次旦平措等:《西藏通史——松石宝串》,陈庆英等译,西藏古籍出版社,2004。

　　萨囊彻辰著,道润梯步译校《新译校注蒙古源流》,内蒙古人民出版社,1980。

　　石硕:《吐蕃政教关系史》,四川人民出版社,2000。

　　释迦仁钦德:《雅隆尊者教法史》,汤池安译,西藏人民出版社,2002。

　　四川大学中国藏学研究所等编著《皮央·东嘎遗址考古报告》,四川人民出版社,2008。

　　松巴堪布·益西班觉:《如意宝树史》,蒲文成等译,甘肃民族出版社,1994。

　　孙林:《藏族史学发展史纲要》,中国藏学出版社,2006。

　　孙尚志主编《西藏自治区经济地理》,新华出版社,1994。

　　索朗旺堆主编《阿里地区文物志》,西藏人民出版社,1993。

　　索南才让:《西藏密教史》,中国社会科学出版社,1998。

　　索南坚赞:《西藏王统记》,刘立千译注,民族出版社,2000。

　　唐景福:《藏传佛教格鲁派史略》,甘肃人民出版社,2006。

　　土观·罗桑却季尼玛:《土观宗派源流》,刘立千译注,西藏人民出版社,1985。

　　王川:《西藏昌都近代社会研究》,四川人民出版社,2006。

　　王恩涌主编《中国政治地理》,科学出版社,2004。

　　王璞:《藏族史学思想论纲》,中国社会科学出版社,2008。

　　王森:《西藏佛教发展史略》,中国藏学出版社,2010。

　　王尧、陈践译注《敦煌本吐蕃历史文书(增订本)》,民族出版社,1992。

王尧编著《吐蕃金石录》，文物出版社，1982。

王育民：《中国历史地理概论》，人民教育出版社，1987。

魏良弢：《喀喇汗王朝史稿》，新疆人民出版社，1986。

魏良弢：《西辽史研究》，宁夏人民出版社，1987。

《卫藏通志》，西藏人民出版社，1982。

五世达赖：《五世达赖喇嘛传》，陈庆英等译，中国藏学出版社，2006。

五世达赖等：《一世—四世达赖喇嘛传》，陈庆英等译，中国藏学出版社，2006。

伍昆明：《早期传教士进藏活动史》，中国藏学出版社，1992。

武振华主编《西藏地名》，中国藏学出版社，1996。

西藏自治区阿里地区地方志编纂委员会：《阿里地区志》，中国藏学出版社，2009。

西藏自治区科学技术委员会、西藏自治区档案馆编译《西藏地震史料汇编》第1卷，西藏人民出版社，1982。

西藏自治区文物管理委员会：《古格故城》，文物出版社，1991。

徐松：《西域水道记（外二种）》，朱玉麒整理，中华书局，2005。

牙含章：《班禅额尔德尼传》，华文出版社，2001。

杨贵明、马吉祥编译《藏传佛教高僧传略》，青海人民出版社，1992。

杨辉麟编著《西藏佛教寺庙》，四川人民出版社，2003。

杨念群：《再造病人：中西医冲突下的空间政治（1832~1985）》，中国人民大学出版社，2006。

袁莎：《西藏古格王国探秘》，宗教文化出版社，2009。

袁勇编著《失落的古格王朝：一个西藏神秘古国的兴盛与衰亡

之谜》，陕西师范大学出版社，1999。

　　张建林:《荒原古堡：西藏古格王国故城探察记》，四川教育出版社，1996。

　　张怡荪主编《藏汉大辞典》，民族出版社，1993。

　　张羽新编著《清朝治藏典章研究》，中国藏学出版社，2002。

　　张云:《唐代吐蕃史与西北民族史研究》，中国藏学出版社，2004。

　　直贡·丹增白玛坚参:《直贡法嗣》，克珠群佩译，西藏人民出版社，1995。

　　智观巴·贡却乎丹巴绕吉:《安多政教史》，吴均等译，甘肃民族出版社，1989。

　　中国藏学研究中心、奥地利维也纳大学:《西部西藏的文化历史》，中国藏学出版社，2008。

　　中国大百科全书出版社编辑部编《中国大百科全书·政治学》，中国大百科全书出版社，1992。

　　中国科学院青藏高原综合科学考察队编《西藏河流与湖泊》，科学出版社，1984。

　　中国科学院青藏高原综合科学考察队编《西藏农业地理》，科学出版社，1984。

　　中国科学院青藏高原综合科学考察队编《西藏自然地理》，科学出版社，1982。

　　（三）外文

　　A.H.Francke, *Antiquities of Indian Tibet: Part* Ⅱ *The Chronicles of Ladakh and Minor Chronicles,* Calcutta: Superintendent Government Printing, 1926.

A.H.Francke, *A History of Western Tibet:One of the Unknown Empires,* Delhi:Motilal Banarsidass Publisher, 1998.

C.T.Dorji, *History of Bhutan Based on Buddhism,* Delhi:Indian Books Centre, 1994.

Charles A. Sherring, *Western Tibet and The British Borderland,* London: Edward Arnold, 1906.

D.Jackson, *The Mollas of Mustang: Historical, Religious and Oratorical Traditions of the Nepalese-Tibetan Borderland,* Dharamsala: Library of Tibetan Works and Archives, 1984.

Giuseppe Tucci, *Rin-chen-bzan-po and the Renaissance of Buddhism in Tibet around the Millennium,* trans. by Nancy Kipp Smith, New Delhi: Aditya Prakashan, 1988.

H.Strachey, *Physical Geography of Western Tibet,* London:William Clowes and Sons, 1854.

Janet Rizivi, *Trans-Himalayan Carvans:Merchant Princes and Peasant Traders in Ladakh,* Oxford University Press, 1999.

John Whelpton, *A Histroy of Nepal,* Cambridge University Press, 2005.

Luciano Petech, *A Study on the Chronicles of Ladakh,* Delhi :Low Price Publications, 1939.

Luciano Petech, *The Kingdom of Ladakh c. 950-1842 A.D,* Rome: Istituto italiano per il Medio ed Estremo Oriente, 1977.

Michael Aris, Bhutan: *The Early History of A Himalayan Kingdom,* New Delhi: Vikas Publishing House Pvt Ltd, 1980.

Rishikesh Shaha, *Ancient and Medieval Nepal,* New Delhi: Manohar Publisher&Distributors, 1992.

Roberto Vitali, *The Kingdoms of Gu.ge Pu.hrang,* New Delhi: Indraprastha Press, 1996.

Roberto Vitali, *Records of Tho.ling: A Literary and Visual Reconstruction of the" Mother" Monastery in Gu.ge,* Art Media Resources, 1999.

二　论文
（一）中文

阿旺次仁厦波:《拉达克那布拉地区的历史透视》，熊挺译，《国外藏学研究译文集》第 12 辑，西藏人民出版社，1995。

巴卧·祖拉陈哇:《〈贤者喜宴〉摘译》，黄颢译，《西藏民族学院学报》1980 年第 4 期。

巴卧·祖拉陈哇:《〈贤者喜宴〉摘译（二）》，黄颢译，《西藏民族学院学报》1981 年第 1 期。

巴卧·祖拉陈哇:《〈贤者喜宴〉译注（十六）》，黄颢译，《西藏民族学院学报》1985 年第 1 期。

班班多杰:《藏传佛教"自空见"之源流考释》，《哲学研究》2003 年第 6 期。

班班多杰:《汉地佛教与藏传佛教本土化之历史考察》，《中国社会科学》2004 年第 5 期。

伯戴克:《西藏西部拉达克地区的止贡噶举派》，王永红译，《国外藏学研究译文集》第 9 辑，西藏人民出版社，1992。

伯戴克:《一六八一至一六八三年西藏、拉达克以及莫卧儿的战争》，汤池安译，《国外藏学研究译文集》第 12 辑，西藏人民出版社，1995。

才让太:《古老象雄文明》，《西藏研究》1985 年第 2 期。

才让太：《苯教的现状及其与社会的文化融合》，《西藏研究》2006 年第 3 期。

陈柏萍：《分裂割据时期的西藏社会》，《青海民族学院学报》2000 年第 1 期。

陈庆英：《固始汗和格鲁派在西藏统治的建立和巩固》，《中国藏学》2008 年第 1 期。

陈烨：《藏族的饮食禁忌及其现代价值》，《西藏民族学院学报》2005 年第 5 期。

次多：《阿里托林寺红殿壁文考》，《西藏艺术研究》1998 年第 2 期。

次仁加布：《西藏阿里托林寺调查报告》，《中国藏学》1992 年第 3 期。

次仁加布：《阿里朗久地区的历史及其原始宗教》，《中国藏学》（藏文版）2000 年第 3 期。

次仁曲杰、达瓦次仁：《新发现的西藏普兰观音碑文初考》，《雪域文化》（藏文版）1994 年第 1 期。

东嘎·洛桑赤列：《论西藏政教合一制度》，陈庆英译，《西藏民族学院学报》1981 年第 4 期。

东主才让：《17 世纪初西藏的政局及五世达赖喇嘛的历史功业述略》，罗贤佑主编《历史与民族——中国边疆的政治、社会和文化》，社会科学文献出版社，2005。

顿珠拉杰：《西藏西北部地区象雄文化遗迹考察报告》，《西藏研究》2003 年第 3 期。

范亚平：《古格王朝历史地位述略》，《藏学研究论丛》第 4 辑，西藏人民出版社，1992。

房建昌：《止贡噶举派在西藏的兴起及发展》，《西藏研究》1988 年第 2 期。

房建昌:《主巴噶举派在西藏的活佛及在国外的发展》,《中央民族学院学报》1990 年第 1 期。

房建昌:《清代西藏的行政区划及历史地图》,《中国边疆史地研究》1993 年第 2 期。

房建昌:《近代西藏测绘史略》,《中国历史地理论丛》1993 年第 4 期。

房建昌:《西藏测绘史略》,《西藏研究》1994 年第 1 期。

房建昌:《近代中印中段边界史初探》,《中国边疆史地研究》1998 年第 1 期。

房建昌:《英、印驻噶大克商务代办及国外探险西部西藏小史》,《西藏研究》2001 年第 3 期。

房建昌:《明代西藏行政区划考》,《西藏民族学院学报》2001 年第 4 期。

冯学红、东·华尔丹:《藏族苯教文化中的冈底斯神山解读》,《中国边疆史地研究》2008 年第 4 期。

格勒等:《瓦虚色达: 东部藏区的一个游牧部落群体》,《世界民族》1998 年第 2 期。

格桑达吉、喜饶尼玛:《西藏地区历史地理沿革述略》,《中国边疆史地研究》1994 年第 4 期。

古格·次仁加布:《试论 1841~1842 年西藏森巴战争》, 硕士学位论文, 中国社会科学院研究生院, 1988。

古格·次仁加布:《阿里三围源流考辨》,《西藏研究》(藏文版) 2003 年第 3 期。

古格·次仁加布:《位于阿里地区扎达县境内的日尼寺简介》,《西藏研究》(藏文版) 2005 年第 3 期。

韩官却加:《17 世纪中后期西藏政局述略》,《青海民族学院学报》2001 年第 3 期。

何林林等:《科学发展观指引下的西藏阿里地区城镇化发展规划研究》,生态文明视角下的城乡规划——2008 中国城市规划年会会议论文。

胡小鹏:《略论元代河西的阔端系诸王》,《西北民族学院学报》1992 年第 1 期。

黄盛璋:《清代西藏阿里地区中印边界的历史研究》,《边界历史地理研究论丛》,1980。

霍巍:《从新出唐代碑铭论"羊同"与"女国"之地望》,《民族研究》1996 年第 1 期。

霍巍:《古格与冈底斯山一带佛寺遗迹的类型及初步分析》,《中国藏学》1997 年第 1 期。

霍巍、李永宪:《西藏阿里噶尔县"琼隆银城"遗址》,《2004 中国重要考古发现》,文物出版社,2005。

卡尔迈:《天喇嘛益西沃的〈文告〉》,严申村译,《国外藏学研究译文集》第 3 辑,西藏人民出版社,1987。

克珠群佩:《主巴噶举早期历史简论》,《西藏研究》2003 年第 3 期。

李强、纪宗安:《17~19 世纪喜马拉雅地区的羊绒贸易和战争》,《中国历史地理论丛》2008 年第 4 辑。

林延清:《"壬寅宫变"与嘉靖朝政的转变》,《辽宁大学学报》2010 年第 1 期。

洛桑群培:《西藏历史地名玛尔域和芒域辨考》,《藏族史论文集》,四川民族出版社,1988。

玛利亚劳拉·迪·玛蒂亚:《拉达克宗教建筑简史》,杨清凡译,《西藏研究》2000 年第 2 期。

戚印平:《远东耶稣会的通信制度:以 1587 年丰臣秀吉传教士驱逐令的相关记述为例》,《世界宗教研究》2005 年第 1 期。

秦士金:《阿底峡与仲敦巴——11 世纪西藏佛教的整顿者》,《西藏研究》1994 年第 2 期。

琼布·洛珠坚赞:《世间本教源流》,多杰南杰译注,《中国藏学》1999 年第 2 期。

攘卓:《〈米拉日巴传〉的作者——乳毕坚金》,克珠群佩译,《西藏民族学院学报》1986 年第 1 期。

石沧金:《试述葛逻禄的衰落》,《西北史地》1998 年第 2 期。

石硕:《西藏高原吐蕃时代以前的交通及其发展》,《西南民族学院学报》1997 年第 2 期。

石硕:《七赤天王时期王权与苯教神权的关系——兼论西藏王政的产生及早期特点》,《西藏研究》2000 年第 1 期。

石硕:《佛教对吐蕃王朝政权体制的影响——兼论吐蕃王朝前、后期政权形态的变化》,《青海民族学院学报》2002 年第 4 期。

石硕:《从〈拔协〉的记载看藏传佛教后弘期上、下两路弘传的不同特点及历史作用》,《西藏研究》2008 年第 2 期。

四川大学历史文化学院考古学系等:《西藏札达县皮央—东嘎遗址 1997 年调查与发掘》,《考古学报》2001 年第 3 期。

汤开建:《关于唃厮啰统治时期青唐吐蕃政权的历史考察》,《中国藏学》1992 年第 3 期。

托玛斯·J.普瑞兹克尔:《塔博寺壁画》,《西藏考古》第 1 辑,四川大学出版社,1994。

王维强:《甘丹赤巴在藏传佛教发展史上的地位与作用》,《中国藏学》2006 年第 2 期。

王献军:《帕木竹巴政权对乌斯藏的统治》,《西藏研究》1991 年第 1 期。

　　王献军：《西藏早期的家族式政教合一制》，《西北史地》1996 年第 2 期。

　　王献军：《西藏政教合一制形成原因再探》，《西藏民族学院学报》1998 年第 1 期。

　　王献军：《止贡"贡巴"小考》，《中国藏学》1998 年第 4 期。

　　王献军：《西藏分裂割据时期诸政教合一体的形成》，《西北民族学院学报》1999 年第 1 期。

　　王献军：《对"政教合一制"定义的再认识》，《西藏研究》2002 年第 2 期。

　　王献军：《试论甘青川滇藏区政教合一制的特点》，《西藏民族学院学报》2004 年第 2 期。

　　王尧、褚俊杰：《宗喀巴思想的历史渊源》，《中国藏学》1991 年第 3 期。

　　王援朝：《古格王国兵器与外域文化的影响》，《中国藏学》1998 年第 2 期。

　　吴丰培：《〈卫藏通志〉著者考》，《藏学研究论丛·吴丰培专辑》，西藏人民出版社，1999。

　　西藏自治区文物局、四川联合大学考古专业：《西藏阿里东嘎、皮央石窟考古调查简报》，《文物》1997 年第 9 期。

　　徐亮：《1684~1842 年拉达克与中国西藏的政治关系研究》，硕士学位论文，兰州大学，2009。

　　义道译：《简述支贡噶举的起源与传承》，《西北民族学院学报》1993 年第 2 期。

　　喻天舒：《传教士与古格王国的覆灭》，《中国藏学》2007 年第 1 期。

　　扎西当知：《吐蕃末代赞普欧松赞身世辨》，《中国藏学》2009 年第 1 期。

札巴孟兰洛卓:《奈巴教法史——古谭花鬘》, 王尧、陈践译,《中国藏学》1990 年第 1 期。

张长虹:《西藏西部仁钦桑布时期佛教遗迹考察》,《西藏研究》2008 年第 1 期。

张云:《元代西藏"止贡之变"及相关问题考释》,《中国藏学》2000 年第 3 期。

赵睿:《江孜白居寺研究综述》,《中国藏学》1998 年第 3 期。

周晶、李天:《藏式宗堡建筑在喜马拉雅地区的分布及其艺术特征的研究》,《西藏研究》2008 年第 4 期。

周晶、李天:《拉达克藏传佛教寺院建筑地域性艺术特征研究》,《西藏民族学院学报》2010 年第 1 期。

周娟:《1616 年至 1959 年的不丹与中国西藏关系史研究》, 博士学位论文, 兰州大学, 2007。

周伟洲:《19 世纪前后西藏与拉达克的关系及划界问题》,《中国藏学》1991 年第 1 期。

尊胜:《分裂时期的阿里诸王朝世系——附: 谈"阿里三围"》,《西藏研究》1990 年第 3 期。

（二）外文

C.G.Rawling, "Exploration of Western Tibet and Rudok, " *The Geographical Journal,* Vol.9, No.2, 1902.

H.Trotter, "Account of the Pundit's Journey in Great Tibet from Leh in Lakakh to Lhasa, and of His Return to India via Assam," *Proceedings of the Royal Geographical Society of London,* Vol.21, No.4, 1876.

L. Petech, "The Tibetan-Ladakhi-Moghul War 1681-1683," *Indian*

Historical Quarterly, 1947(23).

L. Petech, "Bri.gung.pa sect in Western Tibet and Ladakh," in L.Ligeti ed., *Proceedings of the Cosma de Koros Memorial Symposium,* Akademiai Kiado, Budapest ,1978.

L. Petech, "Ya-ts'e, Gu-ge Purang: A New Study, " *Central Asiatic Journal,* Vol.24,1980.

Lobsang Shastri, "The Religious Council of the Fire-Dragon Year, 1076 AD, " Proceedings of the Seventh International Conference of Tibetan Studies, Austria, 1995.

Lobsang Shastri, "Relations between Dalai Lamas and Rulers of mNga' ris skor gsum: From Late 14th-Mid 19th Century, " *Tibet Journal,* Autum 2003,Vol.23(3).

Remesh Kumar Dhunkel, "Political History of the Kingdom of Lo/ Mustang, " Submitted in Partial Fulfillment of the Requirements for the Degree of Doctor of Philosophy in the Graduate School of Arts and Sciences, Columbia University, 1999.

Robert Hamond, "Through Western Tibet in 1939, " *The Geographical Journal,* 1942(1).

Roberto Vitali, "A Chronology(bstan rtsis) of Events in the History of mNga' ris skor gsum(tenth-fifteenth centuries)," in Alex Mckay eds., *The History of Tibet Vol.2,* London: Routledge Curzon, 2003.

Roberto Vitali, "Some Conjectures on Change and Instability During the One Hundred Years of Darkness in the History of La Dwaks(1280s— 1380s), " in John Bray ed., *Ladakhi Histories*: *Local and Regional Perspetives,* Brill Leiden · Boston, 2005.

Sonam Joldan, "Traditional Ties between Ladakh and Buddhist

Tibet: Monastic Organization and Monastic Education as a Sustaining Factor, " *Tibet Journal,* Summer 2006.

Toni Huber & Tsepak Rigzin, "A Tibetan Guide for Pilgrimage to Ti-se (Mount Kailas) and mTsho Ma-pham (Lake Manasarovar)," *Tibet Journal,* Vol.20 ,No.1 ,Spring 1995.

William Moorcroft, George Trebeck,Travels in the Himalayan Provinces of Hindustan and the Panjab, in Ladakh and Kashmir, in Peshawar, Kabul, Kunduz, and Bokhara,Vol.1, J. Murray, 1841.

Z. Ahrmad, "New Light on the Tibet-Ladakh-Mughal War of 1679- 1684," *East and West,* 1968(18).

后　记

　　本书其实最初完稿于 2011 年，本是我博士学位论文的主体部分，其后获国家社科基金立项资助，继续打磨了几年，结项之后，又束之高阁多年，于是至今几近十年。当初论文答辩之际，自我感觉尚属良好，其后又得百篇优博提名，一度有些沾沾自喜，甚至臆想着将来一旦付梓之种种，可惜洛阳纸贵，长安看花，已成戏梦。俗语形容佳作，常言十年磨一剑，然处此学术进步日新月异之当世，十年之间，早已新旧天壤，此番旧锦新样，更深惧今非昔比。重拾旧稿，每每于从前自许之处，触目之间，顿觉汗涔。若是少年文字老来悔，自然可喜，那是学力增进，才觉今是而昨非。然而改稿之余，常常感叹的却是，虽然不如意者十之七八，可即便尽弃旧稿，以今日之我易昨日之我，实也不过尔尔。忽觉十年下来，剑是磨了不少，恐怕用剑的功夫却未见有多少长进。虽然著书者当期能采铜于山，以成传世之宝，然终能为旧钱之废铜，以供后人之充铸，于我而言，亦足以慰怀了。

　　本书得以出版，实仰赖多年以来许多良师益友在学习、工作和生活上的谆谆教诲和无私帮助。首先要感谢我的导师刘复生先生，先生风神俊朗，学问渊湛，而我资性鲁钝，难及万一，得蒙先生不弃，从硕士到博士都有幸亲炙门下，出入宋史、藏学之间，全赖老师循循善诱，引喻开导，才让我今天能够拥有安身立命之所在。同时还要感谢四川大学历史文化学院粟品孝老师、段玉明老师、韦兵老师以及重庆师范大学的唐春生老师等宋史专业的老师们，当我从宋史转向藏学之后，他们一直给我以鼓励和帮助，而宋史专业的学习，也使我在处理本书的主题时有了更为宽广的视野。

　　其次要感谢石硕老师，自留校以来，有幸在石老师身边观摩学习，常得指点迷津，开示正法，所得福益，不可胜数。同时要感谢四川大学中国藏学研究所给青年学人提供了优渥的研究条件和其乐融融的工作氛围，在藏学所所长、历史文化学院院长霍巍老师的领导之下，这是一个崇尚卓越、团结向上的大家庭，藏学所的熊文彬老师、李锦老师、徐君老师、陈波老师、吕红亮老师、罗鸿老师、张长虹老师、张延清老师、玉珠措姆老师、嘎尔让老师、杨锋老师、杨清凡老师、邹立波老师、许渊钦老师、李志英老师、赵靖老师、孙昭亮老师等，在本书的撰写过程中，提供了许多专业的建议和宝贵的资料以及一些其他的帮助，在此一并致谢。此外，西藏自治区社会科学院的古格·次仁加布老师、巴桑旺堆老师以及中国社会科学院的聂鸿音老师也为本书的初稿提供过许多专业的修改建议。

　　再次要感谢四川大学历史文化学院慷慨解囊，为本书的出版解决了 80% 以上的出版经费，学院的鼎力支持，激励着我在出书的道路上始终坚持不懈，砥砺奋进。同时还要感谢社会科学文献出版社历史学分社的郑庆寰社长。郑社长不但为本书的选题和内容安排提供了许多可行性建议，还多次不惮其烦地为我奔波于财务琐事之间，不但从不催账，还一直鼓励我开动脑筋，克服困难，每念及此，我都备感惭愧。此外，还要感谢本书的责任编辑赵晨老师，他的编校和设计，也使拙作大为增色。

最后要感谢在求学之道上一路走来的众多同窗好友们，现供职于西南大学的熊斌、福建师范大学的陈晔、重庆大学的郭畑、四川省社会科学院的曹鹏程以及四川大学的姜莉等人，他们一直以来都给予我各种帮助和支持，特别是在我曾经犹豫不决之际，坚定了我转型的决心。同时借此机会，还要感谢我的妻子宋晓希博士，本书的许多内容都是在和她的讨论琢磨中写就的，而每当我想放弃的时候，也是她一次次地激励振奋我继续伏案前行。

黄　博

2020 年 8 月于成都双流

图书在版编目(CIP)数据

10~13世纪古格王国政治史研究 / 黄博著. -- 北京：
社会科学文献出版社，2021.3（2024.11 重印）
（九色鹿）
ISBN 978-7-5201-7640-8

Ⅰ.①1… Ⅱ.①黄… Ⅲ.①古格-政治-历史-研
究-10-13世纪 Ⅳ.①K928.6

中国版本图书馆CIP数据核字（2020）第235689号

·九色鹿·
10~13世纪古格王国政治史研究

著　者 / 黄　博

出 版 人 / 冀祥德
组稿编辑 / 郑庆寰
责任编辑 / 赵　晨
责任印制 / 王京美

出　　版 / 社会科学文献出版社·历史学分社（010）59367256
　　　　　　地址：北京市北三环中路甲29号院华龙大厦　邮编：100029
　　　　　　网址：www.ssap.com.cn
发　　行 / 社会科学文献出版社（010）59367028
印　　装 / 三河市东方印刷有限公司

规　　格 / 开　本：787mm×1092mm 1/16
　　　　　　印　张：23.25　插　页：0.75　字　数：283千字
版　　次 / 2021年3月第1版　2024年11月第3次印刷
书　　号 / ISBN 978-7-5201-7640-8
定　　价 / 78.80元

读者服务电话：4008918866